공공조달관리사 자격시험이 올해 처음으로 시행됩니다.
이 책을 펼친 여러분은 아직 충분한 지도나 경험담이 마련되지 않은 길의 출발선에 서 있습니다. 그럼에도 불구하고 공공조달이라는 전문 영역을 체계적으로 이해하고 자신의 역량을 한 단계 끌어올리기 위해 이 길을 선택한 여러분께 깊은 존경과 응원의 마음을 전합니다.

공공조달의 규모는 지속적으로 확대되고 제도는 점점 복잡해지고 있습니다. 그러나 그동안 조달 업무는 개인의 경험과 관행에 의존하는 경우가 많았고, 전문성을 객관적으로 검증하거나 표준화할 수 있는 기준은 충분하지 않았습니다. 이로 인해 담당자 간 역량 편차, 잦은 인사 이동에 따른 업무 공백, 발주기관과 조달기업 간의 이해 격차라는 구조적 한계가 반복되어 왔습니다.

공공조달관리사 자격은 이러한 문제의식 속에서 도입되었습니다. 단순한 시험 제도가 아니라, 입찰·계약·지급·분쟁 관리에 이르는 공공조달 전 과정을 종합적으로 이해할 수 있는 최소한의 전문 기준을 정립하기 위한 출발점입니다. 이는 공공조달의 투명성·공정성·책임성을 제도적으로 뒷받침하기 위한 노력의 결과이기도 합니다.

공공조달은 단순한 행정 절차가 아니라, 공공 재원의 사용과 국민의 신뢰가 맞닿아 있는 영역인 동시에 기업에게는 시장 진입의 기회이며, 행정기관에게는 정책을 구현하는 핵심 수단입니다. 이러한 환경 속에서 전문성과 윤리성을 겸비한 조달 인재의 중요성은 앞으로 더욱 커질 것입니다.

이 책은 수험서이지만 단순한 암기용 요약서에 머무르지 않고, 공공조달 제도의 구조와 흐름을 이해할 수 있도록 구성했습니다. 처음 조달을 접하는 분들도 부담 없이 접근할 수 있도록 기본 개념부터 설명하되, 실제 업무와 연결되는 시각을 놓치지 않으려 노력했습니다. 집필 과정에서는 공공조달역량개발원의 표준교재를 비롯한 공식 자료들을 충분히 참고하고, 한국산업인력공단의 출제기준을 충실히 반영하여 수험생들이 효율적으로 학습할 수 있도록 하였습니다.

공공조달관리사 시험 준비 과정은 쉽지 않겠지만, 이는 곧 여러분의 조달 전문성을 단단히 다지는 과정이기도 합니다. 이 책이 시험 준비는 물론, 향후 실무에서도 방향을 잡는 데 도움이 되는 길잡이가 되기를 바랍니다.

끝으로, 이 책이 나오기까지 세심하게 살펴주시고 다듬어 주신 김태희 팀장님을 비롯한 편집팀원 여러분께 깊이 감사드립니다.

편저자 김유일

시험 안내

1 공공조달관리사란

공공조달의 효율적 · 효과적 운영과 관리에 필요한 공공조달 환경 분석과 조달 및 계약법령, 구매정책 및 제도에 관한 전문지식과 분석 능력을 보유하고 전자조달시스템(나라장터)을 활용하여 공공조달 전과정에서 요구되는 입찰, 평가, 계약체결, 계약이행 및 사후관리 절차를 실행 및 관리하는 직무이다.

2 시험 과목 및 시험 방법

구분	시험 과목	문항 수	시험 방법
필기	공공조달과 법제도 이해	30문항	객관식 4지 택일형(CBT) (2시간)
	공공조달계획 수립 및 분석	20문항	
	공공계약관리	30문항	
실기	공공조달 관리실무	20문항 내외	필답형(2시간 30분)

3 2026년도 시행 일정

구분	원서접수	시험일	합격자 발표
필기	9.14(월)~9.17(목)	10.3(토)	10.12(월)
실기	10.12(월)~10.15(목)	11.14(토)	12.18(금)

4 응시 자격 및 합격 기준

① 응시 자격: 학력, 경력 제한 없음
② 합격 기준

필기	100점을 만점으로 하여 과목당 40점 이상, 전과목 평균 60점 이상
실기	100점을 만점으로 하여 60점 이상

5 기타 유의사항

① 원서접수 시간: 원서접수 첫날 10:00부터 마지막 날 18:00까지
② 합격자 발표 시간: 해당 발표일 09:00
③ 필 · 실기 시험별 시작시간 및 시험장은 원서접수 시 별도 공고함

출제 기준_실기

직무분야	사업관리	중직무분야	사업관리	자격종목	공공조달 관리사	적용기간	2026.3.1.~ 2028.12.31.
검정방법		필답형		시험시간			2시간 30분

실기과목명	주요항목	세부항목
공공조달 관리실무	1. 공공조달 입찰 참가 준비	1. 공공조달 참여 준비하기 2. 입찰 참가자격 정보 관리하기 3. 경쟁입찰참가자격 신청하기
	2. 공공조달 입찰계획 수립	1. 환경분석하기 2. 조달 수요정보 수집하기 3. 공급계획수립하기
	3. 입찰실행 관리	1. 입찰서류 작성하기 2. 입찰평가 기준 검증하기 3. 협상 관리하기
	4. 계약일반 관리	1. 계약체결 관리하기 2. 계약이행 관리하기 3. 계약변경 관리하리 4. 계약종결 관리하기
	5. 공급대상물 유형별 계약 관리	1. 공사계약 관리하기 2. 물품계약 관리하기 3. 용역계약 관리하기
	6. 공공조달 리스크 관리	1. 공급리스크 식별하기 2. 위험도 평가하기 3. 리스크 대응계획 수립하기 4. 리스크 발생 모니터링하기
	7. 공공조달 법제도 활용	1. 법령 활용하기 2. 분쟁 대응하기 3. 우대제도 활용하기
	8. 전자조달시스템 활용	1. 전자조달시스템 이용하기 2. 조달데이터 활용하기

구성과 특징

STEP 1
핵심 이론

시험의 기준이 되는 핵심만 정확하게 정리!

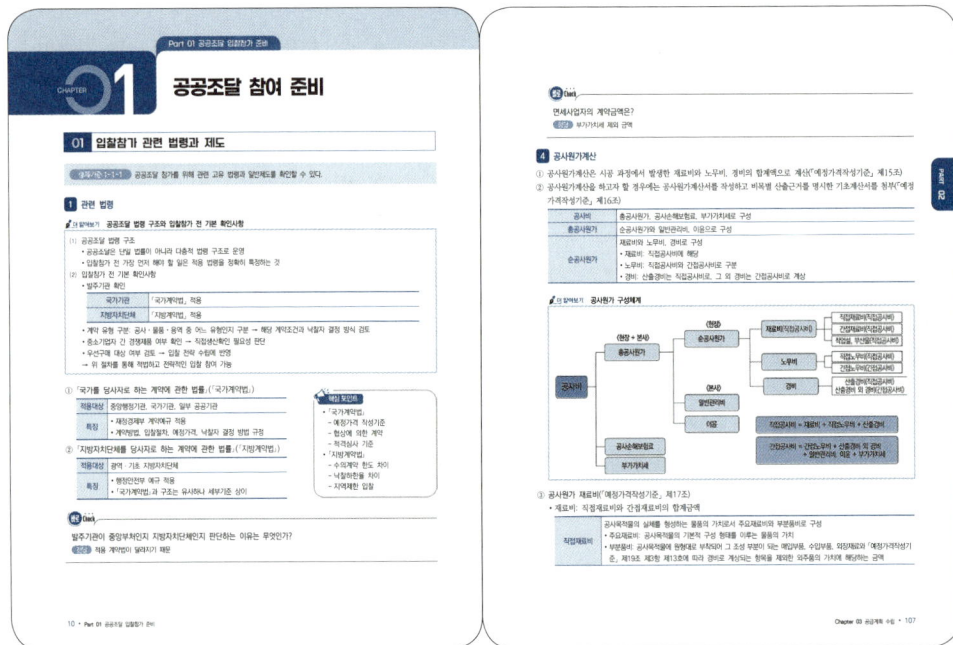

Point ❶ 압축 정리한 핵심이론

시험에 반드시 필요한 핵심 개념만을 선별하여 압축 정리하되, 이론의 구조와 흐름을 함께 이해할 수 있도록 구성하였습니다.

Point ❷ [더 알아보기]와 [바로 Check]로 개념 확인

이해를 돕는 보충 설명을 통해 이론의 이해도를 효과적으로 확장하고, 이론 학습 직후 예상문제를 통해 개념 이해 여부를 바로 점검할 수 있습니다.

Point ❸ 단원별 [핵심 포인트]로 개념 구조를 한눈에 정리

반드시 알아야 할 내용을 선별한 핵심 포인트를 통해 시험에 필요한 핵심 내용만 집중할 수 있도록 구성하였습니다.

STEP 2
핵심 최종점검
시험 직전 반드시 확인해야 할 핵심 정리!

STEP 3
서술형 문제
실전 대비를 위한 서술형 문제 훈련!

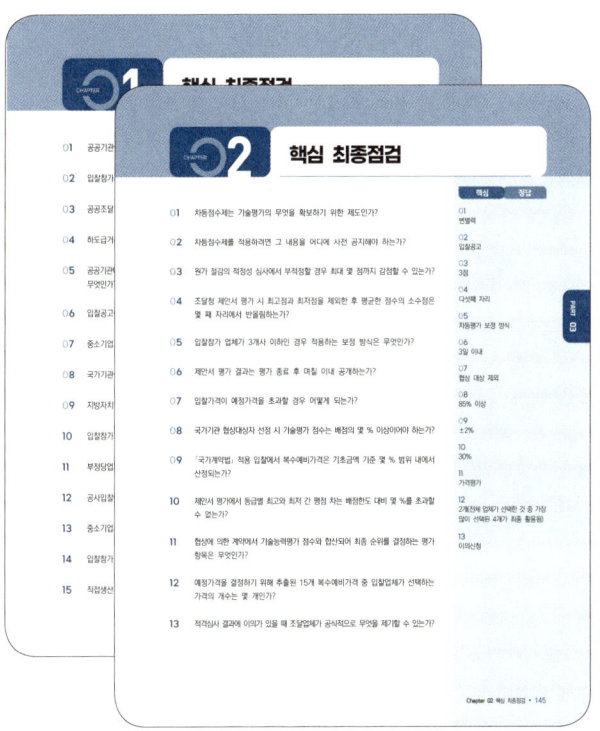

Point ❶ 단원별 핵심 최종점검

단원별 핵심 이론을 압축 정리하여 시험 전에 반드시 확인해야 할 내용을 빠르게 점검할 수 있도록 구성하였습니다.

Point ❷ 효율적 복습과 최종점검

핵심 개념을 중심으로 중요 내용을 한눈에 정리하여 시험 직전까지 효율적인 복습과 최종 정리가 가능하도록 하였습니다.

Point ❶ 서술형 출제 포인트 점검

시험에 출제될 가능성이 높은 핵심 이론을 중심으로 서술형 출제예상 문제를 구성하여 실제 시험에 대비할 수 있도록 하였습니다.

Point ❷ 답안 작성 핵심 정리

답안 작성에 필요한 핵심 내용을 중심으로 정리하여 서술형 문제 해결 능력과 개념 이해를 함께 높일 수 있도록 하였습니다.

목차

PART 01

공공조달 입찰참가 준비

CHAPTER 01 공공조달 참여 준비 ··· 10

CHAPTER 02 입찰참가자격 정보관리 ··· 34

CHAPTER 03 경쟁입찰참가자격 신청 ··· 53

PART 02

공공조달 입찰계획 수립

CHAPTER 01 환경분석 ··· 68

CHAPTER 02 조달 수요정보 수집 ··· 87

CHAPTER 03 공급계획 수립 ··· 99

PART 03

입찰실행 관리

CHAPTER 01 입찰서류 작성 ··· 124

CHAPTER 02 입찰평가 기준 검증 ··· 139

CHAPTER 03 협상 관리 ··· 151

PART 04

계약일반 관리

CHAPTER 01 계약체결 관리 ··· 164

CHAPTER 02 계약이행 관리 ··· 180

CHAPTER 03 계약변경 관리 ··· 195

CHAPTER 04 계약종결 관리 ··· 213

PART 05

공급대상물 유형별 계약 관리

CHAPTER 01 공사계약 관리	… 232
CHAPTER 02 물품계약 관리	… 251
CHAPTER 03 용역계약 관리	… 267

PART 06

공공조달 리스크 관리

CHAPTER 01 공급리스크 식별	… 288
CHAPTER 02 위험도 평가	… 305
CHAPTER 03 리스크 대응계획 수립	… 328
CHAPTER 04 리스크 발생 모니터링	… 341

PART 07

공공조달 법제도 활용

CHAPTER 01 법령 활용	… 358
CHAPTER 02 분쟁 대응	… 368
CHAPTER 03 우대제도 활용	… 380

PART 08

전자조달시스템 활용

CHAPTER 01 전자조달시스템 이용	… 392
CHAPTER 02 조달데이터 활용	… 409

박문각
공공조달관리사
실기

01

공공조달 입찰참가 준비

CHAPTER 01 공공조달 참여 준비

CHAPTER 02 입찰참가자격 정보 관리

CHAPTER 03 경쟁입찰참가자격 신청

CHAPTER **01**

공공조달 참여 준비

01 입찰참가 관련 법령과 제도

출제기준 1-1-1 공공조달 참가를 위해 관련 고유 법령과 일반제도를 확인할 수 있다.

1 관련 법령

🖉 **더 알아보기** 공공조달 법령 구조와 입찰참가 전 기본 확인사항

(1) 공공조달 법령 구조
- 공공조달은 단일 법률이 아니라 다층적 법령 구조로 운영
- 입찰참가 전 가장 먼저 해야 할 일은 적용 법령을 정확히 특정하는 것

(2) 입찰참가 전 기본 확인사항
- 발주기관 확인

국가기관	「국가계약법」 적용
지방자치단체	「지방계약법」 적용

- 계약 유형 구분: 공사·물품·용역 중 어느 유형인지 구분 → 해당 계약조건과 낙찰자 결정 방식 검토
- 중소기업자 간 경쟁제품 여부 확인 → 직접생산확인 필요성 판단
- 우선구매 대상 여부 검토 → 입찰 전략 수립에 반영
- → 위 절차를 통해 적법하고 전략적인 입찰 참여 가능

① 「국가를 당사자로 하는 계약에 관한 법률」(「국가계약법」)

적용대상	중앙행정기관, 국가기관, 일부 공공기관
특징	• 재정경제부 계약예규 적용 • 계약방법, 입찰절차, 예정가격, 낙찰자 결정 방법 규정

② 「지방자치단체를 당사자로 하는 계약에 관한 법률」(「지방계약법」)

적용대상	광역·기초 지방자치단체
특징	• 행정안전부 예규 적용 • 「국가계약법」과 구조는 유사하나 세부기준 상이

📢 **핵심 포인트**
- 「국가계약법」
  - 예정가격 작성기준
  - 협상에 의한 계약
  - 적격심사 기준
- 「지방계약법」
  - 수의계약 한도 차이
  - 낙찰하한율 차이
  - 지역제한 입찰

 바로 Check

발주기관이 중앙부처인지 지방자치단체인지 판단하는 이유는 무엇인가?

정답 적용 계약법이 달라지기 때문

③ 「조달사업에 관한 법률」(「조달사업법」)
  • 조달청을 통한 구매(제3자 단가, MAS 등)
  • 나라장터 종합쇼핑몰
  • 비축물자 구매 등
④ 「중소기업제품 구매촉진 및 판로지원에 관한 법률」(「판로지원법」)
  • 중소기업자 간 경쟁제품 제도
  • 직접생산확인 제도
  • 공공기관 우선구매 의무
⑤ 「전자조달의 이용 및 촉진에 관한 법률」(「전자조달법」)
  • 전자입찰 의무화
  • 나라장터 운영 근거
  • 전자문서의 법적 효력
⑥ 「하도급거래 공정화에 관한 법률」(「하도급법」)
  • 공사 · 용역 · 제조 하도급 규율
  • 부당특약 금지
  • 하도급대금 지급 기한

핵심 포인트
• 「조달사업법」
  – 조달청 구매대행 여부 판단
  – MAS 계약의 법적 근거
• 「판로지원법」
  – 중소기업자 간 경쟁제품 여부 판단
  – 직접생산확인 필요성 판단
  – 위반 시 계약 무효 가능성
• 「전자조달법」
  – 전자적 제출의 법적 효력 설명
  – 전자계약 체결 절차
• 「하도급법」
  – 원도급자 책임
  – 하도급 승인 여부
  – 하도급 대금 직접지급

✏️ 더 알아보기 **경쟁입찰참가자격 검토 절차**

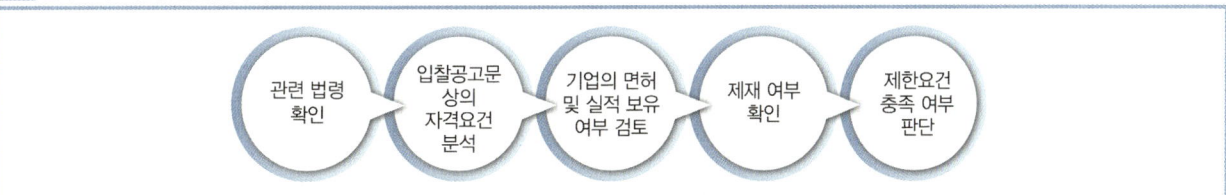

관련 법령 확인 → 입찰공고문상의 자격요건 분석 → 기업의 면허 및 실적 보유 여부 검토 → 제재 여부 확인 → 제한요건 충족 여부 판단

2 주요 제도

① 적용 법령 구분

중앙부처(국가기관)	「국가계약법」
지방자치단체	「지방계약법」
공공기관	자체 계약규정 + 「국가계약법」 준용

② **계약 유형(조달대상물)**: 공공조달은 공급 대상물에 따라 법 적용과 계약 조건이 달라짐

공사	건설공사, 전문공사, 전기 · 정보통신공사 등
물품	제조, 구매
용역	일반용역, 기술용역, 학술연구용역 등

1. LED(설치 포함) 구매는 물품인가 공사인가?

2. 설계 · 감리는 용역인가 공사인가?

3. 설치공사가 포함된 계약에서 면허 여부를 검토해야 하는 이유는 무엇인가?

정답 1. 물품입찰 2. 용역 3. 공사계약 해당 여부 판단을 위해 면허 검토가 필요하다.

③ 적용되는 특례

중소기업자 간 경쟁제품 여부	• 확인 절차 　- 세부품명 확인 　- 중소기업자 간 경쟁제품 고시 확인 　- 직접생산확인 필요 여부 판단 • 제도 적용 효과 　- 대기업 참여 제한 　- 중소기업만 입찰 가능 　- 직접생산확인 필수	
우선구매 대상 여부	• 여성기업 • 사회적기업 • 혁신제품	• 장애인기업 • 녹색제품 • 기술개발제품 등

1. 중소기업자간 경쟁제품 확인은 어느 단위 기준으로 판단하는가?

2. 우선구매 제도의 종류와 입찰 전략상 활용 방안을 약술하시오.

정답 1. 세부품명
　　　2. 우선구매 제도에는 여성기업, 장애인기업, 사회적기업, 녹색제품, 혁신제품 등이 있다. 해당 자격을 보유한 경우 입찰 평가에서
　　　　가점 부여 또는 수의계약 등의 기회가 제공될 수 있으므로 입찰 전략 수립 시 적극 활용해야 한다.

02 경쟁입찰참가자격 요건

출제기준 1-1-2 관련 규정에 따라 경쟁입찰참가자격 요건을 검토할 수 있다.

1 경쟁입찰참가자격 검토의 의의

① **경쟁입찰참가자격 검토**: 입찰공고에 명시된 자격요건을 관련 법령과 대조하여 해당 기업이 적법하게 입찰에 참여할 수 있는지를 판단하는 절차

② 법령 근거

- 「국가를 당사자로 하는 계약에 관한 법률」
- 「지방자치단체를 당사자로 하는 계약에 관한 법률」
- 각 계약예규
- 개별 사업법(「건설산업기본법」, 「전기공사업법 등」)

> **핵심 포인트**
> "입찰공고 기준 → 법령 근거 → 기업 보유 요건 대조" 구조

🔎 더 알아보기 경쟁입찰참가자격 요건 검토

경쟁입찰참가자격 요건 검토는 입찰공고를 기준으로 관련 법령과 대조하여 수행하며, 아래의 절차를 통해 적법한 입찰참가 여부를 판단

(1) 사업자등록 및 나라장터 등록 여부 확인
(2) 공고에 명시된 업종 및 면허 요건 검토
(3) 실적 · 지역 · 기업규모 제한 여부 확인
(4) 부정당업자 제재 등 참가 제한 사유 검토

> **핵심 포인트**
> "입찰참가자격은 공고일 기준으로 판단한다"는 내용을 반드시 포함

📢 Check

입찰에 참여하기 위해 나라장터에 등록하는 제도는 무엇인가?

정답 경쟁입찰참가자격 등록

2 참가자격 검토 6단계

기본 참가자격 요건 확인	• 사업자등록 여부 • 법인/개인 사업자 적법성 • 휴 · 폐업 여부 • 나라장터 경쟁입찰참가자격 등록 여부 • 실전 유의점: 등록정보 변경 미신고 시 입찰무효 가능	
업종 · 면허 요건 검토	입찰공고에 명시된 업종코드 및 면허 확인 • 건설공사 → 건설업 등록 • 전기공사 → 전기공사업 등록 • 정보통신공사 → 정보통신공사업 등록 • 소프트웨어 사업 → SW사업자 신고	**핵심 포인트** • 물품 + 설치 계약에서 면허 필요 여부 판단 • 복수 업종 요구 시 공동수급 가능 여부

실적제한 여부 검토	• 공고문에 제한 사항이 있는지 확인 – 최근 ○년간 ○억원 이상 실적 – 동일·유사사업 실적 – 특정 공공기관 실적 • 실적 인정 범위 판단 • 공동수급 실적 인정 여부 확인	**핵심 포인트** 실적 요건 충족 여부 판단
지역제한 여부 검토	• 입찰공고일 현재 해당 지역 소재 여부 • 법인등기부 기준 • 본사 소재지 기준 • 유의사항 – 법인등기부상 본점 소재지(개인사업자는 사업장 소재지) 기준: 「국가계약법 시행령」 제21조 제1항 제6호 – 지역제한은 지방계약에서 빈번	
기업규모·자격제한 검토	• 중소기업 여부 • 소기업·소상공인 여부 • 여성기업, 장애인기업 등 • 유의사항: 중소기업확인서 유효기간 확인 필수	
입찰참가 제한 사유 검토	다음 사유가 있는 경우 참가 불가 • 부정당업자 제재 중인 자 • 파산 등 법적 요건 미비자 등	**핵심 포인트** • 입찰무효 사유 • 참가자격 제한 사유

 **Check**

입찰 참가 전 부정당업자 제재 여부를 확인해야 하는 이유를 설명하시오.

정답 부정당업자로 제재를 받은 경우 일정 기간 입찰참가가 제한된다. 제재 기간 중에는 입찰에 참여할 수 없어 입찰 자체가 무효가 될 수 있으므로 입찰 전 제재 여부를 반드시 확인해야 한다.

핵심 포인트

법적 근거 중심 정리
• 경쟁입찰참가자격 요건은 「국가를 당사자로 하는 계약에 관한 법률」 및 관련 계약예규에 근거하여 판단
• 입찰공고에 명시된 업종, 실적, 지역, 기업규모 요건을 확인하고, 이를 기업의 보유 요건과 대조하여 참가 가능 여부를 판단
• 부정당업자 제재 여부 등 입찰참가 제한 사유를 함께 검토

03 직접생산확인 기준

출제기준 1-1-3 관련 규정에 따라 직접생산확인기준을 검토할 수 있다.

1 직접생산확인제도의 개념과 목적

개념	중소기업자 간 경쟁제품에 대하여 입찰참가자가 해당 제품을 직접 생산하는지 여부를 확인하는 제도
목적	• 중소기업 보호: 대기업 · 유통업체의 위장 납품 방지 • 공정 경쟁 확보: 실제로 생산하는 중소기업만 공공조달시장 참여 가능 • 공공조달의 건전성 및 투명성 강화: 납품 과정에서 품질 · 생산 책임을 명확히 함

법조문 돋보기

「판로지원법」 제9조(직접생산의 확인 등)
① 공공기관의 장은 중소기업자 간 경쟁의 방법으로 제품조달계약을 체결하거나, 다음 각 호의 어느 하나에 해당하는 경우로서 대통령령으로 정하는 금액 이상의 제품조달계약을 체결하려면 그 중소기업자의 직접생산 여부를 확인하여야 한다. 다만, 제4항에 따라 중소벤처기업부장관이 직접생산을 확인한 서류를 발급한 경우에는 그러하지 아니하다.
　1. 「국가를 당사자로 하는 계약에 관한 법률」 제7조 단서 또는 「지방자치단체를 당사자로 하는 계약에 관한 법률」 제9조 제1항 단서에 따라 경쟁제품에 대하여 수의계약의 방법으로 계약을 체결하는 경우로서 대통령령으로 정하는 경우
　2. 그 밖에 대통령령으로 정하는 자와 경쟁제품에 대하여 수의계약의 방법으로 계약을 체결하는 경우
② 중소벤처기업부장관은 생산설비 기준 등 대통령령으로 정하는 바에 따라 제1항에 따른 직접생산 여부의 확인기준을 정하여 고시하여야 한다.
③ 공공기관의 장이나 공공기관에 제품을 납품하려는 중소기업자는 필요한 경우 중소벤처기업부장관에게 해당 제품에 대한 직접생산 여부의 확인을 신청할 수 있다.
④ 중소벤처기업부장관은 제3항에 따른 신청을 받은 때에는 직접생산 여부를 확인하고 그 결과를 해당 중소기업자에게 통보하여야 하고, 직접생산을 하는 것으로 확인된 중소기업자에 대하여는 유효기간을 명시하여 이를 증명하는 서류(이하 "직접생산확인증명서"라 한다)를 발급할 수 있다. 다만, 해당 중소기업자에 대하여 제11조 제2항 각 호의 사유로 인하여 조사가 진행 중인 경우에는 직접생산 여부 확인을 보류할 수 있다.
⑤ 제4항에 따라 직접생산확인증명서를 발급받은 중소기업자가 다음 각 호의 어느 하나에 해당하는 경우에는 중소벤처기업부령으로 정하는 바에 따라 직접생산 여부의 확인을 재신청하여야 한다.
　1. 개인사업자의 대표자가 변경된 경우(포괄 양도 · 양수의 경우는 제외한다)
　2. 제4항에 따라 직접생산 여부에 관한 확인을 받은 공장을 이전한 경우
　3. 영위 사업의 양도, 양수, 합병의 경우(포괄 양도 · 양수의 경우는 제외한다)
　4. 그 밖에 중소벤처기업부장관이 필요하다고 인정한 경우
⑥ 제4항에 따라 직접생산확인증명서를 발급받은 중소기업자가 다음 각 호의 어느 하나에 해당하는 경우에는 직접생산확인증명서를 재발급받아야 한다.
　1. 상호가 변경된 경우
　2. 법인의 대표자가 변경된 경우
　3. 영위 사업을 포괄 양도 · 양수한 경우
⑦ 직접생산 여부의 확인 절차와 직접생산확인증명서의 유효기간 및 발급 등에 필요한 사항은 중소벤처기업부령으로 정한다.

2 법적 근거 및 적용 대상

법적 근거	• 「중소기업제품 구매촉진 및 판로지원에 관한 법률」(「판로지원법」) 및 동법 시행령·시행규칙 • 「중소기업자 간 경쟁제품 직접생산 확인기준」(중소벤처기업부 고시) • 「조달청 제조물품 직접생산확인 기준」(조달청 고시) • 운영기관: 중소벤처기업부, 한국중소벤처기업유통원, 중소기업중앙회 등이 관리 및 발급 담당
적용 대상	• 중소기업자 간 경쟁제품으로 지정된 품목 • 공공기관 발주 물품 • 추정가격 1천만원 이상(「판로지원법 시행령」 제10조 제1항) ※ 공사·일반용역에는 원칙적으로 적용되지 않음

법조문 돋보기

「판로지원법 시행령」 제6조(중소기업자 간 경쟁제품의 지정) 제1항

① 중소벤처기업부장관은 법 제6조 제1항에 따라 중소기업자 간 경쟁제품(이하 "경쟁제품"이라 한다)을 지정하려는 경우에는 제6항에 따른 경쟁제품 지정의 유효기간이 끝나는 연도의 다음 회계연도가 시작되기 전에 중소기업중앙회의 회장(이하 "중앙회장"이라 한다)의 추천을 받아 관계 중앙행정기관의 장과의 협의를 거쳐 경쟁제품을 지정하고 고시해야 한다.

바로 Check

중소기업자 간 경쟁제품의 물품제조 입찰 시 요구되는 기본 요건은 무엇인가?

정답 직접생산확인증명서

3 직접생산확인 기준의 핵심요소(출처: SMPP)

생산공장	• 사업자등록증명에 직접생산확인을 신청하는 제품의 관련업종이 표기되어야 함 • 생산공장에 사업자등록이 되지 않은 경우에는 공장등록증명서로 갈음할 수 있음 • 공장이 필수요건이 아닌 작업장의 개념일 경우 반드시 사업자등록이 되어야 함 • 공장등록증명서에는 해당 제품의 세부 확인기준에서 정한 한국표준산업분류 세세분류코드가 표기되어야 함 • 임차공장의 경우 동일 장소에 타인과 동시에 공장으로 사용할 수 없음 • 동일소재지에 복수의 공장이 있는 경우 각각의 생산공장은 격벽으로 분리되어 있어야 하고, 각각의 출입구가 있어야 하며, 생산시설과 생산인력이 독립적으로 운영되어야 함 • 공장면적이 500㎡ 미만인 소기업이 공장을 미등록한 경우에는 건축물관리대장에 해당 면적의 용도가 공장용도 또는 제1종·제2종 근린생활시설 용도로 기재된 경우에 한하여 해당 생산공장의 사업자등록증으로 공장등록증을 갈음하며, 현장확인을 통해 제조업소여부를 확인함
생산시설	• 구매계약서, 세금계산서, 유형자산감가상각비명세서 등을 통해 생산시설의 보유여부를 확인함이 원칙이며, 필요 시 실제 작동 여부를 해당 업체 상시근로자가 시연토록 하여 확인할 수 있음 • 생산시설 중 검사설비의 검교정 성적서는 별도로 유효기간이 표기되지 않은 경우 1년으로 하되, 회사의 자체규정에서 정한 교정주기를 인정(단, 세부품목별 허용한도 내에서 인정)
생산인력	• 생산인력의 확인은 4대 보험에 가입된 인원을 대상으로 생산 공장별 인원을 확인 • 가족형 기업의 경우 본인, 배우자, 본인부모, 자녀에 한하여 가족관계증명서와 동일한 국민건강보험 가입 증빙자료를 통해 확인

| 생산공정 | 생산공정은 해당 업체의 작업공정도와 필요한 경우 추가로 작업공정에 대한 생산시설 시연 등을 통해 확인 |
| 기타 | 세부품목별로 전기사용실적, 원부자재 구입 내역, 인증서 등 확인 |

 Check

직접생산확인증명서가 필요한 경우와 그 확인사항을 설명하시오.

정답 중소기업자 간 경쟁제품에 해당하는 경우 직접생산확인서가 필요하다. 확인사항으로는 세부품명 일치 여부, 유효기간, 생산설비 보유 여부 등이 있으며, 이를 통해 형식적 참여가 아닌 실질적 생산능력을 갖춘 기업인지 검증한다.

법조문 돋보기

「판로지원법 시행령」 제10조(직접생산의 확인 등)
① 법 제9조 제1항 각 호 외의 부분 본문에서 "대통령령으로 정하는 금액"이란 추정가격 1천만원을 말한다.
② 법 제9조 제1항 제1호에서 "대통령령으로 정하는 경우"란 다음 각 호의 경우를 말한다.
  1. 「국가를 당사자로 하는 계약에 관한 법률 시행령」 제26조 제1항 제5호 가목에 따른 수의계약을 체결하는 경우
  2. 「지방자치단체를 당사자로 하는 계약에 관한 법률 시행령」 제25조 제1항 제5호에 따른 수의계약을 체결하는 경우
③ 법 제9조 제1항 제2호에서 "대통령령으로 정하는 자"란 다음 각 호의 자를 말한다.
  1. 법 제33조 제1항 제1호부터 제3호까지의 법인 또는 단체
  2. 「국가를 당사자로 하는 계약에 관한 법률 시행령」 제26조 제1항 제4호 가목·다목 및 라목의 경우에 해당하는 수의계약 대상자
④ 중소벤처기업부장관은 법 제9조 제2항에 따라 직접생산 여부의 확인기준을 정할 때에는 다음 각 호의 사항을 고려하여야 한다.
  1. 주요 설비 및 장비
  2. 최소 공장 면적
  3. 최소 필요 인원
  4. 필수 자격
  5. 그 밖에 필수 원자재 등 제품별 특성에 따라 고려하여야 할 사항
⑤ 공공기관의 장은 제품조달계약 전후에 직접생산 여부를 확인하려면 구매정보망에 등록된 정보에 따라 확인할 수 있다.

---

4 직접생산확인증명서 발급 절차

신청	• 제출서류: 공공구매종합정보망(https://www.smpp.go.kr/)에서 온라인 신청 • 사업자등록증, 공장등록증명서, 생산설비·인력 증빙자료
서류 심사	제출한 서류로 기본 요건(중소기업 여부, 업종 코드, 공장 등록 등) 확인
현장 실사	• 중소기업중앙회 또는 지정기관이 공장을 방문해 생산설비·인력·공정을 직접 확인 • 품목별 세부기준 충족 여부 검증
증명서 발급	• 모든 기준 충족 시 "직접생산확인증명서" 발급 • 유효기간은 보통 2년이며, 만료 전 갱신 필요

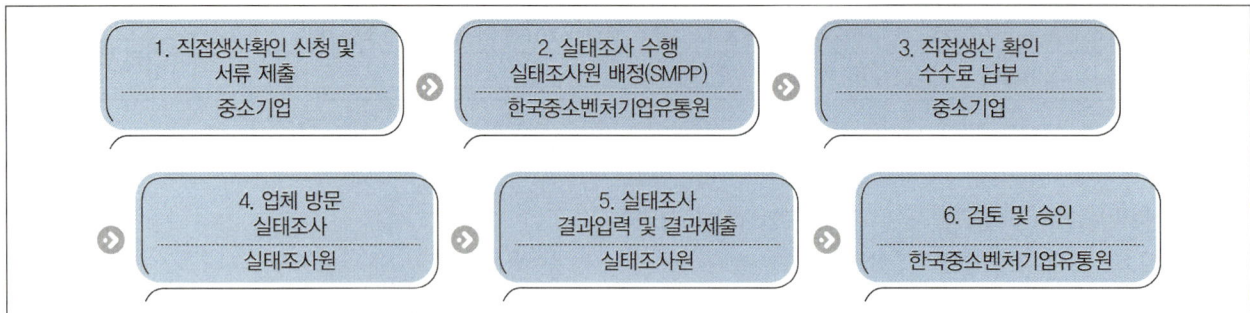

1. 직접생산확인 신청 및 서류 제출 중소기업	→	2. 실태조사 수행 실태조사원 배정(SMPP) 한국중소벤처기업유통원	→	3. 직접생산 확인 수수료 납부 중소기업
4. 업체 방문 실태조사 실태조사원	→	5. 실태조사 결과입력 및 결과제출 실태조사원	→	6. 검토 및 승인 한국중소벤처기업유통원

5 직접생산 기준 미충족 시 처분

증명서 발급 거부	현장 실사나 서류 검증에서 기준을 충족하지 못하면 직접생산확인증명서 발급 불가
입찰참여 제한	• 증명서가 없는 경우: 나라장터 입찰참여 및 1천만원 이상 수의계약 불가 • 이미 참여한 경우: 입찰무효로 낙찰이 취소될 수 있음
계약 취소(해지) 및 부정당업자 제재	납품 과정에서 직접생산 요건을 위반하거나 허위로 증명서를 발급받은 경우 • 계약 취소 • 일정 기간 입찰참가자격 제한(부정당업자 입찰참가자격 제한처분)
행정적 불이익	• 허위·부정 발급 시: 과징금 부과, 향후 증명서 신청 일정 기간 제한 등 행정 제재 • 공장등록이나 업종코드 불일치 등으로 반려될 경우: 관련 인허가를 다시 정비

바로 Check

직접생산확인증명서의 효력 요건을 설명하시오.

정답 증명서는 공고일 기준 유효하여야 하며, 입찰품목의 세부품명과 일치해야 한다.

핵심 포인트

• 공고일 기준 유효한 증명서 보유 여부
• 세부품명 일치 여부
• 증명서 유효기간 확인
• 공동수급체의 경우 각 구성원 보유 여부
• 하청 생산 여부

더 알아보기 직접생산확인 취소 등 제재조치 사례(출처: SMPP)

(1) 거짓 또는 부정한 방법으로 증명서 발급
 • A사는 동종 계열의 B사의 필수서류를 위조하여 직접생산확인증명서를 발급받음: 모든 직접생산확인증명서 취소 및 1년간 재신청이 제한되었으며, 형사 고발되어 벌금형에 처해짐
 • C사는 계열사인 D사의 생산시설을 임시로 설치하여 직접생산확인증명서를 발급받음: 모든 직접생산확인증명서 취소 및 1년간 재신청이 제한되었으며, 형사 고발되어 징역형에 처해짐
(2) 생산설비의 임대나 매각 등으로 인한 확인기준 미달 시 증명서 미반납
 A사는 경영상의 이유로 필수 생산시설을 일부 매각하였으나 30일 이내에 증명서를 반납하지 않음: 해당 직접생산확인증명서 취소 및 6개월간 재신청 제한

⑶ 하청생산, 완제품에 대한 타사 상표 부착 등 부당한 방법으로 직접 생산하지 아니한 제품의 납품
  • A사는 농공단지에 서류상으로 직접생산확인 기준에 적격한 지점을 준비하여 직접생산확인증명서를 발급받았으나, 지점에서 생산하지 않고 본사에서 제품을 생산하여 납품: 모든 직접생산확인증명서 취소 및 재신청이 6개월간 제한
  • B사는 직접생산확인증명서를 발급받은 후 C사의 로고를 부착하여 납품: 모든 직접생산확인증명서 취소 및 6개월간 재신청이 제한
  • D사는 직접생산확인증명서를 발급받은 후 지방자치단체에 하청생산한 제품을 납품하였으며, 감사원의 공공기관 감사 시 동 사실이 적발됨: 모든 직접생산확인증명서 취소 및 6개월간 재신청이 제한
⑷ 조사거부
  C사는 직접생산확인증명서를 발급받은 후, 한국중소벤처기업유통원의 사후관리에 따른 조사를 거부: 모든 직접생산확인증명서 취소 및 6개월간 재신청 제한
⑸ 공장이전 미반납
  A사는 직접생산 받은 공장을 타지역으로 이전 후 30일이 경과하였으나 직접생산확인증명서를 반납하지 않음: 해당 직접생산확인증명서 취소 및 3개월 이내 재신청 제한

04 적합 업종

출제기준 1-1-4 관련 규정에 따라 적합한 업종을 검토할 수 있다.

1 적합한 업종 검토의 의미

① 공공조달에서 "업종"이란 법령에 따라 사업 수행을 위해 등록·신고·면허 등을 받은 법적 자격을 의미
② 요구 능력
  • 공고문에 요구된 업종을 확인할 수 있는가?
  • 해당 계약 유형에 적합한 업종을 판단할 수 있는가?
  • 복수 업종 요구 시 충족 여부를 검토할 수 있는가?
  • 공동수급체 구성 가능 여부를 판단할 수 있는가?
③ 「국가계약법 시행령」 제12조 제1항: 경쟁입찰참가자격 요건 규정
  • 허가·인가·면허·등록·신고 등 법령상 요건 충족
  • 사업자등록증 또는 고유번호 보유
  • 필요 시 관계기관의 적합 판정

법조문 돋보기

「국가계약법 시행령」 제12조(경쟁입찰의 참가자격)
① 각 중앙관서의 장 또는 계약담당공무원은 다음 각 호의 요건을 갖춘 자에 한하여 경쟁입찰에 참가하게 하여야 한다.
　　1. 삭제
　　2. 다른 법령의 규정에 의하여 허가・인가・면허・등록・신고 등을 요하거나 자격요건을 갖추어야 할 경우에는 당해 허가・인가・면허・등록・신고 등을 받았거나 당해 자격요건에 적합할 것
　　3. 보안측정 등의 조사가 필요한 경우에는 관계기관으로부터 적합판정을 받을 것
　　4. 기타 재정경제부령이 정하는 요건에 적합할 것
② ~ ⑥ 생략

④ 「국가계약법 시행규칙」 제14조: 입찰참가자격 요건의 증명 방법과 등록 절차 규정
• 관계기관 발행 문서로 증명
• 사업자등록증 사본 등으로 확인
• 경쟁입찰참가자격 등록증으로 자격 증명 가능

법조문 돋보기

「국가계약법 시행규칙」 제14조(입찰참가자격요건의 증명)
① 영 제12조 제1항 제4호에서 "재정경제부령이 정하는 요건"이란 「소득세법」 제168조・「법인세법」 제111조 또는 「부가가치세법」 제8조에 따라 해당 사업에 관한 사업자등록증을 교부받거나 고유번호를 부여받은 경우를 말한다.
② 각 중앙관서의 장 또는 계약담당공무원은 경쟁입찰에 참가하고자 하는 자로 하여금 제1항에 따른 요건은 사업자등록증 또는 고유번호를 확인하는 서류의 사본에 의하여, 영 제12조 제1항 제2호 및 제3호에 따른 요건은 관계기관(법령에 의하여 설립된 관련협회 등 단체를 포함한다)에서 발행한 문서에 의하여 각각 이를 증명하게 하여야 한다.
③ 제15조의 규정에 의하여 경쟁입찰참가자격등록을 한 자는 등록된 종목 또는 품목에 한하여 교부받은 경쟁입찰참가자격등록증에 의하여 제2항의 규정에 의한 자격을 증명할 수 있다.

⑤ 「국가종합전자조달시스템 입찰참가자격등록규정」: 나라장터(G2B) 시스템에서 입찰참가자격 등록과 관리에 관한 세부 규정
• 시행규칙 제15조에 근거하여 조달청장이 운영
• 물품・공사・용역별 등록 절차와 관리 기준 명시

법조문 돋보기

「국가종합전자조달시스템 입찰참가자격등록규정」 제4조(등록의 구분)
① 등록의 분야에 따라 물품입찰참가자격등록, 공사입찰참가자격등록, 용역입찰참가자격등록 및 외자물품입찰참가자격등록으로 구분한다.
② 등록의 시기 및 사유에 따라 처음 등록하는 신규등록, 1년마다 자신의 등록내용을 스스로 확인・정비하는 자기정보확인등록, 등록사항의 일제정비 또는 유효기간 경과에 따른 갱신등록, 등록내용을 변경 또는 추가・삭제하는 변경등록, 등록취소사유 발생에 따른 말소등록으로 구분한다.
③ 등록확인을 받은 자(이하 "등록자"라 한다)의 국내 사업자등록 여부에 따라 국내소재업체 입찰참가자격등록과 국외소재업체 입찰참가자격등록으로 구분한다.

「국가종합전자조달시스템 입찰참가자격등록규정」 제5조(등록의 요건)

① 국내소재업체로서 입찰참가자격등록을 하고자 하는 자는 시행규칙 제18조의 예외규정을 제외하고 다음 각 호의 자격요건을 갖춘 자이어야 한다.

   1. 다른 법령의 규정에 의하여 허가, 인가, 면허, 등록, 신고 등을 필요로 할 경우에는 해당 허가, 인가, 면허, 등록, 신고 등이 되어 있거나 기타 필요한 자격요건에 적합할 것

   2. 보안측정 등의 조사가 필요한 경우에는 관계기관으로부터 적합판정을 받았을 것

   3. 「소득세법」 제168조, 「법인세법」 제111조 또는 「부가가치세법」 제8조에 따라 해당 사업에 관한 사업자등록증을 교부받았거나, 「부가가치세법 시행령」 제12조 제2항에 따라 고유번호증을 부여받았을 것

② 국외소재업체로서 입찰참가자격등록을 하고자 하는 자는 다음 각 호의 자격요건을 갖추어야 한다.

   1. 보안측정 등의 조사가 필요한 경우에는 관계기관으로부터 적합판정을 받았을 것

   2. 소속국가의 사업자등록증 또는 점포소유증명서를 교부받았을 것(소속국가에서 두 개를 모두 취급하지 않을 경우, 이와 유사한 것으로서 소속국가로부터 적법한 사업자임을 증명하는 인증서를 교부받았을 것)

2 조달대상물 유형별 업종 판단 기준

① 공사

- 「건설산업기본법」
- 「전기공사업법」
- 「정보통신공사업법」
- 「소방시설공사업법」

공사내용	요구 업종	공사내용	요구 업종
건축공사	종합건설업(건축공사업 등)	전기공사	전기공사업
실내인테리어	전문건설업(실내건축공사업)	통신공사	정보통신공사업

바로 Check

전기공사를 수행하기 위해 필요한 등록 업종은 무엇인가?

정답 전기공사업으로, 전기공사는 「전기공사업법」에 따라 별도 업종 등록이 필요하다.

② 물품

- 물품은 원칙적으로 "업종"보다 사업자등록 업태·종목 또는 중소기업제품의 경우 직접생산확인이 중요
- 관련 법령: 「판로지원법」

핵심 포인트

- 제조인지, 단순 공급인지 구분
- 직접생산확인 대상 여부
- 특정 제조업 등록 필요 여부

바로 Check

공사입찰과 물품입찰의 자격요건 차이를 설명하시오.

정답 공사는 해당 건설업 등록이 필수이나, 물품은 제조·공급 능력 및 직접생산확인 여부 중심으로 판단한다.

③ **용역**: 해당 개별 법령에 따른 등록업종이 중요

공사내용	요구 업종	공사내용	요구 업종
전기설계	「전력기술관리법」상 설계업	경비	「경비업법」상 경비업
건설감리	「건설기술진흥법」상 감리업	폐기물처리	「폐기물관리법」상 폐기물처리업

3 업종 검토 절차

① 계약의 실질적 내용 파악
② 입찰공고문의 요구 업종 확인
③ 관련 개별 법령 확인
④ 단일/복수체 구성 업종 여부 검토
⑤ 공동수급체 구성 필요 여부 판단
⑥ 제한경쟁과 연계 여부 검토

핵심 포인트

- 업종 누락 시 입찰무효 여부
- 복수 업종 중 1개만 보유한 경우 처리 방법
- 공동수급체 구성 가능 여부
- 업종 완화 가능 여부
- 업종 과다제한 여부 판단

핵심 최종점검

01 공공기관이 발주 전에 미리 공개하는 구매 계획을 무엇이라 하는가?

02 입찰참가자격을 제한받은 업체를 무엇이라 하는가?

03 공공조달 계약 유형(조달대상물) 3가지를 쓰시오.

04 하도급거래의 공정성을 확보하기 위해 적용되는 법률은 무엇인가?

05 공공기관이 중소기업 제품을 우선적으로 구매하도록 한 제도의 법적 근거 법률은 무엇인가?

06 입찰공고에 명시된 제품의 세부기준 단위를 무엇이라 하는가?

07 중소기업자 간 경쟁제품 제도의 목적은 무엇인가?

08 국가기관이 체결하는 계약의 경쟁입찰참가자격의 기본 법적 근거는 무엇인가?

09 지방자치단체 계약의 참가자격 근거 법령은 무엇인가?

10 입찰참가자격 사전등록을 수행하는 전자조달시스템은 무엇인가?

11 부정당업자에 대한 입찰참가자격 제한의 최대 기간은 얼마인가?

12 공사입찰에서 요구되는 대표적 등록 요건은 무엇인가?

13 중소기업자 간 경쟁입찰의 법적 근거는 무엇인가?

14 입찰참가 자격요건의 판단 기준은 무엇인가?

15 직접생산확인제도의 법적 근거는 무엇인가?

01
발주계획(또는 조달계획)

02
부정당업자

03
공사, 물품, 용역

04
「하도급거래 공정화에 관한 법률」
(「하도급법」)

05
「중소기업제품 구매촉진 및 판로지원에 관한 법률」(「판로지원법」)

06
세부품명

07
중소기업의 판로 지원 및 보호

08
「국가를 당사자로 하는 계약에 관한 법률」(「국가계약법」)

09
「지방자치단체를 당사자로 하는 계약에 관한 법률」(「지방계약법」)

10
국가종합전자조달시스템(나라장터)

11
2년

12
경쟁입찰참가자격등록

13
「중소기업제품 구매촉진 및 판로지원에 관한 법률」(「판로지원법」)

14
입찰공고일

15
「중소기업제품 구매촉진 및 판로지원에 관한 법률」(「판로지원법」)

		핵심	정답

16 직접생산확인은 어떤 제품에 적용되는가?

17 단순 포장·라벨 부착만 하는 경우 직접생산 인정 여부는?

18 직접생산확인증명서의 유효성 판단 기준일은 언제인가?

19 허위 생산실적 제출 시 가능한 제재는 무엇인가?

20 직접생산확인증명서가 없는 경우 중소기업자 간 경쟁입찰 참가 가능 여부는?

21 공사의 업종 구분의 기본 법령은 무엇인가?

22 업종을 요구하는 목적은 무엇인가?

23 복수 업종이 필요한 경우 활용 가능한 제도는 무엇인가?

24 통신공사의 등록 근거 법령은 무엇인가?

25 업종을 과도하게 제한하면 무엇에 위반될 수 있는가?

26 경비용역 수행을 위해 필요한 등록은 무엇인가?

27 업종을 보유하지 않은 업체가 단독입찰하면 처리 결과는 어떠한가?

28 업종 검토는 입찰절차 중 어느 단계에서 이루어지는가?

16
중소기업자 간 경쟁제품

17
인정되지 않음

18
입찰공고일

19
부정당업자 제재

20
불가

21
「건설산업기본법」으로 건설공사는 종합·전문건설업으로 구분된다.

22
계약이행능력 확보

23
공동수급체

24
「정보통신공사업법」

25
경쟁원칙

26
경비업 등록

27
입찰무효

28
입찰참가자격 검토 단계

서술형 출제예상문제

01 지방자치단체가 발주한 물품구매 입찰의 적용 법령과 그 판단 기준을 설명하시오.

> **정답**
>
> ① 적용 법령: 지방자치단체가 발주한 계약은 「지방자치단체를 당사자로 하는 계약에 관한 법률」(「지방계약법」)이 적용된다.
> ② 판단 기준: 적용 법령 판단 기준은 발주기관의 성격이며, 중앙행정기관은 「국가계약법」, 지방자치단체는 「지방계약법」이 적용된다.

02 공공조달 입찰 참가 전 계약 유형을 구분해야 하는 이유를 설명하시오.

> **정답**
>
> 계약 유형(공사·물품·용역)에 따라 계약조건, 낙찰자 결정 방법, 면허 요건, 하도급 규정이 달라지므로, 계약 목적과 주된 내용에 따라 계약 유형을 정확히 구분해야 한다.

03 중소기업자 간 경쟁제품 제도의 주요 내용과 실무상 유의점을 약술하시오.

> **정답**
>
> 중소기업자 간 경쟁제품 제도는 중소기업의 판로 보호를 목적으로 특정 제품에 대해 중소기업만 입찰에 참여하도록 제한하는 제도이다. 해당 제품은 세부품명 기준으로 판단하며, 직접생산확인서를 보유해야 한다. 실무상 세부품명 일치 여부와 확인서 유효기간을 반드시 검토해야 한다.

04 물품구매·설치공사 계약에서 계약 유형 판단이 중요한 이유를 설명하시오.

> **정답**
>
> 물품구매에 설치공사가 포함되는 경우 계약의 주된 목적에 따라 공사계약으로 판단될 수 있으며, 이에 따라 적용 법령, 면허 요건, 하도급 규정 및 낙찰자 결정 방법이 달라지므로 사전에 정확한 계약 유형 판단이 필요하다.

05 공공조달 입찰 참가를 위한 법령 검토 절차를 순서대로 설명하시오.

> **정답**
>
> ① 발주기관의 유형을 확인한다.
> ② 적용 법령을 판단한다.
> ③ 계약 유형을 구분한다.
> ④ 경쟁입찰참가자격 등록 여부를 확인한다.
> ⑤ 중소기업자 간 경쟁제품 및 직접생산확인 여부를 점검한다.
> ⑥ 우선구매 대상 여부를 검토한다.
> ⑦ 제재 여부를 검토하고 제출서류를 준비한다.

06 발주기관의 유형에 따라 계약 조건이 달라지는 이유를 설명하시오.

> **정답**
>
> 발주기관의 유형에 따라 적용 법령이 달라지며, 국가기관은 「국가계약법」, 지방자치단체는 「지방계약법」이 적용된다. 이에 따라 수의계약 한도, 낙찰하한율 및 적격심사 기준 등이 달라지므로 발주기관 유형 판단이 중요하다.

07 전자입찰의 법적 효력과 실무상 유의사항을 약술하시오.

> **정답**
>
> 전자입찰은 「전자조달의 이용 및 촉진에 관한 법률」에 따라 전자문서가 서면과 동일한 법적 효력을 가지므로 나라장터를 통한 입찰서 제출은 유효한 의사표시로 인정된다. 다만, 제출 마감시간 이전 정상 접수 여부를 반드시 확인해야 한다.

08 경쟁입찰참가자격의 기본 요건을 서술하시오.

> **정답**
>
> ① 법적 근거에 따른 계약당사자 요건을 충족해야 한다.
> ② 사업자등록 및 해당 업종 등록을 완료해야 한다.
> ③ 부정당업자 제재 중이 아니어야 한다.
> ④ 입찰참가자격 등록을 완료해야 한다.
> ⑤ 기타 공고상 제한요건을 충족해야 한다.

09 부정당업자 입찰참가자격 제한제도의 취지를 설명하시오.

> **정답**
>
> 부정당업자 입찰참가자격 제한제도는 계약 위반, 담합, 허위서류 제출 등의 행위를 한 자에 대해 일정 기간 입찰참가를 제한함으로써 계약질서 유지와 공정경쟁을 확보하기 위한 제도이다.

10 공동수급체의 입찰참가자격 검토 시 유의사항을 설명하시오.

> **정답**
>
> ① 각 구성원의 자격 충족 여부와 지분율 적정성을 확인한다.
> ② 대표자를 지정한다.
> ③ 공동이행·분담이행 방식을 구분한다.

11 직접생산확인제도의 취지를 설명하시오.

> **정답**
>
> 직접생산확인제도는 중소기업자 간 경쟁제품에 대해 해당 기업이 실질적으로 생산능력을 갖추었는지를 확인하여 유통업체의 편법 참여를 방지하고 중소 제조기업을 보호하기 위한 제도이다.

12 직접생산 요건 미충족 시 계약상 효과를 설명하시오.

> **정답**
>
> 입찰은 무효가 되며, 계약 체결 후 적발 시 계약 해지 및 부정당업자 제재 대상이 될 수 있다.

13 직접생산확인기준의 구성요소를 설명하고, 판단 시 유의사항을 기술하시오.

> **정답**
>
> 직접생산확인기준은 ① 생산공장, ② 생산시설, ③ 생산인력, ④ 생산공정 등의 요소로 구성된다. 판단 시 단순 조립·포장 여부를 구별해야 하며, 설비 임차의 경우 실질적 지배 여부를 확인해야 한다.

14 중소기업자 간 경쟁입찰에서 직접생산확인을 검토하는 절차를 단계별로 설명하시오.

> **정답**
>
> ① 해당 품목이 중소기업자 간 경쟁제품인지 확인한다.
> ② 입찰참가자가 중소기업인지 확인한다.
> ③ 직접생산확인증명서 보유 여부를 확인한다.
> ④ 세부품명 일치 여부를 확인한다.
> ⑤ 공고일 기준 유효성을 확인한다.
> ⑥ 공동수급체 구성 시 수행 구성원을 확인한다.

15 적합한 업종 검토의 의미를 설명하시오.

> **정답**
>
> 적합한 업종 검토란 계약 수행에 필요한 법정 등록 여부를 확인하는 것으로, 개별 법령에 따른 면허·등록 보유 여부를 판단하여 경쟁의 적정성과 계약이행능력을 확보하기 위한 절차이다.

16 공사에서 복합공종이 포함된 경우 업종 검토 방법을 설명하시오.

> **정답**
>
> ① 주된 공종을 판단하고, 부대공종 포함 여부를 확인한다.
> ② 각 공종별 법정 등록 업종을 확인한다.
> ③ 단독 수행 가능 여부를 판단한다.
> ④ 필요 시 공동수급을 허용한다.

17 물품계약에서 업종보다 직접생산확인이 중요한 이유를 설명하시오.

> **정답**
>
> 제조능력 확보와 단순 유통업체 배제를 통해 중소기업 보호정책과 연계되며, 이는 중소기업자 간 경쟁제도와 직결된다.

18 업종 제한 시 유의해야 할 사항을 설명하시오.

> **정답**
>
> 업종 제한 시에는 계약내용과 무관한 업종 요구, 과도한 복수업종 요구, 특정 업체만 가능한 업종 설정 등 경쟁을 제한하는 요소가 발생하지 않도록 유의해야 한다.

19 용역계약에서 업종 검토 시 유의사항을 설명하시오.

> **정답**
>
> ① 개별 법령상 등록 필요 여부를 확인한다.
> ② 단순 서비스인지 인허가 대상인지 구분한다.
> ③ 겸업 가능 여부를 검토한다.
> ④ 단독 수행이 어려운 경우 공동수급 가능성을 판단한다.

20 "적합한 업종 검토"의 절차와 실무상 유의사항을 서술하시오.

> **정답**
>
> ① 절차: 적합한 업종 검토는 먼저 계약의 실질적 내용을 분석하는 것에서 시작한다. 그 후 해당 계약에 적용되는 법령을 확인하고, 이를 바탕으로 필요한 업종을 도출하여야 한다. 이어서 요구 업종이 단일인지 복수인지 판단하고, 필요하면 공동수급 가능성도 검토하여야 한다. 마지막으로 업종 제한이 과도하여 경쟁을 부당하게 제한하는지 여부를 살펴야 한다.
> ② 실무상 유의사항
> • 업종 누락 시 입찰무효가 될 수 있다.
> • 과도한 업종 제한은 경쟁제한으로 이어질 수 있다.
> • 공종별 분리 발주 여부를 고려해야 한다.
> • 직접생산확인과의 관계를 검토해야 한다.

21 공사·물품·용역 계약에서 업종 검토의 차이를 비교 설명하시오.

> **정답**
>
> 계약 유형별로 검토 기준이 상이하므로 계약의 실질적 성격을 우선 판단해야 한다.
> ① 공사는 개별 공사업법에 따른 등록이 필수이므로 업종이 핵심 요건이다.
> ② 물품은 원칙적으로 제조 가능 여부 및 직접생산확인이 중요하다.
> ③ 용역은 해당 업무가 인허가 대상인지 여부에 따라 개별 법령상 등록업종이 요구된다.

22 A사는 중소기업으로서 ○○시(지방자치단체)가 발주한 "LED 가로등 구매·설치 사업" 입찰에 참여하고자 한다. 해당 사업은 설계도면에 따른 기존 가로등 철거 및 신규 LED 가로등 설치를 포함하고 있으며, 입찰공고에는 세부품명으로 "LED가로등기구"가 명시되어 있다. A사가 입찰에 참가하기 위해 사전에 검토해야 할 사항을 관련 법령과 제도를 중심으로 절차에 따라 설명하시오.

> **정답**
>
> ① 적용 법령의 판단
> • 본 사업은 ○○시가 발주한 사업이므로 「지방자치단체를 당사자로 하는 계약에 관한 법률」이 적용된다. 따라서 계약 방법, 예정가격 작성, 낙찰자 결정기준 등은 「지방계약법」 및 행정안전부 예규를 기준으로 검토하여야 한다.
> • 또한 전자입찰로 진행되는 경우 「전자조달의 이용 및 촉진에 관한 법률」에 따라 전자적 제출의 효력이 인정되므로 나라장터 등록 및 이용 가능 여부를 확인하여야 한다.
> ② 계약 유형의 판단: 본 사업은 "LED 가로등 구매·설치"로 명시되어 있으나, 기존 가로등 철거 및 신규 설치가 포함되어 있다. 따라서 단순 물품구매가 아닌, 물품 + 설치가 포함된 계약인지 공사에 해당하는지를 검토하여야 한다. 설치공사의 범위가 주된 계약 목적이라면 공사계약으로 판단될 수 있으므로, 건설업 또는 전기공사업 면허 보유 여부를 확인하여야 한다.
> ③ 중소기업자 간 경쟁제품 여부 검토
> • 세부품명이 "LED가로등기구"로 명시되어 있으므로, 다음을 확인해야 한다.
>   – 해당 품명이 중소기업자 간 경쟁제품에 해당하는지 확인
>   – 해당될 경우 직접생산확인증명서 보유 여부 확인
>   – 직접생산확인증명서의 세부품명 일치 여부 및 유효기간 확인
> • 중소기업자 간 경쟁제품인 경우 대기업은 참여할 수 없으며, 직접생산확인증명서가 없는 경우 입찰참가가 제한될 수 있다.
> ④ 업종 및 인허가 요건 검토
> • 설치가 포함된 경우 다음을 검토: 전기공사업 등록 여부, 건설업 면허 필요 여부, 하도급 가능 여부 및 하도급 승인 요건
> • 하도급이 예정된 경우 「하도급거래 공정화에 관한 법률」에 따른 서면교부, 부당특약 금지 등을 사전 검토하여야 한다.
> ⑤ 우선구매 및 기타 특례 여부 검토
> • LED가 녹색제품 또는 우수조달제품 등에 해당하는지 확인하여 우선구매 대상 여부를 판단한다.
> • 또한 여성기업, 장애인기업, 사회적기업 등 가점요소 해당 여부를 검토하여 입찰 전략에 반영한다.

⑥ 제재 및 참가자격 제한 여부 확인
  • 부정당업자 제재 여부
  • 입찰참가자격 등록 정보 최신화 여부 확인
  • 세부품명 등록 여부를 확인하여 입찰무효 사유를 사전에 제거하여야 한다.
⑦ 종합 판단
  A사는 ① 적용 법령 판단, ② 계약 유형 구분, ③ 중소기업자 간 경쟁제품 여부 확인, ④ 직접생산확인 및 업종 요건 충족 여부 검토, ⑤ 우선구매 및 가점요소 분석의 절차를 거쳐 적법성과 수주 가능성을 종합적으로 판단하여야 한다.

23   경쟁입찰참가자격 검토 절차를 단계별로 설명하시오.

> **정답**
>
> ① 적용 법령 확인: 국가기관은 「국가계약법」, 지방자치단체는 「지방계약법」이 적용된다.
> ② 계약 유형 확인: 공사・물품・용역 구분 중 어디에 해당하는지 구분한다.
> ③ 법적 등록요건 검토: 업종 등록, 사업자등록, 직접생산확인 등 법적 등록요건 충족 여부를 검토한다.
> ④ 제한요건 검토: 부정당업자 제재 여부, 행정처분 여부와 같은 제한요건을 확인한다.
> ⑤ 특례 여부 확인: 중소기업자 간 경쟁제품, 우선구매 대상 등 특례 여부를 확인한다.
> ⑥ 공고상 추가요건의 충족 여부를 검토한다.

24   중소기업자 간 경쟁입찰의 참가자격을 검토하는 방법을 설명하시오.

> **정답**
>
> ① 해당 품목이 중소기업자 간 경쟁제품으로 지정되었는지 확인한다.
> ② 참가자가 중소기업 확인서를 보유하고 있는지 확인한다.
> ③ 직접생산확인증명서를 보유하고 있는지 확인한다.
> ④ 부정당업자 제재 여부를 확인한다.
> ⑤ 공고상 추가 제한요건 충족 여부를 확인한다.

25   A법인은 국가기관이 발주한 일반경쟁입찰(물품)에 참여하였다. 입찰공고에서는 다음과 같은 제출서류를 요구하였다(사업자등록증, 직접생산확인증명서, 입찰보증금 지급각서, 법인등기부등본). A법인은 입찰서와 가격제안서는 제출하였으나, 직접생산확인서를 제출하지 않았고, 입찰보증금 지급각서도 누락하였다. 또한, 대표이사가 변경되었으나 입찰참가자격 변경등록을 하지 않은 상태였다.
① 각각의 법적 문제를 검토하시오.
② 입찰의 효력을 판단하시오.
③ 관련 법적 근거를 제시하시오.

> **정답**
>
> ① 법적 문제 검토
>   • 직접생산확인증명서 미제출: 중소기업자 간 경쟁제품의 경우 직접생산확인은 참가자격 요건이므로, 참가자격 미충족에 해당한다. 이는 「중소기업제품 구매촉진 및 판로지원에 관한 법률」 제9조에 근거한다.
>   • 입찰보증금 지급각서 미제출: 입찰보증금은 「국가계약법」 제9조 및 「같은 법 시행령」 제37조에 따라 납부하여야 하며, 미제출 시 입찰무효 사유가 된다.
>   • 대표자 변경 미등록: 대표자는 입찰참가자격의 본질적 사항으로, 변경등록 없이 입찰에 참여한 경우 「국가계약법 시행규칙」 제44조에 따른 입찰무효 사유에 해당한다.
> ② 입찰의 효력: 위 세 가지 사유 모두 입찰무효 사유에 해당하므로 해당 입찰은 무효이다.

③ 관련 법적 근거
- 「국가계약법」 제9조(입찰보증금)
- 「국가계약법 시행령」 제37조(입찰보증금)
- 「국가계약법 시행령」 제12조(경쟁입찰의 참가자격)
- 「국가계약법 시행규칙」 제44조(입찰무효)
- 「중소기업제품 구매촉진 및 판로지원에 관한 법률」 제9조(직접생산의 확인 등)

26 B사는 지방자치단체가 발주한 협상에 의한 계약(용역)에 참여하였다. 입찰공고에서 요구한 제출서류는 다음과 같다.

• 기술제안서	• 가격제안서
• 신용평가등급확인서	• 납세증명서(낙찰예정자에 한함)

B사는 마감시간 이전에 가격제안서는 제출하였으나 기술제안서를 10분 지연 제출하였다. 그럼에도 평가위원회에서 평가가 진행되어 B사가 1순위로 선정되었다. 이후 낙찰예정자로 통보받았으나 납세증명서를 제출하지 못하였다.

① 기술제안서 지연 제출의 법적 효과를 설명하시오.
② 납세증명서 미제출의 효과를 설명하시오.
③ 최종 계약 체결 가능 여부를 판단하시오.
④ 관련 법적 근거를 제시하시오.

정답

① 기술제안서 지연 제출의 효과: 협상에 의한 계약은 「국가계약법 시행령」 제43조에 근거한다. 기술제안서는 입찰의 본질적 구성요소이므로 마감시간 이후 제출은 무효 또는 평가 제외 대상이다. 마감 이후 제출은 유효한 입찰로 볼 수 없다.
② 납세증명서 미제출의 효과: 낙찰예정자는 계약 체결 요건으로 체납 여부를 증명하여야 하며, 이를 제출하지 못하면 계약 체결이 불가능하다. 이는 적격성 심사 및 계약이행능력 확보 취지에 따른 것이다(「국가계약법 시행령」 제42조 관련).
③ 최종 계약 체결 가능 여부: 기술제안서 지연 제출은 입찰 성립 요건을 충족하지 못한 것이므로 입찰 자체가 무효 또는 평가 제외 대상이다. 설령 평가가 이루어졌더라도 절차상 하자가 존재하므로 계약 체결은 불가하다. 또한 납세증명서 미제출로 계약요건도 충족하지 못한다. 따라서 최종 계약 체결은 불가능하다.
④ 관련 법적 근거
- 「국가계약법 시행령」 제43조(협상에 의한 계약)
- 「국가계약법 시행령」 제42조(적격심사)
- 「국가계약법 시행규칙」 제44조(입찰무효)

27 A시는 추정가격 3천만원의 중소기업자 간 경쟁제품(사무용 가구)을 일반경쟁으로 발주하였다. 입찰공고에는 다음과 같이 명시되어 있다.

- 중소기업자 간 경쟁제품
- 공고일 기준 유효한 직접생산확인증명서 보유
- 세부품명 일치 필수

B사는 입찰에 참여하여 1순위 낙찰예정자로 선정되었다. 그러나 계약 체결 직전 확인 결과, B사가 보유한 직접생산확인증명서는 공고일 이전에 유효기간이 만료되었고 증명서의 세부품명이 공고상 세부품명과 일부 상이하였다.

① 위 계약의 법적 문제를 검토하시오.

② 낙찰자 지위 유지 가능 여부를 판단하시오.

③ 관련 법적 근거를 제시하시오.

> **정답**

① 법적 문제 검토
- 적용 법령: 본 사안은 「중소기업제품 구매촉진 및 판로지원에 관한 법률」 제9조에 따른 직접생산확인 대상이다. 추정가격 1천만원 이상이므로(시행령 제10조 제1항) 직접생산 확인 의무가 발생한다.
- 공고일 기준 유효 여부: 직접생산확인증명서는 공고일 기준 유효하여야 한다. 유효기간이 만료된 경우 참가자격을 충족하지 못한다.
- 세부품명 불일치 문제: 직접생산확인은 "해당 세부품명"에 대해 발급된다. 공고 세부품명과 증명서상의 세부품명이 다르면 동일 품목으로 인정되지 않는다. 이는 시행령 제10조 제4항에서 정한 "제품별 특성에 따른 기준"을 충족하지 못한 경우에 해당한다.

② 낙찰자 지위 유지 가능 여부: 공고일 기준 유효한 직접생산확인증명서를 보유하지 않았으므로 참가자격 미달이다. 참가자격 미달은 본질적 하자이므로 입찰은 무효에 해당하며, 낙찰자 지위를 유지할 수 없다.

③ 관련 법적 근거
- 「판로지원법」 제9조 제1항
- 「판로지원법 시행령」 제10조 제1항
- 「판로지원법 시행령」 제10조 제4항
- 「국가계약법 시행규칙」 제44조(입찰무효 사유)

28 C사는 중소기업자 간 경쟁제품(LED 가로등)을 생산하는 업체로 직접생산확인증명서를 보유하고 있었다. 그러나 최근 공장을 타 지역으로 이전하였으며, 설비 일부는 외주업체에 위탁하여 생산하고 있다. 공장 이전 후 직접생산 여부 재신청을 하지 않은 상태에서 추정가격 5천만원의 수의계약을 체결하였다. 계약 체결 후 현장 점검 결과, 주요 공정이 외주 처리되고 있으며 상시 근로자 수가 기준에 미달하는 것으로 확인되었다.

① 공장 이전 후 재신청 의무 여부를 설명하시오.

② 주요 공정 외주 처리의 법적 문제를 설명하시오.

③ 계약의 효력 및 제재 가능성을 판단하시오.

④ 관련 법적 근거를 제시하시오.

> **정답**
>
> ① 재신청 의무: 「판로지원법」 제9조 제5항 제2호에 따르면, 직접생산 확인을 받은 공장을 이전한 경우에는 직접생산 여부 확인을 재신청하여야 한다. 따라서 C사는 재신청 의무를 위반하였다.
>
> ② 주요 공정 외주 처리 문제
> * 직접생산확인 기준의 핵심은 생산시설 보유, 주요 공정 직접 수행, 기술인력 확보이다. 주요 공정을 외주 처리하고 단순 조립 또는 포장만 수행하는 경우는 직접생산 요건을 충족하지 못한다. 이는 시행령 제10조 제4항의 "주요 설비 및 최소 인원" 기준에 위반된다.
>
> ③ 계약의 효력 및 제재
> * 계약 효력: 직접생산 요건을 충족하지 못한 상태에서 체결한 계약은 참가자격 흠결에 해당하므로 계약 해지 또는 취소 사유가 된다.
> * 제재: 계약 해지, 부정당업자 입찰참가자격 제한, 향후 직접생산확인 신청 제한, 허위 사실이 있는 경우 행정 제재가 가능하다.
>
> ④ 관련 법적 근거
> * 「판로지원법」 제9조 제5항
> * 「판로지원법 시행령」 제10조
> * 「국가계약법 시행령」 제76조
> * 「국가계약법 시행규칙」 제44조

29 D시는 추정가격 12억원의 청사 전기설비 개선공사를 일반경쟁입찰로 발주하였다. 입찰공고에는 다음과 같은 참가자격이 명시되어 있다.

> * 「전기공사업법」에 따른 전기공사업 등록업체
> * 공동수급 허용(분담이행방식)

이에 대해, A사는 종합건설업(건축공사업)만 등록되어 있고, B사는 전기공사업만 등록되어 있다. A사와 B사는 공동수급체를 구성하여 입찰에 참여하였다.

① 본 공사에 요구되는 적합한 업종을 판단하시오.

② A사가 단독으로 입찰할 수 없는 이유를 설명하시오.

③ 공동수급체 구성의 적정성을 검토하시오.

④ 관련 법적 근거를 제시하시오.

정답

① 요구되는 적합한 업종 판단: 본 계약은 "청사 전기설비 개선공사"로, 공사의 주된 내용이 전기설비 시공에 해당한다. 따라서 「전기공사업법」에 따른 전기공사업 등록이 필수 업종이다.

② A사가 단독 입찰할 수 없는 이유: 「국가계약법 시행령」제12조 제1항 제2호에 따르면, 다른 법령에 따라 허가 · 면허 · 등록을 요하는 경우 해당 자격을 갖추어야 한다. 전기공사는 「전기공사업법」에 따른 별도 업종 등록이 필요한 공사이므로, 종합건설업만 보유한 A사는 법정 업종 요건을 충족하지 못하여 단독 입찰이 불가하다.

③ 공동수급체 구성의 적정성: 본 공사는 전기공사가 주된 공종이나, 종합건설업체와 전기공사업체가 분담이행 방식으로 공동수급체를 구성하는 것은 가능하다. 공동수급체 구성 시 각 구성원이 분담 공종에 대한 법정 업종을 보유하고 있으므로, 업종 요건은 충족된다.

④ 관련 법적 근거
   • 「국가계약법 시행령」제12조 제1항 제2호
   • 「전기공사업법」
   • 「국가계약법 시행규칙」제14조

30 E공공기관은 추정가격 8천만원의 청사 경비용역을 제한경쟁입찰로 발주하였다. 입찰공고에는 다음과 같이 참가 자격을 규정하였다.

> • 「경비업법」에 따른 경비업 등록업체
> • 나라장터(G2B) 용역입찰참가자격 등록 필수

이에 대해, C사는 사업자등록증에 "시설관리용역"을 등록하였으나 경비업 등록은 되어 있지 않고, D사는 「경비업법」에 따른 경비업 등록을 완료하고 나라장터 용역입찰참가자격도 등록하였다.

① 본 용역에 요구되는 적합한 업종을 판단하시오.

② C사가 입찰에 참여할 수 없는 이유를 설명하시오.

③ 업종 요건을 사업자등록 업종으로 갈음할 수 없는 이유를 설명하시오.

④ 관련 법적 근거를 제시하시오.

정답

① 요구되는 적합한 업종 판단: 청사 경비용역은 단순 서비스가 아니라 「경비업법」의 적용을 받는 법정 인허가 대상 용역이다. 따라서 적합한 업종은 경비업 등록업체이다.

② C사가 입찰에 참여할 수 없는 이유: 「국가계약법 시행령」제12조 제1항 제2호에 따라, 법령상 등록이 필요한 경우 해당 등록을 반드시 갖추어야 한다. C사는 사업자등록은 되어 있으나 「경비업법」에 따른 경비업 등록을 하지 않았으므로 입찰참가자격을 충족하지 못한다.

③ 사업자등록 업종으로 갈음할 수 없는 이유: 사업자등록증상의 업태 · 종목은 세법상 관리 목적일 뿐, 개별 법령에서 요구하는 인허가 요건을 대체할 수 없다. 「국가계약법 시행규칙」제14조에 따라, 법정 등록 요건은 관계기관이 발행한 등록증 등으로 증명하여야 하므로, 단순 사업자등록으로는 부족하다.

④ 관련 법적 근거
   • 「국가계약법 시행령」제12조 제1항 제2호
   • 「국가계약법 시행규칙」제14조
   • 「경비업법」
   • 「국가종합전자조달시스템 입찰참가자격등록규정」

CHAPTER

02

입찰참가자격 정보 관리

01 공급대상물 유형별 품명/세부품명 신규 등록

출제기준 1-2-1 공급대상물 유형별 품명/세부품명을 신규 등록할 수 있다.

1 품명등록 요청

① 목록정보시스템에 없는 새로운 품명(물품분류번호) 및 세부품명(세부품명번호)의 신설을 요청하는 것
② 품목등록(물품식별번호 발급) 시 해당 물품에 적합한 품명 및 세부품명이 없는 경우에는 품명 및 세부품명을 먼저 신설하여야 함

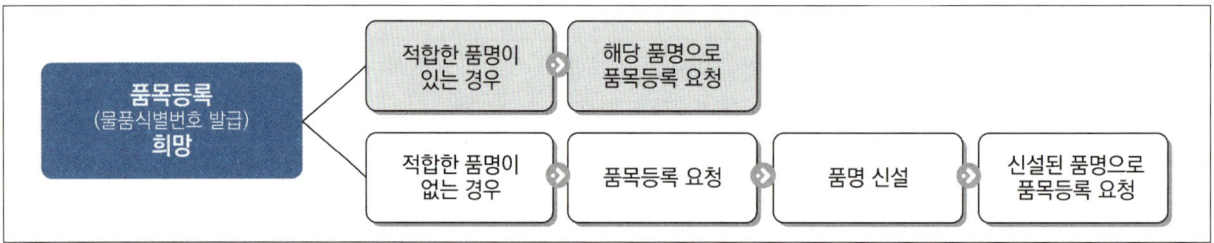

2 신규 등록 대상

납품 가능한 물품 등의 상품 속성과 일치하는 세부품명이 존재하지 않는 경우 물품목록화 요청을 통해 새로운 세부품명을 만들어야 함

> 📍**더 알아보기** **물품목록제도**
>
> (1) 물품목록: 물품에 관한 단일 분류체계를 확립하고 물품목록정보를 계속 획득하기 위하여 물품의 분류와 품명을 표준화하고 다른 물품과 식별하기 위하여 그 특성을 기술한 목록
> (2) 물품목록번호 = 물품분류번호 + 물품식별번호
> (3) 관련 규정
>
> | 「물품목록정보의 관리 및 이용에 관한 법률」
(「물품목록법」), 「같은 법 시행령」 및 「같은 법 시행규칙」 | 물품목록의 정의, 적용범위, 목록화의 원칙, 목록화대상 등 |
> | --- | --- |
> | 「목록화지침」(조달청 훈령) | 목록화의 원칙, 목록화의 절차, 품명·품목의 등록 및 관리기준 등 |
> | 「물품목록정보의 관리 및 이용에 관한 규정」
(조달청 훈령) | 물품목록 행정소요일수 적용기준 등 |
>
> (4) 정부 물품분류체계의 특징
> • 전자상거래에 적합한 UNSPSC*를 기반
>   * UNSPSC: 유엔 표준 제품 및 서비스 분류체계(United Nations Standard Products and Services Code)
> • 필요 시 국내 실정에 맞게 별도의 물품분류번호 신설 적용

(5) 물품목록번호의 구성

대분류	중분류	소분류	세분류	세세분류		일련번호
24	10	16	01	01		23839999
물품취급, 조정, 저장기계, 액세서리 및 소모품	물품취급, 기계 및 장비	리프트장비 및 액세서리	엘리베이터	승객용 엘리베이터		승객용 엘리베이터, 쇼쇼엔 지니어링, AB60C, 18인승/2층/일반형

물품분류번호(8자리)

물품식별번호(8자리)

세부품명번호(10자리)

물품목록번호(16자리/18자리)

→ 물품분류번호는 좁게는 '물품분류번호(8자리)'를 의미하지만, 넓게는 '세부품명번호(10자리)'도 물품분류번호로 볼 수 있음

 Check

1. 물품분류체계의 기반이 되는 국제코드는 무엇인가?

2. 세부품명코드는 몇 자리 코드로 구성되는가?

정답 1. UNSPSC   2. 10자리

3 품명신설 시 고려사항(「물품목록법 시행령」 제11조)

① 기존 계약에 영향이 예상되는 경우는 관련 업체 및 계약부서의 의견 수렴 필요
② 특허 등 특정 유형의 제품등록을 위한 품명은 경쟁입찰 및 MAS 계약이 곤란하여 신설의 실익이 없음

4 공급대상물 유형별 구분

물품	• 제조 또는 구매 가능한 재화 • 세부품명번호(10자리) • 직접생산확인 여부 연계 • MAS, 우수제품, 혁신제품 신청의 전제 📢 **핵심 포인트** • 기존 세부품명 존재 여부 확인 • 신규 세부품명 생성 필요 여부 판단 • 기술적 차별성 입증 자료 준비
용역(서비스)	• 인적 · 기술적 서비스 제공 • 업종 등록이 기본 • 일부는 품명코드 활용 　– 학술연구용역 　– 시스템 유지관리 　– 시설관리용역 • 용역은 물품처럼 세부품명 생성보다는 업종 · 업무 범위 적합성이 중요
공사	• 건설 · 설치 행위 • 공사업종 등록 필수 • 공사는 '품명 등록'보다 '업종 보유'가 핵심

5 신규 세부품명 등록 요건

① 기존 품명으로 분류 불가능
② 독립적 기능 존재
③ 시장 수요 존재
④ 조달목적상 필요성 인정

 **Check**

세부품명 등록 전 가장 먼저 수행해야 할 절차는 무엇인가?

정답 기존 품명 검색

6 물품 세부품명 신규 등록 절차

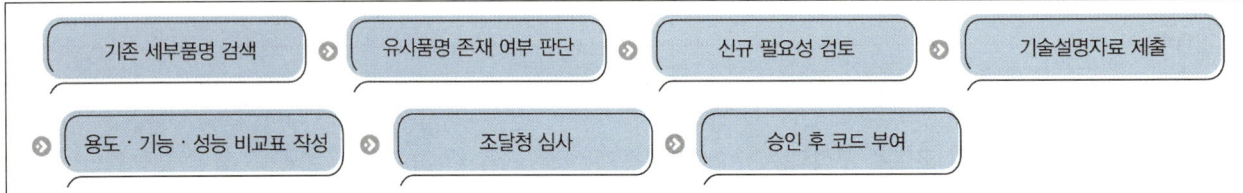

♪ 더 알아보기 **목록정보시스템 이용 신규 세부품명 등록 절차**

(1) 목록정보시스템 주요 메뉴: 통합검색, 상세검색, 커뮤니티, 목록화 요청 안내, 사전 필요사항과 목록화 요청 주요 서비스 등
(2) 로그인 방법: 나라장터 등록 계정을 활용하여 다음 중 1가지 방식 선택
 • 개인용 간편인증　　　　　• 스마트나라장터 인증
 • 모바일 신분증　　　　　　• 개인용 인증서
 • 아이디(ID)·비밀번호
(3) 절차
 • 목록정보시스템 → 목록화 요청 → 품명등록(세부품명신설)
 • 품명신설 요청하기 → 품명신설 요청내역 조회 → 페이지당 검색자료 표출건수 지정 진행상태 확인 → 수정 또는 삭제
 • 사전 품명 검색 및 품명 요청 화면: 목록화 요청 → 품명등록(세부품명신설) → 품명신설 요청

> 〈품목과 분류 정보 확인〉
> 지능형 검색과 목록정보시스템에 구축된 검색어 사전을 이용
> • 물품분류지도: '대분류(2자리) – 중분류(4자리) – 소분류(6자리) – 세분류(8자리 분류번호)'의 4단계로 구성된 물품분류체계에 따라 연관된 품명 정보를 확인
> • 목록화의 처리 소요 일수: 품명등록은 24일, 신산업 상품은 17일, 품목등록은 8일 이내, 품목변경은 5일 이내 처리가 원칙

 • 품명신설 요청자료 입력 화면: 목록화 요청 → 품명등록(세부품명신설) → 품명신설 요청
 – 유의사항 및 개인정보 수집 및 이용 동의
 – 세부정보 입력(요청자 정보, 상위 분류 선택/신설품명 기본정보/참고자료/유사품명과의 차이점)
 – 임시저장 및 요청

세부품명 신규등록 심사 시 검토 요소를 설명하시오.

정답 세부품명 신규등록 심사 시에는 먼저 기존 품명과의 중복 여부를 검토하여 별도의 품으로 분리할 필요가 있는지를 판단한다. 또한 해당 제품이 독립적인 기능을 가지는지 확인하고, 시장 수요가 존재하는지 검토하여 실질적 거래 가능성을 판단한다. 아울러 기존 제품과 구별되는 기술적 차별성이 있는지 확인하며, 공공조달에서 활용 가능성이 있는지를 종합적으로 검토하여 등록 여부를 결정한다.

핵심 포인트

- 기존 품명과 차별성 설명
- 물품 · 용역 · 공사의 구분 논리
- 세부품명 신규등록 사유 작성
- 직접생산확인과의 관계 설명
- 등록 후 활용 방안(MAS 등)

02 경쟁입찰참가자격 등록증 정보 갱신

출제기준 1-2-2 변동사항 발생 시 경쟁입찰참가자격 등록증의 정보를 갱신할 수 있다.

1 입찰참가자격 변경신청

① **경로:** 이용자관리 → 업체정보관리 → 입찰참가자격변경/제조물품 갱신등록신청
② **변경신청의 특징:** 조달청의 승인을 받아야 하는 대부분의 입찰참가자격에 관한 변경정보는 입찰참가자격 변경신청으로 진행
③ **변경사항에 대한 입력방법과 절차:** 입찰참가자격 등록신청과 유사

2 사례별 변경 절차

① 조달업체 기본정보 변경 시 변경 절차

조달업체에서 자체적으로 수정할 수 있는 항목	영문상호명, 전화번호, 팩스번호, 종업원수, 홈페이지, 대표자 E-mail 및 핸드폰 번호, 대표대표자 여부, 공급물품 추가 · 삭제, 공장전화 및 팩스번호, 제조물품의 대표물품 여부, 공사 · 용역 · 기타업종의 대표업종 여부, 입찰대리인 삭제
조달청의 승인을 받아 수정할 수 있는 항목	• 상호, 주소, 대표자, 기업구분, 공장주소 등 공장정보, 제조물품, 공사 · 용역 · 기타업종, 입찰대리인, 지사등록(법인 본사인 경우), 등기부등본 사항 등 • 입찰 등 업무처리 과정에서 매우 중요한 항목으로서 나라장터 시스템에서 해당 항목을 수정하여 조달청으로 송신하면 조달청에서 승인처리 후 수정

1. 상호 변경은 자체 수정이 가능한가, 조달청 승인사항인가?

2. 전화번호 변경은 자체 수정이 가능한가, 조달청 승인사항인가?

정답 1. 조달청 승인 필요 2. 자체 수정 가능

② 상호 또는 대표자 변경 시 처리 절차
- 「국가종합전자조달시스템 입찰참가자격 등록 규정」에 의하여 등록된 업체로서 법인의 상호 또는 대표자가 변경된 경우에는 이를 변경등록하고 입찰에 참가하여야 함
- 변경하지 않고 참여한 입찰은 무효 처리됨(「국가계약법 시행규칙」 제44조 제1항 제6의3호 가목·나목, 「지방계약법 시행규칙」 제42조 제1항 제5호 가목·나목)
- 이용자관리 → 업체정보관리 → 입찰참가자격변경/제조물품 갱신등록신청 메뉴를 통해 상호 및 대표자를 전자적으로 변경신청
- 입찰참가자격 변경신청 후 반드시 시행문을 출력하여 제출서류가 있는지 확인
- 만약 제출서류가 있다면 시행문과 제출서류를 변경신청한 조달청으로 온라인 서류제출메뉴를 통해 제출(방문제출 가능)

상호 변경 시 절차를 설명하시오.

정답 변경신청 메뉴에 접속하여 상호 변경을 전자적으로 신청한다. 이후 시행문을 출력하고, 요구되는 제출서류를 확인한 뒤 온라인으로 서류를 제출하며 필요 시 방문 제출도 가능하다. 마지막으로 변경된 정보에 맞추어 인증서를 재등록하여야 한다.

③ 법인의 상호가 변경된 경우: 공인인증기관으로부터 공인인증서를 재발급받아 나라장터에 인증서 추가등록을 하여야 하며, 사업자등록증, 면허, 인가 등 관계 서류를 변경하여야 함
④ 지사의 대표자를 변경하지 않고 입찰에 참가한 경우: 지사의 대표자는 법인의 대표자가 아니라 단순히 사용인이므로 지사의 대표자를 변경하지 않고 입찰에 참가하더라도 무효사유에 해당하지 않음
⑤ 이직, 탈퇴 등의 사유로 직원(입찰대리인, 관리자 등)을 탈퇴 처리하는 방법

탈퇴 직원 자신이 처리하는 방법	• 해당 메뉴 이동(이용자관리 → 회원정보관리 → 개인회원 소속선택) • [개인회원 소속선택] 메뉴 화면 하단의 [소속탈퇴] 버튼을 클릭하면 탈퇴 처리 완료
업체 관리자가 소속직원을 탈퇴 처리하는 방법	• 해당 메뉴 이동(이용자관리 → 소속직원관리 → 업체소속직원 정보목록) • [업체소속직원 정보목록] 화면에서 탈퇴 처리할 직원을 클릭 • [업체소속직원 정보상세] 화면 하단의 [탈퇴] 버튼을 클릭하면 탈퇴 처리 완료

03 공급물품 목록화 요청

공급하고자 하는 물품에 대한 목록화 작업을 수행할 수 있다.

1 목록화의 의의

① 개념: 공공조달시장에서 거래되는 물품에 대해 고유 식별체계를 부여하여 관리하는 절차로, 조달청이 운영하는 목록정보시스템을 통해 수행
② 목적
- 동일 물품의 중복 등록 방지
- 수요기관의 정확한 모델 식별
- 전자계약 및 납품관리의 효율성 확보
- 다수공급자계약(MAS) 등 계약제도의 기반 마련

2 품목 및 물품목록번호 체계

품목	품명번호(8자리)와 해당 세부품명에 따라 구분되는 속성을 포함한 고유한 해당 물품의 식별번호(8자리)로 구분
물품목록번호	특정 품명번호에 해당하는 상품이 다수공급자계약(MAS) 등을 통해 수요기관에서 납품을 요구하는 특정 모델로 식별되기 위해서는 16자리로 구성된 물품목록번호를 부여받아야 함

3 목록화 요청 전 사전 확인사항

① 기존 품명·세부품명의 등록 여부 확인
② 유사 품목 식별번호의 존재 여부 확인
③ 세부품명 신규등록의 필요 여부 판단

바로 Check

목록화 요청 전 사전 확인사항을 설명하시오.
정답 ① 기존 품명 존재 여부 확인
② 세부품명 존재 여부 확인
③ 유사 품목 식별번호 존재 여부 확인
④ 신규등록 필요성 판단

4 목록화 요청(신규 품목 등록) 절차

① 목록정보시스템 로그인: 나라장터 계정으로 목록정보시스템 접속
② 품목등록 메뉴 선택: 목록화 요청 → 품목등록 선택 또는 목록화 요청 주요 서비스에서 '품목등록'을 통해 수행
③ 동의사항 확인 및 개인정보 동의
④ 요청자 정보 입력: 나라장터 로그인 정보 자동입력
⑤ 활용 용도 입력

- 다수공급자계약(MAS), 우수조달물품(우수제품), 단가(일반, 제3자단가)계약, 총액계약, 벤처나라, 혁신시제품 계약 등 신청 목적대로 선택
- 활용 용도는 목록화 요청 검토 시 참고하는 자료로, 등록 후 실제 활용 용도가 달라도 품목 정보 활용에는 제약이 없음

⑥ 물품 기본정보 입력

세부품명	물품분류번호 및 품명을 검색하여 선택
품목 구분	• 일반용: 일반적 물품 관리와 계약 용도(모든 분야에 사용 가능) • 계약용: 계약을 진행하는 데만 활용(계약서 작성용)되며, 일반적 물품관리에는 사용할 수 없음 • 시설자재용: 시설공사 원가를 계산하는 용도로만 사용 • 입찰공고용: 일반적 물품관리 용도로 활용할 수 없고, 나라장터 공고 용도로만 사용 • 물품관리용: 계약업무용으로는 활용이 불가능하며, 일반적인 물품관리 용도로만 활용
상품원산지 국가명	외국산의 경우, 제조업체 카탈로그 업로드
주문자상표부착 상품 여부	해당될 경우 상표권이 명시된 제조계약서 업로드
부품 여부	부품인 경우 "Y"를 선택하고, 본품 모델명 입력
복합상품 여부	복합상품인 경우 "Y"를 선택하고, 복합상품 구성란에 구성품을 등록
전통문화상품 여부	해당될 경우 "Y"를 선택하고, (사)정부조달문화상품협회에서 발행한 직접생산확인서 업로드
기관주문 제작상품 여부	• 수요기관에서 맞춤형으로 주문제작한 제품인 경우 "Y"를 선택 • 기관주문 제작상품 여부는 해당 품목이 특정 수요기관에서만 활용 가능한 상황이므로 유의
주문제작요청 기관명	요청한 기관명 입력
범위형 규격 여부	조달청 다수공급자계약 공고에 따라 범위형 규격으로 계약할 물품인 경우 "Y"를 선택
제조업체 사업자등록번호/제조업체명	OEM 상품도 품목 등록신청 조달업체명(상표권자인 경우)으로 입력
모델명	규격서, 카탈로그 등 첨부한 자료와 정확히 일치하게 작성
단위	상품 거래단위 선택
제품 설명	상품에 대한 객관적인 정보 입력

⑦ **이미지 업로드**: 사진(실물 사진 ○, 그래픽 이미지 ×)

⑧ **첨부파일 업로드**: 규격서, 도면, 매뉴얼, 기타 첨부파일

⑨ **세부정보 입력(개별 속성)**: 크기, 두께, 무게, 사용 인원 등 해당 물품의 세부적인 규격 정보로 속성값과 측정단위는 구분된 란에 입력

⑩ **품목명 생성**: 품목명 생성 규칙에 따라 '세부품명 – 제조업체명 – 모델명 – 대표속성값' 순으로 구성된 품목명 자동 생성

⑪ **요청하기**: '요청하기'를 선택해 품목등록 요청을 완료
- 최종 요청 전에 입력내용 등을 확인하기 위한 목적으로 임시저장이 가능하며, 임시저장된 자료는 '요청내역 조회'를 통해 확인
- 이후 '요청하기'를 선택해야 최종적으로 신청이 접수된다는 점에 유의

5 진행 상태별 처리

'수정'	기등록한 요청자료의 수정 가능
'취소'	요청 자료 회수 가능
'참조등록'	이전 신청 시 등록한 요청자료를 활용해 등록 절차 진행 가능

 Check

목록화 요청 후 진행상태가 '수정'일 때 가능한 조치는 무엇인가?

정답 기등록한 요청자료의 수정

6 개별요청과 일괄요청 방법

개별요청 방법	• 10개 미만인 경우 개별 품목을 목록정보시스템에 하나씩 입력하여 요청하는 방법 • 기존요청 참조등록, 검색화면 참조등록, 세부품명 검색등록 활용
일괄요청 방법	세부품명이 동일한 10개 이상의 등록 대상 품목이 있는 경우에 많은 수의 품목을 일괄 요청

 Check

동일 세부품명이 10개 이상일 경우 사용하는 등록 방법은 무엇인가?

정답 일괄요청

7 융복합상품

① 신청 대상 품목이 융복합상품으로서 '99'로 시작하는 대분류(융복합상품)에 해당할 경우
② 처리 방법
- 융합상품의 경우는 세부품명 조회, 복합상품의 경우 물품식별번호 조회
- 해당 융복합상품의 구성 세부품명과 품목으로 함께 노출하는 구성을 선택

04 입찰참가 제출서류

입찰에 참여하기 위해 필요한 제출서류를 요건에 맞춰 준비할 수 있다.

1 법적 근거 체계

① 기본 법령
- 「국가계약법」, 「국가계약법 시행령」, 「국가계약법 시행규칙」
- 「지방계약법」, 「지방계약법 시행령」, 「지방계약법 시행규칙」

② 실무 기준: 조달청 실무에서는 입찰공고문 + 입찰유의서 + 제안요청서(RFP)가 직접적 기준이 됨

📌 **더 알아보기** **주요 법적 근거**

(1) 입찰참가자격 관련 조문
- 「국가계약법」 제7조: 계약의 방법
- 「국가계약법 시행령」 제12조: 경쟁입찰의 참가자격
- 「지방계약법 시행령」 제13조: 입찰의 참가자격
- ※ 업종, 등록, 면허 등은 위의 조문에 근거

(2) 입찰무효 관련 조문
- 「국가계약법 시행령」 제39조: 입찰서의 제출·접수 및 입찰의 무효
- 「국가계약법 시행규칙」 제44조: 입찰무효(대표자 미변경, 자격 미충족 등 포함)
- 「지방계약법 시행령」 제39조: 입찰서의 제출·접수 및 입찰의 무효
- 「지방계약법 시행규칙」 제42조: 입찰무효

(3) 입찰보증금 관련 조문
- 「국가계약법」 제9조: 입찰보증금
- 「국가계약법 시행령」 제37조: 입찰보증금
- 「국가계약법 시행령」 제38조: 입찰보증금의 국고귀속
- 「지방계약법」 제12조: 입찰보증금
- 「지방계약법 시행령」 제37조: 입찰보증금
- 「지방계약법 시행령」 제38조: 입찰보증금의 세입조치
- ※ 보증금 미납 → 입찰무효 사유

(4) 적격심사·계약이행능력심사 관련 조문
- 「국가계약법 시행령」 제42조: 국고의 부담이 되는 경쟁입찰에서의 낙찰자 결정
- 「지방계약법 시행령」 제42조: 재정지출의 부담이 되는 입찰에서의 낙찰자 결정
- ※ 낙찰예정자 사후 제출서류 근거

(5) 협상에 의한 계약(용역 중심) 관련 조문
- 「국가계약법 시행령」 제43조: 협상에 의한 계약 체결
- ※ 제안서 제출 근거

(6) 중소기업제품 직접생산 관련 조문
  「중소기업제품 구매촉진 및 판로지원에 관한 법률」 제9조: 직접생산의 확인 등
- ※ 직접생산확인증명서 미충족 → 참가자격 미달

2 제출서류의 유형 구분

입찰참가자격 관련 서류 (참가자격 충족 여부 판단)	• 사업자등록증 • 인감증명서 • 업종등록증	• 법인등기부등본 • 사용인감계 • 직접생산확인증명서
가격입찰 관련 서류	• 입찰서 • 가격제안서	• 산출내역서 • 입찰보증금 관련 서류
기술·제안서 관련 서류 (용역 중심)	• 기술제안서 • 인력 투입계획 • 신용평가등급 확인서	• 수행계획서 • 실적증명서
적격심사·협상 관련 서류	• 재무제표 • 4대보험 완납증명서	• 납세증명서 • 실적증명서 원본

바로 Check

세금 체납 여부를 확인하기 위해 제출하는 서류는 무엇인가?

정답 납세증명서

3 사전제출 vs 사후제출

사전제출	사후제출
• 입찰서 제출 시 동시 제출 • 미제출 시 입찰무효 가능	• 낙찰예정자에 한해 제출 • 미제출 시 낙찰취소

4 전자입찰 시 유의사항

① 스캔파일 제출 형식 확인　　　　② 유효기간 확인
③ 발급일 기준 충족 여부 확인　　　④ 원본대조 필요 여부 확인
⑤ 시행문 확인

5 제출서류 누락 시 효과

참가자격 미충족	입찰무효
입찰보증금 미납	입찰무효
제안서 미제출	평가 제외
사후서류 미제출	낙찰취소

핵심 포인트
• 공고문 분석 능력
• 계약 유형별 제출서류 도출
• 무효사유 판단
• 사전·사후제출 구분
• 서류 유효기간 판단

바로 Check

입찰보증금을 납부하지 않은 경우 입찰은 어떻게 되는가?

정답 입찰무효

핵심 최종점검

CHAPTER 02

| 핵심 | 정답 |

01 중소기업자 간 경쟁제품 물품 등록 시 직접생산확인이 관련된 법령은 무엇인가?

02 공사의 경우 품명등록보다 우선적으로 요구되는 것은 무엇인가?

03 기존에 세부품명이 존재하는 경우 신규등록이 가능한가?

04 세부품명 등록은 향후 어떤 제도 참여의 기초가 되는가?

05 상호 또는 대표자 변경 후 변경등록을 하지 않고 입찰에 참여한 경우 어떻게 되는가?

06 법인의 상호가 변경된 경우 추가로 수행해야 할 조치는 무엇인가?

07 지사의 대표자를 변경하지 않고 입찰에 참가한 경우 입찰은 무효인가?

08 입찰대리인 삭제는 자체 수정이 가능한가, 조달청 승인사항인가?

09 제조물품 변경은 자체 수정이 가능한가, 조달청 승인사항인가?

10 품목식별번호는 몇 자리로 구성되는가?

11 MAS 계약 납품을 위해 필요한 번호는 무엇인가?

12 목록화 요청을 수행하는 시스템은 무엇인가?

13 등록 대상 품목이 10개 미만일 경우 사용하는 등록 방법은 무엇인가?

01
「중소기업제품 구매촉진 및 판로지원에 관한 법률」(「판로지원법」)

02
공사업종 등록

03
불가(원칙적으로 불필요)

04
MAS, 우수제품, 혁신제품 신청 등

05
입찰무효

06
공인인증서 재발급 및 추가등록

07
무효에 해당하지 않음

08
자체 수정 가능

09
승인 대상

10
8자리

11
물품목록번호(16자리)

12
목록정보시스템

13
개별요청

14 융복합상품의 대분류 코드는 어떤 숫자로 시작하는가?

14
99

15 목록화 요청 시 요청자 정보는 어떻게 입력되는가?

15
나라장터 로그인 정보 자동입력

16 KS표준번호는 어느 단계에서 입력하는가?

16
참조자료 입력 단계

17 용역 협상계약에서 핵심 제출서류는 무엇인가?

17
기술제안서

18 입찰참가자격을 증명하는 기본 서류는 무엇인가?

18
사업자등록증

19 직접생산 대상 물품의 경우 필수 제출서류는 무엇인가?

19
직접생산확인증명서

20 입찰대리인이 입찰에 참여할 때 필요한 서류는 무엇인가?

20
위임장

21 인감 대신 사용할 수 있도록 제출하는 서류는 무엇인가?

21
사용인감계

22 제안서 미제출 시 어떤 결과가 발생하는가?

22
평가 제외

23 전자입찰에서 제출서류는 어떤 형태로 제출하는가?

23
전자파일(스캔본)

CHAPTER 02

서술형 출제예상문제

01 물품 세부품명 신규등록의 필요성을 설명하시오.

정답

① 기존 분류에 없는 신기술 제품의 등장에 대응
② 제품 간 기술적 차별성 확보
③ 유사 물품 간 시장 혼선 방지
④ 조달 목적에 맞는 물품분류의 명확화
⑤ MAS, 우수제품, 혁신제품 등의 조달제도 진입 기반 마련

02 물품 · 용역 · 공사의 등록 방식 차이를 설명하시오.

정답

① 물품: 세부품명 중심
② 용역: 업종과 업무범위 중심
③ 공사: 개별 공사업종 등록 중심
→ 물품은 코드체계 기반, 공사는 면허 기반으로 관리

03 직접생산확인과 세부품명 등록의 관계를 설명하시오.

정답

① 세부품명 기준으로 직접생산확인증명서 발급
② 중소기업자 간 경쟁 여부 판단 기준
③ 물품등록 후 직접생산 필수

04 신규 세부품명 등록 시 기업이 준비해야 할 자료는 무엇인가?

정답

제품설명서, 기술사양서, 기능 비교표, 시장 수요자료 및 기존 품명과의 차별성을 입증하는 자료를 준비해야 한다.

05 물품 세부품명 신규등록 절차를 서술하시오.

정답

기존 품명을 검색하고 유사성을 검토한 후 신규 등록의 필요성을 판단한다. 이후 관련 자료를 제출하면 조달청의 심사를 거쳐 승인 및 코드가 부여된다. 실무상 기존 품명과의 중복을 금지하고 과도한 세분화를 지양하며, 직접생산확인과의 연계도 고려해야 한다.

06 신기술 제품을 개발한 기업이 세부품명 신규등록을 신청하려 한다. 검토 절차와 정책적 의미를 설명하시오.

> **정답**
> ① 검토 절차: 기술의 독립성 판단 → 기존 코드 존재 여부 검토 → 신규 세부품명 필요성 입증 → 시장 수요 및 조달 활용 가능성 분석 → 조달청 심사 대응
> ② 정책적 의미: 신기술의 공공조달시장 진입을 촉진하고, 중소기업 보호 및 조달 분류체계의 체계적 관리를 통해 공공수요 대응력을 강화하는 정책적 의미를 가진다.

07 입찰참가자격 변경신청의 개념과 필요성을 설명하시오.

> **정답**
> ① 개념: 입찰참가자격 등록사항에 변동이 발생한 경우 이를 갱신하는 절차를 의미한다.
> ② 필요성: 계약당사자 정보를 정확히 확인하고 허위 또는 착오를 방지하며 공정한 경쟁질서를 확보하기 위해 필요하며, 미이행 시 입찰무효 사유가 될 수 있다.

08 기본정보 변경 시 자체 수정 가능 항목과 조달청 승인 필요 항목을 구분하여 설명하시오.

> **정답**
> ① 자체 수정 가능: 전화번호, 팩스번호, 홈페이지, 종업원수, 대표자 이메일, 공급물품 추가·삭제, 입찰대리인 삭제 등
> ② 조달청 승인 필요: 상호, 대표자, 주소, 기업구분, 공장주소, 제조물품, 공사·용역·기타업종, 입찰대리인 등록, 등기부등본 사항 등

09 입찰참가자격 변경신청 메뉴 경로를 쓰시오.

> **정답**
> 이용자관리 → 업체정보관리 → 입찰참가자격변경/제조물품 갱신등록신청

10 지사 대표자를 변경하지 않고 입찰에 참여한 경우 입찰무효가 되지 않는 이유를 설명하시오.

> **정답**
> 지사 대표자는 법인의 대표자가 아니라 단순 사용인 지위에 해당한다. 따라서 계약당사자인 법인의 대표자가 변경되지 않는 한 입찰참가자격의 본질적 요소가 아니므로 입찰무효 사유가 아니다.

11 직원 탈퇴 처리 방법을 설명하시오.

> **정답**
> ① 직원 본인이 처리: 이용자관리 → 회원정보관리 → 개인회원 소속선택 → 소속탈퇴 버튼 클릭
> ② 업체 관리자가 처리: 이용자관리 → 소속직원관리 → 업체소속직원 정보목록 → 해당 직원 선택 → 탈퇴 버튼 클릭

12 목록화의 목적을 설명하시오.

> **정답**
>
> 목록화는 물품을 고유하게 식별하고 중복 등록을 방지하며, 전자계약 및 납품관리를 가능하게 한다. 또한 다수공급자계약(MAS) 등 계약제도의 기반을 구축하고, 조달 물품 데이터를 체계적으로 관리하기 위한 것이다.

13 개별요청과 일괄요청의 차이를 설명하시오.

> **정답**
>
> ① 개별요청: 등록 대상이 10개 미만인 경우 개별적으로 입력하는 방식
> ② 일괄요청: 동일 세부품명이 10개 이상인 경우 일괄 등록하는 방식
> → 업무 효율성과 처리 대상 수 차이

14 융복합상품 등록 시 유의사항을 설명하시오.

> **정답**
>
> 대분류 '99' 해당 여부를 확인하고, 세부품명 또는 식별번호를 조회한 후 구성 품목 간 연계를 검토해야 하며, 실제 조달 활용 가능성도 함께 판단하여야 한다.

15 입찰 제출서류의 유형을 구분하여 설명하시오.

> **정답**
>
> ① 입찰참가자격 관련 서류: 사업자등록증, 법인등기부등본, 인감증명서, 사용인감계, 업종등록증, 직접생산확인증명서 등
> ② 가격입찰 관련 서류: 입찰서, 산출내역서, 가격제안서, 입찰보증금 관련 서류
> ③ 기술·제안서 관련 서류: 기술제안서, 수행계획서, 인력 투입계획, 실적증명서, 신용평가등급 확인서
> ④ 적격심사·협상 관련 서류: 재무제표, 납세증명서, 4대보험 완납증명서, 실적증명서 원본

16 사전제출과 사후제출의 차이를 설명하시오.

> **정답**
>
> ① 사전제출: 입찰 시 서류를 동시에 제출
> ② 사후제출: 낙찰예정자에게만 제출 요구
> ③ 미제출 시 법적 효과가 다르므로 판단 기준은 입찰공고문

17 입찰보증금 관련 제출요건을 설명하시오.

> **정답**
> ① 보증금 또는 보증서 형태로 제출
> ② 납부 비율은 공고문 기준
> ③ 입찰보증금 미납 시 입찰무효
> ④ 보증기간의 유효성도 반드시 확인

18 제출서류 유효기간 검토의 중요성을 설명하시오.

> **정답**
> ① 발급일 기준 충족 여부와 계약일 기준 유효성을 확보하기 위해 중요
> ② 이를 통해 만료 또는 허위 서류 제출을 방지하고 입찰 실격을 예방

19 전자입찰에서 제출서류 준비 시 유의사항을 설명하시오.

> **정답**
> ① 스캔 해상도
> ② 서명 및 날인 확인
> ③ 파일명 명확화
> ④ 마감시간 준수
> ⑤ 시행문 확인

20 B사는 기술제안 입찰에 참여하였다. 입찰서와 가격제안서는 제출하였으나 기술제안서를 마감시간 이후에 제출하였고, 낙찰예정자로 선정되었으나 납세증명서를 제출하지 못하였다.
① 기술제안서 지연 제출의 효과는 무엇인가?
② 사후서류 미제출 시 효과는 무엇인가?
③ 종합적으로 입찰 결과는 어떻게 되는가?

> **정답**
> ① 기술제안서를 마감시간 이후 제출한 경우는 제안서 미제출과 동일하게 보아 평가에서 제외된다.
> ② 낙찰예정자가 납세증명서를 제출하지 못한 경우는 계약 체결 요건을 충족하지 못하므로 낙찰이 취소되고 차순위자가 선정될 수 있다.
> ③ 따라서 본 사례에서는 입찰이 유효하게 성립하지 않거나 계약요건을 충족하지 못하므로 최종 계약 체결은 불가능하다.

21 A사는 기존에 나라장터에 등록된 "공기청정기" 세부품명으로는 자사의 신제품을 등록할 수 없다고 판단하였다. 해당 제품은 공기정화 기능＋바이러스 실시간 감지 기능, IoT 기반 원격 모니터링 시스템 탑재, 기존 공기청정기와 기능적으로 차별화되어 있다. A사는 MAS 계약을 추진하기 위해 새로운 세부품명 신설을 요청하려 한다.

① 신규 세부품명 신설 필요성 판단 기준을 설명하시오.

② 세부품명 신설 가능 여부를 검토하시오.

③ 신청 절차를 설명하시오.

④ 관련 법령 및 규정을 제시하시오.

> **정답**
>
> ① 신규 세부품명 신설 필요성 판단 기준
>   • 신규 세부품명은 다음 요건을 충족해야 한다.
>   – 기존 세부품명으로 분류가 불가능할 것
>   – 독립적 기능 및 기술적 차별성이 존재할 것
>   – 시장 수요가 존재할 것
>   – 조달목적상 필요성이 인정될 것
>   • 이는 「물품목록법 시행령」 제11조 및 「목록화지침」에 따른 기준이다.
> ② 신설 가능 여부 검토: A사 제품은 단순 공기청정 기능을 넘어 바이러스 감지 및 IoT 원격 관리 기능을 포함한 복합 기능 제품이다. 만약 기존 세부품명이 단순 공기청정기로만 정의되어 있고, 기술적·기능적 차별성이 명확히 입증된다면 신산업·융복합 제품으로서 세부품명 신설이 가능하다. 다만, 기존 품명 내 확장 개념으로 포함 가능하다면 신설이 아닌 기존 분류로 귀속될 수 있다.
> ③ 신청 절차
>   • 목록정보시스템에서 기존 세부품명 검색 후 유사 품명 존재 여부 확인
>   • 품명신설 요청 메뉴 접속
>   • 목록화 요청 → 품명등록(세부품명 신설)
>   • 요청자료 입력
>   • 요청자 정보 입력
>   • 상위 분류 선택
>   • 기능·성능 설명
>   • 기존 품명과의 차이점 비교표 작성
>   • 기술설명자료 첨부
>   • 조달청 심사(처리기한 원칙 24일 이내)
>   • 승인 시 10자리 세부품명 코드 부여
> ④ 관련 법령 및 규정
>   • 「물품목록정보의 관리 및 이용에 관한 법률」
>   • 「물품목록법 시행령」 제11조
>   • 「목록화지침」(조달청 훈령)
>   • 「물품목록정보의 관리 및 이용에 관한 규정」

22 B사는 "스마트 가로등 설치 사업"에 참여하려 한다. 해당 사업은 LED 가로등 납품, 통신모듈 장착, 현장 설치공사 포함으로 구성되어 있다. B사는 물품 세부품명 신규 등록을 통해 "스마트 가로등 시스템"이라는 새로운 세부품명을 만들고자 한다.

① 본 사업이 물품 · 용역 · 공사 중 어느 유형에 해당하는지 판단하시오.

② 세부품명 신규 등록 필요 여부를 검토하시오.

③ 적절한 등록 방식(물품등록 vs 업종등록)을 설명하시오.

④ 관련 규정을 제시하시오.

> **정답**
>
> ① 계약 유형 판단: 본 사업은 LED 가로등(물품), 통신기능(물품 + 정보통신 요소), 현장 설치공사(공사)가 포함된 복합계약이다. 계약의 주된 목적이 물품 납품인지, 설치공사 수행인지에 따라 유형이 달라진다. 만약 물품 납품이 주목적이고 설치가 부수적이라면 물품계약, 설치공사가 본질적이라면 공사계약으로 판단한다.
>
> ② 세부품명 신규 등록 필요 여부: 기존에 "LED 가로등" 세부품명이 존재하고, 통신모듈은 옵션 기능이라면 기존 세부품명으로 분류 가능하다. 반면, 통합 제어시스템이 독립적 기능을 가지는 융복합 제품이라면 신규 세부품명 등록이 가능하다. 단, 특허 특정제품 전용 품명은 신설 실익이 없으며 경쟁입찰 제한 가능성이 있어 신설이 곤란하다(「물품목록법 시행령」 제11조 취지).
>
> ③ 적절한 등록 방식
>   • 물품 부분: 세부품명 등록 + 직접생산확인 연계
>   • 설치공사 부분: 「전기공사업법」 또는 「정보통신공사업법」상 업종등록 필요
>   • 공사는 품명등록 개념이 약하며, 공사업종 보유가 핵심이다. 따라서 단순 세부품명 신설만으로는 사업 참여 요건을 충족하지 못한다.
>
> ④ 관련 규정
>   • 「물품목록정보의 관리 및 이용에 관한 법률」
>   • 「물품목록법 시행령」 제11조
>   • 「국가계약법 시행령」
>   • 「전기공사업법」
>   • 「정보통신공사업법」

23 A법인은 대표이사가 변경되었음에도 이를 나라장터에 변경등록하지 않은 상태에서 입찰에 참여하여 낙찰자로 선정되었다. 이후 계약 체결 단계에서 대표자 변경 사실이 확인되었다.

① 입찰의 효력은 어떻게 되는가?

② 법적 근거 취지를 설명하시오.

③ 실무상 조치방안을 서술하시오.

> **정답**
>
> ① 대표자는 계약당사자를 특정하는 본질적 요소이며, 변경등록 없이 입찰에 참여한 경우 입찰무효 사유에 해당하므로, 입찰은 무효이다.
>
> ② 법적 근거 취지: 정확한 계약상대자 확인, 허위입찰 방지, 공정한 입찰질서 유지, 책임소재 명확화
>
> ③ 실무상 조치방안
>   • 수요기관: 즉시 입찰무효 처리, 차순위자 검토
>   • 조달업체: 변경등록 후 향후 입찰 참여, 내부통제 강화

24 B업체는 법인의 상호를 변경하였다. 변경등기는 완료되었으나 공인인증서 재발급을 하지 않은 상태에서 입찰에 참여하였다. 또한, 기존 입찰대리인이 퇴사하였으나 탈퇴처리를 하지 않았다.
① 문제되는 사항을 모두 지적하시오.
② 각각의 처리 절차를 설명하시오.
③ 입찰의 효력에 대해 판단하시오.

> **정답**
> ① 문제점: 상호 변경등록 미조치, 인증서 재등록 미조치, 퇴사 직원 탈퇴 미조치
> ② 처리 절차
>   • 상호 변경: 변경신청 메뉴 접속 → 전자신청 → 시행문 출력 및 서류 제출 → 인증서 재발급 및 추가등록
>   • 퇴사 직원: 개인 소속탈퇴 또는 관리자 탈퇴 처리
> ③ 입찰 효력: 상호 변경 미등록 상태에서 입찰한 경우 입찰무효 사유에 해당한다. 다만, 퇴사 직원의 탈퇴 미조치는 보안 문제가 있으나 그 자체로 무효 사유는 아니다.

25 A사는 동일 세부품명에 해당하는 사무용 의자 15개 모델을 보유하고 있다. 이를 각각 목록화 요청하려 한다.
① 사전 확인사항을 서술하시오.
② 어떤 요청 방식을 사용해야 하는가?
③ 절차를 설명하시오.

> **정답**
> ① 목록화 요청 전에는 기존 세부품명 존재 여부, 유사 식별번호 존재 여부 및 신규 품목 등록 필요성을 확인하여야 한다.
> ② 본 사례는 동일 세부품명에 해당하는 10개 이상의 모델이므로 일괄요청 방식을 적용한다.
> ③ 절차: 목록정보시스템 로그인 → 목록화 요청 → 품목등록 → 동의사항 확인 → 기본정보 입력 → 세부규격 입력 → 이미지 및 첨부파일 업로드 → 신청 완료 → 진행상태 확인

26 A사는 중소기업자 간 경쟁제품 입찰에 참여하였다. 직접생산확인증명서는 보유하고 있었으나 제출하지 않았다. 또한 입찰보증금 지급각서도 제출하지 않았다.
① 각각의 법적 효과를 판단하시오.
② 실무상 사전 점검사항을 설명하시오.

> **정답**
> ① 법적 효과
>   • 직접생산확인증명서 미제출: 중소기업자 간 경쟁제품의 참가자격을 충족하지 못하므로 입찰은 무효가 된다.
>   • 입찰보증금 지급각서 미제출: 입찰무효 사유에 해당한다.
> ② 실무상 사전 점검사항
>   • 공고문을 기준으로 제출서류 체크리스트 작성
>   • 직접생산 대상 여부 및 보증금 납부 여부를 확인
>   • 전자입찰시스템상 파일 업로드 완료 여부 점검

CHAPTER

03 경쟁입찰참가자격 신청

PART 01

01 주요 과정

경쟁입찰참가자격등록 문서를 작성할 수 있다.

1 경쟁입찰참가자격등록의 개념

의의	• 국가·지방자치단체·공공기관의 입찰에 참여하기 위해 입찰참가자격을 사전에 등록하는 제도 • 나라장터(G2B) 전자입찰을 위한 필수 절차
목적	• 입찰참가자격의 사전 검증 • 부정당업자의 입찰 참여 차단 • 전자입찰의 투명성 확보

2 관련 법령

① 「국가계약법 시행령」 제12조: 경쟁입찰의 참가자격
② 「국가계약법 시행규칙」 제15조: 입찰참가자격 등록
③ 「국가종합전자조달시스템 입찰참가자격등록규정」(조달청 고시)

🖋 더 알아보기 「국가종합전자조달시스템 입찰참가자격등록규정」 핵심 내용

⑴ 총칙: 목적, 용어 정의, 등록 구분, 등록의 요건, 결격사유, 등록의 시기 및 유효기간, 입찰참가의 범위
⑵ 등록절차 및 기준: 등록신청, 효력 발생, 변경등록, 불공정행위 금지, 등록말소
⑶ 물품 등록: 등록 대상, 신청서류, 세부품명 등재, 직접생산의 증명, 제조공장의 등록
⑷ 공사 또는 용역등록: 등록 대상, 신청서류, 세부품명 등재, 업종 등의 등재

3 등록 문서 작성 시 핵심 항목

기본정보	• 상호 • 대표자 • 사업자등록번호 • 법인등록번호(법인) • 주소
업종 등록	• 건설업, 제조업, 정보통신공사업 등 • 관련 법령에 따른 면허 보유 여부 확인
세부품명 등록	• 물품의 경우 필수 • 직접생산확인 대상 여부 검토

공장정보 등록(물품 제조업체)	• 공장등록증 • 생산설비 보유 여부
입찰대리인 등록	• 위임장 • 재직증명서 • 4대보험 가입확인

 Check

법인의 경우 입찰참가자격 등록 시 반드시 기재해야 하는 정보는 무엇인가?

정답 법인등록번호

✍ 더 알아보기 **경쟁입찰참가자격 등록의 절차**

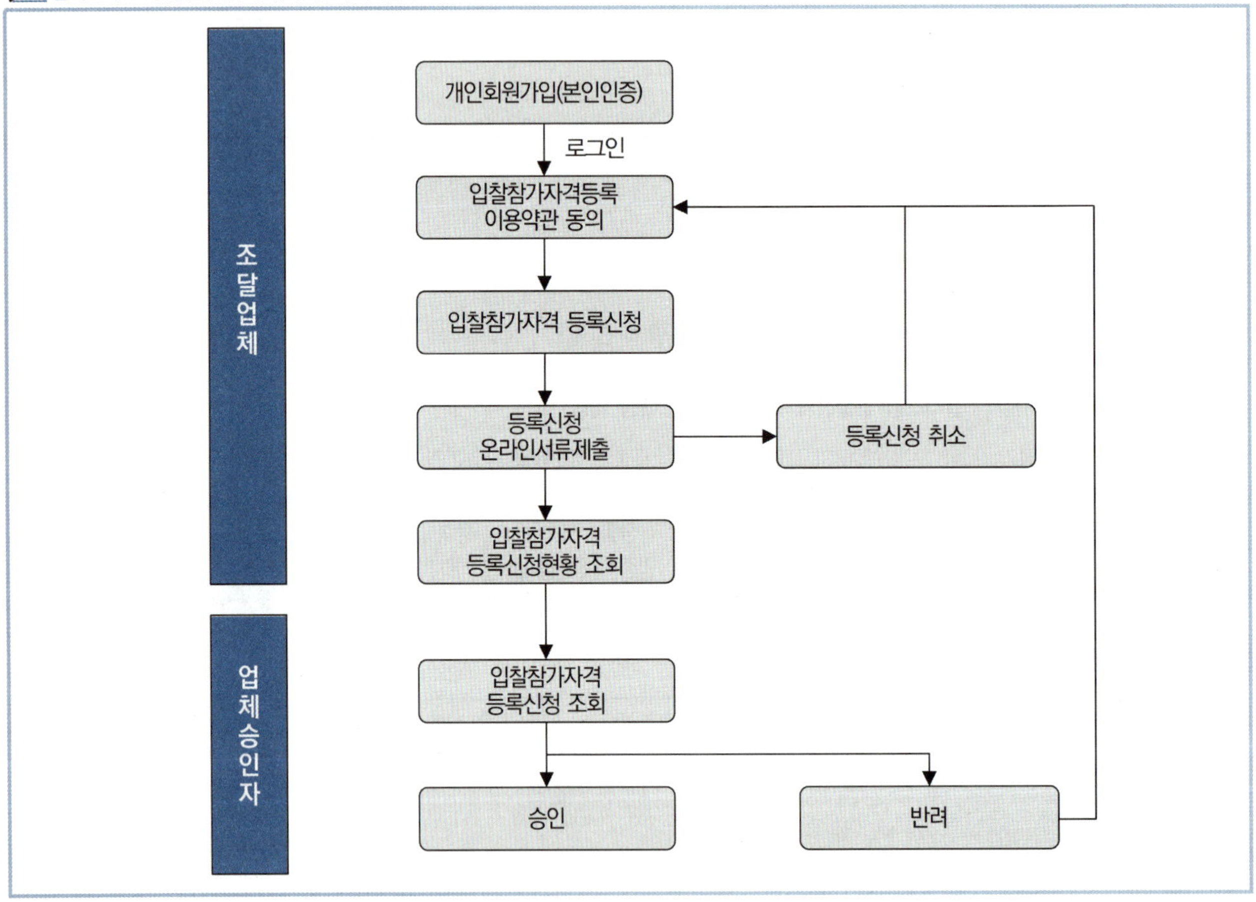

조달업체

개인회원가입(본인인증)

↓ 로그인

입찰참가자격등록
이용약관 동의

↓

입찰참가자격 등록신청

↓

등록신청
온라인서류제출 → 등록신청 취소

↓

입찰참가자격
등록신청현황 조회

↓

업체승인자

입찰참가자격
등록신청 조회

↓

승인   반려

4 실무상 주의사항

① 면허 유효기간 확인
② 본점 기준 등록 여부 확인
③ 공동수급 시 구성원 각각 등록 필요
④ 등록 후 변경사항 발생 시 즉시 신고
⑤ 허위기재 시 부정당업자 제재 가능

02 세부품명 등록

출제기준 1-3-2 경쟁입찰참가자격등록증에 세부품명을 등록할 수 있다.

1 품명 · 세부품명 등록의 의미

① 공공조달시장에 참여하기 위해서는 전자입찰시스템에 공급 가능한 품목을 등록해야 함

물품	품명/세부품명 등록
용역	업종 및 용역분류 등록
공사	공사업종 등록

② 세부품명의 개념 정리
- 품명: 대분류
- 세부품명: 실제 입찰에 사용되는 단위

✏ **더 알아보기** **품명**(「물품목록법 시행령」 제2조)

⑴ 물품분류: 물품을 기능, 용도, 성질에 따라 대, 중, 소, 세 분류로 나누어 고유번호를 매기는 체계
⑵ 품명: 물품목록번호에 대응하는 물품유형의 이름

2 등록 절차

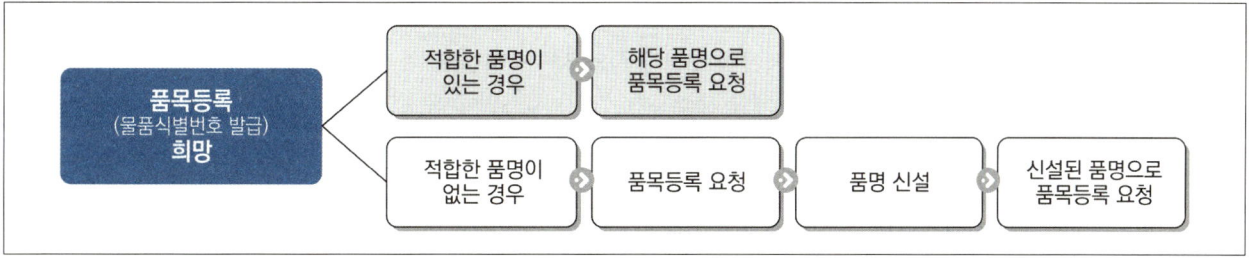

3 「국가종합전자조달시스템 입찰참가자격등록규정」 제23조(세부품명의 등재)

① 제조 등록의 경우 등록담당공무원은 등록신청자가 제출한 제22조 제4항부터 제6항의 서류를 확인하여 제조물품의 세부품명을 등재하여야 하며, 공급 등록의 경우 등록신청자가 신청한 세부품명을 그대로 등재

법조문 | 돋보기

「국가종합전자조달시스템 입찰참가자격등록규정」 제22조 제4항 ~ 제6항

④ 「중소기업제품 구매촉진 및 판로지원에 관한 법률」에 따른 중소기업 자간 경쟁제품을 제조로 등록하는 경우에는 같은 법 제9조 제4항에 따라 중소벤처기업부장관이 직접생산을 확인하여 증명한 서류를 추가로 제출(중소벤처기업부와 연계된 정보통신망으로 그 정보를 확인할 수 있는 경우에는 서류 제출 생략)하여야 한다.

⑤ 「조달청 제조물품 직접생산확인 기준」 제2조 제3호에 따른 일반제품을 제조로 등록하는 경우에는 다음 각 호의 서류를 추가로 제출하여야 한다.

  1. 삭제
  2. 공장등록증명서(공장의 업종이 제조등록 물품과 관련된 분류번호로 등록되어 있어야 함) 또는 다음 각 목의 어느 하나에 해당하는 서류
     가. 중증장애인 생산품 생산시설 지정서 등 공공기관의 장이 직접생산을 확인한 서류
     나. 「중소기업진흥에 관한 법률」 제62조의10 제1항 및 같은 법 시행령 제54조의10에 해당하는 소기업의 경우 사업자등록증 및 건축물관리대장(해당 면적의 용도가 '공장(지식산업센터 포함)' 용도 또는 제1종, 제2종 근린생활시설 용도로 기재된 경우에 한하여 인정)
     다. 〈삭제〉
     라. 「장애인복지법」 제58조 제1항 제3호에 따른 장애인 직업재활시설의 경우, 같은 법 시행규칙 제43조 제5항에 따른 장애인복지시설신고증(시설의 종류가 '장애인직업재활시설') 및 건축물대장(당해 건축물이 '노유자시설' 용도로 허가 또는 신고 된 건축물)
     마. 「형의 집행 및 수용자의 처우에 관한 법률」 제68조 제1항에 따른 외부 업체로서, 법무부 예규 「교도작업운영지침」 제3조 제4호의 개방지역작업장 입주 외부기업체에 해당하는 경우, 동 운영지침 제96조에 따른 개방지역작업장통근작업계약서
     바. 「비료관리법」 제11조에 따라 비료생산업을 등록한 업체의 경우, 같은 법 시행규칙 제7조 제1항에 따른 토지 및 건물의 등기사항증명서
  3. 자가 보유 제조공장이 아닌 임차공장인 경우에는 임대차계약서
  4. 관련 법령에 따라 받아야 하는 생산(제조) 인가·허가·등록증
  5. 대표자를 제외한 상시근로자가 최소 1명 이상임을 확인할 수 있는 4대 보험 중, 1개 이상의 보험가입자 명부(단, 소프트웨어 제조물품은 제23조의2 제2항 제3호의 서류로 대체 가능하며, 대표자의 가족으로만 운영되는 가족형 기업 등, 4대 보험 가입 여부로 확인이 불가능하다고 판단되는 영세 소상공인은, 가족관계증명서 등 그 가족이 종사자임을 확인할 수 있는 서류)

⑥ 「조달청 제조물품 직접생산확인기준」 제11조 제5항에 따라 조달품질원장으로부터 창업·벤처기업 협업 승인을 받은 경우 협업 승인 공문을 제출하면 제5항의 서류를 제출할 필요가 없다.

② 물품입찰참가자격등록 신청자는 등록신청서에 등재할 물품의 세부품명번호(즉, 제2조 제1항 제2호의 10자리 분류번호)를 시스템에서 검색·입력하여야 하며, 해당 세부품명번호가 시스템에 등록되어 있지 않을 경우에는 시스템 등을 이용하여 목록화를 요청하고 해당 세부품명번호를 부여받아 입력

③ 사업자등록증의 종목란에 무역업, 수(출)입업, 무역대리업, 물품매도확약서 발행업, 오퍼업, 수입대행 등으로 기재된 자가 외자물품등록을 하고자 하는 경우에는 세부품명란에 "외자물품"으로 기재하여야 하며, 외자물품의 세부품명번호는 0000000000로 표기

4 세부품명 등록 절차(나라장터 기준)

제조 또는 공급 구분 선택	제조/공급/제조 + 공급
직접생산확인 대상 여부 검토	중소기업자 간 경쟁제품인 경우 직접생산확인 필수
공장정보 연계	제조 등록 시 공장등록증 필요, 생산설비 보유 확인
증빙서류 제출	• 직접생산확인증명서 • 공장등록증 • 사업자등록증
조달청 승인	검토 후 승인되면 등록증에 세부품명 표시

 Check

직접생산확인 없이 중소기업자 간 경쟁제품 입찰에 참여할 경우 결과는 무엇인가?

정답 입찰무효

5 실무상 핵심 쟁점

잘못 등록한 경우	• 입찰무효 가능 • 계약취소 가능 • 부정당업자 제재 가능
공동수급체 구성 시	각 구성원이 세부품명 보유해야 하는지 여부 검토 필요

핵심 포인트
- 세부품명 누락 사례
- 직접생산확인 미보유 사례
- 제조/공급 혼동 사례
- 공장 미등록 사례

03 입찰대리인 등록

출제기준 1-3-3 경쟁입찰참가자격등록증에 입찰대리인을 등록할 수 있다.

1 입찰대리인의 개념

개념	대표자를 대신하여 전자입찰, 투찰, 계약 관련 행위를 수행하는 자
법적 성격	• 임의대리 • 대표자의 위임 필요 • 대리행위 효과는 본인(회사)에 귀속

바로 Check

입찰대리인의 법적 근거는 「민법」상 무엇에 해당하는가?

정답 임의대리

법조문 돋보기

「국가종합전자조달시스템 입찰참가자격등록규정」 제9조의2(자기정보확인등록)

⑴ 등록자는 신규등록, 변경등록, 갱신등록, 자기정보확인등록을 하여야 하고 입찰에 참가하고자 하는 자는 반드시 입찰서 제출 전까지 자기정보를 확인하고 입찰에 참가하여야 한다. 이를 따르지 않아 발생하는 불이익에 대한 책임은 등록자에게 있다.

⑵ 등록자는 시스템에 등록된 자기정보가 사실과 다를 경우, 사실과 다른 정보를 제공한 기관에 증빙자료 등을 제출하여 해당 기관으로 하여금 시스템에 등록된 자기정보를 수정·보완할 수 있도록 조치를 취해야 한다.

2 「민법」상 대리 규정(「민법」 제114조~제135조)

① 대리의 의의

대리의 개념	본인을 대신하여 대리인이 법률행위를 하고, 그 효력이 직접 본인에게 귀속되는 제도
「민법」 제114조	대리인이 권한 내에서 본인을 위한 것임을 표시하면, 그 행위의 효력은 직접 본인에게 발생
권한범위	• 대리인은 수여된 권한의 범위 내에서만 유효하게 행위할 수 있음 • 권한을 초과한 행위는 원칙적으로 본인에게 효력이 없음 • 권한범위는 위임계약, 법정 규정 또는 본인의 의사에 따라 정해짐

② 무권대리

무권대리의 개념	대리권이 없는 자가 본인을 대리하여 법률행위를 하는 경우
특징	• 원칙적으로 본인에게 효력이 없지만, 본인이 추인하면 유효 • 상대방은 본인에게 상당한 기간을 정하여 추인 여부를 확답하도록 최고할 수 있고, 본인이 거절하거나 기간 내에 확답하지 않으면 무효
무권대리인의 책임	본인이 추인을 거절하면, 무권대리인은 상대방에게 손해배상 책임

무권대리의 법적 효과를 설명하시오.

> **정답** 무권대리는 대리권 없이 이루어진 법률행위이므로 원칙적으로 본인에게 효력이 발생하지 않는다. 다만, 본인이 이를 추인하는 경우에는 그 효력이 소급하여 유효하게 된다.

③ **표현대리**: 본인이 대리권이 없는 자에게 대리권이 있는 것처럼 보이게 하여, 상대방이 이를 믿고 거래한 경우 본인에게 책임을 지우는 제도

④ 「민법」상 규정된 유형

권한을 넘은 표현대리(제126조)	대리인이 권한을 초과했지만, 권한 내의 행위로 믿을 만한 정당한 이유가 있는 경우
권한소멸 후의 표현대리(제129조)	대리권이 소멸했음에도 상대방이 이를 알지 못한 경우
대리권 수여의 표시에 의한 표현대리(제125조)	본인이 대리권을 준 것처럼 표시한 경우 → 이는 거래 안전을 보호하기 위한 장치

⑤ 입찰행위는 법률행위이므로 「민법」 적용 대상

3 입찰참가자격등록신청[입찰대리인]

① 접근경로: [알림 ON] → [이용자등록] → [업체] → [조달업체 신규등록] → [계속진행] → [입찰대리인] 탭 클릭

② 등록신청 시에는 신청자 본인만 추가 가능하며, 그 외의 입찰대리인은 변경신청 시에 추가

③ 행 추가: [신청자 본인 추가] 버튼을 클릭하여 〈입찰대리인정보동의〉 팝업에서 개인정보 수집 이용에 대한 확인, 개인정보의 제공 동의(선택)를 동의하고 간편인증 후 신청자 본인의 정보를 행 추가

> 🔖 **더 알아보기** **입찰대리인 등록 절차**(나라장터 기준)
>
> ⑴ 대표자 명의 로그인
> ⑵ 입찰대리인 정보 입력: 성명, 주민등록번호, 연락처
> ⑶ 제출서류: 위임장, 재직증명서, 4대보험 가입확인서, 신분증 사본
> ⑷ 승인 후 권한 부여
>   • 입찰대리인 가능 행위
>   – 투찰
>   – 입찰서 제출
>   – 공동수급 협정 제출
>   – 계약서 제출
>   ※ 단, 권한 범위 설정 가능

4 자기정보확인관리(수정)[입찰대리인]

① 자기정보의 입찰대리인을 수정

② 접근경로: [이용자관리] → [업체정보관리] → [자기정보확인관리/등록증출력] → [수정(자기정보확인)] → [입찰대리인] 탭 클릭

  • 수정항목: 이메일, 부서, 직책, 휴대전화, 전화번호, 팩스번호
  • 행 삭제: 입찰대리인목록에 삭제하려는 행을 체크한 후 [행 삭제] 버튼을 클릭하여 체크된 행을 삭제

5 실무상 핵심 쟁점

무권대리 문제	퇴사한 직원이 대리인으로 남아 있는 경우: 무권대리 가능성, 투찰 무효 논란, 계약 분쟁 발생 → 즉시 삭제 필요
복수 대리인 등록 가능 여부	가능(다만, 내부 통제 필요)
대표자 변경 시	• 기존 대리권 재정비 필요 • 위임장 재작성 필요
위임장 날짜 오류	• 입찰일 이후 작성 → 무효 가능성 • 소급 위임은 인정되지 않음

📢 **핵심 포인트**

• 퇴사 직원 사례
• 위임장 없는 투찰 사례
• 대표자 변경 후 미정정 사례
• 무권대리 계약 체결 사례

바로 Check

대표자 변경 시 기존 위임장은 자동 유효한가?

정답 원칙적으로 재작성 필요

핵심 최종점검

핵심	정답

01 경쟁입찰에 참여하기 위해 나라장터에 사전 등록해야 하는 제도의 명칭은 무엇인가?

02 입찰참가자격등록의 세부사항을 규정한 조달청 고시는 무엇인가?

03 중소기업자 간 경쟁제품의 경우 세부품명을 등록 시 필요한 확인제도는 무엇인가?

04 입찰참가자격 등록사항 변경 시 신고 의무가 있는가?

05 공동수급체 구성원은 각각 입찰참가자격등록을 해야 하는가?

06 입찰참가자격을 허위로 등록한 경우 받을 수 있는 제재는 무엇인가?

07 입찰공고에서 실제 참가 가능 여부를 결정하는 물품 분류 단위는 무엇인가?

08 제조업체가 세부품명을 등록할 때 제출해야 하는 서류는 무엇인가?

09 공급업체도 세부품명을 등록할 수 있는가?

10 제조와 공급을 동시에 등록할 수 있는가?

01
경쟁입찰참가자격등록

02
「국가종합전자조달시스템 입찰참가 자격등록규정」

03
직접생산확인제도

04
있음

05
각각 해야 함

06
입찰참가자격 제한

07
세부품명(용역의 경우 업종코드 4자리)

08
공장등록증

09
가능

10
가능

11 세부품명 미등록 상태에서 입찰에 참여하면 어떻게 되는가?

12 세부품명은 어느 시스템에 등록하는가?

13 대리행위의 효과는 누구에게 귀속되는가?

14 퇴사자의 대리권은 자동으로 소멸하는가?

15 무권대리 행위는 원칙적으로 누구에게 효력이 없는가?

16 입찰대리인을 여러 명 등록할 수 있는가?

17 위임장 작성일이 입찰일 이후인 경우 어떻게 되는가?

18 허위로 입찰대리인을 등록한 경우 받을 수 있는 제재는 무엇인가?

11
부적격 처리(자격 미달로 판정되어 낙찰 대상에서 제외)

12
나라장터(G2B)

13
본인(회사)

14
내부적으로는 소멸하나 시스템상 삭제 필요

15
본인

16
가능

17
무효

18
입찰참가자격 제한

서술형 출제예상문제

01 경쟁입찰참가자격등록의 목적을 설명하시오.

> **정답**
> ① 입찰참가자격의 사전 검증
> ② 전자입찰의 투명성 확보
> ③ 부정당업자의 입찰 참여 차단
> ④ 계약행정의 효율성 확보

02 경쟁입찰참가자격 등록 시 기재사항을 서술하시오.

> **정답**
> ① 상호, 대표자, 사업자등록번호, 주소 등 기본정보
> ② 업종
> ③ 세부품명
> ④ 공장정보
> ⑤ 입찰대리인 정보

03 등록사항 변경 신고의 필요성을 설명하시오.

> **정답**
> ① 입찰참가자격 검증의 정확성 유지
> ② 허위등록 방지
> ③ 제재 사전 예방
> ④ 계약의 신뢰성 확보

04 세부품명 등록의 필요성을 설명하시오.

> **정답**
> ① 입찰참가 범위 결정
> ② 자격요건 사전 검증
> ③ 직접생산 여부 판단
> ④ 계약이행능력 검증
> ⑤ 업종 적합성 판단 기준

05 직접생산확인과 세부품명의 관계를 설명하시오.

> **정답**
> 직접생산확인은 중소기업자 간 경쟁제품의 경우 필수요건으로서 제조 등록의 전제가 된다. 따라서 직접생산확인증명서를 보유하지 않은 경우 입찰참여가 제한될 수 있다.

06 제조 등록과 공급 등록의 차이를 설명하시오.

> **정답**
> ① 제조 등록: 직접 생산을 전체로 하는 등록
> ② 공급 등록: 타사 제품을 유통·납품하는 형태의 등록
> → 제조 등록은 공장등록증, 직접생산확인증명서 등 추가적인 입증서류가 요구된다는 차이 존재

07 세부품명 오등록 시 발생 가능한 법적 문제를 설명하시오.

> **정답**
> ① 입찰무효
> ② 계약취소
> ③ 부정당업자 제재 가능

08 나라장터에 제조로 등록 시 공장등록이 필요한 이유를 설명하시오.

> **정답**
> 해당 업체가 실제 생산능력을 보유하고 있는지를 검증하여 형식적인 제조업 등록을 방지하기 위함이다.

09 입찰대리인의 법적 성격을 설명하시오.

> **정답**
> 민법상 임의대리인으로서 적법한 위임에 따라 법률행위를 수행하며, 그 효과는 본인에게 귀속된다.

10 입찰대리인 등록이 필요한 이유를 설명하시오.

> **정답**
> ① 대표자 직접 투찰의 현실적 한계
> ② 전자입찰 시스템 운영상 필요성
> ③ 권한 범위 명확화

11 입찰대리인을 등록할 때 필요한 서류는 무엇인가?

> **정답**
> 위임장, 재직증명서, 4대보험 가입확인서, 신분증 사본 등의 서류가 필요하다.

12 대표자 변경 시 입찰대리인 관리의 중요성을 설명하시오.

> **정답**
> ① 위임관계 재정비
> ② 책임소재 명확화
> ③ 분쟁 예방

13 입찰대리인 삭제를 지연할 경우 발생 가능한 문제를 설명하시오.

> **정답**
> ① 무단 투찰 가능성
> ② 계약 분쟁 발생
> ③ 형사적 문제 발생 가능

14 A사는 제조업체로 공공기관 물품입찰에 처음 참여하려 한다. 경쟁입찰참가자격등록 문서를 작성하면서 다음과 같은 상황이 발생하였다.

> • 공장등록증은 있으나 직접생산확인은 받지 않았다.
> • 세부품명 등록을 하지 않았다.
> • 직원 1명을 입찰대리인으로 지정하려 한다.

A사가 적법하게 등록하기 위해 필요한 절차를 설명하시오.

> **정답**
> ① 기본 자격 검토: 「국가계약법 시행령」 제12조에 따른 참가자격 확인
> ② 세부품명 등록
> > • 물품입찰은 세부품명 등록 필수
> > • 해당 품명이 중소기업자 간 경쟁제품이면 직접생산확인 필요
> ③ 직접생산확인: 중소기업자 간 경쟁제품일 경우 반드시 직접생산확인증명서 발급 후 등록
> ④ 입찰대리인 등록: 위임장, 재직증명서, 4대보험 가입확인서 등 자료 제출
> ⑤ 최종 전자등록: 나라장터에서 등록 후 승인

15 B건설은 토목공사 입찰 참여를 위해 경쟁입찰참가자격등록을 하였다. 그러나 건설업 면허 갱신기간이 만료된 상태였다. 등록 문서 작성 시 어떤 법적 문제가 발생하며, 향후 어떤 제재 가능성이 있는지 설명하시오.

> **정답**
> ① 면허 유효성 검토: 공사입찰은 관련 법령에 따른 건설업 면허가 필수요건이다.
> ② 무효 등록 가능성: 면허가 만료된 상태에서는 입찰참가자격을 충족하지 못하므로 해당 등록은 자격요건 미충족 상태의 부적법한 등록에 해당한다.
> ③ 허위 또는 착오 등록 문제: 또한 이를 인지하고도 등록하거나 입찰에 참여한 경우 허위 또는 부정한 방법으로 간주되어 부정당업자 제재 대상이 될 수 있다.
> ④ 적용 규정: 「국가계약법 시행령」 제76조(입찰참가자격 제한)가 적용된다.
> ⑤ 결론: 따라서 면허를 갱신한 후 등록을 정정하여야 한다.

16 A사는 LED조명을 제조한다고 주장하며 세부품명을 "LED실내조명등"으로 등록하였다. 그러나 공장등록증은 없고, 외주 생산만 하고 있다. 이 경우 세부품명 등록의 적법성과 입찰 참여 가능 여부를 설명하시오.

> **정답**
> ① 제조 등록 요건 검토: 제조업체로 등록하기 위해서는 공장등록증과 생산설비를 갖추어야 하나, 외주 생산만 하는 경우에는 직접 제조로 인정되지 않는다. 따라서 A사의 제조 등록은 부적합하다.
> ② 직접생산확인 대상일 경우: 또한 해당 품명이 직접생산확인 대상인 경우 직접생산확인증명서를 보유하지 않으면 입찰참가가 제한된다.
> ③ 결론: 따라서 A사는 공급업체로 등록을 변경하여야 하며, 허위 등록 시에는 제재 대상이 될 수 있다.

17 B사는 사무용 가구를 납품하는 공급업체이다. 중소기업자 간 경쟁제품 입찰에 참여하려 한다. 직접생산확인증명서는 보유하지 않았으나 세부품명은 등록되어 있다. 입찰 참여 가능 여부를 설명하시오.

> **정답**
> 중소기업자 간 경쟁제품의 경우 직접생산확인증명서가 필수요건이므로, 이를 보유하지 않은 공급업체는 원칙적으로 입찰에 참여할 수 없다. 따라서 입찰에 참여하더라도 부적격 처리되어 입찰은 무효가 된다. 결론적으로 직접생산확인증명서를 취득한 후에만 참여가 가능하다.

18 A회사의 영업부 직원 김○○은 입찰대리인으로 등록되어 있었다. 퇴사 후에도 삭제되지 않은 상태에서 전자입찰에 참여하여 낙찰되었다. A회사는 이를 취소하려 할 경우 법적 쟁점을 설명하시오.

> **정답**
> ① 대리권 존재 여부: 퇴사로 인해 내부 위임관계가 종료되었으므로 해당 직원은 대리권이 없는 상태에서 입찰에 참여한 것이 되어 무권대리에 해당한다. 그러나 시스템상 입찰대리인으로 등록이 유지되어 외관상 대리권이 존재하는 것으로 보일 수 있다.
> ② 표현대리 가능성 검토: 이 경우 회사의 관리 소홀로 인해 표현대리가 성립할 가능성이 있으며, 상대방 보호가 문제된다.
> ③ 결론: 따라서 회사의 책임이 인정될 가능성이 높다.

19 B사는 대표자 변경 후 기존 위임장을 그대로 사용하여 입찰대리인이 투찰하였다. 낙찰 이후 경쟁사가 무효를 주장하였다. 법적 판단을 설명하시오.

> **정답**
> ① 기존 위임장의 효력: 대표자 변경은 위임권자의 변경을 의미하므로 기존 위임장은 원칙적으로 효력이 소멸한다.
> ② 무권대리 여부 검토: 따라서 기존 위임장에 의한 입찰대리인의 행위는 무권대리에 해당한다.
> ③ 추인 가능성: 다만 새로운 대표자가 이를 추인하는 경우에는 소급하여 유효하게 되고, 추인이 없는 경우에는 입찰은 무효가 될 가능성이 있다.

박문각
공공조달관리사
실기

02

공공조달 입찰계획 수립

CHAPTER 01 환경분석

CHAPTER 02 조달 수요정보 수집

CHAPTER 03 공급계획 수립

환경분석

01 공공조달 동향 관련 자료 수집

> **출제기준 2-1-1** 입찰계획 수립을 위하여 공공조달 동향 관련 자료를 수집할 수 있다.

1 공공조달 자료 수집의 의의

① 입찰계획 수립을 위해 조달데이터허브를 활용하여 품목·기관·계약방법·지역·연도별 데이터를 추출하여 데이터 셋을 확보하는 활동
② 데이터 기반 입찰 전략 수립의 출발점

바로 Check

공공조달 계약 데이터를 분석하기 위해 활용하는 조달청의 데이터 분석 시스템은 무엇인가?

정답 조달데이터허브

2 조달정보 공개 및 활용의 법적 기반

① 「공공데이터의 제공 및 이용 활성화에 관한 법률」에 따라 조달청은 공공데이터 제공 책임을 지며, 조달데이터허브를 통해 이를 이행
② 「조달사업법」 제9조(조달통계)

> ① 조달청장은 공공조달의 현황을 파악하고 효과적인 조달정책을 수립·시행하기 위하여 국가기관, 지방자치단체 및 그 밖에 대통령령으로 정하는 기관(이하 이 조에서 "국가기관 등"이라 한다)의 입찰·계약·대금지급 등(하도급에 관한 사항을 포함한다)에 관한 통계(이하 이 조에서 "조달통계"라 한다)를 작성하여야 한다.
> ② 조달청장은 조달통계를 작성하기 위하여 필요한 자료를 국가기관 등에 요구할 수 있다.
> ③ 제2항에 따라 자료의 제출을 요구받은 국가기관 등은 정당한 사유가 없으면 이에 따라야 한다.
> ④ 조달청장은 조달통계의 집계를 위하여 국가기관 등에 대통령령으로 정하는 재정 관련 정보시스템 및 자체전자조달시스템을 국가종합전자조달시스템(「전자조달의 이용 및 촉진에 관한 법률」 제2조 제4호에 따른 국가종합전자조달시스템을 말한다)에 연계할 것을 요구할 수 있으며, 국가기관 등은 특별한 사유가 없으면 이에 협조하여야 한다.
> ⑤ 제1항에 따른 통계작성의 대상·방법 및 절차에 관한 사항은 대통령령으로 정한다.

3 조달데이터허브의 주요 특징

통합 데이터 제공	나라장터(G2B) 등에서 발생하는 조달 관련 데이터를 수집·정리하여 공개
빅데이터 분석 지원	조달통계서비스를 통합 제공해 정책 수립, 예산 편성, 계약관리 등 의사결정에 활용 가능
공공데이터 연계	공공데이터포털(data.go.kr)과 연계되어 다양한 형식(CSV, JSON, XML 등)으로 다운로드 가능

4 조달데이터허브의 활용 의의

국가기관 및 지방자치단체	예산 편성과 계약 집행의 투명성 확보
기업 및 연구자	조달시장 분석, 입찰 전략 수립, 정책 연구에 활용
국민	공공재정 운영의 투명성 확인 및 감시 기능 강화

🔖 더 알아보기 **조달업체 입장에서 조달데이터허브(data.g2b.go.kr)의 유용성**

(1) 낙찰 패턴 분석   (2) 특정 기관의 발주 성향 분석
(3) 경쟁 강도 분석   (4) 가격 전략 수립

5 운영기관

① 운영기관: 조달청
② 시스템: 조달데이터허브

6 조달데이터허브에서 수집 가능한 핵심 데이터

계약정보	계약금액, 계약 방법, 낙찰률	기관정보	발주기관별 계약 규모
입찰정보	참여업체 수, 예정가격	지역정보	지역별 발주 현황
품목정보	세부품명, 물품목록번호	통계자료	연도별 증감 추이

 Check

계약금액, 낙찰률, 계약 방법을 확인할 수 있는 데이터 유형은 무엇인가?

정답 계약정보

7 데이터 수집 절차

세부품명 또는 물품목록번호 입력 ▷ 분석 기간 설정 (최근 3~5년) ▷ 계약방법 필터링 (일반경쟁/제한경쟁/MAS 등) ▷ 기관별 집계

▷ 낙찰률 평균 산출 ▷ 참여업체 수 평균 확인 ▷ 연도별 증감률 계산

 Check

1. 공공조달 시장 분석 시 일반적으로 활용하는 데이터 기간은 얼마인가?

2. 조달데이터허브를 활용한 자료 수집 절차를 설명하시오.

정답 1. 3 ~ 5년

2. 세부품명 설정 → 분석기간 설정 → 계약 방법 필터링 → 기관별 집계 → 평균 낙찰률 산출 → 평균 참여업체 수 확인 → 통계자료 다운로드

📝 **더 알아보기** **조달데이터허브(data.g2b.go.kr)**

(1) 활용 목적
- 공급계획 수립 위해 조달대상물별 공급실적 정보 수집·분석
- 세부품명별 계약 실적을 직접 검색하거나 미리 정의된 데이터분석보고서 등을 활용

(2) 주요 서비스: 데이터 제공, 데이터 활용, 데이터 시각화, 데이터 분석, 조달데이터 관리 등

(3) 이용자 서비스 업무의 범위

데이터 제공	보고서 목록, 오픈API 목록
데이터 시각화	주요 공공조달통계, 조달청 현황, 조달업체 현황, 수요기관 현황
데이터 분석	쇼핑몰키워드 분석, 공공조달 수요예측, 입찰혼잡도 예측, 빅데이터실험실
이용안내·고객지원	데이터허브 소개, 이용자가이드, 용어사전, 공지사항, 자료실, FAQ, Q&A, 설문조사, 오류신고

(4) 조달데이터허브에서 제공하는 실적 자료
- 나라장터, 종합쇼핑몰, 혁신장터, 하도급관리시스템, 벤처나라, 이음장터 등에서 발생한 조달청 내부의 발주, 입찰, 계약, 이행과 관련한 다양한 정보를 포함
- 개별 수요기관의 자체 조달, 디브레인 등 외부 재정시스템에서 생성된 데이터, 방위사업청이나 한국전력공사 같은 자체 전자조달시스템 운영기관에서 생성된 조달과 계약 관련 정보도 포함

(5) 조달데이터 분류 구조: 데이터 제공은 다양한 분류 속성으로 구분

조달대상물 기준	물품이나 용역(일반·기술), 공사와 기타 조달 관련 정보로 구성
조달 단계 기준	발주, 입찰, 계약, 이행 단계로 구분해 각 해당 데이터 목록을 분류해 제시

(6) 그래프 등을 활용해 관심 있는 조달데이터를 시각화해 분석하기 위해서는 데이터 시각화 메뉴를 활용하고, 추세를 분석하기 위해서는 분석 메뉴를 활용

(7) 조달데이터허브의 보고서(데이터 목록)는 오픈 API와 함께 로그인하지 않아도 다운로드나 활용 가능(로그인하면 조달청이나 수요기관, 조달업체, 일반 국민 등 4개 사용자 유형별로 차별적인 보고서를 추가로 활용)

(8) 정형보고서의 경우 해당 보고서를 선택하면 MSTR(MicroStrategy: 데이터 소스를 포맷한 데이터로 특정 집합의 현황을 보여주는 방식) 보고서를 보여줌

(9) 소관구분별 수요기관 등록 실적통계: 국가기관과 지방자치단체, 공기업, 준정부기관 같은 10개 수요기관 유형별로 특정 시점의 조달 실적을 보유한 기관 수 현황

(10) 조달업체 등록 내역: 특정 기준일자의 나라장터 입찰참가자격 등록을 완료한 조달업체 현황

(11) 세부품명을 기준으로 검색하면 경쟁 조달업체의 등록 정보를 확인

(12) 소관구분별 수요기관 등록 실적통계: 정형보고서로 특정 기준일의 실적 집계 현황 등을 제공

(13) 수요기관 유형별로 연간·월간 실적 변화 추세를 분석
- 실적 변화 추세는 특정 수요기관별, 특정 세부품명별로 검색
- 조달업체가 등록한 조달대상물의 수요기관 유형별, 특정 수요기관별 연간 또는 월간 구매 이력을 검색해 구매 가능성이 높은 수요기관과 시기를 예측하는 데 활용

(14) 오픈 API 형식의 공개 데이터 활용

(15) 사전에 정의된 데이터 보고서와 오픈 API는 기본적으로 문자 기반의 정보로, 조달이나 계약 자료의 분포와 현황과 관련한 그래프 등 시각적 정보 제공은 제한

(16) 특히 조달업체에서 관심 있어 하는 수요기관, 세부품명의 지역적 분포나 그래프를 통한 직관적 비교가 필요한 경우에는 메뉴 중 '데이터 시각화'를 활용

> ★ **핵심 구분**
> - 자료 수집: 조달데이터허브의 데이터 제공과 시각화는 조달 실적이나 계약 실적 같은 자료를 수집하기 위한 기능
> - 데이터 분석: 조달이나 계약 관련 데이터를 활용해 분석하거나 향후 실적을 예측하기 위해서는 데이터 분석 메뉴에서 제공하는 기능을 활용

8 **핵심 수집 항목**

① 최근 3년 총 발주금액
② 평균 낙찰률
③ 평균 참여업체 수
④ 주요 발주기관 TOP 5
⑤ 계약 방법 분포
⑥ 연도별 증감률
⑦ 계절적 발주 집중 시기

> **핵심 포인트**
> • 조달데이터허브 기능 이해
> • 필터링 기준 설정 능력
> • 데이터 항목 구분 능력
> • 전략적 활용 목적 이해

02 공공조달 동향 분석

출제기준 2-1-2 수집된 자료를 기반으로 공공조달 동향을 분석할 수 있다.

1 공공조달 동향 분석의 의의

① 추세(Trend) 파악, 패턴(Pattern) 분석, 구조(Structure) 도출
② 입찰 전략 수립에 활용 가능한 분석결과를 도출
⇒ 의미 있는 전략 정보로 전환

2 주요 분석 내용

분석 내용	핵심 질문	전략적 의미
규모 분석	시장 규모가 충분한가?	진입 가치 판단
추세 분석	시장이 증가하는가, 감소하는가?	성장성 판단
경쟁 분석	경쟁 강도는 어느 정도인가?	가격 전략 결정
기관 분석	주요 발주기관은 어디인가?	타깃 기관 설정
계약 방법 분석	어떤 계약 방식이 많은가?	참여 방식 결정

바로 Check

계약금액 상위 기관 분석은 무엇을 수립하기 위한 것인가?

정답 타깃 기관 전략

3 구체적 분석 방법

시장 규모 분석	• 최근 3 ~ 5년 총 계약금액 합계 • 연평균 시장 규모 → 일정 규모 이상일 때 전략적 진입 의미 있음			
연도별 추세 분석	• 증감률 계산: (당해연도 − 전년도) ÷ 전년도 × 100 • 판단(예시)			
	+10% 이상	0~5%		−10% 이하
	성장 시장	정체		축소 시장
경쟁 강도 분석	• 평균 낙찰률 • 평균 참여업체 수 • 판단(예시) − 평균 낙찰률			
	90% 이상	85 ~ 90%	80 ~ 85%	80% 이하
	경쟁 수준 양호	보통	치열	매우 치열
기관별 집중도 분석	• 상위 5개 기관 계약 비중 • 특정 기관 편중 여부 • 편중도가 높으면 → 해당 기관 집중 전략 가능			
계약 방법 분포 분석	• 일반경쟁 비율 • 제한경쟁 비율 • 수의계약 비율 • MAS 계약 여부 → 분포에 따라 전략 달라짐			

바로 Check

1. 참여업체 수는 무엇을 판단하기 위한 지표인가?
2. 평균 낙찰률과 참여업체 수의 상관관계를 설명하시오.
3. 특정 기관에 발주가 집중되는 현상을 무엇이라 하는가?
4. 계약 방법 분포 분석의 필요성을 설명하시오.

정답 1. 경쟁 강도 2. 참여업체 수 증가 → 경쟁 심화 → 낙찰률 하락 경향 3. 기관 집중도
4. 계약 방법 구조에 따라 입찰 전략이 달라지기 때문이다. 예를 들어 일반경쟁 비율이 높으면 가격경쟁 전략, 수의계약 비율이 높으면 기관 네트워크 전략이 필요하다.

4 분석 결과 보고서 구조

입찰계획 보고서는 일반적으로 다음 구조로 정리
① 품목 개요
② 최근 3년 시장 규모 분석
③ 연도별 증감 추이
④ 경쟁 강도 분석
⑤ 기관 집중도 분석
⑥ 계약 방법 구조
⑦ 종합 진입 적정성 판단

핵심 포인트
• 단순 통계 나열이 아닌 "해석 능력"
• 지표 간 상관관계 이해
• 전략적 판단 능력

03 | 수요기관의 조달계획 정보 식별

출제기준 2-1-3 분석결과를 기반으로 수요기관의 조달계획 정보를 식별할 수 있다.

1 조달계획 정보 식별의 의의

① 자료 수집 → 동향 분석 → 어디(Which 기관), 언제(When), 무엇(What)을 발주하는지 특정
② 즉, 단순 시장 분석이 아니라 "우리 회사가 공략해야 할 수요기관을 특정"
③ 실질적인 수주 전략의 출발점
④ 시장 분석 결과를 기관 단위 전략으로 전환하는 단계

2 수요기관 식별을 위한 분석

① 동향 분석 결과를 "기관 단위"로 전환
② 핵심 식별 요소

발주 상위 기관	최근 3년 계약금액 상위 기관	계약 방법	일반/제한/MAS/수의
발주 빈도	연간 발주 횟수	예산 증감	예산 증가 기관 여부
발주 시기	특정 분기 집중 여부		

바로 Check

발주기관 TOP 분석이 중요한 이유를 설명하시오.

정답 발주 집중 기관을 식별하고, 이를 기반으로 타깃 기관을 선정하기 위해 중요하다. 이는 타깃 기관별 특성에 맞는 맞춤형 입찰 전략을 수립할 수 있으며, 사전 설명회 참여 등 사전 대응을 가능하게 한다.

3 실무 절차

① 세부품명 입력
② 기관별 계약금액 집계
③ 상위 10개 기관 추출
④ 기관별·연도별 증감 분석
⑤ 발주 집중 시기 확인
⑥ 계약 방법 분포 분석
⑦ 예산서 또는 연간 조달계획 확인

4 수요기관 유형 구분 전략

중앙부처형	대규모 예산, 단일 대형 발주	교육청 · 학교형	특정 분기 집중 발주
지방자치단체형	반복적 소규모 발주, 지역 기반 경쟁	공공기관 · 공기업형	기술 · 품질 평가 비중 높음

5 수요기관 식별(특정)의 최종 목적

① 무작위 입찰 참여 방지
② 선택과 집중 전략 수립

📍더 알아보기 **STP전략의 조달시장 적용**

단계	일반 마케팅	조달시장
Segmentation (세분화)	인구통계, 행동, 니즈 등을 기준으로 시장을 세분화	기관 유형(중앙정부, 지방자치단체, 공기업 등), 사업 분야, 예산 규모, 구매 패턴에 따라 수요기관 세분화
Targeting (타깃 선정)	가장 매력적이고 자원 효율적인 고객군을 선택	자사 조달 대상물과 가장 적합한 수요기관을 선정 (예) IT 솔루션 → 교육청, 대형 공공기관)
Positioning (포지셔닝)	고객에게 차별화된 가치 제안	수요기관의 정책 목표와 예산에 맞춘 맞춤형 제안서 · 입찰 전략 수립

04 관련 정책 · 제도 · 법률 확인

출제기준 2-1-4   분석결과를 기반으로 정책, 제도, 법률을 확인할 수 있다.

1 관련 정책 · 제도 · 법률 확인의 의의

① 자료 수집 → 동향 분석 → 수요기관 식별 후에 해당 시장에 적용되는 정책 · 제도 · 법률을 확인하는 단계
② 핵심 질문
  • "이 시장에 참여해도 되는가?"
  • "어떤 법적 요건을 충족해야 하는가?"
  • "정책 변화가 유리한가, 불리한가?"
  ⇒ 이 과정을 거치지 않으면 입찰 자체가 무효가 될 수 있음
③ 즉, 시장 분석 결과를 실제 입찰 가능 여부 검증 단계로 연결하는 과정

바로 Check

계약 방법 분석과 법률 확인의 관계를 설명하시오.
정답 계약 방법은 관련 법률에 근거하여 운영되며, 입찰 참여 방식과 전략 수립의 기준이 되므로 법적 근거 확인이 필수이다.

2 확인해야 할 법·제도 체계

기본 계약법 체계	• 「국가를 당사자로 하는 계약에 관한 법률」(「국가계약법」) • 「지방자치단체를 당사자로 하는 계약에 관한 법률」(「지방계약법」) → 계약 방법, 입찰참가자격, 낙찰자 결정 방식 등
조달청 운영 체계	• 「조달사업에 관한 법률」(「조달사업법」) • 조달청 운영 고시·지침 → MAS, 우수제품, 혁신제품, 종합쇼핑몰 제도 등
중소기업 보호 관련 제도	「중소기업제품 구매촉진 및 판로지원에 관한 법률」(「판로지원법」) → 중소기업자 간 경쟁제품, 직접생산확인제도

3 구체적 확인 항목

① 해당 품목이 중소기업자 간 경쟁제품인지 여부
② 직접생산확인 대상인지 여부
③ MAS 대상 품목인지 여부
④ 우수조달물품, 혁신제품 지정 가능 여부
⑤ 제한경쟁 요건 존재 여부
⑥ 적격심사(계약이행능력심사) 기준
⑦ 최근 제도 개편 여부

핵심 포인트

• 세부품명 확인
• 중소기업자 간 경쟁제품 여부 확인
• 직접생산확인 대상 여부 확인
• 계약방법 제한요건 확인
• 적격심사·종합평가 기준 확인
• MAS 또는 단가계약 여부 확인
• 최근 고시·지침 개정 여부 점검

바로 Check

생산설비 보유 여부 등을 확인하는 제도는 무엇인가?

정답 직접생산확인제도

4 관련 정책·제도·법률 확인의 중요성

① 낙찰률이 높더라도 → 중소기업자 간 경쟁제품이면 대기업 참여 불가
② 시장이 성장하고 있더라도 → 중소기업자 간 경쟁제품의 경우, 직접생산확인증명서 없으면 참여 불가
③ MAS 시장이 확대되더라도 → MAS 구매공고가 없거나, MAS 계약 미체결 업체는 진입 불가
⇒ 즉, 데이터 분석 결과는 정책·제도 확인을 거쳐야 "실제 전략"으로 연결됨

바로 Check

중소기업자 간 경쟁제품 제도의 취지를 설명하시오.

정답 중소기업의 판로 보호를 위해 특정 품목을 중소기업만 참여 가능한 입찰로 제한하는 제도이다.

05 입찰 적정성 확인

출제기준 2-1-5 입찰계획 보고서를 기반으로 입찰정보를 분석하여 입찰 적정성을 확인할 수 있다.

1 입찰 적정성 확인의 의의

① 자료 수집 → 동향 분석 → 수요기관 식별 → 정책·법률 확인 후 분석된 정보를 바탕으로 최종 참여 여부를 냉정하게 결정하는 단계
② 핵심 질문
  • "이 입찰에 참여해야 하는가?"
  • "참여 시 수익이 발생하는가?"
  • "위험 요소는 무엇인가?"
③ 즉, 시장 분석 결과를 실제 입찰 의사결정으로 전환하는 단계

바로 Check

시장 분석 결과를 종합하여 최종 참여 여부를 판단하는 단계는 무엇인가?

정답 입찰 적정성 판단

2 입찰계획 보고서의 주요 내용

품목 개요	해당 제품 또는 서비스의 정의, 기술적 특성, 조달 분류체계(물품·용역·공사 등)
시장 규모 및 성장성 분석	해당 품목의 발주 규모, 연도별 성장 추세, 예산 배정 현황
경쟁 강도 분석	기존 공급업체 수, 평균 낙찰률, 경쟁률, 중소기업자 간 경쟁제품 여부
수요기관 분석	주요 발주기관(중앙정부, 지자체, 공기업 등), 기관별 발주 패턴, 예산 규모
정책·법제 검토 결과	관련 법령(「판로지원법」, 직접생산확인제도 등), 정부 정책 방향, 제도적 제약
원가 및 수익성 분석	직접생산 비용, 납품 단가, 예상 마진율
종합 참여 적정성 판단	기업의 역량, 시장 경쟁 상황, 정책 환경을 종합해 참여 여부 판단

3 입찰 적정성 판단의 핵심 5요소

수익성	경쟁성	법적 적합성	전략 적합성	지속성
예상 낙찰가 ≥ 손익분기점	참여업체 수 과다 여부	자격요건 충족 여부	회사의 주력 분야 여부	반복 발주 가능성

바로 Check

입찰 적정성 판단에서 수익성 판단 기준이 되는 지표는 무엇인가?

정답 손익분기점

4 수익성 판단 – 평균 낙찰률과 원가 비교(예시)

① 평균 낙찰률: 84%(예정가격: 1억원, 예상 낙찰가: 8,400만원)
② 총원가 7,800만원
③ 예상 이익: 600만원 ⇒ 참여 가능
※ 총원가가 8,400만원 이상 ⇒ 참여 부적정

5 입찰 적정성 판단 시 반드시 고려해야 할 위험 요소

① 과도한 저가경쟁
② 평가방식(기술점수 비중)
③ 계약이행 리스크
④ 물가변동 위험
⑤ 하자담보 책임

6 최종 판단 근거

적극 참여	성장시장 + 수익성 확보	보류	경쟁 과다
조건부 참여	전략적 필요성 존재	불참	적자 가능성

06 수요정보 예측

> 출제기준 2-1-6 입찰 적정성 결과에 따라 수요정보를 예측할 수 있다.

1 수요정보 예측의 의의

① 자료 수집 → 동향 분석 → 수요기관 식별 → 정책·법제 확인 → 입찰 적정성 판단 후 향후 수요를 예측하고 전략을 설계하는 단계
② 핵심 목적: 단발성 입찰 참여가 아니라 중·장기 공공시장 진입 전략을 설계

2 수요예측의 개념

과거 계약 데이터 + 정책 변화 + 예산 흐름을 종합하여 미래 발주 규모·시기·기관을 예측하는 것

3 수요예측의 4대 분석 요소

구분	분석 내용	예측 방향
추세 분석	최근 3~5년 시장 증감률	성장 또는 감소 판단
기관 예산	기관별 예산 증감 여부	발주 확대 가능성

정책 방향	정부 중점 정책	신규 수요 창출
계절성	분기별 발주 집중 여부	입찰 준비 시점

바로 Check

1. 예산 분석이 수요기관 식별에 중요한 이유를 설명하시오.

2. 발주 빈도 분석의 전략적 의미를 설명하시오.

정답 1. 예산 규모에 따라 발주 규모가 결정되기 때문이다. 즉, 예산 증가 기관은 향후 발주 확대 가능성이 높고, 예산 감소 기관은 발주 축소 가능성이 높다.
2. 발주 빈도가 높은 기관은 반복 발주 가능성이 높으므로 입찰 참여 기회와 안정적인 매출원 확보가 가능하다.

4 수요예측 방법

① 단순 추세 예측(연평균 성장률 적용)

예 최근 3년 평균 성장률: +8%, 올해 시장 규모: 100억 ⇒ 내년 예상 규모: 108억

② 정책 연계 예측

예 친환경 정책 확대, 디지털 전환 정책 강화 ⇒ 관련 품목 수요(발주) 증가 예상

③ 기관 집중 예측

예 상위 3개 기관 비중이 60% 이상 ⇒ 해당 기관의 예산 증가 여부가 핵심 변수

5 예측 결과 활용 전략

성장 시장	적극 진입	축소 시장	보수적 접근
정체 시장	선택적 참여	정책 확대 시장	선제적 준비

바로 Check

정책 확대는 무엇에 영향을 미치는가?

정답 신규 수요 창출

6 수요예측 보고서 구성

① 과거 3~5년 시장 분석
② 연평균 성장률 산출
③ 기관 예산 분석
④ 정책 방향 검토
⑤ 내년도 예상 시장 규모
⑥ 전략적 대응 방향

핵심 최종점검

핵심	**정답**	

01   평균 참여업체 수는 무엇을 판단하기 위한 지표인가?

02   연도별 증감 분석은 무엇을 파악하기 위한 것인가?

03   계약방법 분석을 통해 판단할 수 있는 것은 무엇인가?

04   평균 낙찰률은 무엇을 수립하기 위한 기초자료인가?

05   발주기관별 분석의 주요 목적은 무엇인가?

06   시장 성장 여부를 판단하기 위해 계산하는 지표는 무엇인가?

07   경쟁 강도를 판단하는 대표적 지표 두 가지는 무엇인가?

08   최근 3년 데이터를 분석하는 이유는 무엇인가?

09   계약 방법 분포 분석의 목적은 무엇인가?

10   연도별 시장 확대 여부 분석은 무엇을 판단하기 위한 것인가?

11   발주 집중 시기 분석의 목적은 무엇인가?

12   예산 증감 분석은 무엇을 판단하기 위한 것인가?

13   계약 방법 분석은 무슨 결정에 영향을 미치는가?

14   반복 발주기관은 어떤 전략이 가능한가?

15   특정 분기 집중 발주는 무엇을 분석한 결과인가?

PART 02

01
경쟁 강도

02
시장 성장성

03
경쟁구조

04
가격 전략

05
타겟 기관 설정

06
연도별 증감률

07
평균 낙찰률, 평균 참여업체 수

08
시장 추세 파악

09
참여 전략 결정

10
시장 성장성

11
참여 시점 결정

12
향후 발주 가능성

13
참여 전략

14
지속적 수주 전략

15
계절적 발주 패턴

16 기관별 계약정보는 어디에서 확인할 수 있는가?

17 예산 편성 여부 확인은 무엇을 예측하기 위한 것인가?

18 중소기업만 입찰 참여가 가능한 제도는 무엇인가?

19 중소기업 보호 관련 법률은 무엇인가?

20 MAS 계약 체결 전 종합쇼핑몰 등록이 가능한가?

21 직접생산확인이 없으면 참여가 제한되는 제도는 무엇인가?

22 평균 낙찰률은 무엇을 예측하는 데 활용되는가?

23 법적 요건을 충족하지 못한 경우 입찰은 어떻게 되는가?

24 입찰 적정성 판단의 최종 목적은 무엇인가?

25 수요예측의 기초 자료는 무엇인가?

26 예산이 증가하는 기관은 어떤 가능성이 높은가?

27 기관 집중도가 높은 경우 중점적으로 분석해야 하는 것은 무엇인가?

28 축소 시장인 경우 적절한 전략은 무엇인가?

29 수요예측의 최종 목적은 무엇인가?

핵심 | 정답

16
조달데이터허브

17
발주 가능성

18
중소기업자 간 경쟁제품 제도

19
「중소기업제품 구매촉진 및 판로지원에 관한 법률」

20
불가능

21
중소기업자 간 경쟁제품 제도

22
예상 낙찰가

23
무효

24
입찰 참여 여부 결정

25
과거 계약 데이터

26
발주 확대

27
해당 기관 예산

28
보수적 참여

29
공공조달시장 진입 전략 수립

서술형 출제예상문제

01 평균 낙찰률 분석의 전략적 의미를 설명하시오.

> **정답**
> 평균 낙찰률 분석은 가격 경쟁 강도를 파악하기 위한 핵심 지표로서, 낙찰률 수준에 따라 경쟁 정도를 판단하고 적정 투찰가격을 결정하는 기준이 된다.

02 연도별 증감 분석의 의미를 설명하시오.

> **정답**
> ① 시장의 확대 또는 축소 여부 판단
> ② 증가 추세인 경우: 적극적인 시장 진입 전략 수립
> ③ 감소 추세인 경우: 신중한 접근 전략 수립

03 공공조달 동향 분석의 목적을 설명하시오.

> **정답**
> ① 시장 규모 확인   ② 시장 성장성 판단
> ③ 경쟁 구조 파악   ④ 기관 집중도 분석
> ⑤ 계약 방법 구조 이해   ⑥ 전략적 입찰 참여 여부 결정

04 기관 집중도 분석이 중요한 이유를 설명하시오.

> **정답**
> ① 발주 편중 기관을 식별하여 맞춤형 제안 전략 수립
> ② 연속 수주 전략 수립 가능

05 계약 방법 분석이 전략에 미치는 영향을 설명하시오.

> **정답**
> ① 일반경쟁 중심: 가격경쟁 전략 중요
> ② 제한경쟁 중심: 자격요건 확보 중요
> ③ 수의계약 중심: 기관 신뢰 확보 전략 중요

06 연도별 증감률이 지속 감소하는 시장의 전략을 설명하시오.

> **정답**
> 연도별 증감률이 지속적으로 감소하는 시장에서는 보수적인 접근이 필요하며, 차별화된 제품 전략과 함께 신규 발주기관 발굴 및 대체품목 시장 병행 전략을 수립하여야 한다.

07   수요기관 식별의 필요성을 설명하시오.

> **정답**
> ① 무분별한 입찰 참여 방지
> ② 발주 집중 기관 선정
> ③ 참여 대상 기관 특정
> ④ 전략적 자원 배분 가능

08   발주 상위 기관 분석 절차를 설명하시오.

> **정답**
> ① 세부품명 입력
> ② 분석 기간 설정
> ③ 기관별 계약금액 집계
> ④ 상위 기관 추출
> ⑤ 기관별 증감 추이 분석

09   정책 및 제도 확인이 입찰계획 수립에 중요한 이유를 설명하시오.

> **정답**
> ① 법적 참여 가능 여부 판단
> ② 자격요건 사전 확보
> ③ 입찰무효 방지
> ④ 전략적 시장 진입 여부 판단

10   입찰 적정성 판단의 필요성을 설명하시오.

> **정답**
> ① 적자 수주 방지
> ② 전략적 자원 배분
> ③ 법적 리스크 예방
> ④ 장기적 경영 안정성 확보

11   평균 낙찰률을 활용한 수익성 판단 방법을 설명하시오.

> **정답**
> 평균 낙찰률 × 예정가격으로 예상 낙찰가를 산정하고, 이를 원가와 비교하여 수익 여부를 판단한다.

12   경쟁 강도 분석이 입찰 참여 결정에 미치는 영향을 설명하시오.

> **정답**
>
> 경쟁 강도 분석은 참여업체 수에 따라 경쟁 수준을 판단하는 것으로, 참여업체가 많을수록 경쟁이 심화되고 가격 하락 가능성이 높아지므로 입찰 참여 여부를 신중히 결정하는 데 영향을 미친다.

13   입찰계획 보고서에 포함되어야 할 주요 항목을 설명하시오.

> **정답**
>
> ① 시장 분석   ② 기관 분석
> ③ 정책 및 법제 검토   ④ 수익성 분석
> ⑤ 위험 분석   ⑥ 종합 판단

14   수요예측의 필요성을 설명하시오.

> **정답**
>
> ① 장기 전략 수립
> ② 무분별한 입찰 참여 방지
> ③ 시장 성장성 판단
> ④ 자원의 효율적 배분

15   연평균 성장률을 활용한 예측 방법을 설명하시오.

> **정답**
>
> 최근 3 ~ 5년간 시장 증감률의 평균을 계산하고, 이를 기준으로 향후 시장 규모를 추정한다.

16   정책 변화가 수요예측에 미치는 영향을 설명하시오.

> **정답**
>
> 정책 변화는 특정 분야에 대한 예산 확대와 발주 증가로 이어질 수 있으므로, 해당 분야의 시장 수요 확대 가능성을 높이는 중요한 요인으로 작용한다.

17   기관 예산 분석의 중요성을 설명하시오.

> **정답**
>
> 발주는 예산 범위 내에서 이루어지므로 예산 증감은 향후 발주 규모를 예측하는 핵심 기준이 되기 때문에 중요하다.

18   계절성 분석의 전략적 의미를 설명하시오.

> **정답**
>
> 발주가 집중되는 시기를 파악하여 입찰 준비 일정 등 준비 활동을 조정할 수 있다.

19   A기업은 '학교용 공기청정기' 납품을 검토하고 있다. 입찰계획 수립을 위해 조달데이터허브를 활용한 자료 수집 절차를 단계별로 설명하시오.

> **정답**
> ① 해당 물품의 세부품명 입력
> ② 최근 3년의 분석 기간 설정
> ③ 계약 방법 전체 선택
> ④ 기관별 발주금액 집계
> ⑤ 평균 낙찰률과 평균 참여업체 수 산출 → 시장의 경쟁 수준과 진입 가능성 판단
> ⑥ 연도별 증감률을 분석
> ⑦ 발주 집중 시기 파악
> ⑧ 최종적으로 결과를 종합하여 입찰계획 보고서 작성

20   B기업은 평균 낙찰률이 82%인 시장에 진입하려 한다. 참여업체 평균은 18개이다. 데이터 수집 결과를 바탕으로 입찰 참여 적정성을 판단하시오.

> **정답**
> ① 평균 낙찰률이 82%로 가격 경쟁이 매우 치열하며, 참여업체 수가 18개로 경쟁 강도가 높은 시장
> ② 원가율이 82% 이상인 경우 적자 위험 발생 → 단순 참여는 위험
> ③ 차별화 전략이나 MAS · 제한경쟁 여부 등을 추가 검토 → 전략적 접근 필요

21   A기업은 최근 3년 분석 결과 다음과 같은 데이터를 확보하였다.

• 시장 규모: 연 120억원	• 증감률: +12%
• 평균 낙찰률: 83%	• 평균 참여업체 수: 17개
• 상위 3개 기관 비중: 55%	

위의 데이터를 분석하고 입찰 참여 적정성을 판단하시오.

> **정답**
> ① 연 120억원 규모로 시장 규모 충분
> ② 증감률 +12%로 성장성 높은 시장
> ③ 다만 평균 낙찰률이 83%이고 참여업체 수가 17개로 경쟁 치열
> ④ 상위 기관 비중이 55%로 높아 집중 공략이 가능
> → 따라서 가격경쟁력 확보를 전제로 전략적 진입 가능

22   B기업은 평균 낙찰률 91%, 참여업체 6개, 시장 규모 40억원, 최근 3년 증감률 −8%인 시장을 검토 중이다. 분석 결과를 설명하시오.

> **정답**
> ① 평균 낙찰률 91%와 참여업체 6개로 경쟁 상태 양호 및 가격 여유 존재
> ② 시장 규모가 작고 증감률이 −8%로 감소 추세
> → 따라서 단기 수익 확보는 가능하나 보완 품목을 병행하는 전략 필요

23 A기업은 조달데이터허브에서 자사의 특정 세부품명에 대하여 최근 3년간의 통계자료를 분석한 결과 다음과 같은 데이터를 확보하였다.

> • 상위 기관: 서울시, 경기도교육청, 한국전력공사
> • 서울시: 연 30억원, 증감률 +15%
> • 경기도교육청: 연 18억원, 증감률 일정
> • 한국전력공사: 연 20억원, 증감률 −12%

공략 대상 기관을 선정하고 그 이유를 설명하시오.

정답
① 서울시: 발주 규모가 크고 증감률이 +15%로 성장성이 높으므로 1순위 공략 대상이다.
② 경기도교육청: 발주 규모가 안정적이므로 2순위로 접근할 수 있다.
③ 한국전력공사: 증감률이 −12%로 감소 추세이므로 보수적으로 접근하는 것이 적절하다.
→ 따라서 성장성과 규모를 고려한 선택과 집중 전략이 필요하다.

24 B기업은 평균 낙찰률이 88%이고 특정 지방자치단체가 전체 발주의 60%를 차지한다. 수요기관 식별 결과에 따른 전략을 설명하시오.

정답
① 특정 지방자치단체가 전체 발주의 60%를 차지하여 기관 집중도가 매우 높음
→ 해당 기관을 중심으로 집중 공략하는 전략 수립
② 발주 패턴 분석과 예산 편성 확인, 사전 설명회 참여 등
→ 기관 중심 참여 전략 수립

25 A기업은 조달데이터허브 분석 결과 평균 낙찰률 90%의 유망 시장을 발견하였다. 그러나 해당 품목은 중소기업자 간 경쟁제품이며 직접생산확인이 요구된다. 정책·제도 검토 관점에서 입찰 참여 가능성을 설명하시오.

정답
① 중소기업확인서와 직접생산확인증명서 보유 여부 확인
② 관련 증명서 미보유 시 참여 불가
③ 발급 가능성 검토 후 법적 요건 충족
→ 단순 시장 매력도보다 법적 요건 충족 여부가 우선적 판단

26 B기업은 MAS 시장이 성장 중이라는 분석 결과를 확보했다. 그러나 현재 MAS 계약은 체결되어 있지 않다. 제도 확인 관점에서 전략을 설명하시오.

정답
① 해당 품목이 MAS 대상인지 확인
② MAS 계약 체결 절차와 요건 충족 여부 검토
③ MAS 계약 체결 후 종합쇼핑몰 등록을 통해 판매 가능
→ 단기적으로 참여는 불가하나, 제도 적합성 확보 후 전략적 진입 필요

27 A기업은 평균 낙찰률 85%, 참여업체 14개, 예상 낙찰가 8천만원, 총원가 7,700만원으로 분석되었고, 기술평가 비중은 40%이다. 입찰 적정성을 판단하시오.

> **정답**
> ① 수익 가능(300만원 예상 이익)
> ② 평균 낙찰률 85%와 참여업체 14개로, 경쟁이 다소 치열
> ③ 기술평가 비중이 40%로, 기술 경쟁력 확보가 중요
> → 기술 경쟁력 확보 시 참여 가능하나, 정밀한 가격 전략 필요

28 B기업은 평균 낙찰률 81%, 참여업체 20개, 예상 낙찰가 7,500만원, 원가 7,400만원이고 반복 발주는 없다. 입찰 적정성을 판단하시오.

> **정답**
> ① 수익성 거의 없음
> ② 평균 낙찰률 81%와 참여업체 20개로 경쟁 매우 치열
> ③ 반복 발주가 없어 지속성 낮음
> ④ 가격 하락 위험 높음
> → 입찰 참여 부적정 판단

29 A품목의 최근 3년 계약 규모는 80억원 → 92억원 → 100억원이고, 상위 3개 기관 예산은 평균 10% 증가하였다. 수요를 예측하고 전략을 제시하시오.

> **정답**
> ① 성장 추세 명확: 평균 성장률 약 11.8%
> ② 기관 예산 평균 10% 증가
> → 내년 시장 규모는 약 110~112억원 수준으로 예상되므로, 적극 진입 전략과 기관 집중 공략이 필요

30 B품목의 최근 3년 계약 규모는 120억원 → 110억원 → 98억원이고, 정부의 정책 지원 축소 발표가 있었다. 수요예측과 대응 전략을 설명하시오.

> **정답**
> ① 최근 3년간 지속적 감소 추세
> ② 정부 정책 지원 축소로 추가적인 수요 감소 예상
> ③ 경쟁 심화 예상
> → 보수적 참여 전략과 신규 품목 병행 및 비용 구조 개선 필요

CHAPTER 02 조달 수요정보 수집

01 수요기관 발주계획 정보 수집

출제기준 2-2-1 공급 가능한 수요기관과 조달대상물 선정하기 위해 수요기관의 발주계획 정보를 수집할 수 있다.

1 발주계획 정보 수집의 목적

공급 대상 기관 선정	자사 제품·서비스를 실제로 발주하는 기관 확인 • 중앙부처, 지방자치단체, 공공기관 여부 • 반복 구매기관인지 여부 • 발주 규모와 빈도
공급 대상물 적합성 판단	자사 제품이 해당 입찰에 참여 가능한지 검토 • 세부품명 등록 여부 • 직접생산확인 기준 충족 여부 • MAS 대상 품목 여부 • 계약 방법 확인(일반경쟁, 제한경쟁 등)
진입 전략 수립	입찰 참여 방식과 전략 결정 • 단독 참여 가능 여부 • 공동수급 필요 여부

2 나라장터에서 수집할 수 있는 핵심 정보

🖋 더 알아보기 **조달데이터허브 VS 나라장터**

조달데이터허브	• 조달데이터 보고서와 예측 분석 기능을 활용해 조달 대상물(물품이나 용역, 공사)의 수요 규모와 시기별 수요 변화 추세 등을 분석 • 쇼핑몰키워드 분석 등을 통해 납품 가능성이 높은 물품과 수요기관을 확인 • 이런 분석은 분석 시점 이전 입찰과 계약이 완료된 과거 실적 자료를 기반으로 미래의 수요처와 수요시기를 예측하는 방법
나라장터	• 공공조달에서 일상적인 공급 가능 조달 대상물과 수요기관은 입찰공고를 통해 확인하는 방법이 일반적 • 대한민국 공공조달의 핵심 플랫폼(운영기관: 조달청)

바로 Check

조달청이 운영하는 국가종합전자조달시스템의 명칭은 무엇인가?

정답 나라장터

① 연간 · 분기 발주계획 조회
- 접근 경로: 나라장터 → 발주 > 발주목록 > 발주계획 메뉴
- 수집 가능 정보 및 활용전략

수집 가능 정보	• 분기별(월별) 발주 예정 물품 · 용역 · 공사 • 사업명, 예산금액, 발주시기 • 계약 방법, 낙찰 방법 • 조달방식, 국제입찰대상 여부
활용 전략	• 특정 기관이 매년 반복 구매하는 품목 확인 • 자사 품목과 일치하는 기관 선별 • 입찰 준비 일정 역산 가능

- 공급 대상 수요기관 1차 후보군 도출 가능

 **Check**

국가기관의 발주계획을 통합적으로 확인할 수 있는 전자조달시스템은 무엇인가?

정답 나라장터

② 사전규격공개 정보
- 접근 경로: 나라장터 → 발주 > 발주목록 > 사전규격공개 메뉴
- 입찰공고 이전 단계에서 규격(시방서) 초안 공개: 기술 요구사항 확인 가능
- 활용 전략
  - 기술기준 사전 분석
  - 규격 의견 제출 가능
  - 경쟁사 예상 가능

📌 **더 알아보기   사전규격공개 근거 및 목적**

(1) 근거: (계약예규)「정부 입찰 · 계약 집행기준」제77조(구매규격 사전공개)
- 조달청 등 국가기관이 물품 · 용역을 구매할 때, 입찰 전에 규격을 사전공개하도록 규정
- 다만, 해당 연도에 이미 1회 이상 사전공개를 실시한 경우 등은 생략 가능
(2) 제도의 목적
- 투명성 확보: 특정 업체에 유리하거나 불합리한 규격 방지
- 시장 의견 반영: 실제 공급업체의 기술 · 시장 상황을 규격에 반영
- 공정 경쟁 촉진: 입찰 참여 기회를 균등하게 보장

③ 입찰공고 정보
- 접근 경로: 나라장터 → 입찰 > 입찰공고목록 > 입찰공고
- 수집 가능 정보 및 활용 전략

수집 가능 정보	공고명, 발주기관, 기초금액, 추정가격, 참가자격, 낙찰 방법, 지역제한 여부 등
활용 전략	• 선별적 참여: 자사 역량과 승산이 있는 입찰을 선별 • 차별화된 제안서 작성: 단순 가격 경쟁을 넘어, 기술력 · 품질 · 서비스 차별성을 강조하는 제안서 준비

④ 개찰결과 및 낙찰정보

- 접근 경로: 나라장터 → 입찰 > 입찰공고목록 > 개찰결과 > 개찰완료
- 수집 가능 정보 및 활용 전략

수집 가능 정보	예정금액, 투찰률, 낙찰업체명(대표자), 입찰금액
활용 전략	• 원가율 대비 진입 타당성 분석 가능 • 경쟁사 분석: 낙찰업체 파악, 투찰 패턴 분석, 강점·약점 파악 • 시장 구조 이해: 낙찰률·경쟁률 분석, 기관별 특성 파악, 예산 규모 추적 • 가격 전략 수립: 낙찰하한율 대비 투찰가율 분석, 적격심사 점수 반영 • 참여 전략 최적화: 선별적 참여, 컨소시엄·협력 전략, 지역 전략 • 실전 활용(예시): 지자체 IT 용역 입찰에서 특정 업체가 반복 낙찰 → 해당 업체의 기술인력·인증 현황을 분석해 차별화 포인트 제안

⑤ 계약현황 정보

- 접근 경로: 나라장터 → 입찰공고 > 해당 공고 클릭 > 개찰결과 확인
- 수집 가능 정보 및 활용 전략

수집 가능 정보	낙찰자, 낙찰금액, 낙찰률, 참여업체 수
활용 전략	• 계약업체, 계약금액 등 파악 • 발주 시기 예측 등 차기 발주 대비 • 장기계속계약 여부 확인

⑥ 종합쇼핑몰(MAS) 등록 현황

- 나라장터 종합쇼핑몰 조회 시 확인 가능
- 수집 가능 정보 및 활용 전략

수집 가능 정보	동일 품목 등록업체 수, 판매단가, 납품사례
활용 전략	• MAS 진입 타당성 판단 • 가격 포지셔닝 전략 수립 • 경쟁 강도 비교

3 공급 대상 수요기관 선정 프로세스

정보 수집	발주계획, 입찰공고, 개찰결과, 계약현황, 조달통계
데이터 분석	기관별 구매빈도, 평균 낙찰률, 참여업체 수, 지역제한 여부
공급 대상 기관 확정	반복 구매기관, 자사 원가율과 적합한 시장, 경쟁 강도 적정 시장
공급계획 수립	목표기관 선정, 예상 발주시기 캘린더화, 사전계획 수립

4 수요기관 발주계획 정보 수집의 의의

① 수요기관 발주계획 정보는 공급계획 수립의 출발점
② 나라장터를 통해 연간·분기 발주계획을 확인
③ 사전규격 공개는 기술전략 수립에 중요
④ 개찰결과 분석을 통해 평균 낙찰률을 산정
⑤ 계약현황을 통해 재발주 시점을 예측

⑥ 조달통계 분석은 전략품목 선정에 활용

※ 정보수집 → 분석 → 기관 선정 → 공급계획 수립의 단계로 진행

📢 **핵심 포인트**

- 해당 기관은 반복 구매기관인가?
- 평균 낙찰률은 자사 원가율과 적합한가?
- 경쟁업체 수는 몇 개인가?
- 제한경쟁 조건은 무엇인가?
- MAS로 진입하는 것이 유리한가?

---

02 전자조달시스템을 활용한 정보 수집

출제기준 2-2-2 관련 전자조달시스템을 활용하여 공급정보, 공급계획 수립에 필요한 정보를 수집할 수 있다.

1 전자조달시스템의 의의

조달의 전 과정(계획 – 공고 – 입찰 – 개찰 – 계약 – 실적)을 전자적으로 관리하는 정보 시스템으로, 기업이 공급전략과 입찰계획을 수립하는 데 필요한 다양한 데이터를 제공

2 주요 전자조달시스템

① 나라장터
- 운영기관: 조달청
- 수집 가능 정보: 발주계획, 입찰공고, 개찰결과, 계약정보(제한적), 종합쇼핑몰 판매실적, 경쟁업체 정보
- 공급계획 수립에 활용: 평균 낙찰률 분석, 참여업체 수 파악, 수요기관별 구매패턴 분석

② 조달데이터허브
- 운영기관: 조달청
- 조달 빅데이터 분석 플랫폼
- 수집 가능 정보: 품목별 낙찰 통계, 경쟁률 분석, 기관별 발주 추이, 업체별 실적 분석, 지역별 조달시장 규모
- 전략적 활용: 시장 진입 타당성 분석, 적정 참여기관 선정, 가격 전략 수립

③ 종합쇼핑몰(MAS)
- 운영기관: 조달청
- 수집 가능 정보: 품목별 판매 실적, 기관별 구매현황, 업체별 시장 점유율, 단가 비교
- MAS 공급전략 수립 핵심자료

④ 기타 기관별 전자조달시스템

명칭	운영기관	특징
국방전자조달시스템 D2B(Defense e-Bidding)	방위사업청	• 국방부 및 군 관련 물품·용역·공사 입찰을 전자화한 시스템 • 무기·장비·군수품 등 특수성이 강한 조달을 처리하며, 범용인증서로 로그인 후 입찰 참여 가능 • 나라장터와 연계되지만 국방 분야는 별도 시스템에서 관리됨
교육청 전자조달시스템 S2B(School to Business)	시·도 교육청	• 전국 시·도 교육청이 공동 운영 • 학교·교육기관의 물품·용역·공사 입찰을 처리 • 나라장터와 일부 연계되지만 교육청 자체 발주 건은 S2B에서 진행
지방자치단체 자체 시스템 (지자체별 자체 명칭)	각 지자체	• 일부 지자체가 독자적으로 운영 • 지역 특화 사업이나 소규모 계약 관리 • 주민참여예산제도와 연계되는 경우도 있음

3 수집해야 할 핵심 정보

① 시장 규모
② 경쟁 강도
③ 가격 수준
④ 수요기관 구매패턴
⑤ 계약방법 및 평가방식

4 공급계획 수립 절차

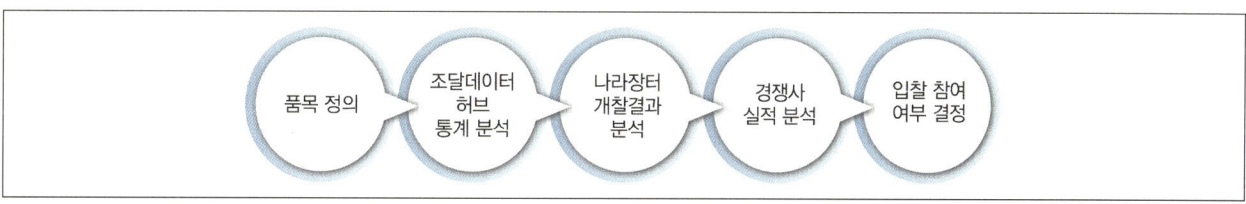

품목 정의 → 조달데이터 허브 통계 분석 → 나라장터 개찰결과 분석 → 경쟁사 실적 분석 → 입찰 참여 여부 결정

03 수요정보 분류 및 문서화

출제기준 2-2-3 수요정보를 체계적으로 분류하고 문서화할 수 있다.

1 수요정보 분류의 의의

① 수요정보는 단순 수집에서 끝나는 것이 아니라, 전략적 공급계획 수립을 위한 분석·보고 체계로 전환되어야 함
② '데이터 → 정보 → 전략 보고서'의 단계로 체계화하는 것이 핵심

 **Check**

수요정보를 전략적 의사결정 자료로 정리한 문서를 무엇이라 하는가?

정답 공급계획 보고서

2 수요정보의 분류 기준

기관 기준 분류	• 중앙부처, 지방자치단체, 교육청, 공공기관, 공기업 • 기관 유형에 따라 계약 방식·예산구조 상이
품목 기준 분류	• 물품, 용역, 공사, MAS 품목, 혁신제품 여부 등 • 품목 유형에 따라 입찰 방식과 참여 조건이 달라짐
금액 기준 분류	• 소액수의, 대형사업 등 • 추정금액은 경쟁 강도와 직결되며, 낙찰자 결정 방법에도 영향을 줌
시기 기준 분류	• 분기별 발주, 연말 집중 발주, 장기계속사업 여부 등 • 발주시기를 파악하면 입찰 준비 일정 수립 가능
계약 방식 기준 분류	• 적격심사, 종합평가, 협상에 의한 계약, 수의계약 등 • 계약 방식에 따라 가격 전략과 제안 전략이 달라짐

 **Check**

기관별 분류의 필요성을 설명하시오.

정답 ① 예산구조 차이
② 계약 방법 차이
③ 낙찰률 차이
④ 발주 패턴 차이

3 문서화 체계(공급계획보고서 구성)

기본 구성	• 시장 개요 • 경쟁환경 분석 • 참여 적정성 판단	• 수요기관 분석 • 평균 낙찰률 분석 • 전략 제안
주요 포함 내용	기관명, 사업명, 추정금액, 발주시기, 계약 방법, 평균 낙찰률, 경쟁업체, 참여 전략	

4 수요정보 문서화 시 유의사항

① 최근 3년 평균 데이터 활용 → 단년도 데이터 왜곡 방지
② 발주계획과 실제 입찰 비교 필요
③ 경쟁업체의 반복 낙찰 여부 확인
④ 원가율과 낙찰률 비교 분석 필수

> **핵심 포인트**
>
> 수요정보 문서화의 목적은 입찰 참여 여부를 객관적으로 판단하기 위한 의사결정 자료 확보

핵심 최종점검

01 수요기관이 연간 구매 예정 물품·용역·공사를 사전에 공개하는 자료를 무엇이라 하는가?

02 발주계획 정보를 분석함으로써 파악할 수 있는 것은 무엇인가?

03 발주계획에서 '추정금액'이 의미하는 것은 무엇인가?

04 발주계획 분석의 최종 목적은 무엇인가?

05 과거 계약 규모 및 낙찰 통계를 확인할 수 있는 시스템은 무엇인가?

06 발주계획 정보에 포함되는 주요 항목 3가지를 쓰시오.

07 조달 빅데이터를 분석할 수 있는 플랫폼은 무엇인가?

08 MAS 판매실적(납품사례)을 확인할 수 있는 시스템은 무엇인가?

09 전자조달시스템 활용하는 주요 목적은 무엇인가?

10 개찰결과를 통해 확인 가능한 정보는 무엇인가?

핵심 | 정답

01
발주계획

02
잠재 수요기관

03
예정 사업 규모(추정가격+부가가치세)

04
전략적 입찰 참여 결정

05
조달데이터허브

06
사업명, 예산금액, 발주시기 등

07
조달데이터허브

08
종합쇼핑몰

09
공급계획 수립

10
낙찰자

PART 02

11 참여업체 수는 무엇을 판단하기 위한 지표인가?

11
경쟁 강도

12 기관별 발주 추이를 분석할 수 있는 시스템은 무엇인가?

12
조달데이터허브

13 수요정보 분석 시 3년 평균 데이터를 사용하는 이유는 무엇인가?

13
데이터 왜곡 방지

14 발주시기 분석의 목적은 무엇인가?

14
입찰 준비 일정 수립

15 수요정보 문서화의 최종 목적은 무엇인가?

15
참여 적정성 판단

16 반복 낙찰업체 분석의 목적은 무엇인가?

16
시장 독점 여부 파악

17 발주계획 공개의 목적은 무엇인가?

17
조달의 사전 예고 및 정보의 비대칭
완화를 통한 시장 참여 기회 확대

서술형 출제예상문제

01 발주계획 정보를 수집해야 하는 이유를 설명하시오.

 정답
① 사전 시장 진입 준비 가능 　　② 경쟁업체 대비 전략 수립
③ 잠재 수요기관 발굴 　　　　　④ 예산규모 파악
⑤ 낙찰 가능성 판단

02 발주계획 정보 분석 시 확인해야 할 핵심 요소를 쓰시오.

정답
① 사업명 　　　　　②예산(추정금액)
③ 발주시기 　　　④ 계약 방법
⑤ 담당부서

03 발주계획과 입찰공고의 차이를 설명하시오.

정답
① 발주계획: 조달사업의 사전예고, 변경 가능
② 입찰공고: 법적 효력 발생, 계약 절차 개시

04 발주계획 분석을 통해 수요기관을 선정하는 절차를 설명하시오.

정답
① 동일 품목 반복 발주기관 추출 　　② 예산규모 비교
③ 계약 방법 분석 　　　　　　　　　④ 경쟁 강도 예측
⑤ 전략적 참여기관 선정

05 발주계획 분석 시 유의사항을 설명하시오.

정답
① 예산 변경 가능성
② 정책 변경 위험
③ 실제 입찰 여부 재확인 필요
④ 단년도 · 다년도 사업 구분 필요

PART 02

06 A기업은 친환경 LED 조명 제조업체이다. 나라장터 발주계획을 분석한 결과, 3개 지방자치단체가 3분기에 LED 교체사업을 계획하고 있다. 추정금액은 각각 3억원, 1억원, 5천만원이다. A기업의 전략적 참여 방안을 설명하시오.

> **정답** (예시)
> ① 예산규모 분석: 3억원 사업은 경쟁 강도 높음
> ② 계약 방법 확인: 일반경쟁 여부 확인 필요
> ③ 기술 차별성 검토: 친환경 인증 활용
> ④ 참여 우선순위 설정: 1억원 사업이 적정

07 B기업은 평균 원가율이 85%이다. 발주계획상 추정금액 2억원의 용역사업이 4분기에 예정되어 있다. 해당 시장의 평균 낙찰률은 82%이다. B기업의 참여 적정성을 분석하시오.

> **정답**
> ① 예상 계약금액 = 2억 × 82% = 1억 6,400만원
> ② 예상 원가 = 2억 × 85% = 1억 7,000만원
> ③ 손실 예상 = 1억 6,400만원 − 1억 7,000만원 = −600만원
> ④ 판단: 가격 경쟁만으로는 손실 가능
> ⑤ 전략: 기술평가 우위 확보 전략 필요

08 전자조달시스템을 활용한 공급정보 수집의 필요성을 설명하시오.

> **정답**
> ① 시장 규모 파악   ② 경쟁 강도 분석
> ③ 가격 수준 예측   ④ 수요기관 선정
> ⑤ 전략적 참여 결정

09 조달데이터허브의 기능을 설명하시오.

> **정답**
> ① 품목별 통계 분석   ② 평균낙찰률 분석
> ③ 기관별 발주 추이   ④ 업체 실적 분석
> ⑤ 지역별 조달시장 규모 분석

10 나라장터 개찰결과 분석의 목적을 설명하시오.

> **정답**
> ① 낙찰 패턴 분석
> ② 경쟁업체 파악
> ③ 평균 낙찰률 확인
> ④ 전략적 가격 설정

11 종합쇼핑몰 데이터를 활용한 공급전략 수립 방안을 설명하시오.

> **정답**
> ① 판매 상위 업체 분석: 시장 지배 구조 분석
> ② 가격 비교 분석: 경쟁 수준 판단
> ③ 기관별 구매 빈도 분석: 주요 수요기관 식별
> ④ 틈새시장 발견

12 전자조달정보 분석 시 유의사항을 설명하시오.

> **정답**
> ① 단년도 데이터 왜곡 가능 → 최근 3년 평균 데이터 활용
> ② 정책 변경 영향
> ③ 계약 취소 가능성
> ④ 지역 편중 현상

13 A기업은 공기청정기 제조업체이다. 조달데이터허브 분석 결과 최근 3년간 학교기관 발주가 20% 증가하였다. 평균 낙찰률은 84%, 평균 참여업체 수는 12개이다. 공급계획 수립 방안을 설명하시오.

> **정답**
> ① 최근 3년간 발주 20% 증가: 시장 성장성 확인
> ② 평균 낙찰률 84%와 참여업체 수 12개로 경쟁 강도 중간 수준
> ③ 원가 대비 수익성 분석(손익분기점 분석)
> ④ 학교기관 집중 공략 전략
> ⑤ MAS 등록 여부를 검토
> ⑥ 결론: 전략적 참여가 가능한 시장으로 판단

14 B기업은 사무용 가구 업체이다. 종합쇼핑몰 판매실적 분석 결과 상위 3개 업체가 전체 매출의 70%를 차지하고 있다. 시장 진입 전략을 설명하시오.

> **정답**
> ① 상위 3개 업체가 70% 점유: 과점 구조 → 단순 가격 경쟁만으로는 진입 어려움
> ② 가격 경쟁력 확보 필요
> ③ 디자인 등 차별화 전략이 필요
> ④ 지역 특화 기관 공략
> ⑤ 소규모 기관 중심으로 단계적 진입 전략 수립
> ⑥ 결론: 직접 가격 경쟁보다 틈새시장 전력 적합

15 수요정보를 체계적으로 분류해야 하는 이유를 설명하시오.

> **정답**
> ① 객관적 분석 가능   ② 전략 수립 용이
> ③ 사업 간 비교 및 평가 가능   ④ 위험요소 파악
> ⑤ 합리적 의사결정 근거 확보

16 수요정보 문서화 절차를 설명하시오.

정답
① 데이터 수집 후 유형별 분류　　② 통계 분석과 비교 분석
③ 전략 도출　　　　　　　　　　④ 보고서 작성

17 평균 낙찰률과 원가율 비교 분석의 중요성을 설명하시오.

정답
① 손익 예측 가능　　　　　　　② 적자 위험 사전 판단
③ 가격 전략 수립　　　　　　　④ 입찰 참여 여부 결정

18 수요정보 문서화 시 포함해야 할 핵심 항목을 쓰시오.

정답
기관명, 사업명, 계약금액, 발주시기, 계약 방법, 평균 낙찰률, 경쟁업체, 참여 전략

19 A기업은 평균 원가율 83%이다. 최근 3년간 특정 기관의 평균 낙찰률은 85%, 참여업체 수는 평균 9개이다. 참여 적정성을 분석하고 문서화하시오.

정답
① 예상 계약금액 = 추정금액 × 85%
② 원가율 83% → 약 2%의 이익 확보 가능
③ 참여업체 수 9개로 경쟁 강도 중간 수준
④ 기술·가격 병행 전략 필요
⑤ 참여 가능(전략적 접근)

20 B기업은 다음과 같은 수요정보를 수집하였다.

기관	추정금액	평균 낙찰률	원가율
C시청	3억원	82%	85%
D교육청	2억원	88%	85%

각 사업의 손익을 계산하고 참여 적정성을 판단하시오.

정답
① C시청
  • 예상 계약금액 = 3억원 × 0.82 = 2.46억원
  • 예상원가 = 3억원 × 0.85 = 2.55억원
    → 약 0.09억원 손실 예상
    → 참여 부적정
② D교육청
  • 예상 계약금액 = 2억원 × 0.88 = 1.76억원
  • 예상원가 = 2억원 × 0.85 = 1.70억원
    → 0.06억원 이익 예상
    → 참여 적정

CHAPTER

03 공급계획 수립

01 유형별 공급대상물의 경제성 분석

출제기준 2-3-1 분석결과에 따라 유형별 공급대상물의 경제성을 분석할 수 있다.

1 공공조달 원가계산

① 원가계산 개요

개념	• 발주기관 측면: 입찰 전 단계에서 '예정가격 기초조사서'를 작성하기 위한 업무 • 조달업체 측면: 해당 입찰 예산을 기준으로 '산출내역서'를 작성하는 과정
주요 기능	• 입찰 수행에 필요한 총 비용 예측 • 예산 낭비를 방지해 적정한 품질의 결과물 완성 • 계약 이행 과정에서 비용과 관련해 발생 가능한 문제점을 선제적으로 식별하고 대처 • 해당 입찰의 종합적 경제성의 평가를 통한 의사결정의 기준자료로 활용

② 예정가격 결정 방법[「국가계약법 시행령」 제9조(「지방계약법 시행령」 제10조)]

적용	거래실례가격 → 원가계산에 따른 가격 → 표준시장단가 → 감정가격·유사거래실례가격·견적가격 순으로 해당 가격이 있는 경우에 적용
거래실례 가격	• 해당 조달대상물이 실제 시중에서 빈번하게 거래되어 다수의 가격자료가 존재하고 세금계산서와 거래명세표 등으로 증빙할 수 있는 경우에 적용 • 대표적인 거래실례가격인 시설공통자재 가격 정보는 조달청장이 조사해 공표하는 가격으로 매년 상하반기 2회 조사한 결과를 나라장터를 통해 공개
원가계산에 따른 가격	• 제조나 공사, 학술용역, 기타 용역의 원가계산으로 구분 • 신규개발품이나 특수규격품 등으로 일반적으로 시중에 거래되는 물품이 아니어서 충분한 수준의 거래실례가격이 형성되지 않거나 불확실한 경우 원가계산을 통해 산정한 가격
표준시장 단가	• 100억원 이상의 시설공사에 적용하는 예정가격 결정 방법으로 과거 수행된 공사로부터 축적된 공종별 단가에 매년 물가상승률, 인건비상승률 등을 반영해 공사비를 결정하는 방식 • 매년 국토교통부의 공고로 발표되고 있으며 나라장터에서 공종별 시장시공가격으로 공개

바로 Check

1. 거래실례가격이 존재하지 않을 경우 적용되는 예정가격 결정 방법은 무엇인가?

2. 100억원 이상 시설공사 예정가격 결정 방식은 무엇인가?

정답 1. 원가계산에 따른 가격 2. 표준시장단가

③ 원가계산의 법적 근거
- 「국가계약법」 제8조의2, 「국가계약법 시행령」 제7조·제9조, 「국가계약법 시행규칙」 제13조
- 「지방계약법」 제11조, 「지방계약법 시행령」 제2조·제7조, 「지방계약법 시행규칙」 제4조·제13조
- 「국가계약법」 적용 입찰에서는 재정경제부 (계약예규) 「예정가격작성기준」
- 행정안전부 예규 「지방자치단체 입찰 및 계약집행기준」

④ 원가계산의 목적: 제품 생산 또는 용역(서비스) 제공 등에 소요되는 비용을 계산
- 기업 관점

기업의 재무회계 관점	손익산출, 재무상태표 및 손익계산서 작성 목적
기업의 관리회계 관점	원가분석표 작성, 예산서, 수익성 분석 목적
기업의 세무회계 관점	세금신고, 절세전략을 마련하기 위한 기초자료로 작성

⇒ 재무나 관리, 세무회계는 기업회계로서 「기업회계기준」에 따른 원가계산을 실행
- 공공조달을 위한 공공계약: 예정가격 결정 또는 계약금액 사후정산(개산계약 등) 목적
⇒ 정부 원가계산 기준인 「예정가격작성기준」에 따른 원가계산 중 제조나 구매, 용역의 경우 재료비와 노무비, 경비, 일반관리비, 이윤을 포함해 계산

⑤ 가격결정의 원칙

재료비	계약목적물의 제조·용역 등에 소요되는 규격별 재료량에 그 단위당 가격을 곱한 금액: 재료량 × 단위당 가격
노무비	• 계약목적물의 제조·용역 등에 소요되는 공종별 노무량에 그 노임단가를 곱한 금액: 소요 노무량 × 노무비 단가 • 노임단가 적용 　– 제조원가계산: 중소기업중앙회가 발표하는 노임단가 적용 　– 공사의 경우: 대한건설협회가 발표하는 시중노임단가 적용
경비	계약목적물의 제조·용역 등에 소요되는 비목별 경비의 합계액
일반관리비	재료·노무비 및 경비의 합계액에 별도 정하는 일반관리비율을 곱한 금액
이윤	• 노무비·경비(재정경제부장관이 정하는 비목 제외) 및 일반관리비의 합계액에 별도 정하는 이윤율을 곱한 금액 • 이윤율 　– 제조(SW개발 포함): 25% 이내 　– 공사: 15% 이내 　– 용역(SW개발 제외): 10% 이내

 **바로 Check**

제조원가, 공사원가, 용역원가에서 이윤율 상한은 각각 얼마인가?

정답 25%, 15%, 10%

⑥ 분야별 원가계산
- 제조원가계산
- 공사원가계산
- 용역원가계산(학술연구용역, 엔지니어링사업, 시설분야용역, 소프트웨어 개발 사업 등)

⑦ 실행 시점별 원가계산

예정원가 (사전원가)	• 계약목적물의 제조·용역 등에 소요되는 규격별 재료량에 그 단위당 가격을 곱한 금액: 재료량 × 단위당 가격 • 경제가치가 소비되기 이전에 행하는 원가계산 • 정부회계의 원가계산은 일반적으로 사전원가계산을 원칙으로 함
사후정산원가	• 경제가치가 소비된 후에 실제로 계산하는 원가계산 • 정부회계에서는 예외적으로 정산조건부 계약일 경우 실시
물가변동	계약금액을 구성하는 각종 품목 또는 비목의 가격이 상승 또는 하락된 경우 계약금액을 조정하기 위하여 행하는 원가계산
설계변경	설계서 내용의 누락 및 오류 또는 상호 모순되는 점이 있거나 공사현장의 상태가 설계서와 다르고 발주기관이 설계서를 변경할 필요가 있다고 인정할 경우 행하는 원가계산

⑧ 공공조달 원가계산에 포함되는 비목

재료비	계약목적물의 제조·시공 또는 용역 등에 소요되는 규격별 재료량에 단위당 가격을 곱한 금액
노무비	계약목적물의 제조·시공 또는 용역 등에 소요되는 공종별 노무량에 노임단가를 곱한 금액
경비	계약목적물의 제조·시공 또는 용역 등에 소요되는 비목별 경비의 합계액
일반관리비	재료비와 노무비, 경비의 합계액에 일반관리비율을 곱한 금액
이윤	노무비·경비(외주가공비와 기술료 제외)와 일반관리비의 합계액에 이윤율을 곱한 금액

				4. 이익 판매이익(금)
			3. 판·관비 판매비와 관리비	판매가격 (매출액) 영업수익
		2. 간접비 제조간접비	제조원가 (제품원가) 공장	판매원가 (총원가) 제조부+영업부
	1. 직접비 직접재료비 직접노무비 직접제조경비	직접원가 (기초원가 기본원가)		

⑨ 영업이익과 이윤

영업이익	• 매출액에서 매출원가를 빼고 얻은 매출총이익에서 다시 판매비와 일반관리비를 뺀 금액 • 순수하게 영업을 통해 벌어들인 이익
이윤	• 기업의 총수익에서 총생산비(지대, 임금, 이자 등)를 공제한 잉여소득 • 기업의 활동이나 창의의 보수 • 기업가의 노동 또는 가치창조(價値創造) 기능의 대가

 Check

영업이익은 무엇을 의미하는가?

정답 매출총이익에서 판매비와 일반관리비를 차감한 이익

⑩ 임금
- 「근로기준법」상 임금: 사용자가 근로의 대가로 근로자에게 임금이나 봉급, 그 밖에 어떤 명칭으로든 지급하는 모든 금품
- 통상임금, 평균임금 및 최저임금

통상임금	근로자에게 정기적·일률적으로 지급하는 급여로 연장근로·휴일근로·연차 등 각종 수당 산정의 기준
평균임금	최근 3개월 동안 근로자가 받은 임금의 총액에서 총 근무일수로 나눈 금액으로, 퇴직금과 휴업수당, 유족보상, 실업급여, 산업재해보상 등의 산정 기준이 되며, 평균임금이 통상임금보다 적으면 통상임금을 평균임금으로 봄
최저임금	근로자의 생활안정과 노동력을 질적으로 향상하기 위해 「최저임금법」에 따라 최저임금위원회가 매년 심의·의결하여 고시하는 금액

- 정부 원가계산에서 노무비(인건비) 산정에 필요한 기초자료로 활용하기 위해 중소기업중앙회(제조) 또는 대한건설협회(공사)가 조사·공표한 가격으로 기본급의 성격을 띠는 정근수당과 가족수당, 위험수당 등을 포함(제수당은 제외)한 금액

⑪ 일반관리비와 이윤

일반관리비	• 기업을 유지하기 위해 발생되는 관리활동 부문의 제비용으로, 임원과 사무실 직원의 급여 등은 기업손익계산서를 기준으로 산정 • 공공계약에서 일반관리비 (재료비 + 노무비 + 경비) × 일반관리비율
이윤	• 기업의 영업이익을 의미하며, 기술료와 외주가공비는 제외하고 비영리법인의 이윤은 목적사업 외 수익사업의 이익만 반영 • 이윤 (노무비 + 경비 + 일반관리비) × 이윤율

2 제조원가계산

① (계약예규)「예정가격작성기준」제7조에 따라 제조 과정에서 발생한 재료비와 노무비, 경비의 합계액으로 산정
② 비목별 내용

총원가	제조(공사) 원가	재료비	• 직접재료비: 계약목적물의 실체를 형성하는 물품의 가치 – 주요재료비: 계약목적물의 기본적 구성형태를 이루는 물품의 가치 – 부분품비: 계약목적물에 원형대로 부착되어 그 조성부분이 되는 매입부품·수입부품·외장재료 및 「예정가격작성기준」제11조 제3항 제13호 규정에 의한 경비로 계상되는 것을 제외한 외주품의 가치 • 간접재료비: 계약목적물의 실체를 형성하지는 않으나 제조에 보조적으로 소비되는 물품의 가치로서, 소모재료비, 소모공구·기구·비품비, 포장재료비 등
		노무비	• 직접노무비: 제조현장에서 계약목적물을 완성하기 위하여 직접작업에 종사하는 종업원 및 노무자에 의하여 제공되는 노동력의 대가 • 간접노무비: 직접 제조작업에 종사하지는 않으나, 작업현장에서 보조작업에 종사하는 노무자, 종업원과 현장감독자 등의 노동력에 대한 대가

	경비	제품의 제조를 위하여 소비된 제조원가 중 재료비, 노무비를 제외한 원가를 말하며, 전력비/수도광열비, 운반비, 감가상각비, 수리수선비, 특허권사용료, 기술료, 연구개발비, 시험검사비, 지급임차료, 보험료, 복리후생비, 보관비, 외주가공비, 산업안전보건관리비, 소모품비, 여비·교통·통신비, 세금과공과, 폐기물처리비, 도서인쇄비, 지급수수료, 법정부담금, 기타 법정경비, 품질관리비, 안전관리비 등 총 27종
	일반관리비	제조 순원가(노무비 + 경비) × 일반관리비율 ※ 제조업종별: 6 ~ 14%, 용역업: 5 ~ 10%, 공사업: 5 ~ 8%
	이윤	(노무비 + 경비 + 일반관리비 − 외주가공비) × 이윤율 ※ 제조: 25%, 시설공사율: 15%, 용역: 10%

③ 재료비 산정

직접재료비	• 적용 구성요소 식별, 요소별 소요량 산출 후 가격조사를 통한 단가를 결정해 직접재료비 총액을 산정 • 재료의 소요량을 산정하기 위한 기초자료는 규격서(설계서, 사양서 등)와 도면, 견본품, 생산 실적 자료 등을 활용해 직접재료비 항목을 식별하고 직접재료 물량을 산출
간접재료비	• 결산자료를 검토하고 합리적 배부기준을 결정해 간접재료비를 산정 • 간접재료비를 산출하기 위한 기초자료는 결산서(제조원가명세서)와 간접재료 소요 내역 등

④ 노무비 산정: 제조원가의 노무비는 직접노무비와 간접노무비로 구성되고, 사전 노무비를 산정하기 위한 기초자료를 조사, 분석하는 절차를 각각 진행

직접노무비	• 기초자료를 활용해 노무량 산출, 노무비 단가결정 순으로 진행 • 직접노무비를 산정하기 위한 기초자료: 작업일지나 공정별 작업보고서, 표준품셈, 엔지니어링 사업대가 기준을 활용 • 직접노무비는 제조현장에서 계약목적물을 완성하기 위해 직접 작업에 종사하는 노무자의 노동력 대가로 기본급, 제수당, 상여금 및 퇴직급여충당금의 합계액으로 계산 • 상여금은 기본급의 연 400%, 제수당 및 퇴직급여충당금은 「근로기준법」상 인정되는 범위를 초과할 수 없음 • 노무비 단가를 결정하기 위해서는 해당 업체의 임금지급대장과 급여명세서, 근로계약서, 정부 노임단가 또는 시중노임단가(중소기업중앙회, 대한건설협회 발표) 등을 활용

간접노무비	• 노무비 발생 자료 검토 후 간접노무비율을 결정하는 절차로 진행
	• 간접노무비 산정
	  – 실비 산정방식: 임금지급대장, 연말정산 서류, 4대보험 납부내역, 인사기록카드 등 활용
	  – 비율 산정방식: 원가계산 제비율(조달청, 관련 협회 발표 자료 등), 제조원가명세서와 관련 회계자료, 직접노무비 산정자료 등 활용
	• 간접노무비는 직접노무비를 초과할 수 없음

 Check

1. 제조 노임단가는 어느 기관이 발표하는가?

2. 간접노무비는 무엇을 초과할 수 없는가?

정답 1. 중소기업중앙회 2. 직접노무비

⑤ 경비 산정

경비	• 계약목적물을 제조하기 위해 투입된 제조원가 중 재료비와 노무비를 제외한 원가 • 재료비, 노무비와 함께 직접경비로 계상할 비목과 비목별 소요량을 산출하고 가격조사를 통해 단가를 결정 • 간접경비의 경우에는 비목별 배부기준을 검토한 후 간접경비비율을 결정해 산정 • 경비는 계약목적물 제조기간의 실소요량을 측정하거나 「예정가격작성기준」 제34조에 따른 원가계산자료와 계약서, 영수증 등을 근거로 산출
경비 분석 방법	• 재료비법: 재료비 대비 비목별 발생 경비의 배부율 적용 • 노무비법: 노무비 대비 비목별 발생 경비의 배부율 적용 • 원가법: 재료비와 노무비의 합계액 대비 비목별 발생 경비의 배부율을 적용

 **Check**

경비 분석 방법 3가지는 무엇인가?

정답 ① 재료비법, ② 노무비법, ③ 원가법

⑥ 일반관리비
  • 일반관리비: 기업을 유지하기 위한 관리활동 부문에서 발생하는 제비용으로서 제조원가에 속하지 않은 모든 영업비
    용 중 판매비 등을 제외한 다음의 비용
    - 임원급료, 사무실 직원의 급료, 제수당, 퇴직급여충당금, 복리후생비, 여비, 교통·통신비, 수도광열비, 세금과 공
      과금, 지급임차료, 감가상각비, 운반비, 차량비, 경상시험 연구개발비, 보험료 등
    - 기업손익계산서를 기준으로 산정
  • 일반관리비의 분석
    - 매출원가 대비 판매비와 일반관리비의 비율로 산정하거나 「예정가격작성기준」 [별표 3]의 일반관리비율, 전문업
      체 결산자료, 기업경영 분석자료의 비율을 비교분석하고 가장 낮은 비율을 적용
    - 비율 산정 과정에서 접대비와 광고선전비 같은 제조와 직간접적으로 연관성 없는 비목은 제외
  • 「예정가격작성기준」 [별표 3]에 따른 제조업 부문별 일반관리비율 적용이 일반적
⑦ 이윤: 영업이익을 말하며, 제조원가 중 노무비, 경비와 일반관리비의 합계액(기술료, 외주가공비 제외)의 25% 초과
  계상 불가
⑧ 운반비
  • 기본적인 제조원가에 포함되는 비목은 아니나, 납품조건이 현장설치도로인 경우 설치 현장까지 이동에 소요되는
    비용을 제조원가에 더해 별도로 반영
  • 운반비는 제조 시점에는 투입될 수 없는 비용으로, 제조를 통해 완성된 제품을 판매하거나 설치하는 데 필요한 비용
  • 운반비는 일반화물 자동차 등의 거리톤급별 운임표 활용, 표준품셈 활용, 경비 산출 시 운반비 적용, 운반비 단가
    관련 가격자료(견적서, 세금계산서 등)를 활용

3 용역원가계산

① 용역원가계산의 개념
  • 학술연구용역에 따른 원가계산기준을 준용(「예정가격작성기준」 제30조)
  • 다른 법령에서 그 대가기준(원가계산기준)을 규정하고 있는 경우에는 해당 법령이 정하는 기준을 적용

② **학술연구용역**: 학문 분야의 기초과학과 응용과학에 관한 연구용역과 이에 준하는 용역을 총칭

위탁형 용역	계약상대자가 자기 책임하에 연구를 수행하고 연구 결과물을 용역결과보고서 형태로 제출하는 방식
공동연구형 용역	계약상대자와 발주기관이 공동으로 연구를 수행하는 방식
자문형 용역	계약상대자가 발주기관의 특정 현안을 대상으로 서면 의견을 제시하는 방식

③ **용역원가계산 비목 구성**
- 노무비(인건비), 경비, 일반관리비, 이윤(「예정가격작성기준」 제24조)
- 연구용역에서 공동연구형 용역과 자문형 용역의 경우에는 경비항목 중 최소한의 항목만 반영하고 일반관리비는 계상하지 않음

④ **용역(학술연구용역) 노무비(인건비) 산정**
- 인력등급별 단가에 따르며 책임연구원, 연구원, 연구보조원, 보조원으로 구분

책임연구원	해당 용역의 수행을 지휘감독하며 결론을 도출하는 역할을 수행하는 자로서, 대학 부교수 수준의 기능을 보유한 인력(해당 용역에서는 1인 원칙)
연구원	책임연구원을 보조하는 자로 대학 조교수 수준의 기능을 보유한 인력
연구보조원	통계처리·번역 등 기타 역할을 수행하는 자로서 조교 정도의 전문지식을 보유한 인력
보조원	타자, 계산, 원고정리 등 단순한 업무처리를 수행하는 인력

- 노무비: 기준단가 + 상여금 + 퇴직급여충당금으로 구성

⑤ **용역(학술연구용역) 경비 산정**
- 경비는 계약 목적을 달성하기 위한 필요 비용으로 여비와 유인물비, 전산처리비, 시약과 연구용 재료비, 회의비, 임차료, 교통통신비, 감가상각비 등을 계상
- 경비에 반영되는 세부비목

여비	「공무원여비규정」에 따른 국내여비와 국외여비로 구분해 계상
유인물비	프린트, 인쇄, 문헌 복사비(지대 포함) 등을 포함
전산처리비	자료를 처리하기 위한 컴퓨터 사용료와 그 부대비용
시약과 연구용 재료비	실험실습에 필요한 비용을 포함
회의비	연구 내용과 관련해 자문회의, 토론회, 공청회 등을 위한 소요경비
임차료	특수실험 실습기구 임차 또는 공청회 등을 위한 회의장 사용비 등
교통통신비	해당 연구 내용과 직접 관련된 시내교통비, 전신전화 사용료, 우편료 등
감가상각비	해당 연구 내용과 직접 관련된 특수실험 실습기구·기계장치를 대상으로 「세법」에서 정한 감가상각 방식에 따라 계상(임차료에 계상된 부분은 제외)

⑥ **용역(학술연구용역) 일반관리비와 이윤 산정**

일반관리비	• 기업을 유지하기 위해 발생되는 관리활동 부문 제비용으로, 용역의 경우 노무비와 경비 합계액 중 6% 이내에서 반영 • 「국가계약법 시행규칙」 제8조에서 규정한 일반관리비율을 초과할 수 없음
이윤	• 영업이익을 가리키며, 비영리법인은 목적사업 외 수익사업에서 발생하는 이익으로 노무비와 경비, 일반관리비의 합계액 중 10% 이내에서 반영 • 「국가계약법 시행규칙」 제8조에서 규정한 이윤율을 초과할 수 없음

「국가계약법 시행규칙」 제8조(원가계산에 의한 예정가격 결정 시의 일반관리비율 및 이윤율)

① 원가계산에 의한 가격으로 예정가격을 결정함에 있어서 일반관리비의 비율은 다음 각 호의 구분에 따른 비율을 초과하지 못한다.

　　1. 공사: 100분의 8
　　2. 음·식료품의 제조·구매: 100분의 14
　　3. 섬유·의복·가죽제품의 제조·구매: 100분의 8
　　4. 나무·나무제품의 제조·구매: 100분의 9
　　5. 종이·종이제품·인쇄출판물의 제조·구매: 100분의 14
　　6. 화학·석유·석탄·고무·플라스틱 제품의 제조·구매: 100분의 8
　　7. 비금속광물제품의 제조·구매: 100분의 12
　　8. 제1차 금속제품의 제조·구매: 100분의 6
　　9. 조립금속제품·기계·장비의 제조·구매: 100분의 7
　　10. 수입물품의 구매: 100분의 8
　　11. 기타 물품의 제조·구매: 100분의 11
　　12. 폐기물 처리·재활용 용역: 100분의 10
　　13. 시설물 관리·경비 및 청소 용역: 100분의 9
　　14. 행사관리 및 그 밖의 사업지원 용역: 100분의 8
　　15. 여행, 숙박, 운송 및 보험 용역: 100분의 5
　　16. 장비 유지·보수 용역: 100분의 10
　　17. 기타 용역: 100분의 6

② 원가계산에 의한 가격으로 예정가격을 결정할 때 이윤율은 다음 각 호의 어느 하나에 해당하는 율을 초과하지 못한다. 다만, 각 중앙관서의 장은 다음 각 호의 이윤율의 적용으로는 계약의 목적달성이 곤란하다고 인정되는 특별한 사유가 있는 경우에는 재정경제부 장관과 협의하여 그 이윤율을 초과하여 정할 수 있다.

　　1. 공사: 100분의 15
　　2. 제조·구매(「소프트웨어 진흥법」 제46조 제4항의 기준에 따른 소프트웨어개발을 포함한다): 100분의 25
　　3. 수입물품의 구매: 100분의 10
　　4. 용역(「소프트웨어 진흥법」 제46조 제4항의 기준에 따른 소프트웨어개발을 제외한다): 100분의 10

⑦ 부가가치세

- 총원가(인건비 + 경비 + 일반관리비 + 이윤)에 10%의 부가가치세율을 적용해 계산
- 면세사업자와 수의계약 체결 시에는 부가가치세를 제외하고 예정가격을 작성하고 그 사유를 명시(「예정가격작성기준」 제2조 제3항)
- 일반 입찰에서는 면세사업자가 낙찰자로 선정될 것으로 예측되더라도 기초금액(예정가격)은 부가가치세를 포함해 결정
- 다만, 최종적으로 면세사업자가 낙찰자로 선정될 경우 부가가치세 상당액을 제외한 금액으로 계약을 체결하고 이러한 사실을 입찰공고에 반드시 공지

〈공고문 예시〉
입찰자가 면세사업자인 경우 입찰금액은 반드시 부가가치세를 포함하여 입찰하여야 하며, 입찰결과 낙찰자가 면세사업자인 경우에는 낙찰금액에서 부가가치세 상당액을 차감한 금액으로 계약을 체결합니다.

면세사업자의 계약금액은?

정답 부가가치세 제외 금액

4 공사원가계산

① 공사원가계산은 시공 과정에서 발생한 재료비와 노무비, 경비의 합계액으로 계산(「예정가격작성기준」 제15조)

② 공사원가계산을 하고자 할 경우에는 공사원가계산서를 작성하고 비목별 산출근거를 명시한 기초계산서를 첨부(「예정가격작성기준」 제16조)

공사비	총공사원가, 공사손해보험료, 부가가치세로 구성
총공사원가	순공사원가와 일반관리비, 이윤으로 구성
순공사원가	재료비와 노무비, 경비로 구성 • 재료비: 직접공사비에 해당 • 노무비: 직접공사비와 간접공사비로 구분 • 경비: 산출경비는 직접공사비로, 그 외 경비는 간접공사비로 계상

✏ 더 알아보기 **공사원가 구성체계**

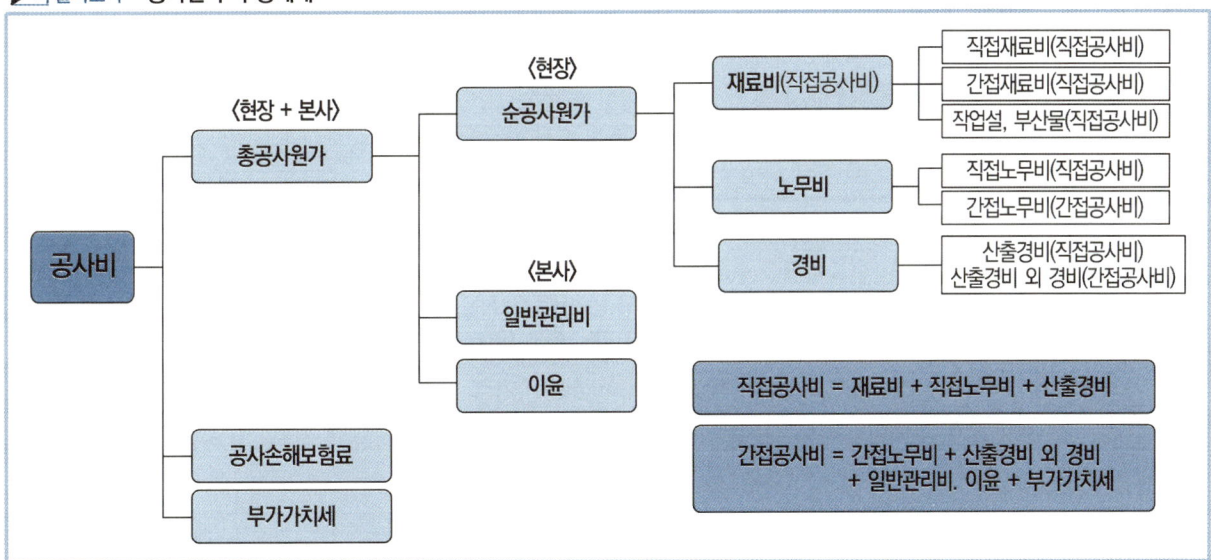

③ 공사원가 재료비(「예정가격작성기준」 제17조)

• 재료비: 직접재료비와 간접재료비의 합계금액

직접재료비	공사목적물의 실체를 형성하는 물품의 가치로서 주요재료비와 부분품비로 구성 • 주요재료비: 공사목적물의 기본적 구성 형태를 이루는 물품의 가치 • 부분품비: 공사목적물에 원형대로 부착되어 그 조성 부분이 되는 매입부품, 수입부품, 외장재료와 「예정가격작성기준」 제19조 제3항 제13호에 따라 경비로 계상되는 항목을 제외한 외주품의 가치에 해당하는 금액

간접재료비	공사목적물의 실체를 형성하지는 않으나 공사에 보조적으로 소비되는 물품의 가치로서 다음으로 구성 • 소모재료비: 기계오일, 접착제, 용접가스, 장갑 등 소모성 물품의 가치에 해당하는 금액 • 소모공구와 기구, 비품비: 내용연수 1년 미만으로서 구입단가가 「법인세법」 또는 「소득세법」 규정에 따른 상당금액 이하인 감가상각 대상에서 제외되는 소모성 공구와 기구, 비품의 가치에 해당하는 금액 • 가설재료비: 비계, 거푸집, 동바리 등 공사목적물의 실체를 형성하는 부분은 아니나 이들을 시공하기 위해 필요한 가설재의 가치에 해당하는 금액

• 재료의 구입 과정에서 해당 재료에 직접 관련되어 발생하는 운임이나 보험료, 보관비 등 부대비용은 재료비에 계상하고 재료 구입 후 발생되는 부대비용은 경비의 각 비목으로 계상
• 계약목적물의 시공 중 발생하는 작업설, 부산물 등은 그 매각액 또는 이용 가치를 추산해 재료비에서 공제
• 기존 시설물의 철거나 해체, 이설 등으로 발생되는 작업설, 부산물 등은 재료비에서 공제하지 않고 매각비용 등으로 별도 산정

 **Check**

작업설과 부산물은 일반적으로 어디에서 차감하는가?

정답 재료비

📝 **더 알아보기** **작업설, 부산물 등의 산정 방법**

• 「국가계약법」 대상 공사: 일반관리비, 이윤 아래에 별도로 계상하거나 분리발주
• 「지방계약법」 대상 공사: 분리발주가 원칙

• 직접재료비 산정

산정식	소요되는 재료량 × 단위당 가격
재료량	설계도서에서 직접 산출해 수량산출서를 작성하고 설계내역서에 반영 • 수량의 단위, 소수점 처리는 표준품셈의 단위표준을 적용 • 표준품셈에 따라 해당 자재의 할증률이 있는 경우 이를 적용해 산출
자재단가	「예정가격작성기준」에 따라 거래실례가격, 시중물가지가격, 감정가격, 유사 거래실례가격, 견적가격 순으로 적용

• 재료비 중 특정 비목의 계상금액을 기준으로 일정 비율을 재료비로 계상하는 항목은 그 비율을 적용해 재료비를 계산

공구손료	소모 잡자재	배관부속
해당 공종 노무비 × 품셈률(3% 이내)	주재료비 × 품셈률(2~5%)	주관 × 품셈률

• 작업설과 부산물

작업설	작업완료 후 남은 재료로 경제적 가치가 있는 부분
부산물	작업과정에서 발생한 재료로 경제적 가치가 있는 부분

－ 작업설과 부산물은 비용이 아니라 수익이므로 일반적으로 재료비에서 해당 금액을 공제
－ 기존 시설물의 철거나 해체, 이설 과정에서 발생하는 작업설과 부산물은 재료비에서 공제하지 않음

- 부대비용으로 재료 구입 과정에서 발생하는 비용은 재료비에 계상하고, 재료 구입 후에 발생하는 부대비용은 경비로 계상
- 기타 현장사무소, 창고, 숙소 등의 가설비는 경비로 계상되고, 외주가공품(완성품)은 재료비로 계상하되 재료를 외부에서 실가공하는 비용(외주가공비)은 경비로 계상
- 간접재료비 산정

산정식	수량 × 단가
재료비 산정 시 기초자료	• 단가 정보로 가격 정보, 시중물가지가격, 견적가격 등을 활용 • 대표적으로 조달청의 시설공통자재, 나라장터 종합쇼핑몰 거래가격 등을 활용

④ **공사원가 직접노무비**(「예정가격작성기준」 제10조의 제조원가계산의 노무비 산정 기준 준용)
- 직접노무비와 간접노무비

직접노무비	• 공사 현장에서 공사목적물을 완성하기 위해 직접 공사에 종사하는 노무자가 제공하는 노동력의 대가로 기본급, 제수당, 상여금, 퇴직급여충당금의 합계액으로 산정 • 상여금은 기본급의 연 400%, 제수당, 퇴직급여충당금은 「근로기준법」상 인정되는 범위를 초과해 계상할 수 없음
간접노무비	• 직접노무비 대비 간접노무비율(간접노무비/직접노무비)을 곱해 계산 • 간접노무비는 직접노무비를 초과해 계상할 수 없으나 공사 현장의 기계화, 자동화 등으로 불가피한 경우 증빙자료에 따라 초과 계상할 수 있음

- 직접노무비를 계산하는 경우
  - 노무량: 표준품셈 적용
  - 노무비 단가: 대한건설협회에서 발표하는 국가승인통계인 「건설업 임금실태 조사 보고서」에서 조사한 직종별 시중노임단가 적용
  - 매년 상하반기 2회 공표되므로 원가계산 시점으로 최근 발표된 자료 여부를 확인하고 활용

⑤ **공사원가 경비**(「예정가격작성기준」 제19조)
- 공사를 시공하기 위해 소요되는 공사원가 중 재료비와 노무비를 제외한 원가로 기업을 유지하기 위한 관리활동 부문에서 발생하는 일반관리비와 구분해 계상
- 경비는 해당 공사목적물의 시공기간 소요(소비)량을 측정하거나 「예정가격작성기준」 제34조에 따른 원가계산 자료나 계약서, 영수증 등을 근거로 산정
- 경비에 계상되는 세비목: 전력비, 수도광열비 등 27개 항목
- 경비는 직접공사비에 포함되는 산출경비와 간접공사비에 반영되는 산출 외 경비로 구분

산출경비 (직접공사비)	기계손료, 운반비, 가설비, 퇴취장 사용료, 신기술·특허 사용료, 외주가공비, 시운전비, 환경보전비 등
산출 외 경비 (간접공사비)	• 보험료: 산재보험료, 고용보험료, 건강보험료, 연금보험료, 노인장기요양보험료(퇴직공제부금, 산업안전보건관리도 포함) • 법령에 따라 규정된 수수료: 공사이행보증서, 건설하도급대금 지급보증서, 건설기계대금 지급보증서 등 • 기타 경비: 수도광열비, 복리후생비, 세금과 공과금, 소모품비, 도서인쇄비, 여비, 교통통신비 등
기타	그 밖에 환경보전비(간접공사비)와 품질관리비, 안전관리비, 폐기물처리비 등

- 경비로 계상되는 세비목의 세부요소

중기경비	기계손료
안전관리비	교통신호수, 정기안전점검비, 안전펜스 등
가설비	현장사무소, 창고, 식당, 화장실, 가설방음벽, 가설울타리, 가설부지 임대료 등
환경보전비	세륜세차시설, 오탁방지망, 분진방지막, 소음차단시설, 진동차단시설, 환경방재시설 설치 비용

⑥ 직접공사비 내역서
- 직접공사비 내역서는 공사원가계산서를 구성하는 직접공사비 산정의 기초자료로 활용
- 재료비와 노무비, 경비의 단가를 조사하고 이를 기반으로 단가산출서 또는 일위대가표를 작성해 공종별 직접공사비를 산정하기 위한 기초자료를 도출하여 이를 종합해 직접공사비 내역서를 작성
- 직접공사비 내역서는 공종별 재료비, 직접노무비, 산출경비를 수량과 단가를 곱한 금액으로 계산해 작성하는 것으로 근거자료는 단가산출서와 일위대가표의 계상 내역을 활용
- 설계내역서, 물량내역서 및 산출내역서

설계내역서	발주기관이 세부공종의 품명과 규격, 단위, 수량을 명기하고 단가와 금액을 기재한 문서
물량내역서(공내역서)	발주기관이 작성해 입찰참가업체에 배포하는 자료로 설계내역서에서 단가와 금액을 제외한 내역서
산출내역서	물량내역서를 기준으로 조달업체가 조사한 단가와 금액을 입력한 문서

📌 더 알아보기 **단가산출서와 일위대가표**

(1) 단가산출서와 일위대가표의 비교

단가산출서	• 시장 가격, 노임 정보 등을 조사해 재료비와 노무비, 경비 등을 직접 계산해 단가를 산출해야 하는 경우 작성하는 문서 • 일반적으로 일위대가만으로 산출이 어렵거나 복잡한 공종에 적용되며 계약상대자가 계약금액을 산출하기 위해 작성하는 경우가 많음
일위대가표	• 표준품셈 등에서 제시된 수량과 이미 확정된 단가(재료비, 노무비, 경비 등)를 곱해 한 단위에 소요되는 총비용을 계산하는 방법으로 작성 • 상대적으로 단순하고 표준화된 공정의 공사내역 산출에 적합하며 단가산출서에 비해 비교적 간단하게 기술

(2) 일위대가표와 단가산출서는 재료비와 직접노무비, 산출경비의 단가를 기초로 작성
→ 단가산출과 일위대가는 단위 작업에 필요한 재료비와 노무비, 산출경비의 단가를 의미하며 이 단가에 공사 수를 곱해 총공사비를 산정

(3) 공사원가를 계산하기 위해서는 직접공사비로 투입되는 재료비와 직접노무비, 산출경비의 단가 자료를 기반으로 상대적으로 단순하고 표준화된 공종은 일위대가표, 복잡하고 전문적인 공종은 단가산출서를 작성해 공종별 상세 공사비 내역을 계산한 직접공사비 내역서를 작성

구분	단가산출서	일위대가표
공통점	직접공사비의 공종별 단위작업 소요 비용 산출근거와 상세 내역서를 작성하기 위한 기초자료라는 측면에서 목적은 동일	
차이점	상대적으로 복잡하고 정형화된 공종이 많지 않은 토목공사에 적합	상대적으로 단순하고 표준화, 정형화가 가능한 건축공사에 적합

(4) 표준품셈: 일위대가표 작성에만 활용되는 것이 아니라 단가산출서와 일위대가표 계상 내역의 적정성을 검토하는 기준자료로 활용
(5) 시장 시공가격
  - 조달청 공사원가통합관리시스템(npccs.g2b.go.kr:8785)을 통해 제공
  - 해당 공종을 직접 수행하거나 수행 가능한 업체로부터 조사한 단위작업당 직접공사비로 거래실례가격으로 볼 수 있으며, 단가산출서와 일위대가표의 계상 내역 적정성 검토에 활용 가능

바로 Check

공사원가에서 직접공사비 산출의 기초자료는 무엇인가?

정답 단가산출서, 일위대가표

⑦ 공사원가계산서 작성
- 공사원가계산서: 단가조사, 단가산출서 또는 일위대가표, 직접공사비 내역서의 작성 절차를 완료하고 해당 자료를 바탕으로 순공사원가, 본사 공사원가(일반관리비와 이윤)를 계상하고 부가가치세를 반영해 종합한 문서
  - 직접공사비: 직접공사비 내역서 등을 통해 계상
  - 간접공사비: 복합업종일 경우 전체 직접공사비와 해당 공사에 포함된 업종 중 주공종(추정금액기준으로 가장 큰 공종)의 제 비율을 기준으로 산정
- 조달청에서는 공사 규모나 공사기간에 따라 토목, 조경, 산업설비 공사별로 직접노무비, 재료비와 노무비의 합산금액 또는 재료비와 노무비, 경비의 합계액에 각각의 제 비율을 곱해 간접공사비를 계산할 수 있도록 자원
- 조달청 제 비율은 의무적으로 적용해야 하는 요율은 아니므로 발주기관이 공사의 규모나 특성 등을 고려해 직접 계산하거나 다른 기준을 적용해 계산할 수도 있음
- 공사원가계산서의 작성 순서

단가 산정	◎	단가산출서 · 일위대가표 작성	◎	직접공사비 내역서 작성	◎	공사원가계산서 작성

02 기술 적합도 검증

출제기준 2-3-2 품명별 기술적 요구사항에 따른 기술 적합도를 검증할 수 있다.

1 기술 적합도 검증의 의미

① 개념
- 입찰공고문에 제시된 기술규격, 성능요건, 품질기준 등을 분석하여 자사 제품이 이를 충족하는지 판단하는 과정
- "우리 회사 제품이 이 입찰공고 규격에 맞는지 하나하나 따져보는 과정"
② 물품 입찰에서 기술 적합도 검증은 경제성 분석 이전의 전제조건이며, 규격 미충족 상태에서의 가격 경쟁은 의미가 없음

바로 Check

기술 적합도 검증의 목적은 무엇인가?

정답 계약이행 가능성 및 규격 충족 여부 확인

2 기술 적합도 검증의 중요성

① 규격 미충족 시 ⇒ 부적격 또는 탈락
② 일부 미충족 시 ⇒ 동등이상 인정 여부 판단 필요
③ 기술점수 배점과 직접 연계

3 계약 유형별 검증 포인트

물품	• "규격 충족 + 기능 동일성 + 성능 비교" • 규격서의 필수요건 충족 여부 • 직접생산확인 대상 여부	• 세부품명 일치 여부 • 규격서의 선택요건 충족 여부 • 인증 및 시험성적서 요구 여부
용역	• "기술능력 + 수행체계" • 인력 투입기준 충족 여부 • 유사실적 보유 여부	• 법정 등록요건 충족 여부 • 기술자 자격 충족 여부 • 수행방법의 기술적 타당성
공사	• "공법 적합성 + 법정기준 충족" • 공종별 업종 적합성 • 특수공법 요구 여부	• 설계도서 확인 • 시공기술 능력 • 법정 기술인 배치 기준

바로 Check

용역의 기술 적합성 검증에서 핵심은 무엇인가?

정답 인력 및 수행능력

4 물품 입찰공고문 구조

① 입찰공고문
② 세부품명
③ 물품규격서(또는 구매시방서)
④ 납품조건
⑤ 평가기준(종합평가인 경우)
⑥ 인증요건
⑦ 시험성적서 요구사항

더 알아보기 〈예시〉 LED 조명 구매규격서

• 소비전력: 50W 이하
• 색온도: 5,700K ± 500
• IP66 이상
• 광효율: 150lm/W 이상
• KS인증 필수
• 무상 A/S 2년 이상

5 물품 입찰 기술 적합도 검증 절차

① 1단계: 세부품명 확인
- 나라장터 분류체계상 세부품명 일치 여부 확인 **예** "LED가로등기구", "LED투광등", "LED보안등"
- 세부품명이 다르면 참여 자체가 제한

② 2단계: 필수요건 찾기
- 규격서에서 요구하는 반드시 충족해야 하는 조건: "이상", "필수", "반드시", "~하여야 한다"
- 1개라도 미달하면 탈락

③ 3단계: 선택요건 구분
- "우대", "권장", "가능한 경우", "선택사항"
- 충족하면 가점이 될 수 있으나, 미충족 시 바로 탈락하지는 않음

④ 4단계: 자사 제품과 1:1 비교
- 성능비교표(예시)

항목	요구규격	자사제품	충족 여부
광효율	150 이상	155	○
색온도	5,700 ± 500	6,000	○
KS인증	필수	보유	○
IP등급	IP66	IP65	×

⑤ 5단계: 미충족 항목 분석
- **예** IP66 요구상황에서 자사제품은 IP65인 경우
  ⇒ 개선 가능 여부, 시험성적서 재발급 가능 여부, 동등이상 인정 가능 여부 등을 검토

⑥ 동등이상 가능성 판단

⑦ 인증·시험성적 확보 여부 점검

⑧ 경쟁제한 여부 검토

법조문 돋보기

(계약예규)「정부 입찰·계약 집행기준」제5조(제한기준) 제4항 제5호
④ 계약담당공무원은 시행령 제21조 제1항에 의하여 제한경쟁입찰에 참가할 자의 자격을 제한하는 경우에 이행의 난이도, 규모의 대소, 수급상황 등을 적정하게 고려하여야 한다. 다만, 다음 각 호와 같이 경쟁참가자의 자격을 제한하여서는 아니 된다.
  5. 물품의 제조·구매입찰 시 부당하게 특정 상표 또는 특정 규격 또는 모델을 지정하여 입찰에 부치는 경우와 입찰조건, 시방서 및 규격서 등에서 정한 규격·품질·성능과 동등이상의 물품을 납품한 경우에 특정상표 또는 모델이 아니라는 이유로 납품을 거부하는 경우(예: 특정 수입품목의 모델을 내역서에 명기하여 품질 및 성능면에서 동등이상인 국산품목의 납품을 거부)

 **Check**

세부품명과 기술요구사항이 불일치하면 어떻게 처리하는가?

정답 입찰 참여 불가

6 물품 분야에서 특히 중요한 7가지 사항

세부품명 일치 여부	나라장터 등록 품명과 공고 세부품명이 다르면 문제 발생
직접생산확인 대상 여부	중소기업자 간 경쟁제품일 경우 직접생산확인증명서가 필수
인증 요구사항	KS인증, KC인증, 환경표지, 성능인증, NEP/NET 등 요구 인증 미보유 시 원칙적으로 부적격
시험성적서 유효기간	유효기간 초과 시 탈락
납품기한 충족 가능 여부	성능이 충족되어도 납품기한을 못 맞추면 지체상금 등 문제 발생
특정 브랜드 지시 여부	"OO사 제품과 동일" 같은 표현은 경쟁제한 가능성이 있으므로 동등이상 허용 여부 확인(질의 또는 이의신청 가능)
기술점수 배점 분석	종합평가 입찰이라면 성능 초과 시 유리할 수 있고, 최소 충족만으로는 불리할 수도 있음

7 자주 하는 실수 유형

① 규격서 전체를 읽지 않음
② 필수요건을 하나라도 놓침
③ 인증 유효기간을 확인하지 않음
④ 납품조건 간과
⑤ 시험성적서 첨부 누락

📢 **핵심 포인트**
- "동등이상"의 의미 이해
- 규격 일부 미충족 시 처리 방법
- 특정 브랜드 지시 금지 원칙
- 기술적 차별성 입증 방법
- 규격 과다제한의 판단 기준

---

03 공급계획 수립

출제기준 2-3-3 환경분석을 바탕으로 공급계획을 수립할 수 있다.

1 환경분석의 개념과 필요성

개념	공급계획 수립 이전에 외부·내부 환경요인을 분석하여 전략적 의사결정을 지원하는 과정으로, 조달시장에 진입해도 되는지 미리 조사하는 과정
필요성	공공조달은 민간시장과 달리 낙찰률, 법령, 경쟁구조, 자격요건이 정형화되어 있음 → 수익이 발생하는 시장인지, 낙찰 가능성이 있는 시장인지, 지속적으로 참여할 가치가 있는 시장인지를 먼저 판단해야 함

2 공공조달 공급계획 수립을 위한 5대 환경분석

수요환경 분석	"어느 기관이 얼마나 발주하는가?"(나라장터 발주계획, 과거 계약현황 및 낙찰 결과) • 수요기관 유형 　　　　　• 예산규모 • 발주주기 　　　　　　　• 발주물량 추이 • 지역 분포
경쟁환경 분석	"우리가 이길 수 있는 구조인가?" • 경쟁업체 수 　　　　　　• 평균 낙찰률 • 기존 수주업체 　　　　　• 지역제한 여부 • 중소기업자 간 경쟁 여부

가격환경 분석	"이 가격 구조에서 수익이 가능한가?" • 예정가격 구조 • 평균 낙찰률	• 최근 단가 변동 • 낙찰하한율
제도환경 분석	"자사의 참여자격이 충족되는가?" • 계약방법(일반/제한/지명경쟁) • 실적제한, 지역제한 여부 등 • 관련 법령 변화	• 종합평가 여부 • 인증요건
내부역량환경 분석	"자사가 감당 가능한 사업인가?" • 생산능력 • 기술력 • 인력 보유	• 납기 대응력 • 재무 상태

경쟁업체 수 분석은 어떤 환경분석에 해당하는가?

정답 경쟁환경 분석

3 환경분석 결과를 공급계획으로 전환하는 방법

목표시장 선정	수도권 중심 시장, 지방자치단체 시장, 교육청 시장
목표품목 선정	LED가로등 사업 집중, 시설 유지관리 용역 집중
참여전략 결정	단독 참여, 공동수급 등
가격전략 수립	낙찰 우선 전략, 수익성 확보 전략
물량 및 일정 계획	분기별 참여 목표 설정, 매출 목표 설정

더 알아보기 부정적 시장 VS 유리한 시장

구분	경쟁업체	평균 낙찰률	자사 원가율	기타	전략
A 물품	30	83%	86%	단가 하락 추세	• 참여 축소 • 신규 품목 발굴 • 종합평가 시장으로 전환
B 물품	5	91%	82%	기술점수 우위	• 적극 참여 • 연간 목표 물량 설정 • 전담 인력 배치

4 공급계획 수립의 기본 구조

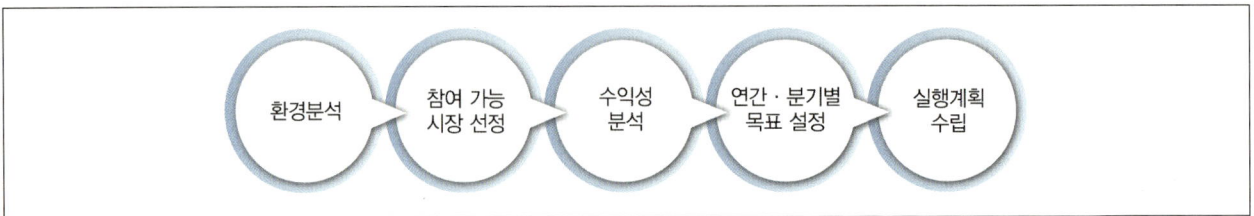

환경분석 → 참여 가능 시장 선정 → 수익성 분석 → 연간·분기별 목표 설정 → 실행계획 수립

핵심 포인트

• SWOT 분석과의 차이
• 환경요인 분류
• 낙찰률 분석 활용
• 참여전략 결정
• 리스크 관리

핵심 최종점검

핵심	정답

01 제조원가의 기본 비목 5가지는 무엇인가?

02 공사 직접노무비 단가의 적용 기준은 무엇인가?

03 일반관리비 계산식을 쓰시오.

04 이윤 계산식을 쓰시오.

05 외주가공비는 이윤 계산 시 포함되는가?

06 공공조달 원가계산에서 적용되는 부가가치세율은 얼마인가?

07 면세사업자가 낙찰된 경우 계약금액은 어떻게 산정되는가?

08 공사원가 구성에서 순공사원가 구성요소는 무엇인가?

09 일위대가표 작성 시 활용되는 기준은 무엇인가?

10 기존 시설 철거로 발생한 부산물은 재료비에서 공제하는가?

11 학술연구용역 인력의 등급 4단계를 쓰시오.

12 공동연구형 용역에서 일반관리비는 어떻게 처리하는가?

13 설계변경 시 원가계산의 목적은 무엇인가?

14 공구손료의 산정 기준은 무엇인가?

15 소모 잡자재의 산정 기준은 무엇인가?

01
재료비, 노무비, 경비, 일반관리비, 이윤

02
대한건설협회 시중노임단가

03
(재료비 + 노무비 + 경비) × 일반관리비율

04
(노무비 + 경비 + 일반관리비) × 이윤율

05
제외

06
10%

07
부가가치세를 제외한 금액으로 계약

08
재료비, 무비, 경비

09
표준품셈

10
공제하지 않음

11
책임연구원, 연구원, 연구보조원, 보조원

12
계상하지 않음

13
계약금액 조정

14
해당 공종 노무비 × 품셈률

15
주재료비 × 품셈률

PART 02

핵심 **정답**

16 이윤 산정 시 제외되는 비목 2가지를 쓰시오.

16
외주가공비, 기술료

17 거래실례가격이 존재하는데, 원가계산가격이 더 낮다면 예정가격 결정 시 어떤 가격을 적용해야 하는가?

17
거래실례가격 우선 적용

18 특정 상표만을 지시하는 규격은 무엇에 위반될 수 있는가?

18
경쟁원칙

19 기술 적합도 검증은 입찰절차 중 어느 단계에서 수행되는가?

19
입찰참여 결정 이전의 사전검토 단계

20 입찰에서 요구한 인증서를 보유하지 못한 경우 어떻게 처리하는가?

20
부적격 처리

21 공사의 기술 적합성 검증에서 핵심은 무엇인가?

21
설계도서 충족 여부

22 공급계획 수립 전에 반드시 수행해야 하는 단계는 무엇인가?

22
환경분석

23 발주물량과 발주기관 분석은 어떤 환경분석에 해당하는가?

23
수요환경 분석

24 평균 낙찰률 분석은 어떤 환경분석에 해당하는가?

24
가격환경 분석

25 계약 방법 분석은 어떤 환경분석에 해당하는가?

25
제도환경 분석

26 낙찰률이 낮은 시장은 무엇이 강한 시장인가?

26
경쟁 강도

27 중소기업자 간 경쟁제품 여부는 어느 환경에 해당하는가?

27
경쟁환경

28 공급계획 수립의 궁극적 목적은 무엇인가?

28
수익성과 시장점유(율) 확대

서술형 출제예상문제

01 예정가격 결정 방법의 적용 순서를 설명하시오.

> **정답**
> ① 거래실례가격
> ② 원가계산에 따른 가격
> ③ 표준시장단가
> ④ 감정가격 · 유사거래실례가격 · 견적가격

02 제조원가와 공사원가의 차이를 설명하시오.

> **정답**
> ① 제조원가: 직접재료비 · 간접재료비 구분/기업 결산자료 활용
> ② 공사원가: 직접공사비 · 간접공사비 구조/표준품셈 중심/일위대가표 · 단가산출서 활용

03 일반관리비 산정 시 유의사항을 설명하시오.

> **정답**
> ① 판매비 제외
> ② 접대비 · 광고비 등 제조와 무관한 비용 제외
> ③ 「예정가격작성기준」에 따른 비율 적용
> ④ 업종별 일반관리비율 상한 준수

04 학술연구용역 원가계산의 특징을 설명하시오.

> **정답**
> ① 인건비 중심
> ② 인력등급별 단가 적용
> ③ 공동연구형 용역은 일반관리비 미계상
> ④ 이윤율 10% 이내

05 공사원가계산서 작성 순서를 쓰시오.

> **정답**
> 단가조사 → 단가산출서 · 일위대가표 작성 → 직접공사비 내역서 작성 → 공사원가계산서 작성

06 부가가치세 처리 원칙을 설명하시오.

> **정답**
> ① 예정가격에는 부가가치세 포함
> ② 면세사업자와 계약 시에는 부가가치세 제외 금액으로 계약
> ③ 해당 사실은 입찰공고문에 명시 필수

07 작업설 맞 부산물 처리 원칙을 설명하시오.

정답
① 경제적 가치가 있는 경우 재료비에서 공제
② 기존 시설 철거공사에서 발생한 경우는 공제하지 않음

08 경제성 분석의 의사결정 활용 목적을 설명하시오.

정답
① 입찰 참여 여부 판단
② 손익 예측
③ 위험요인 분석
④ 전략적 가격 결정

09 기술 적합도 검증 절차를 설명하시오.

정답
① 규격서 분석   ② 필수요건 · 선택요건 구분
③ 자사제품 또는 기술과 비교   ④ 미충족 항목 분석
⑤ 동등이상 여부 판단   ⑥ 인증 · 시험자료 확보

10 동등이상의 판단 기준을 설명하시오.

정답
① 기능 동일성   ② 성능 동등성
③ 안전성 확보 여부   ④ 품질기준 충족 여부
⑤ 법령상 제한 여부

11 물품 계약에서 기술 적합성 검토 시 유의사항을 설명하시오.

정답
① 세부품명 일치 여부 확인   ② 직접생산확인 여부 확인
③ 인증서 요구사항 확인   ④ 시험성적서 유효기간 확인
⑤ 규격 과도성 여부 판단

12 용역계약에서 기술 적합도 판단 요소를 설명하시오.

> **정답**
> ① 기술인력 보유 여부
> ② 유사실적
> ③ 수행계획의 타당성
> ④ 법정 등록요건 충족 여부

13 규격이 과도한 경우 대응 방안을 설명하시오.

> **정답**
> ① 공고문 질의, ② 이의신청(규격 완화 요청)

14 공급계획 수립을 위한 환경분석 요소를 설명하시오.

> **정답**
> 수요환경, 경쟁환경, 가격환경, 제도환경, 내부역량환경으로 구성되며, 이를 통해 시장성·수익성 및 참여가능성을 종합적으로 판단한다.

15 경쟁환경 분석의 주요 내용을 설명하시오.

> **정답**
> 경쟁업체 수, 평균 낙찰률, 기존 수주업체, 지역제한 여부, 시장 진입장벽 분석

16 가격환경 분석의 중요성을 설명하시오.

> **정답**
> 낙찰하한율과 평균 낙찰률을 분석하여 입찰 참여 시 수익 가능 여부를 판단하기 위함이다.

17 내부역량 분석의 필요성을 설명하시오.

> **정답**
> ① 계약이행 가능성 검토
> ② 생산·인력·재무 능력 점검
> ③ 납기 대응 능력 확인
> ④ 수주 이후 리스크 관리

18 환경분석 결과를 공급계획으로 전환하는 절차를 설명하시오.

> **정답**
> 시장 선정 → 품목 선정 → 참여 전략 수립 → 가격 전략 수립 → 목표 설정

19 제조원가계산에서 재료비 2억원, 노무비 1억원, 경비 5천만원, 일반관리비율 10%, 이윤율 20%일 때, 총원가와 부가가치세 포함 금액을 계산하시오.

정답

① 일반관리비 = (2 + 1 + 0.5)억원 × 10% = 0.35억원
② 이윤 = (1 + 0.5 + 0.35)억원 × 20% = 0.37억원
③ 총원가 = (2 + 1 + 0.5 + 0.35 + 0.37)억원 = 4.22억원
④ 부가세 = 4.22억원 × 10% = 0.422억원
⑤ 총금액 4.642억원

20 A기업이 최근 3년간 LED 가로등 시장을 분석한 결과, 평균 낙찰률 84%, 경쟁업체 평균 25개, 예정가격 단가 지속 하락, 자사 원가율 88%일 때, 공급계획을 수립하시오.

정답

① 낙찰률 84% < 원가율 88% → 적자 구조
② 경쟁업체가 평균 257개로 경쟁 강도 매우 높음
③ 단가 하락 추세
④ 공급계획: 시장 축소 전략, 고부가 제품 전환, 종합평가 시장 진입, 타 품목 다각화 필요

21 B기업이 시설관리용역 시장을 분석한 결과, 경쟁업체 평균 5개, 평균 낙찰률 90%, 자사 원가율 82%, 기술점수 우위 확보가 가능할 때, 공급계획을 수립하시오.

정답

① 낙찰률 90% > 원가율 82% → 수익성 양호
② 경쟁업체가 평균 5개로 경쟁 강도 낮음
③ 기술점수 우위 확보 가능
④ 공급계획: 적극적 참여 전략, 연간 목표물량 설정, 기술제안서 강화, 시장확대 전략 수립

03

입찰실행 관리

CHAPTER 01 입찰서류 작성

CHAPTER 02 입찰평가 기준 검증

CHAPTER 03 협상 관리

CHAPTER

입찰서류 작성

01 견적서 작성

출제기준 3-1-1 공공조달입찰에서 예정가격기준에 따라 견적서를 작성할 수 있다.

1 예정가격 기준 견적서 작성의 의의

① 견적서 작성: 예정가격 구조 이해, 낙찰하한율 및 원가구조 분석, 수익성 확보 범위 설정 등을 종합하여 투찰가격을 결정하는 과정
② 민간시장과 공공조달의 가격 결정 방식

민간시장	원가 + 이윤 = 판매가격
공공조달	예정가격 기준 낙찰하한율 이상 범위 내에서 전략적 투찰가격 결정

③ 공공조달의 견적서는 기업이 원하는 가격이 아니라, 제도 구조 안에서 가능한 가격을 계산하는 과정

2 예정가격의 중요성

예정가격은 발주기관이 설정하는 입찰 평가의 기준 가격
① 투찰가격 평가의 기준
② 낙찰하한율 산정 기준
③ 가격평가 산식 기준
④ 계약금액 결정 기준
⇒ 모든 입찰가격은 예정가격을 기준으로 결정

바로 Check

투찰가격의 기준이 되는 금액은 무엇인가?

정답 예정가격

3 예정가격 산정

① 예정가격 산정 근거
  • 「국가계약법」 → 「국가계약법 시행령」 → (계약예규) 「예정가격작성기준」 3단계 체계로 규정
  • 계약담당자는 이를 근거로 합리적이고 객관적인 가격을 산정
② 주요 내용
  • 「국가계약법」 제8조의2: 예정가격 작성 의무 규정
  • 「국가계약법 시행령」 제9조: 작성 방법과 기준을 구체적으로 규정
  • (계약예규) 「예정가격작성기준」: 실무적으로 예정가격을 어떻게 산정해야 하는지 세부지침 제공

「국가계약법」 제8조의2(예정가격의 작성)

① 각 중앙관서의 장 또는 계약담당공무원은 입찰 또는 수의계약 등에 부칠 사항에 대하여 낙찰자 및 계약금액의 결정기준으로 삼기 위하여 미리 해당 규격서 및 설계서 등에 따라 예정가격을 작성하여야 한다. 다만, 다른 국가기관 또는 지방자치단체와 계약을 체결하는 경우 등 대통령령으로 정하는 경우에는 예정가격을 작성하지 아니하거나 생략할 수 있다.

② 각 중앙관서의 장 또는 계약담당공무원이 제1항 본문에 따른 예정가격을 작성할 경우에는 계약수량, 이행기간, 수급상황, 계약조건 등을 고려하여 계약목적물의 품질·안전 등이 확보되도록 적정한 금액을 반영하여야 한다.

③ 제1항 본문에 따른 예정가격의 작성시기, 결정 방법, 결정기준, 그 밖에 필요한 사항은 대통령령으로 정한다.

「국가계약법 시행령」 제9조(예정가격의 결정기준)

① 각 중앙관서의 장 또는 계약담당공무원은 다음 각 호의 가격을 기준으로 하여 예정가격을 결정하여야 한다.

   1. 적정한 거래가 형성된 경우에는 그 거래실례가격(법령의 규정에 의하여 가격이 결정된 경우에는 그 결정가격의 범위 안에서의 거래실례가격)

   2. 신규개발품이거나 특수규격품 등의 특수한 물품·공사·용역 등 계약의 특수성으로 인하여 적정한 거래실례가격이 없는 경우에는 원가계산에 의한 가격. 이 경우 원가계산에 의한 가격은 계약의 목적이 되는 물품·공사·용역 등을 구성하는 재료비·노무비·경비와 일반관리비 및 이윤으로 이를 계산한다.

   3. 공사의 경우 이미 수행한 공사의 종류별 시장거래가격 등을 토대로 산정한 표준시장단가로서 중앙관서의 장이 인정한 가격

   4. 제1호 내지 제3호의 규정에 의한 가격에 의할 수 없는 경우에는 감정가격, 유사한 물품·공사·용역 등의 거래실례가격 또는 견적가격

② 제1항의 규정에 불구하고 해외로부터 수입하고 있는 군용물자부품을 국산화한 업체와 계약을 체결하려는 경우에는 그 수입가격 등을 고려하여 방위사업청장이 인정한 가격을 기준으로 하여 예정가격을 결정할 수 있다.

③ 각 중앙관서의 장 또는 계약담당공무원은 제1항의 규정에 의하여 예정가격을 결정함에 있어서는 계약수량, 이행기간, 수급상황, 계약조건 기타 제반여건을 참작하여야 한다.

④ 제1항 내지 제3항 외에 예정가격의 결정에 관하여 필요한 사항은 재정경제부장관이 정한다.

4 견적서 작성 전 이해해야 할 사항

① 예정가격 산정 방식
② 기초금액 공개 여부
③ 복수예비가격 구조

5 견적서 작성의 4단계

예정가격 구조 파악	기초금액 1억원(예정가격이라고 가정), 낙찰하한율 87.745% → 최저 투찰 가능 가격이 87,745,000원보다 낮으면 자동 탈락
자사 원가계산	계산 결과 총 원가가 8,500만원이라면, 87,745,000원 이상에서 투찰 가능
시장 평균 낙찰률 분석	최근 평균 낙찰률이 89%이면, 낙찰 예상가격은 약 8,900만원
전략적 투찰가격 결정(예시)	• 안정형 전략: 89.3%(평균 낙찰률보다 높게) • 공격형 전략: 88.8%(평균 낙찰률보다 낮게) • 수익확보형 전략: 90%(이윤 최대화)

6 견적서 작성 시 반드시 고려할 요소

① 낙찰하한율
② 적격심사 통과 가능 여부
③ 가격평가 산식
④ 부가가치세 포함 여부
⑤ 면세사업자 여부
⑥ 단가계약/총액계약인지 여부
⑦ 계약금액 조정 가능성

핵심 포인트

- 부가가치세 계산
- 낙찰하한율 이해
- 적격심사 통과 점수
- 자사 원가
- 복수예비가격 구조
→ 공공조달 견적서는 원가 중심 계산이 아니라, 예정가격과 제도 구조를 고려한 전략적 투찰가격 결정 과정

---

02 기술제안서 작성

출제기준 3-1-2 공공공조달입찰에서 발주기관의 제안요청서에 따라 평가요소를 고려한 기술제안서를 작성할 수 있다.

1 기술제안서의 의의

① 기술제안서: 발주기관이 제시한 제안요청서(RFP)의 평가요소에 맞추어 기업의 수행능력과 차별성을 구조적으로 제시하는 문서
② 기술제안서 작성의 핵심: "우리 회사가 무엇을 잘하는가"가 아니라, "발주기관이 요구한 것을 얼마나 정확히 충족하는가"가 핵심
③ 공공조달에서 기술제안서 작성이 필요한 계약 방식
   - 협상에 의한 계약
   - 경쟁적 대화에 의한 계약
   - 2단계 경쟁입찰(규격가격 동시입찰)

2 제안요청서(RFP) 분석의 중요성

① 기술제안서 작성의 출발점은 제안요청서(RFP) 분석
② RFP 포함 내용
   - 사업 목적 및 추진 배경
   - 과업내용(업무 범위)
   - 제안서 작성요령
   - 평가기준(기술·가격 배점 비율)
   - 제안서 분량·형식 제한
③ 기술제안서는 반드시 평가항목 순서와 동일하게 구성

 Check

기술제안서의 구조는 무엇과 일치시키는 것이 원칙인가?

정답 평가기준(평가항목)

3 평가요소 중심 작성 원칙

사업 이해도	과업 목적 이해 수준, 문제 분석의 적정성
수행계획의 적정성	추진전략, 세부 실행계획, 일정관리
기술력·전문성	유사수행실적, 핵심인력 보유현황, 기술 차별성
조직 및 인력 구성	참여인력 경력, 역할 분담 체계
사후관리·품질관리	유지보수 체계, 위험관리 계획

⇒ 배점이 높은 항목에 분량과 논리 집중

4 작성 시 핵심 원칙

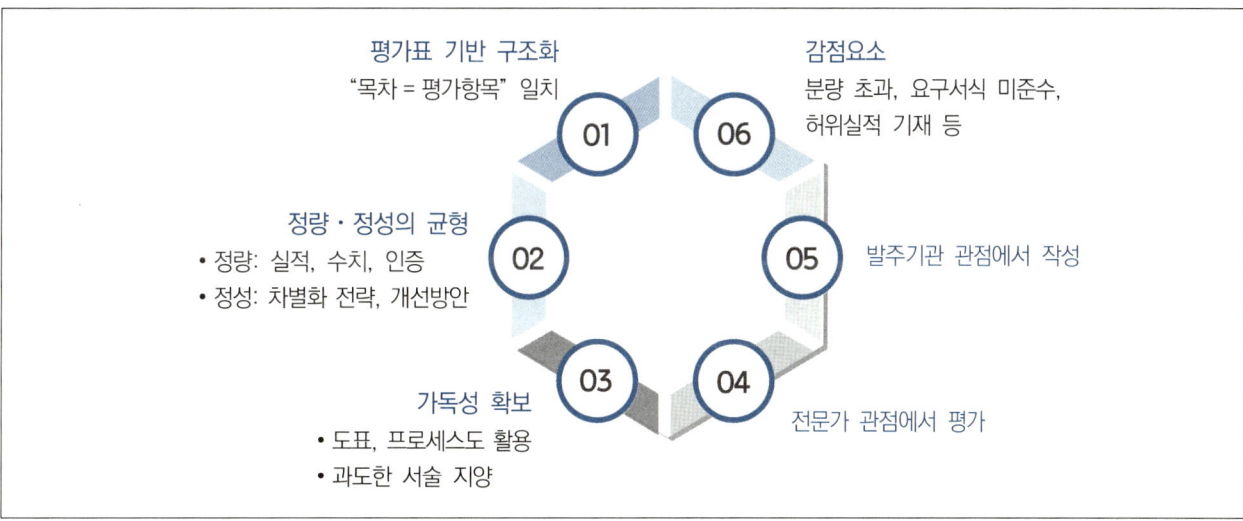

5 기술제안서의 본질

① 기술제안서는 "설득문서"(제안요청서에 따른 응답문서)
② 평가위원은 제한된 시간 내 검토 ⇒ 명확성, 논리성, 차별성 중요
③ 평가기준과 무관한 내용은 의미 없음

 Check

평가위원을 설득하기 위한 핵심 요소는 무엇인가?

정답 논리성, 명확성, 차별성, 전문성, 신뢰성

6 제안서 작성 절차

단계	주요 내용	실무 중점	참고 자료
과업내용 이해 및 분석	제안요청서(RFP) 및 과업내용서(지시서)의 과업배경, 목표 및 세부과업 분석	해당 사업에서 요구하는 명확한 과업 이해	• 입찰공고문 • 제안요청서(RFP) • 과업내용서(지시서)
평가기준 및 배점 분석	제안요청서상 평가항목과 배점규모에 따른 중요도 분석	제안내용 중 기술평가 시 평가우선순위 항목과 배점 규모에 따른 중요도를 식별하여 제안서 작성 및 분량 배분	제안요청서(RFP)
제안서 작성지침 및 목차 분석	과업내용을 제안요청서에서 요구한 표준목차 및 내용으로 구성	제안서 목차별 필수 기술해야 할 내용을 누락없이 기재하고, 평가기준과 연계하여 내용 반영 분량과 수준 결정	제안요청서(RFP)
제안서 작성	제안서 작성 포맷, 문서 규격, 분량, 문장서술 형태 등 형식적·내용적 작성 방법 준수	제안서 작성 방법의 형식적·내용적 요소에 따라 명확하고 직관적으로 이해 가능한 제안서 작성	• 제안요청서(RFP) • 과업내용서(지시서)
최종 검토	과업이행, 평가중점, 구성목차 및 작성지침에 따라 작성 여부 확인	명확한 과업 이해를 바탕으로 평가중점에 따라 체계적인 목차로 명확하고 이해하기 쉬운 제안서 작성 여부	• 입찰공고문 • 제안요청서(RFP) • 과업내용서(지시서)

7 입찰공고문, 제안요청서 및 과업지시서 이해

① 협상에 의한 계약의 입찰공고 선택: 입찰공고문, 제안요청서, 과업지시서 등 입찰참가와 제안서 작성에 필요한 문서 확인

입찰공고문	• 제출해야 할 제안서의 종류와 제출 방법, 제출 장소 등을 확인 • 정성적(주관적) 제안서(수행 방법, 수행 계획 등 서술형 제안서), 정량적(객관적) 제안서(인력, 기술 등 정량적 평가자료 포함), 발표자료, 요약서 중에서 일부 또는 전부의 제출을 요구
제안요청서	• 제안을 요청하는 과업개요, 수행조건, 제안서 평가 방법(대면평가, 서면평가), 평가비율(기술평가와 가격평가의 비중), 평가기준(평가항목, 배점, 항목별 세부평가 항목) • 제안서 작성 지침(구성 목차) 등
과업지시서	제안요청서의 과업개요에 따른 세부적인 과업수행 내용을 상세히 제시하고 수행조건을 명시

② 제안서 작성과 관련해 해당 제안요청의 과업내용 이해
  • 제안요청서를 통해 전반적인 과업개요 파악
  • 과업지시서(내용서)를 통해 세부적인 과업내용과 수행조건 등을 종합적으로 고려

8 제안서 평가항목과 배점의 상대적 중요도

① 제안서 평가기준 파악
  • 제안서는 작성하는 조달업체나 담당자가 보유하고 있는 방법론, 수행역량, 자원을 모두 나열하고 수행에 강점이 있다는 점을 주장하는 문서가 아님
  • 발주기관이 원하는 수행내용 중 중요하게 평가하는 항목에 중점을 두고 역량과 자원을 효과적으로 투입하고 차별적인 방법론을 통해 수행할 수 있다는 점을 보여주는 문서
  • 따라서 제안요청서(RFP)의 평가항목과 배점 구조를 분석하여 어떤 항목이 중요하게 평가되는지 먼저 파악

② 배점이 높은 항목 중심으로 작성
- 발주기관이 요구하는 과업 수행방안 중 배점 규모가 크고 상대적 비중이 높은 평가항목에 해당하는 내용을 중심으로 제안서를 작성
- 즉, 평가 비중이 높은 항목에 제안서 분량과 논리를 집중하는 것이 중요

9 제안서 작성 방법과 목차 구성

① 제안요청서(RFP)에는 제안서 작성 방법 또는 지침을 제시
- 제안요청서에는 제안서 작성 방법, 표준목차, 작성 형식 등이 제시
- 이는 제안업체별로 작성 범위나 수준의 편차가 과도하게 발생하는 것을 방지하고, 평가자가 짧은 평가시간 내 핵심 내용을 쉽게 파악할 수 있도록 하기 위함
- 또한 다수 제안업체 간 비교평가의 객관성을 확보하기 위한 목적

② 제안요청서의 목차에 따라 작성: 제안업체는 제안요청서에서 제시한 표준목차와 작성 지침을 기준으로 제안서를 작성

③ 목차를 준수하지 않을 경우
- 제안요청서에서 요구한 목차를 따르지 않거나 목차별 필수 내용이 누락될 경우 평가에서 불리하게 작용할 수 있음
- 실무적으로는 제안서 평가 시 평가기준과 제안서 목차를 연계한 조견표 제출을 요구하기도 함

10 제안서 작성

작성 형식 결정	• 제안요청서의 제안서 작성 지침을 참고하여 문서 형식과 작성 양식을 결정 • 일반적으로 정성적 제안서는 한글(HWP) 등 워드문서를, 발표자료는 파워포인트(PPT) 형태의 슬라이드문서를 요구
제안서 분량 구성	• 과업요청서와 과업지시서에서 요구하는 과업내용의 범위와 수준에 따라 제안서 작성 분량은 다양하게 산출 • 일반적인 작성 기준: 정성적 제안서는 50~100페이지, 발표자료는 20~30페이지 • 주어진 시간 내 제안발표와 평가시간(20분 내외) 등을 고려하여 작성목차에 따라 정해진 분량으로 제안서 작성을 요구 • 복잡하고 전문적인 과업내용을 정해진 분량 내에서 보유한 방법론과 수행 경험 등을 통해 함축적으로 정리해서 작성하고 발표할 수 있다는 점을 증명하는 수단 • 주어진 분량 범위 내에서 제안서와 발표자료 등을 작성하는 것은 매우 중요
과업 중심의 체계적 구성	제안서 작성의 내용적인 측면에서도 과업 이해, 수행 방법과 관련한 과업내용의 선후행 연계성, 사업수행 기간을 고려한 중간결과물 산출 일정 등을 고려해 체계적으로 구성하는 수준이 요구
모호한 표현 사용 금지	• 제안서에서는 '~할 수도 있다', '~이 가능하다', '~을 고려하고 있다', '~에 동의한다'처럼 실제 수행 여부가 명확하지 않은 모호한 표현은 사실상 수행할 수 없거나 구체적이지 않은 제안내용으로 평가될 수 있음 • 제안서에 기술되는 내용은 사전 실행 가능성을 면밀히 분석·검토해 실행 가능한 부분을 명확하고 확정적인 종결어미로 작성

바로 Check

A기업은 40페이지 분량 제한이 있는 제안서를 55페이지로 제출하였다. 기술 내용은 우수했으나 최종 점수가 낮게 나왔다.

① 문제점을 설명하시오.

② 개선방안을 제시하시오.

정답 ① 제안요청서(RFP)의 분량 제한을 초과하여 제출함으로써 작성요령을 위반하였다. 이는 평가기준상 형식요건을 충족하지 못한 것으로 감점 또는 실격 사유가 될 수 있다.

② 제안서는 반드시 분량 제한을 준수하여야 하며, 핵심내용 중심으로 요약하여 작성해야 한다. 또한 도표와 도식 등을 활용하여 내용을 압축하고, 배점이 높은 평가항목 위주로 구성하여 효율적으로 표현하는 것이 필요하다.

11 최종 검토

① 제안요청서 반영 여부 확인

- 제안서 작성이 완료되면 제안요청서와 과업지시서의 요구사항이 제안서에 적절히 반영되었는지를 전반적으로 확인
- 특히 다음 사항을 중심으로 검토
  - 평가기준 반영 여부
  - 제안서 목차 구성의 적정성
  - 목차별 필수 내용 반영 여부
  - 항목별 분량 배분의 적정성
- 제안서 작성의 문서규격, 파일포맷, 오탈자 등 작성 형식의 오류 유무도 확인

② 최종적으로 다음의 내용을 고려한 검토를 진행

내용의 명확성 검토	• 제안서가 명확하고 간결하게 표현되었는지를 전체적으로 읽고 검토 • 과업내용서 등의 주요 과업내용에 따라 수행계획이 간결하고 명료하게 작성되었는지를 확인 • 핵심 과업내용을 두괄식으로 제시하고 중요한 부분을 충분히 강조했는지를 점검
내용의 구조화 수준 검토	제안요청서에서 요구하는 목차와 목차별 필수 제시 내용의 반영 여부와 연계성이 있는 항목 간 정보의 정합성과 일관성 여부를 확인
발주기관의 요구사항 반영 여부 검토	• 발주기관에 특화된 제안내용 반영 여부를 확인 • 평가 우선순위가 높은 제안내용은 제안업체가 보유한 방법론과 수행 경험, 전문 인력의 강점을 활용해 발주기관의 해당 과업을 이행할 수 있는 환경을 고려한 차별적 제안내용이 충분히 포함되어 있는지 확인 • 제안업체의 일반적인 수행역량과 자원 외 해당 과업내용과 관련한 경험, 인력 보유 등 전문성을 강조할 수 있는 제안내용을 반영했는지 여부를 확인
사업 수행 가능성 검토	• 높은 수준의 과업수행 내용의 제안과 함께 정해진 사업기간 내 해당 사업을 안정적으로 이행할 수 있는지를 나타내는 상세한 사업관리계획을 제시했는지 여부를 확인 • 제안업체가 계약상 유발될 수 있는 문제점과 분쟁을 예방하는 관점에서 현실적으로 과업목표를 달성할 수 있는 일정으로 수립 • 제안서에 명시된 수행계획과 일정이 해당 입찰에서 제시한 사업예산 범위 내에서 경제적으로 이행 가능한지 여부를 검토 • 높은 수준의 완성도를 보유한 제안서를 제출해 낙찰자로 선정된다 해도 이행에 소요되는 비용이 계약금액 범위 내에서 충당되지 않을 경우 해당 사업을 정상적으로 이행하기가 어려움

품질관리 및 리스크 관리	해당 사업 전반에서 수행되는 절차와 결과물의 품질관리와 예상 또는 예상치 못한 우발적 리스크의 관리 계획이 수립되어 있는지를 점검

핵심 포인트

- 제안요청서 분석
- 제안서 작성요령
- 평가기준 반영 방법
- 감점 · 실격 요건
- 협상에 의한 계약 절차

03 제안서 설명

출제기준 3-1-3 발주기관의 제안서 평가기준에 부합되게 제출한 제안서 내용을 설명할 수 있다.

1 제안서 설명(발표평가)의 의의

① 제안서 설명은 단순한 발표가 아니라, 이미 제출한 제안서를 평가기준에 맞추어 설득하는 절차
② 새로운 내용을 제시하는 자리가 아니라, 제출한 제안서의 강점을 평가항목 중심으로 강조하는 과정

2 제안서 설명의 기본 원칙

평가기준 중심 설명	• 발표 순서는 평가항목 순서와 일치하도록 구성 • 배점이 높은 항목 중심으로 강조
제안서 범위 내 설명	• 미제출 자료는 추가 설명 금지 • 제출 내용과 불일치할 경우 감점 요인이 될 수 있음
핵심 위주 압축 설명	• 제한시간 준수 • 장황한 기업홍보나 불필요할 설명은 지양

바로 Check

제안서 설명 시 배점 중심 전략의 의미를 설명하시오.

정답 평가항목 중 배점이 높은 항목에 발표시간을 집중 배분하여 핵심 강점을 강조하는 전략이다.

3 설명자료(PPT) 작성 원칙

① 제안서의 요약본 형태로 구성
② 한 슬라이드 = 하나의 핵심 메시지
③ 정량자료는 표 · 그래프 등 시각자료를 활용하여 명확하게 표현
④ 과도한 텍스트 사용 금지

4 발표자의 역할

① 발표자의 역할: 발표자는 단순 낭독자가 아닌 사업 책임자로서 사업 수행 능력과 신뢰성을 보여주는 역할
② 평가위원이 보는 요소
  • 전문성
  • 논리성
  • 자신감
  • 질의응답 대응 능력

5 제안서 발표 절차

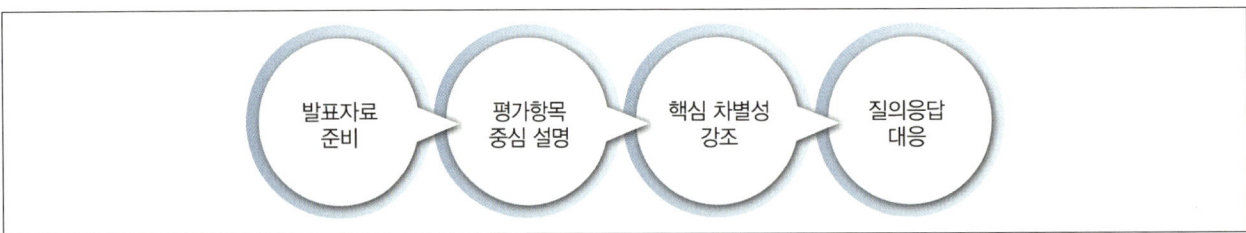

🖊 **더 알아보기** **제안서 발표**[「조달청 협상에 의한 계약 제안서평가 세부기준」 제1조(평가실시) 참고]

(1) 제안서를 설명하는 제안발표는 온 · 오프라인 구분 없이 5억원 이상인 경우 실시
(2) 발표 진행 순서
  • 제안업체의 제안발표 → 평가위원 질의 → 제안업체 답변 순
  • 5억원 미만의 사업인 경우: '평가위원 질의 → 입찰자 답변' 순으로 진행
(3) 제안발표와 관련해 특별한 사유가 없는 경우 해당 사업의 책임자(PM)가 발표하는 것이 원칙
(4) PM이 참석하지 않는 경우 서면으로만 평가하되 감점할 수도 있음(수요기관별로 상이하며 조달청의 경우 감점 없이 서면평가로 갈음)

법조문 돋보기

재정경제부 「협상에 의한 계약 제안서평가 업무처리규정」 제10조(제안서의 청취 및 발표)
① 사업부서는 평가 당일에 평가의 효율성을 위하여 제안서를 제출한 자로부터 제안서에 대한 설명을 듣거나 질의사항에 대한 답변을 하게 할 수 있다.
② 제안 설명회를 개최하고자 할 경우에는 입찰참가업체에 제안 설명회 일자 · 장소 및 준비사항 등을 사전에 공지하여야 한다.
③ 제안서 발표순서는 제안서 접수 순서로 하며, 참여업체는 다른 경쟁업체의 제안서 설명을 청취할 수 없다.
④ 제안서의 발표는 제안서에 명시된 사업책임자 또는 입찰참가업체 대표가 발표하는 것을 원칙으로 하며, 5인 이내에서 보조자가 배석하여 평가위원의 질의에 응답하게 할 수 있다.
⑤ 제안 설명회 개최를 제안요청서 등에 사전 공지하였음에도 불구하고 설명회에 참석하지 않은 입찰참가업체의 경우에는 위원회에 보고하고 제출된 제안서만으로 평가를 실시하되 평가 시 감점 처리할 수 있다.

6 질의응답 대응 전략

① 질문의 의도 파악

② 평가항목과 연결하여 답변

③ 즉시 답변이 어려울 경우 솔직한 대응

④ 감정적 대응 금지

※ "질의응답이 최종 점수를 좌우하는 경우가 많음"

핵심 포인트

제안서 발표 시 감점요소
• 제출 제안서와 상이한 설명
• 시간 초과
• 참여인력 미참석
• 허위 답변
• 공격적 태도

바로 Check

질의응답에서 가장 중요한 것은 질문의 (　　　)를 파악하는 것이다.

정답 의도

PART 03

핵심 최종점검

CHAPTER 01

핵심 **정답**

01 낙찰하한율은 무엇을 기준으로 산정되는가?

02 낙찰하한율 미만으로 투찰할 경우 결과는 무엇인가?

03 예정가격은 무엇을 근거로 산정되는가?

04 적격심사에서 가격평가 점수는 무엇을 기준으로 산정되는가?

05 견적서 작성의 궁극적 목적은 무엇인가?

06 기술제안서 작성의 출발점이 되는 문서는 무엇인가?

07 기술제안서에서 배점이 높은 항목은 어떻게 작성해야 하는가?

08 RFP에 제시된 과업범위를 벗어난 제안은 어떻게 되는가?

09 제안서 분량을 초과할 경우 발생 가능한 결과는 무엇인가?

10 참여 인력의 경력을 허위로 기재하면 어떤 문제가 발생하는가?

11 정량적 평가자료의 예는 무엇인가?

12 제안서 설명은 제출한 제안서의 내용을 (   ) 중심으로 설명해야 한다.

13 발표자료는 제안서의 (   ) 형태로 구성하는 것이 적절하다.

14 제안서 발표는 일반적으로 누가 수행하는가?

15 제출 제안서와 상이한 설명은 (   ) 사유가 될 수 있다.

01
예정가격 대비 투찰가격 비율

02
자동 탈락

03
거래실례가격·원가계산가격 등

04
예정가격

05
낙찰과 수익성 확보

06
제안요청서(RFP)

07
분량과 논리를 집중하여 작성

08
평가에 반영되지 않거나 감점 가능

09
감점 또는 실격

10
실격 또는 계약취소

11
유사실적, 인증, 매출실적

12
평가기준

13
요약

14
사업책임자(PM) 또는 대표

15
감점

서술형 출제예상문제

01 예정가격 기준 견적서 작성 절차를 설명하시오.

> **정답**
> ① 예정가격 구조 파악　　　　　② 낙찰하한율 확인
> ③ 자사 원가계산　　　　　　　　④ 시장 낙찰률 분석
> ⑤ 전략적 투찰가격 결정

02 낙찰하한율의 의미를 설명하시오.

> **정답**
> 예정가격 대비 최저 허용 투찰비율로, 이 기준 미만으로 투찰한 경우에는 자동 탈락된다.

03 적격심사와 견적가격의 관계를 설명하시오.

> **정답**
> 낙찰하한율 이상이라도 적격심사 점수가 기준에 미달하면 탈락할 수 있으므로 가격 전략과 점수 전략을 동시에 고려해야 한다.

04 복수예비가격 제도의 의미를 설명하시오.

> **정답**
> 예정가격을 사전에 확정하지 않고 복수의 예비가격을 설정한 후 추첨으로 예정가격을 결정함으로써 담합을 방지하는 제도이다.

05 제안요청서 분석의 중요성을 설명하시오.

> **정답**
> 제안요청서는 사업 목적, 과업 범위, 평가기준, 배점 등을 규정한 문서로서 기술제안서 작성의 기준이 된다. 이를 정확히 분석하지 않으면 평가항목과 무관한 내용을 작성하게 되어 낮은 점수를 받을 수 있다.

06 기술제안서에서 정량평가자료와 정성평가자료의 차이를 설명하시오.

> **정답**
> 정량평가자료는 실적, 수치, 인증 등 객관적 수치자료이고, 정성평가자료는 전략, 추진방향, 개선방안 등 설명 중심의 논리적 자료이다.

07 제안서의 배점 중심 작성 전략을 설명하시오.

> **정답**
> 평가항목 중 배점이 높은 항목에 분량과 구체성을 집중하고, 배점이 낮은 항목은 간결하게 작성하여 점수 효율을 극대화하는 전략을 말한다.

08 제안서 작성 시 감점요소를 3가지 쓰시오.

> **정답**
> ① 분량 초과 ② 서식 미준수 ③ 허위기재

09 기술제안서의 설득 구조를 설명하시오.

> **정답**
> 문제 제기 → 해결 전략 제시 → 구체적 실행 계획 설명 → 기대효과 도출 순으로 논리적 흐름을 구성해야 한다.

10 제안서 작성 단계 중 '최종 검토' 단계에서 리스크 관리 측면에서 점검해야 할 사항을 약술하시오.

> **정답**
> 최종 검토 단계에서는 사업 수행 과정에서 발생할 수 있는 리스크에 대한 관리 계획이 수립되어 있는지를 확인하여야 하며, 계약금액 범위 내에서 사업을 정상적으로 수행할 수 있는 경제적 타당성도 함께 점검하여야 한다.

11 제안서 설명과 제안서 작성의 차이를 설명하시오.

> **정답**
> 제안서 작성은 평가기준에 맞추어 내용을 구성하는 과정이고, 제안서 설명은 제출된 제안서를 평가기준 중심으로 압축하여 평가위원을 설득하는 과정이다.

12 질의응답 대응 시 유의사항을 3가지 쓰시오.

> **정답**
> ① 질문 의도 파악
> ② 평가항목과 연계 답변
> ③ 감정적 대응 금지

13 발표자료 작성 시 가독성을 확보하는 방법을 설명하시오.

> **정답**
> 발표자료는 도표를 활용하고 핵심 문장 중심으로 작성하며, 하나의 슬라이드에 하나의 메시지를 전달하는 원칙을 준수하여 가독성을 확보하여야 한다.

14 참여 인력 발표의 중요성을 설명하시오.

> **정답**
> 실제 사업 수행 책임자의 전문성과 신뢰성을 보여주는 요소로, 평가에 직접적인 영향을 미친다.

15 기초금액 2억원, 낙찰하한율 87.745%, 자사 원가 1억 7,500만원, 최근 평균 낙찰률 89%일 때, 투찰 전략을 설명하시오.

> **정답**
>
> ① 낙찰하한선: 약 1억 7,549만원
> ② 자사 원가: 1억 7,500만원 → 하한선보다 낮음
> ③ 최소 1억 7,549만원 이상 투찰 가능
> ④ 평균 낙찰률 89% → 1억 7,800만원 수준 예상
> → 전략(예시): 88.8~89% 구간에서 전략적으로 선택하여 자사의 원가 대비 수익 확보 가능
> (∵ 하한선보다 충분히 높고, 평균 낙찰률에 근접하며, 원가 대비 수익 확보가 가능한 균형 전략 구간)

16 기초금액 1억원, 적격심사 통과점수 95점, 자사 적격심사 점수 98점 예상, 신인도 점수 -2점일 때, 투찰 전략을 설명하시오.

> **정답**
>
> ① 적격점수: 예상점수 98점 > 통과점수 95점
> ② 신인도 점수: -2점
> ③ 기본점수: 98 - 2 = 96점
> ④ 기본점수는 96점으로 통과점수 95점보다 +1점이 높아 통과 가능
> → 전략(예시): 낙찰하한율 직상 가격

17 협상에 의한 계약에서 '제안서'의 성격과 작성 시 주의해야 할 '관점'에 대해 약술하시오.

> **정답**
>
> 제안서는 발주기관의 요구사항에 대한 응답문서로, 업체가 보유한 역량을 어떻게 투입하여 결과물을 도출할지 설명하는 문서이다. 작성 시 반드시 입찰 참가업체가 아닌 '발주기관과 전문가의 관점'에서 작성되어야 한다.

18 B기업은 유사실적이 풍부했으나 이를 별도 부록에 첨부하고 본문에 충분히 설명하지 않았다. 해당 항목 배점은 20점이었다. (발주기관 담당공무원이 평가하지 않고, 평가위원이 평가할 경우)
① 왜 낮은 점수를 받을 수 있는가?
② 어떻게 작성해야 하는가?

> **정답**
>
> ① 평가위원은 본문 중심으로 평가하므로, 실적이 부록에만 있을 경우 과업과의 연관성과 적합성을 즉시 판단하기 어렵다.
> ② 본문에 실적 요약표를 제시하고, 과업과의 연계성을 명확히 설명하며, 성과를 수치 중심으로 표현하여야 한다. 부록은 보조자료로 활용하는 것이 바람직하다.

19 A기업은 발표시간 20분 중 12분을 회사 연혁과 홍보에 사용하였다. 핵심 과업 설명은 5분에 불과하였다.

① 문제점을 분석하시오.

② 개선방안을 제시하시오.

> **정답**
> ① 평가기준과 무관한 회사 홍보에 과도한 시간을 사용하여 핵심 과업 설명이 부족해졌으며, 이는 배점이 높은 항목에 대한 충분한 설명이 이루어지지 않아 감점 가능성이 높다.
> ② 배점이 높은 항목 중심으로 시간을 배분하고, 회사 소개는 최소화하며, 과업 수행 전략과 실행계획 중심으로 발표를 구성하여야 한다.

20 B기업은 질의응답에서 "제안서에 없는 내용"을 구두로 추가 설명하였다.

① 발생 가능한 문제는 무엇인가?

② 올바른 대응방안을 제시하시오.

> **정답**
> ① 제안서에 없는 내용을 추가로 설명할 경우 제안서와의 불일치로 신뢰도가 저하되고 감점될 수 있다.
> ② 제출된 제안서 범위 내에서 답변하되, 필요 시 "추후 협상 과정에서 보완 가능"하다는 방식으로 표현하고, 반드시 근거 기반으로 설명하여야 한다.

CHAPTER 02 입찰평가 기준 검증

01 가격평가와 기술평가 점수 산정

출제기준 3-2-1 입찰과정에서 낙찰방법에 따라 가격평가와 기술평가를 평가기준으로 점수를 산정할 수 있다.

1 제안서 평가

① 평가기준에 따라 평가항목별 세부 평가항목의 평가등급과 배점기준에 따라 평가

② 차등점수제와 원가 절감의 적정성 심사

차등점수제	• 기술평가의 변별력이 충분히 확보되기 어렵다고 판단되면 제안업체의 평가순위에 따라 고정점수를 부여해 일정 수준 이상의 차등성을 확보 • 이 경우에는 입찰공고에서 해당 사항을 미리 공지 – 기술능력평가 배점 한도: 80점 – 제안업체 평가 점수: 명목상 기술역량의 차이는 확인되었으나 점수로 반영되는 비율이 소수점 이하 수준으로 미미해 실질적인 평가의 실효성을 확보하기는 어려운 상태

업체	평점
A	79.8
B	79.7
C	79.5

→ 차등평가제 적용: 원점수 기준 순위 편차에 따른 평점을 3점 편차를 적용해 평가의 변별력을 확보

업체	최종점수
A	80
B	77
C	74

원가 절감의 적정성 심사	• 과도한 저가 투찰로 계약 이행의 안정성이 저하되는 문제점을 예방 • 입찰공고에서 명시한 금액 이하로 투찰한 업체는 원가 절감의 적정성을 심사하여 적정하지 않을 경우 최대 3점 이내에서 감점 • 조달요청 시 기준금액을 지정하고 적정성 평가를 시행해 입찰참가업체가 투찰한 금액이 해당 금액 미만인 경우 제안서 제출과 함께 원가 절감 제안서도 함께 제출받아 심사

③ 차등점수제와 원가 절감 적정성 모두 원평가 결과에 차등성을 강화하는 방법이므로 둘 중 한 가지만 적용 가능

차등점수제의 목적을 설명하시오.

정답 기술점수 간 미세한 차이를 확대하여 평가 변별력을 확보하기 위함이다.

2 조달청의 경우

① 평균점수 산정
- 평가 결과 평가위원 중 최고 점수와 최저 점수를 제외하고 나머지 점수의 평균으로 계산
- 평균점수에 소수점이 있는 경우 다섯째 자리에서 반올림

② 입찰참가 업체 수에 따른 구분

입찰참가 업체가 3개사 이하인 경우	• 차등평가 보정 방식을 적용 • 평가위원이 평가한 특정 평가항목별 점수가 해당 평가항목별 평가위원 전체가 부여한 점수의 평균보다 배점한도의 10%(등급별 점수구간이 20%일 경우에는 20%)를 초과하거나 미달하는 경우에는 각각 10% 또는 20% 범위 이내로 점수를 조정 • 특정 심사위원의 과도한 평점에 따라 전체 심사 결과가 왜곡되는 문제점을 예방
입찰참가 업체가 4개사 이상인 경우	• 평가항목별 평가등급에 따라 평가한 결과를 종합해 평가위원의 최고 점수와 최저 점수를 제외하고 산술평균해 상·중·하 3개 등급을 부여 • 예를 들어 「조달청 협상에 의한 계약 제안서평가 세부기준」[별표 18]에 따라 4개사인 경우 '상'등급 2개사, '중'등급 2개사로 분류

 **Check**

평가위원 점수는 평균 대비 배점한도의 몇 %를 초과했을 때 조정하는가?

정답 10%(등급별 점수구간이 20%일 경우에는 20%)

3 평가 결과 공개

① 제안서 평가가 완료되면 평가 종료 후 3일 이내 평가 결과를 국가종합전자조달시스템(나라장터)의 해당 입찰공고에서 확인할 수 있도록 공개
② 평가위원의 실명은 비공개
③ 지방자치단체의 경우 평가의 공정성을 확보하기 위해 필요한 경우 평가위원별 평가 결과는 공개하지 않으나 평가위원 명단은 공개할 수 있음

Check

평가결과 공개 제도의 의미를 설명하시오.

정답 평가 종료 후 3일 이내 평가 결과를 공개하여 투명성을 확보하며, 평가위원 실명은 공정성 확보를 위해 비공개한다.

4 사전 접촉

① **사전 접촉**: 해당 사업의 사전규격 공개일로부터 제안서 평가일까지 입찰에 참가한 제안업체와 이해관계를 같이하는 자(제안서 명시 하도급자 등)의 소속 직원이 해당 입찰과 관련한 평가위원을 접촉한 경우를 말함
② **사전 접촉 시 처리 방법**: 제안서 평가와 관련해 제안업체가 평가위원과 사전 접촉한 사실이 확인될 경우에는 기술점수와 가격점수를 합산한 종합점수에서 5점을 감점

 **Check**

평가위원과 사전 접촉이 확인되면 종합점수에서 몇 점을 감점하는가?

 정답 5점

---

5 가격 평가

① **입찰가격이 예정가격(예정가격 미작성 시 사업예산)을 기준으로 80/100 이상인 경우**

- 입찰가격평가 배점한도 × (최저입찰가격/당해입찰가격)

> 〈예시〉
> - 가격평가 배점한도 20점, 해당 업체의 입찰가격 100원, 해당 입찰 최저입찰가격 80원인 경우의 가격 평가점수
>   20 × (80/100) = 16점
> - 다만, 유효한 입찰자 중 해당 입찰의 최저가격이 70/100 미만인 경우에는 70/100으로 계산

- 입찰가격이 예정가격(사업예산)을 초과할 경우에는 협상 대상에서 제외

② **입찰가격이 예정가격의 80/100 미만인 경우**

$$\frac{\text{입찰가격평가}}{\text{배점한도}} \times \left(\frac{\text{최저입찰가격}}{\text{추정가격의 80\% 상당가격}}\right) + \left\{2 \times \left(\frac{\text{추정가격의 80\% 상당가격 − 당해입찰가격}}{\text{추정가격의 80\% 상당가격 − 추정가격의 70\% 상당가격}}\right)\right\}$$

> 〈예시〉
> 입찰가격 배점 20점, 예정가격 또는 사업예산 100원, 최저입찰가격 70원, 해당 업체 입찰가격 75원인 경우 가격 평가점수
> 20 × (70/80) + 2 × {(80 − 75)/(80 − 70)} = 18.5점

6 협상순위 결정

제안서 평가 결과 협상대상자는 다음의 기준에 따라 협상순위를 결정

① **국가기관의 경우**: 기술평가 배점의 85% 이상으로 기술평가와 가격평가 합산점수의 고득점 순으로 협상순위를 결정

② **지방자치단체의 경우**: 기술평가와 가격평가의 합산점수가 70점 이상(SW사업인 경우 기술평가 배점의 85% 이상)으로 합산점수의 고득점 순으로 협상순위를 결정

> **핵심 포인트**
> - 차등점수제
> - 원가 절감의 적정성 심사
> - 제안서 평가 방법 및 평가 결과 공개
> - 사전 접촉: 5점 감점
> - 가격 평가 방법
> - 협상순위 결정

02 낙찰자 선정방법별 평가점수 산정

출제기준 3-2-2 낙찰자 선정방법별 평가점수를 기준과 절차에 따라 예상 평가점수를 산정할 수 있다.

1 대표적 낙찰자 선정방법 유형

① 적격심사
② 협상에 의한 계약(종합평가)
③ 최저가·가격경쟁 방식

🖋 더 알아보기 예정가격 결정 및 투찰가격 산정

(1) 예정가격 결정: 기초금액을 기준으로 복수예비가격(「국가계약법」 ±2%, 「지방계약법」 ±3% 범위) 15개 중 입찰업체가 많이 선택한 4개를 산술평균하여 예정가격 결정
(2) 투찰가격 산정: 조달업체는 예정가격을 추정하고, 해당 입찰의 낙찰하한율 등을 고려하여 투찰가격을 결정해야 낙찰 가능성이 있음

2 협상에 의한 계약의 평가점수 산정

평가 구성	제안서 평가의 구성: 기술능력평가(정량 + 정성) + 가격평가
정량평가	경영상태(신용평가등급), 수행실적 등 객관적 지표로 계약담당공무원이 사전 평가
정성평가	• 평가위원회가 평가항목별 세부항목 평가 • 평가위원별 점수 중 최고점과 최저점을 제외한 산술평균을 활용(소수점 다섯째 자리 반올림) • 평점 차 제한: 등급별 최고와 최저 간 평점 차는 배점한도 기준 30%를 초과할 수 없음
차등점수제 적용 여부 확인	• 목적: 기술점수 변별력 확보 • 적용(예시) <blockquote>원점수(A: 79.8 / B: 79.7 / C: 79.5) → 차등 적용(A: 80 / B: 77 / C: 74)</blockquote> – 순위 편차 기반 고정 점수 부여 – 입찰공고에 사전 명시 필요 ※ 원가 절감 적정성 심사와 중복 적용 불가
원가 절감 적정성 감점 적용	입찰공고 명시 금액 이하 투찰업체는 적정성을 심사하여 부적정할 경우 최대 3점 이내 감점
가격 평가점수 산정	• 예정가격 80% 이상 투찰 시 가격 평가점수 <blockquote>배점 × (최저입찰가격/당해입찰가격)</blockquote> – 예시: 배점 20, 최저입찰가격 80, 당해입찰가격 100 → 20 × (80/100) = 16점 – 최저가격이 70% 미만이면 70%로 보정 • 예정가격 80% 미만 투찰 시 가격 평가점수 <blockquote>배점 × (최저입찰가격/80% 가격) + 2 × {(80% 가격 − 당해가격)/(80% 가격 − 70% 가격)}</blockquote>
협상순위 결정	• 국가기관 – 기술평가 배점의 85% 이상 업체 중 – 기술 + 가격평가 합산 고득점 순 • 지방자치단체: 기술 + 가격평가 합산 70점 이상 고득점 순(SW사업은 기술평가 85% 이상)

3 이의신청

발주기관이 통보한 심사결과조서에 오류가 있다고 판단될 경우 조달업체는 이의신청을 제기할 수 있음

4 예상 평가점수 산정의 의미

① 입찰 참여 전략 판단
② 협상 진입 가능성 판단
③ 가격 전략 수립
④ 기술점수 목표 설정
⑤ 낙찰 가능성 예측

> **핵심 포인트**
> - 차등점수제 ↔ 원가 절감 적정성 심사 중복 불가
> - 최고·최저점 제외
> - 소수점 다섯째 자리 반올림
> - 80% 기준 가격평가 산식
> - 70% 하한 보정
> - 협상대상 기술평가 배점 85%
> - 합산 고득점 협상순위

03 이해상충 문제점 식별

출제기준 3-2-3 각종 심사 과정의 관련 규정과 절차에 따라 이해상충이 발생하는 문제점을 식별할 수 있다.

1 이해상충의 개념과 유형

개념	심사위원 또는 평가 관련자가 특정 입찰자와 이해관계를 가지게 되어 공정한 판단이 어려워지는 상태	
대표적 유형	• 사전 접촉 • 연구·용역 수행 관계 • 금품·향응 제공	• 친족 또는 동일 기관 관계 • 하도급 참여 관계 • 평가정보 사전 유출

2 이해상충 발생 위험 지점

제안서 평가 단계	가격 평가 단계	협상 단계
• 평가위원과 입찰자 간 접촉 • 특정 평가위원의 과도한 점수 편차 • 평가위원 정보 유출	• 특정 업체에 유리한 기준 설정 • 예정가격 정보 유출	• 협상 내용 비공개 원칙 위반 • 특정 업체와 사전 협의

3 관련 규정과 절차 및 이해상충 관리

① 심사 및 평가 과정의 법적 기반과 투명성 확보
- 공공조달의 심사 및 평가는 「국가계약법」, 「지방계약법」, 「전자조달법」 및 각종 계약예규와 심사·평가기준에 근거
- 평가 결과의 공정성을 위해 조달청은 평가위원별 점수 중 최고점과 최저점을 제외한 산술평균 점수를 활용
- 특정 평가위원의 과도한 평점으로 인한 결과 왜곡을 방지하기 위해, 평균 대비 일정 범위를 초과하는 점수에 대해서는 조정 절차를 거치거나 사유서를 공개하도록 규정

평가 결과의 공정성을 확보하기 위한 '평가점수 집계 방식(조달청 기준)'에 대해 설명하시오.

정답 평가위원별 점수 중 최고점과 최저점을 제외한 후 나머지 점수를 산술평균하여 산정한다. 또한 특정 평가위원의 점수가 평균과 과도하게 차이나는 경우 조정을 하거나 미조정 시 사유서를 공개하여 왜곡을 방지한다.

② 이해상충 및 부정행위 식별과 대응

부정·허위 서류 식별	제안서나 증빙서류가 허위로 판명될 경우의 대응 • 계약 체결 전: 협상적격자 제외 및 낙찰 취소 • 계약 체결 후: 계약 해제·해지
정량평가의 객관성	객관적 지표(경영상태, 실적 등)에 기반한 정량평가는 심사위원회 개최 전 담당공무원이 사전에 완료하여 주관적 개입 소지를 차단
이의신청 절차	적격심사 결과 등에 이의가 있는 경우, 조달업체는 발주기관의 심사결과조서를 확인한 후 공식적인 이의신청을 제기할 수 있는 절차가 마련되어 있음

A사는 B공공기관이 발주한 협상에 의한 계약에 참여하며 제안서에 과거 수행실적을 부풀려 기재하여 평가 과정에서 실적 증빙 서류와 제안서 내용이 상이함이 발견되었다. 이 경우 관련 규정에 따른 처리 절차와 A사가 받게 될 불이익을 서술하시오.

정답 ① 「조달청 협상에 의한 계약 제안서 평가 세부기준」 등에 따라, 계약 체결 전이라면 A사는 협상적격자에서 제외되거나 낙찰자 결정이 취소되고, 계약 체결 후에 해당 사실이 발견되었다면 계약은 해제 또는 해지될 수 있다.
② 이는 공공조달의 공정성을 해치는 행위로 간주되어 향후 부정당업자 제재를 받아 일정 기간 입찰참가자격 제한 등 추가적인 불이익을 받을 수 있다.

4 주요 심사 단계별 이해상충 방지 장치

종합심사낙찰제	• 공사 수행능력, 입찰금액, 사회적 책임 등을 종합 평가 • 서류 제출 대상자 선정과 심사 결과 공개 과정을 통해 절차적 정당성을 확보
다수공급자계약(MAS)	• 적격성 평가와 가격협상을 분리 • 사전에 공고된 규격서와 품질 기준을 엄격히 적용 → 특정 업체에 대한 특혜 가능성 방지

핵심 포인트

• 사전 접촉 금지 및 감점 규정
  − 사전규격 공개일부터 제안서 평가일까지 접촉 금지
  − 위반 시 종합점수에서 5점 감점
• 평가위원 점수 보정 및 최고·최저점 제외 규정: 특정 평가위원의 영향력 차단
  − 3개사 이하 → 차등평가 보정
  − 특정 평가위원 점수 편차가 평균 대비 배점의 10%(또는 20%) 초과 시 조정
• 평가 결과 공개 원칙
  − 평가 후 3일 이내 평가 결과 공개
  − 평가위원 실명 비공개

핵심 최종점검

핵심 **정답**

01 차등점수제는 기술평가의 무엇을 확보하기 위한 제도인가?

02 차등점수제를 적용하려면 그 내용을 어디에 사전 공지해야 하는가?

03 원가 절감의 적정성 심사에서 부적정할 경우 최대 몇 점까지 감점할 수 있는가?

04 조달청 제안서 평가 시 최고점과 최저점을 제외한 후 평균한 점수의 소수점은 몇 째 자리에서 반올림하는가?

05 입찰참가 업체가 3개사 이하인 경우 적용하는 보정 방식은 무엇인가?

06 제안서 평가 결과는 평가 종료 후 며칠 이내 공개하는가?

07 입찰가격이 예정가격을 초과할 경우 어떻게 되는가?

08 국가기관 협상대상자 선정 시 기술평가 점수는 배점의 몇 % 이상이어야 하는가?

09 「국가계약법」 적용 입찰에서 복수예비가격은 기초금액 기준 몇 % 범위 내에서 산정되는가?

10 제안서 평가에서 등급별 최고와 최저 간 평점 차는 배점한도 대비 몇 %를 초과할 수 없는가?

11 협상에 의한 계약에서 기술능력평가 점수와 합산되어 최종 순위를 결정하는 평가 항목은 무엇인가?

12 예정가격을 결정하기 위해 추출된 15개 복수예비가격 중 입찰업체가 선택하는 가격의 개수는 몇 개인가?

13 적격심사 결과에 이의가 있을 때 조달업체가 공식적으로 무엇을 제기할 수 있는가?

01
변별력

02
입찰공고

03
3점

04
다섯째 자리

05
차등평가 보정 방식

06
3일 이내

07
협상 대상 제외

08
85% 이상

09
±2%

10
30%

11
가격평가

12
2개(전체 업체가 선택한 것 중 가장 많이 선택된 4개가 최종 활용됨)

13
이의신청

PART 03

14 낙찰자로 선정되기 위해 투찰해야 하는 최저 가격의 비율을 무엇이라 하는가?

15 다수공급자계약(MAS)에서 업체의 계약자격 보유 여부를 사전에 평가하는 절차는 무엇인가?

16 협상에 의한 계약에서 특정 심사위원의 편중된 점수로 인한 왜곡을 방지하기 위해 조달청 평가 시 제외하는 것은 무엇인가?

17 계약 체결 전 제안서 내용이 허위로 판명되었을 때 조치되는 사항은 무엇인가?

18 경영상태, 수행실적 등 객관적 지표에 따라 심사위원회 개최 전 계약담당공무원이 미리 완료하는 평가는 무엇인가?

19 입찰공고 전 구매규격의 적정성에 대해 업체의 의견을 수렴하여 공정성을 높이는 절차는 무엇인가?

20 사전 접촉 금지 기간은?

21 복수예비가격을 통한 예정가격 산정 방식은 무엇인가?

14
낙찰하한율

15
적격성 평가

16
최고·최저 점수

17
협상적격자 제외 또는 낙찰자 결정 취소

18
정량평가

19
사전규격공개

20
사전규격 공개일부터 평가일까지

21
복수예비가격 15개 중 입찰참가자가 가장 많이 선택한 4개의 산술평균

서술형 출제예상문제

01 차등점수제의 적용 목적과 방법을 설명하시오.

정답

기술평가 점수 간 차이가 미미하여 실질적 변별력이 확보되지 않을 경우, 원점수 순위에 따라 고정점수를 부여하여 점수 편차를 확대하는 제도로, 입찰공고에 사전 공지해야 한다.

02 원가 절감의 적정성 심사의 취지를 설명하시오.

정답

과도한 저가 투찰로 계약 이행의 안정성이 저하되는 것을 방지하기 위이다.

03 조달청의 평가위원 점수 처리 절차를 설명하시오.

정답

평가위원 점수는 최고점과 최저점을 제외한 후 나머지 점수를 산술평균하며, 소수점은 다섯째 자리에서 반올림한다.

04 제안서 평가 결과의 공개 원칙을 설명하시오.

정답

평가 완료 후 3일 이내 나라장터에 공개하며, 평가위원의 실명은 비공개한다. 다만, 지방자치단체는 평가위원 명단을 공개할 수 있으나 평가위원별 평가 결과는 공개하지 않을 수 있다.

05 협상에 의한 계약에서 '정량평가'의 주요 항목 3가지를 기술하시오.

정답

경영상태(신용평가등급), 수행실적, 사회적 책임(신인도) 등

06 예정가격 결정 방식에 대해 간략히 설명하시오.

정답

기초금액을 기준으로 15개의 복수예비가격을 작성하고, 입찰자가 투찰 시 선택한 번호 중 가장 많이 추첨된 4개의 번호에 해당하는 예비가격을 산술평균하여 결정한다.

07 적격심사 절차에서 조달업체가 '자기평가 점수'를 확인해야 하는 이유를 설명하시오.

정답

발주기관의 심사점수와 비교하여 평가 오류나 누락 여부를 확인하고, 필요 시 이의신청을 하기 위이다.

08 가격평가 산식의 기본 구조를 설명하시오.

> **정답**
> 배점 × (최저입찰가격/당해입찰가격)

09 낙찰자 선정방법별 평가점수 산정 절차를 설명하시오.

> **정답**
> 평가항목별 평가 → 최고·최저점 제외 → 평균 → 반올림 → 차등점수 적용 → 감점 적용 → 가격평가 합산 → 협상순위 결정

10 협상대상자 선정 기준을 설명하시오.

> **정답**
> 기술평가 기준점 이상 업체 중 기술·가격평가 합산점수의 고득점 순으로 선정한다.

11 이해상충의 개념과 유형을 설명하시오.

> **정답**
> 심사 관련자가 입찰자와 이해관계를 가져 공정한 평가가 어려워지는 상태이며, 대표적 유형으로 사전 접촉, 친족관계, 하도급 관계, 금품·향응 제공 등이 있다.

12 공공조달 심사 과정에서 '이해상충'이 발생할 수 있는 소지를 차단하기 위한 규정상의 장치 두 가지를 약술하시오.

> **정답**
> ① 정량적 지표는 공무원이 사전 평가하여 주관적 개입의 소지를 배제한다.
> ② 정성평가는 외부 위원이 참여하는 평가위원회를 구성하고 최고·최저점 제외 및 점수 조정 사유 공개를 통해 투명성을 높인다.

13 사전 접촉 금지 규정을 설명하시오.

> **정답**
> 사전규격 공개일부터 제안서 평가일까지 입찰자 및 이해관계자가 평가위원을 접촉하는 행위를 금지하며, 위반 시 종합점수에서 5점을 감점한다.

14 이해상충 식별 방법을 설명하시오.

> **정답**
> 접촉 여부 확인, 이해관계 신고, 점수 편차 분석, 평가 기록 관리 등을 통해 식별한다.

15 국가기관과 지방자치단체의 협상순위 결정 기준 차이를 설명하시오.

정답
① 국가기관은 기술평가 배점의 85% 이상인 자 중 기술·가격평가 합산점수의 고득점 순으로 협상순위를 결정한다.
② 지방자치단체는 기술·가격평가의 합산점수 70점 이상(단, SW사업은 기술평가 85% 이상)인 자 중 고득점 순으로 협상순위를 결정한다.

16 A, B, C 3개 업체의 기술평가 점수가 각각 79.8점, 79.7점, 79.5점이다. 기술평가 배점 한도는 80점이며 차등점수제를 적용하였다.
① 차등점수제 적용 이유를 설명하시오.
② 점수 조정 예를 제시하시오.

정답
① 점수 차이가 소수점 수준으로 미미하여 실질적 변별력이 부족하므로, 순위에 따른 점수 편차를 확대해 평가의 실효성을 확보하기 위함이다.
② A사 80점, B사 77점, C사 74점(순위별 3점 편차 적용)

17 예정가격 100원, 가격평가 배점 20점, 최저입찰가격 70원, 해당 업체 입찰가격 75원, 입찰가격은 예정가격의 80% 미만이다.
① 적용 공식을 쓰시오.
② 평가점수를 계산하시오.

정답
① 배점한도 $\times \left(\dfrac{\text{최저입찰가격}}{\text{추정가격의 80\%가격}} \right) + 2 \times \left\{ \dfrac{\text{(추정가격의 80\% 상당 가격 - 당해입찰가격)}}{\text{(추정가격의 80\% 상당 가격 - 추정가격의 70\% 상당 가격)}} \right\}$
② $20 \times (70/80) + 2 \times \{(80 - 75)/(80 - 70)\} = 17.5 + 1 = 18.5$점

18 지방자치단체 발주 공사의 기초금액이 1억원이다. 복수예비가격 산정 범위가 ±3%일 때, 산출될 수 있는 예비가격의 최댓값과 최솟값을 구하고, 예정가격이 결정되는 원리를 서술하시오.

정답
① 최댓값: 103,000,000원(1억원 + 3%), 최솟값: 97,000,000원(1억원 - 3%)
② 결정 원리: 예상가격은 기초금액의 ±3% 범위 내에서 서로 다른 15개의 복수예비가격이 생성된다. 입찰 참여업체들이 투찰 시 선택한 2개의 번호 중 가장 많이 추첨된 4개의 예비가격을 산술평균하여 예정가격이 최종 확정된다.

19 A업체는 제안서 평가에서 기술점수 85점(배점 90점)을 받았으나, 정량평가 항목 중 '경영상태'에서 신용평가 등급이 잘못 반영되어 감점을 받았다고 주장한다. 이 경우 A업체가 취할 수 있는 조치와 관련 규정에 따른 제안서 허위 작성 시의 불이익을 서술하시오.

정답
① 조치: A업체는 발주기관이 통보한 심사결과조서를 확인하고, 정량평가 오류에 대해 공식적으로 이의신청을 제기해야 한다.
② 제안서 허위 작성 시 불이익: 만약 심사 과정에서 제출한 서류가 부정 또는 허위로 판명될 경우, 계약 체결 전에는 협상적격자 제외 및 낙찰자 결정 취소가 이루어지며, 계약 체결 후에는 계약 해제 또는 해지 처분을 받게 된다.

20 C업체는 시설공사 적격심사 결과, 본인들이 계산한 자기평가점수보다 발주기관의 심사점수가 낮게 나와 낙찰권에서 벗어났다. C업체가 심사 과정의 오류를 확인하고 대응할 수 있는 절차를 상세히 서술하시오.

정답
① C업체는 나라장터 시스템을 통해 발주기관이 통보한 '적격심사결과조서'를 상세히 조회한다.
② 조서상의 배점한도, 자기평가점수와 발주기관의 심사점수를 항목별로 비교하여 어떤 부분에서 차이가 발생했는지 확인한다.
③ 심사 결과에 명백한 오류가 있다고 판단될 경우, 시스템상에서 제공되는 '이의신청' 기능을 통해 공식적으로 이의를 제기할 수 있다.
④ 발주기관은 해당 이의를 검토하여 결과를 통보해야 한다.

21 A업체 직원이 제안서 평가 전 평가위원을 만나 사업 설명을 하였다.
① 해당 행위의 문제점을 설명하시오.
② 제재 내용을 설명하시오.

정답
① 평가위원과 입찰자 간 사전 접촉으로 이해상충 발생 및 평가 공정성이 훼손되었다.
② 기술점수와 가격점수 합산 종합점수에서 5점을 감점한다.

22 4개 업체 평가에서 특정 평가위원이 한 업체에 평균보다 배점의 15% 높은 점수를 부여하였다.
① 문제점을 설명하시오.
② 조정 적용 절차를 설명하시오.

정답
① 특정 평가위원의 과도한 평점으로 평가 결과가 왜곡될 가능성이 있다.
② 평균 대비 배점의 10%(또는 20%) 범위 내로 점수를 조정하여 평가위원의 영향력을 제한한다.

CHAPTER 03

협상 관리

01 입찰공고서(제안요청서) 기준 협상

출제기준 3-3-1 　입찰공고의 요구 내용을 기준으로 추가, 삭제, 변경 여부를 협상할 수 있다.

1 개념

① 입찰공고 · 제안요청서(RFP) · 과업지시서에 명시된 요구사항을 기준으로 다음의 사항을 협의하는 절차
- 수행 가능한 범위로 과업을 구체화
- 불필요한 과업 삭제
- 환경 변화 반영에 따른 변경
- 필요 시 추가 과업 협의

② 요구사항 확정 + 현실적 수행 범위를 조정하는 절차

2 법적 · 절차적 근거(협상에 의한 계약)

① 제안서 평가 후 협상대상자 선정
② 제안서 내용을 대상으로 협상 진행
③ 협상 결과에 따라 과업 조정 가능
④ 예산 범위 내 금액 조정

3 협상의 기본 원칙

입찰공고 요구사항 중심 원칙	• 협상은 입찰공고, 제안요청서, 과업지시서에 제시된 범위를 기준으로 진행 • 범위를 벗어난 신규 과업요구는 제한
구체화 원칙	• 협상은 새로운 과업 창출이 아니라 기존 요구사항을 구체화하는 과정 • 다음의 내용 포함 　– 기존 요구사항 명확화 　– 해석상 이견 해소 　– 수행방법 확정
상호 합의 원칙	발주기관의 요구사항 + 업체의 실제 수행 가능성 검토 → 상호 합의에 따른 과업 조정
문서화 원칙	협상 결과는 반드시 문서로 남겨야 하며, 협상결과서, 계약서, 과업지시서 수정에 반영

바로 Check

협상 결과를 문서화해야 하는 필요성을 설명하시오.

정답 　협의된 내용을 명확히 기록하여 계약의 내용과 조건을 분명히 하고, 향후 분쟁 발생을 예방하며, 계약 이행 과정에서의 책임 소재를 명확히 하기 위해 필요하다.

4 과업 조정 유형

추가	• 기존 과업과 연계, 환경 변화 반영, 실제 수행 필요성 인정 • 주의: 독립적 신규 사업 수준의 추가는 제한
삭제	환경 변화, 중복 과업, 불필요 과업
변경	수행 방법 변경, 일정 변경, 기술 기준 변경

바로 Check

협상에서 과업 삭제가 가능한 사유는 무엇인가?

정답 불필요 과업, 중복 과업, 환경 변화

5 협상 시 주요 쟁점

신규 과업 요구 분쟁	입찰공고에 없는 과업 요구 시 → 계약 범위 확대 여부를 둘러싼 논쟁 발생
비용 부담 문제	과업 추가 시 → 계약금액 조정 필요
과업 축소 문제	과업 삭제 시 → 계약금액 감액 가능
수행 위험 문제	과업 변경 시 → 일정 지연 및 품질 저하 위험

6 실무 대응 전략

① 입찰공고 요구사항 재확인
② 제안서 내용과 비교
③ 과업 연계성 판단
④ 비용 영향 분석
⑤ 협상 결과 문서화

핵심 포인트
• 협상 = 과업의 구체화 단계
• 입찰공고 기준 협상
• 신규 독립 과업의 추가 제한
• 추가 · 삭제 · 변경 가능
• 과업 조정 시 비용 조정 필요
• 협상 결과 문서화 필수

02 기술협상 기반 과업 조정

출제기준 3-3-2 과업내용과 관련한 기술협상 과정에서 추가, 변경, 삭제된 과업을 조정할 수 있다.

1 기술협상의 개요

의미	과업의 기술적 범위와 수행 가능성을 논의하는 과정
특징	품질 · 범위 · 등 정성적 요소가 많아 구조가 복잡
협상 구조	발주기관(요구사항 제시) ↔ 조달업체(수행 가능성 · 대안 제시) 간 상호 검토 → 합의 도출 과정
실무적 의미	• 기술협상을 통해 불필요하거나 비현실적인 요구를 걸러내고, 실제 수행 가능한 과업 범위를 확정하는 절차 • 과업의 기술적 범위, 수행 방법, 일정, 품질 수준을 확정하는 절차

2 과업 조정의 필요성

과업 조정의 의미	단순히 요구사항을 '수용'하는 것이 아니라, 현실적 제약에 맞게 '조정'하는 단계
주요 제약 요소	예산, 기술적 한계, 법규, 일정, 인력 등
과업 조정이 필요한 이유	• 과업 조정이 이루어지지 않을 경우 다음의 문제 발생 – 계약 불이행　　　　　 – 일정 지연 – 품질 저하　　　　　　 – 분쟁 발생 • 과업 조정은 위험관리의 핵심
협상 구조	발주기관의 요구 → 업체의 기술적 한계·대안 제시 → 상호 검토 후 과업 조정

3 기술협상(규격협상)

① 협상 범위

• 과업 내용과 수행 방법, 수행 기간 등 제안서 평가에서 기술평가 대상에 속한 내용
• 사업 규모에 따른 협상 수준

소규모 사업	상대적으로 사업 규모가 크지 않고 단순한 과업 내용인 경우 기술협상 내용이 없거나 간단할 수 있음
대규모 사업	• 대상 사업: 20억원 이상의 대형 사업, 대규모 시스템 구축 같은 SW사업 • 협상대상자의 제안서 내용을 제안요청서와 과업지시서의 요구사항 기준으로 항목별로 확인하고, 해석상 이견이 있거나 모호한 경우 상호 협의를 통해 확정 → 이를 통해 과업 내용 및 수행 방법을 명확히 하는 절차 진행

법조문 돋보기

「국가계약법 시행령」 제43조(협상에 의한 계약체결)
① 각 중앙관서의 장 또는 계약담당공무원은 물품·용역계약을 할 때 계약이행의 전문성·기술성·긴급성, 공공시설물의 안전성 및 그 밖에 국가안보목적 등의 이유로 필요하다고 인정되는 경우에는 제42조에도 불구하고 다수의 공급자들로부터 제안서를 제출받아 평가하여 협상적격자를 선정한 후 협상절차를 통해 국가에 가장 유리하다고 인정되는 자와 계약을 체결할 수 있다. 이 경우 예정가격을 작성한 경우에는 예정가격 이하로 입찰한 자 중에서 협상적격자를 선정해야 한다.
② 각 중앙관서의 장 또는 계약담당공무원은 제1항에 따른 계약을 체결하고자 하는 경우에는 입찰공고 시 협상에 의한 계약이라는 뜻을 명시하여야 한다.
③ 각 중앙관서의 장 또는 계약담당공무원은 협상에 의한 계약에 참가하고자 하는 자에게 제안요청서 등 필요한 서류를 교부하여야 한다.
④ 각 중앙관서의 장 또는 계약담당공무원은 제안요청서 등 필요한 서류를 전자조달시스템에 게재함으로써 제3항에 따른 제안요청서 등 필요한 서류의 교부에 갈음할 수 있다.
⑤ 각 중앙관서의 장 또는 계약담당공무원은 제1항에 따라 계약을 체결하려는 경우 그 계약의 성질·규모 등을 고려하여 필요하다고 인정되는 경우에는 제안요청서 등에 대한 설명을 할 수 있다.
⑥ 삭제
⑦ 각 중앙관서의 장 또는 계약담당공무원은 제1항에 따라 협상에 의한 계약을 체결하려는 경우에는 해당 계약을 체결하려는 자의 이행실적, 기술능력, 사업수행계획, 재무상태 및 입찰가격 등을 종합적으로 고려하여 재정경제부장관이 정하는 계약체결기준에 따라 세부기준을 정하고, 계약을 체결하려는 자가 그 기준을 열람할 수 있도록 해야 한다. 다만, 「방위사업법」에 따른 방위력개선사업 수행을 위해 협상에 의한 계약을 체결하려는 경우에는 그 계약체결기준 및 절차는 방위사업청장이 정한다.

⑧ 각 중앙관서의 장 또는 계약담당공무원은 제1항에 따라 제안서를 평가하는 경우에는 제안서평가위원회(이하 이 조에서 "위원회"라 한다)의 심의를 거쳐야 한다. 다만, 「방위사업법」에 따른 방위력개선사업과 관련하여 협상에 의한 계약을 체결하려는 경우에는 「국방과학기술혁신 촉진법 시행령」 제3조 제6항에 따른 연구개발사업제안서 평가팀의 심의로 위원회의 심의를 갈음할 수 있다.
⑨ 위원회는 각 중앙관서별로 그 중앙관서의 소속공무원, 계약에 관한 학식과 경험이 풍부한 자 등으로 구성하며, 위원회의 구성 및 운영에 관하여 필요한 세부사항은 각 중앙관서의 장이 정한다.

② **협상대상자 선정**: 제안서 평가 결과 협상순위는 기술평가와 가격평가 합산점수의 최고 득점자를 1순위자(우선협상대상자)로 선정하고 협상을 진행

③ **협상 기간**
- 제안서 평가 결과를 접수한 날로부터 15일 이내에 협상대상자와 협상을 진행
- 해당 기간 내에 협상이 이루어지지 않을 경우에는 10일의 범위 내에서 기간을 연장해 협상

 **Check**

협상 기간은 최대 얼마까지 연장 가능한가?

정답 10일 이내

법조문 돋보기

「조달청 협상에 의한 계약 제안서평가 세부기준」 제13조의2(협상의 내용과 범위)
① 수요기관의 장은 제13조에 따라 제안서평가 결과를 접수하였을 때에는 15일 이내에 협상대상자가 제안한 사업내용, 이행방법, 이행일정 등 제안서 내용(제안요청서에 부합하지 않은 사항 포함)을 대상으로 협상대상자와 협상을 실시하고 협상이 성립된 경우에는 별지 제9호서식, 성립되지 않은 경우에는 별지 제10호서식에 따라 그 결과를 계약담당공무원에게 통지하여야 한다.
② 수요기관의 장은 제1항에서 정한 기간 내에 협상이 이루어지지 않은 경우에는 10일의 범위에서 연장할 수 있으며, 미리 계약담당공무원에게 연장 이유와 기간 등을 통지하여야 한다.
③ 수요기관의 장은 제1항 및 제2항에 따라 협상을 실시한 결과, 재정경제부 계약예규 「협상에 의한 계약체결기준」 제11조에 따라 제안서의 내용이 조정된 경우에는 가감 내용에 상당하는 금액을 사업예산(예정가격을 작성한 경우에는 예정가격) 범위 내에서 계약담당공무원과 협의를 거쳐 조정할 수 있다.
④ 수요기관의 장은 협상이 성립되지 않은 경우, 재정경제부 계약예규 「협상에 의한 계약체결기준」 제10조 제2항에 따라 같은 기준과 절차에 따라 순차적으로 차순위 협상적격자와 협상을 실시하여야 한다. 단, 계약담당공무원은 협상이 성립되지 않은 사유가 경미하다고 판단되는 경우에는 소속 업무심의회 심의를 거쳐 수요기관의 장 및 협상대상자에게 재협상을 요구할 수 있다.

---

4 협상 진행

협상 대상 내용	협상대상자가 제안한 사업 내용, 이행 방법, 이행 일정 등 제안서(제안요청서에 부합하지 않는 내용 포함) 내용을 중심으로 수행
발주기관의 검토	• 발주기관은 제안요청서, 과업지시서(내용서)에 명시된 과업과 연계한 협상대상자의 제안서 내용의 연계성, 요구수준 등에 부합하는지 여부를 검토 • 필요 시 수정 또는 보완 요구 가능
환경 변화에 따른 과업 조정	해당 사업의 발주 시점 대비 협상 시점에 변화된 사업 수행 환경에 따라 과업지시서에 포함되었던 특정 과업을 제외하고 상응하는 새로운 과업 수행을 요구할 수도 있음

추가·변경·
삭제 협상
	• 협상 진행 절차: 요구사항 분석 → 협상안 제시 → 합의 도출 → 문서화 및 계약 반영
	  – 추가: 환경 변화, 신규 요구 발생
	  – 변경: 수행 방법 조정, 일정 변경, 기술 방식 변경
	  – 삭제: 불필요 과업 및 중복 과업 제거
	• 실무적 의미: 절차가 명확해야 하고, 그 내용을 정확히 기록하여 분쟁을 예방

협상 결과	• 제안서 조정 시 예산 범위 내 금액 조정 • 협상 결렬 시 차순위 협상

5 협상 시 주요 쟁점

신규 과업
요구 문제
	• RFP·과업지시서 미포함 과업 → 수용 여부 신중 판단
	• 발주기관이 해당 과업 간 관련성 또는 제안요청서 등에 포함된 과업이라는 주장과 함께 새로운 과업을 추가하는 협상을 요구하는 경우
	• 협상 대상으로 논의되는 과업이 명시적으로 발주기관의 제안요청서, 과업지시서 등에 포함되지 않고 협상대상자의 제안서에도 언급되지 않은 경우에 조달업체는 수용 여부를 신중히 판단해야 함
	• 발주기관이 요구하는 과업내용과 관련한 기술(규격)적 협상 요구 내용이 새로운 것이 아니라 기존 과업요구에 포함된 것으로 해석되거나 협의될 경우 협상대상자인 조달업체가 이행에 따른 비용 등을 부담해야 할 수도 있음
	  – 당초 제안서 작성 과정에서 해당 협상 요구과업을 고려하지 않았다는 것은 산출내역서 작성 등을 통해 비용 지출계획 수립 시 반영되지 않는다는 점을 의미하여 용역의 안정적 이행을 저해하는 상황에 직면할 수 있음
	  – 기술(규격)협상을 진행하는 경우 과업내용, 기간 등을 협상할 경우 기존에 명시적으로 작성된 과업요구와 제안내용을 중심으로 구체화하는 형태로 협상이 진행될 수 있도록 해야 함
	• 기존 과업요구와 제안내용을 바탕으로 실제 수행되어야 할 내용이 명확한 경우에는 과업이 추가되는 것이 아니라 상호 잠정적으로 이행할 것으로 기대하는 것이며, 추후 논란 발생 또는 분쟁이 발생하지 않도록 명확히 하는 것이기 때문임

부득이한 사유로 과업을 추가하거나 축소해야 하는 상황	• 과업의 추가나 축소는 당초 과업을 기준으로 과도한 과업 규모의 축소 또는 추가되는 과업이 기존 과업과 연계성 없이 독립적인 용역으로 수행되는 주제나 규모에 해당 • 이런 경우 협상을 통해 과업을 추가할 수 있는 수준과 범위를 넘어서지 않도록 협의할 필요가 있음 • 기존 요구 중심 협상, 명확한 문서화, 분쟁 예방
기존 과업 해석 문제	기존 요구 포함 여부 → 비용 부담 문제 발생 가능

📢 **핵심 포인트**

• 협상에 의한 계약 = 기술협상 필수
• 과업 조정 시 추가·변경·삭제 3유형
• 신규 과업 요구 = 최대 분쟁 포인트
• 협상 결렬 시 차순위 협상

• 과업 조정 = 위험관리 핵심
• 협상 기간 15일 + 10일 연장
• 협상 결과 문서화 필수
• 추가·조정 시 금액 조정 가능

03 조정결과 기반 가격협상

출제기준 3-3-3 조정결과를 기반으로 과업에 대한 가격 증감을 조정할 수 있다.

1 가격협상의 개념

가격협상의 의미	가격협상은 기술협상 결과 확정된 과업 범위, 수행 방법, 일정을 전제로 계약금액을 최종 확정하기 위한 협상 절차	
	기술협상	가격협상
	과업 확정	금액 확정
가격 조정	협상이 성립되면 재정경제부 계약예규「협상에 의한 계약 체결기준」제11조에 따라 제안서의 내용이 조정된 경우로서, 가감 내용에 상응하는 금액을 사업예산(예정가격을 작성한 경우에는 예정가격) 범위 내에서 협의를 거쳐 조정	
가격협상 발생 조건	가격협상이 진행되는 것은 기술(규격)협상에서 과업내용 등이 가감되었음을 의미 • 조정되는 과업내용과 연계한 가격이 증감되어야 함 • 기술(규격)협상에서 특별한 협상 내용이 없거나 과업내용 등이 조정되지 않았다면 가격협상 절차는 진행되지 않음	

바로 Check

가격협상은 어떤 절차 이후 진행되는가?

정답 기술협상

2 가격협상의 기본 원칙

기술협상 결과 기반 협상	• 가격협상은 기술협상에서 확정된 과업 범위 내에서 진행 • 가격협상 단계에서 과업 재협상은 원칙적으로 제한
예정가격 또는 예산 범위 내 협상	해당 사업예산 전부가 아니라, 해당 협상대상자가 가격입찰서에 기재한 투찰가격을 기준으로 협상
협상 순위 기반 협상	우선협상대상자와 먼저 협상 → 협상 결렬 시 차순위 협상

바로 Check

가격협상 단계에서 과업 변경 문제를 설명하시오.

정답 가격협상은 금액 확정 단계이므로 과업 재협상은 원칙적으로 제한된다.

3 가격협상 대상 주요 항목

① 계약금액
② 세부 산출내역
③ 비용 구성
④ 원가 산정 방식
⑤ 지급 조건
⑥ 물가변동 반영 여부

4 가격협상 절차

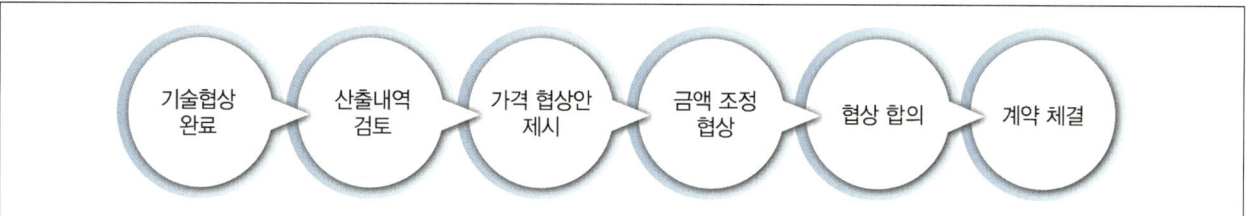

기술협상 완료 → 산출내역 검토 → 가격 협상안 제시 → 금액 조정 협상 → 협상 합의 → 계약 체결

5 가격협상 시 주요 쟁점

과도한 저가 투찰	계약 이행 위험, 품질 저하 가능성 → 산출내역 검증 필요
과업 변경 요구	가격협상 단계에서 과업 추가 요구, 기술 내용 변경 요구 → 원칙적으로 부적절
원가 구성 타당성 문제	인건비, 장비비, 관리비, 이윤 → 검증 필요
가격협상 기준 문제	• 가격협상과 관련해서 발주기관과 협상대상자의 이해는 서로 상충하므로 가격을 조정하는 명확한 기준점이 없는 경우 협상이 성립되지 않거나 분쟁이 발생할 수 있음 • 이러한 문제를 예방하기 위해서는 과업내용과 연계해 수행일정계획을 주단위로 수립하고 투입인력 수와 진도를 연계해 설정함으로써 과업내용과 투입인력, 수행기간의 변동 범위에 따라 가격 조정 여부를 보다 명확히 할 수 있음

📝 더 알아보기 제안서 작성 시 산출내역서 작성의 필요성

⑴ 제안서 작성 시 경제적 이행 안정성 측면의 분석자료로 상세한 산출내역서를 작성해 포함시킴으로써 협상 과정에서 요구된 변경 과업내용이 제안서에서 고려한 과업과 인력, 수행기간을 얼마나 가감시키는지 정량적으로 산출

⑵ 산출내역서상 관련 비용 산정기준에 따라 금액으로 환산해 가감 조정액을 보다 명확히 할 수 있음

6 가격협상 결과

📢 **핵심 포인트**
- 가격협상 = 금액 확정 단계(기술협상 결과 전제)
- 과업 재협상 원칙적 제한
- 예정가격 범위 내 협상
- 우선협상대상자 순차 협상
- 산출내역 검증 중요

협상 성립	협상 결렬
계약금액 확정 → 계약 체결	차순위 협상

📝 더 알아보기 협상 완료 및 계약 체결

⑴ 기술(규격)협상과 가격협상을 완료하면 서면으로 협상서를 작성해 발주기관과 협상대상자가 날인하고 1부씩 교환

⑵ 서면으로 확정된 협상서가 교환됨으로써 공식적으로 협상이 성립 → 그 후 10일 이내에 계약을 체결

⑶ 협상서의 내용은 제안요청서, 과업지시서(내용서), 제안서와 함께 계약문서에 포함되어 「국가계약법령」 등에 따라 동등한 효력과 우선순위가 부여

핵심 최종점검

		핵심	정답

01 기술협상 시 과업 조정의 기준은 무엇인가?

02 협상에서 과업 추가의 기본 요건은 무엇인가?

03 협상에서 과업 변경 대상 중 하나는 무엇인가?

04 협상 과정에서 신규 독립 과업 요구는 어떻게 처리되는가?

05 협상 결과가 반영되는 주요 문서는 무엇인가?

06 협상 과정에서 비용 조정이 필요한 대표적인 경우는 무엇인가?

07 협상 과정에서 과업을 구체화하는 목적은 무엇인가?

08 협상 결과는 어떤 방식으로 기록되는가?

09 기술협상의 목적은 무엇인가?

10 과업 조정이 수행되는 계약 방식은 무엇인가?

01
입찰공고 · 제안요청서

02
기존 과업과의 연계성

03
수행 방법

04
제한됨

05
계약서

06
과업 추가

07
분쟁 예방

08
문서화

09
과업 범위 및 수행 가능성 확정

10
협상에 의한 계약

핵심 **정답**

11 협상 기간은 기본적으로 며칠인가?

11
15일

12 협상 결과 과업이 조정되면 무엇을 조정할 수 있는가?

12
계약금액

13 협상이 결렬될 경우 다음 절차는 무엇인가?

13
차순위자 협상

14 과업 조정의 유형 3가지는 무엇인가?

14
추가·변경·삭제

15 기술협상의 주요 대상 주요 항목은 무엇인가?

15
사업 내용, 수행 방법, 수행 기간

16 가격협상 시 과업 재협상은 원칙적으로 가능한가?

16
제한됨

17 가격협상은 어떤 범위 내에서 진행되는가?

17
예정가격 또는 예산 범위

18 가격협상 검토 시 핵심적으로 활용되는 자료는 무엇인가?

18
산출내역서

19 가격협상이 성립되면 어떤 조치가 이루어지는가?

19
계약 체결

PART 03

서술형 출제예상문제

01 입찰공고 기준 과업 협상의 개념을 설명하시오.

> **정답**
> 입찰공고 및 제안요청서를 기준으로 과업 내용을 수행 가능한 범위로 구체화하고 조정하는 협상 절차를 의미한다.

02 과업 추가 협상의 허용 범위를 설명하시오.

> **정답**
> 기존 과업과 연계되고 수행 필요성이 인정되는 범위 내에서 허용되며, 독립적인 신규 사업 수준의 과업 추가는 제한된다.

03 과업 삭제 협상의 필요성을 설명하시오.

> **정답**
> 환경 변화나 중복 또는 불필요한 과업을 제거하여 계약 수행의 효율성을 높이기 위해 필요하다.

04 과업 변경 협상의 주요 유형을 설명하시오.

> **정답**
> 수행 방법, 일정, 기술기준 등을 조정하는 형태로 이루어진다.

05 기술협상의 개념을 설명하시오.

> **정답**
> 발주기관의 요구사항과 업체의 수행 가능성을 검토하여 과업 범위·수행방법·일정을 확정하는 협상 절차를 의미한다.

06 과업 조정의 필요성을 설명하시오.

> **정답**
> 예산, 기술, 법규 등의 제약을 반영하여 현실적인 과업 범위를 확정하고, 계약 불이행 및 분쟁을 예방하기 위해 필요하다.

07 협상 진행 절차를 설명하시오.

> **정답**
> 요구사항 분석 → 협상안 제시 → 합의 도출 → 문서화 → 계약 반영

08 기술협상 시 신규 과업 요구 쟁점을 설명하시오.

> **정답**
> RFP에 포함되지 않은 과업 요구 시 비용 부담 및 계약 범위 확대와 관련된 문제가 발생하므로 수용 여부를 신중히 판단해야 한다.

09 가격협상의 개념을 설명하시오.

> **정답**
>
> 기술협상을 통해 확정된 과업 범위를 기준으로 계약금액을 최종 확정하는 협상 절차를 의미한다.

10 가격협상의 기본 원칙을 설명하시오.

> **정답**
>
> ① 기술협상 결과 기반 협상
> ② 예정가격 범위 내 협상
> ③ 우선협상대상자 순차 협상

11 가격협상의 주요 검토 항목을 설명하시오.

> **정답**
>
> 계약금액, 산출내역, 원가 구성, 지급 조건 등이 주요 검토 항목이다.

12 가격협상 시 산출내역 검증 필요성을 설명하시오.

> **정답**
>
> 저가 투찰로 인한 계약 이행 위험 및 품질 저하 방지를 위해 원가의 타당성을 검증하는 데 필요하다.

13 발주기관이 협상 과정에서 입찰공고에 명시되지 않은 신규 기능 개발을 요구하였다.
① 협상 쟁점을 설명하시오.
② 대응 방안을 설명하시오.

> **정답**
>
> ① 입찰공고 범위 외 신규 과업 추가 요구로 계약 범위 확대 및 추가비용 부담 문제 발생
> ② 과업 연계성 검토, 독립적 과업 여부 판단, 비용 조정 협상, 합의 시 협상 결과 문서화

14 협상 과정에서 일부 과업이 환경 변화로 수행이 불필요하게 되었다.
① 협상 유형을 설명하시오.
② 계약 영향을 분석하시오.

> **정답**
>
> ① 과업 삭제 협상
> ② 계약금액 감액, 일정 조정, 협상 결과 문서화

15 SW 구축 사업 협상 과정에서 발주기관이 RFP에 없던 신규 기능 개발을 요구하였다.

① 협상 쟁점을 설명하시오.

② 조달업체의 대응방안을 설명하시오.

> **정답**
> ① RFP에 미포함된 과업 요구로 계약 범위 확대 및 추가비용 부담 문제 발생
> ② 기존 과업 포함 여부 검토, 독립 과업이면 추가 계약 또는 금액 조정 협상, 문서화 후 계약 반영

16 협상 결과 일부 과업이 삭제되고 일정이 변경되었다.

① 과업 조정 유형을 설명하시오.

② 후속 조치를 설명하시오.

> **정답**
> ① 삭제 + 변경 조정
> ② 제안서 조정 내용 문서화, 계약금액 조정 협의, 계약서 반영, 일정 재확정

17 우선협상대상자와 가격협상 과정에서 발주기관이 과업 범위 확대를 요구하였다.

① 협상 쟁점을 설명하시오.

② 대응 방안을 설명하시오.

> **정답**
> ① 가격협상 단계에서 과업 재협상 요구 문제
> ② 기술협상 결과 기준으로 과업 범위 재확인, 과업 변경 시 금액 조정 또는 재협상 필요, 문서화 후 계약 반영

18 가격협상 과정에서 업체가 예정가격 초과 금액을 요구하였다.

① 협상 가능 여부를 설명하시오.

② 후속 절차를 설명하시오.

> **정답**
> ① 예정가격 범위 내 협상 원칙 → 예정가격 초과 금액은 협상 제한
> ② 금액 조정 협상 → 협상 결렬 시 차순위 협상

04

계약일반 관리

CHAPTER 01 계약체결 관리

CHAPTER 02 계약이행 관리

CHAPTER 03 계약변경 관리

CHAPTER 04 계약종결 관리

CHAPTER 01 계약체결 관리

01 계약서 작성 서류 준비

출제기준 4-1-1 입찰 및 관련 법령에 근거한 공공조달 계약서 작성에 필요한 서류를 준비할 수 있다.

1 계약서 작성의 법적 근거

① 공공조달 계약서는 다음 법령 및 규정 등에 따라 작성
  • 「국가계약법」 제11조(계약서의 작성 및 계약의 성립)
  • 「국가계약법 시행규칙」 제49조(계약서의 작성)

법조문 돋보기

「국가계약법」 제11조(계약서의 작성 및 계약의 성립)
① 각 중앙관서의 장 또는 계약담당공무원은 계약을 체결할 때에는 다음 각 호의 사항을 명백하게 기재한 계약서를 작성하여야 한다. 다만, 대통령령으로 정하는 경우에는 계약서의 작성을 생략할 수 있다.
  1. 계약의 목적
  2. 계약금액
  3. 이행기간
  4. 계약보증금
  5. 위험부담
  6. 지체상금(遲滯償金)
  7. 그 밖에 필요한 사항
② 제1항에 따라 계약서를 작성하는 경우에는 그 담당공무원과 계약상대자가 계약서에 기명하고 날인하거나 서명함으로써 계약이 확정된다.

「국가계약법 시행규칙」 제49조(계약서의 작성)
① 각 중앙관서의 장 또는 계약담당공무원은 계약상대자를 결정한 때에는 지체 없이 별지 제7호서식, 별지 제8호서식 또는 별지 제9호서식의 표준계약서에 의하여 계약을 체결하여야 한다.
② 각 중앙관서의 장 또는 계약담당공무원은 제1항의 규정에 의한 표준계약서에 기재된 계약일반사항외에 당해계약에 필요한 특약사항을 명시하여 계약을 체결할 수 있다.
③ 각 중앙관서의 장 또는 계약담당공무원은 제1항의 규정에 의한 서식에 의하기가 곤란하다고 인정될 때에는 따로 이와 다른 양식에 의한 계약서에 의하여 계약을 체결할 수 있다.
④ 각 중앙관서의 장 또는 계약담당공무원은 영 제50조 제6항 제1호 내지 제3호 및 제5호의 규정에 의하여 계약보증금의 전부 또는 일부의 납부를 면제하는 경우에는 계약서에 그 사유 및 면제금액을 기재하고 계약보증금지급각서를 제출하게 하여 이를 첨부하여야 한다.

② 계약체결 절차
  • 입찰 공고 → 낙찰자 결정 → 계약 체결
  • 이 과정에서 필수 서류 준비 필요

2 표준계약서 양식(물품)

■ 「국가를 당사자로 하는 계약에 관한 법률 시행규칙」 [별지 제8호서식]

물품구매표준계약서		계약번호 제　호
		공고번호 제　호

계약자	발 주 처	○○부(처, 청)중앙관서의 장 또는 계약담당공무원 성명	
	계 약 상 대 자	· 상호 또는 법인명칭	· 법인등록번호
		· 주소	· 전화번호
		· 대표자	

계약내용	물 품 명	
	계 약 금 액	금　　　　　원정(₩　　　　)
	총 제 조 부 기 금 액	금　　　　　원정(₩　　　　)
	계 약 보 증 금	금　　　　　원정(₩　　　　)
	지 체 상 금 률	%
	물가변동계약금액조정방법	
	납 품 일 자	.　　.　　. ~ 　.　　.　　.
	납 품 장 소	
	기 타 사 항	

중앙관서의 장(계약담당공무원)과 계약상대자는 상호 대등한 입장에서 붙임의 계약문서에 의하여 위의 물품에 대한 구매계약을 체결하고 신의에 따라 성실히 계약상의 의무를 이행할 것을 확약하며, 이 계약의 증거로서 계약서를 작성하여 당사자가 기명날인한 후 각각 1통씩 보관한다.

붙임서류 : 1. 물품구매입찰유의서 1부
　　　　　2. 물품구매계약일반조건 1부
　　　　　3. 물품구매계약특수조건 1부
　　　　　4. 규격 및 내용서 1부
　　　　　5. 산출내역서 1부

.　　.　　.

중앙관서의 장 또는
계약담당공무원　　　　　　　(인)
계약상대자　　　　　　　(인)

물품내역서

품명	규격	단위	수량	단가	금액

22221-20811보
95.6.30 승인

210mm×297mm
(백상지 80g/㎡)

3 계약서 작성 전 준비서류

낙찰자 관련 서류	• 낙찰통지서 • 사업자등록증 • 법인등기부등본 • 인감증명서 • 사용인감계 • 위임장(대리 계약 시)
계약이행 관련 서류	• 계약보증금 관련 서류: 보증보험증권, 지급각서 • 산출내역서 • 공정표 또는 수행계획서 • 하도급 관련 서류(필요 시)
계약조건 확정 관련 서류	• 입찰공고문 • 입찰유의서 • 계약일반조건 및 특수조건 • 제안서 및 기술협상 결과 • 가격협상 결과 * 입찰 관련 문서는 계약문서로 편입됨

법조문 돋보기

(계약예규)「물품구매(제조)계약일반조건」제3조(계약문서)
① 계약문서는 계약서, 규격서, 유의서, 물품구매(제조)계약일반조건, 물품구매(제조)계약특수조건 및 산출내역서 등으로 구성되며 상호보완의 효력을 갖는다. 다만, 이 경우 산출내역서는 계약금액의 조정 및 기성부분에 대한 대가의 지급 시에 적용할 기준으로서 계약문서의 효력을 갖는다.
② 계약담당공무원은「국가를 당사자로 하는 계약에 관한 법령」, 물품구매(제조)와 관련된 법령 및 이 조건에 정한 계약일반사항 외에 해당 계약의 적정한 이행을 위하여 필요한 경우 물품구매계약 특수조건을 정하여 계약을 체결할 수 있다.
③ 제2항에 따라 정한 물품구매계약 특수조건에「국가를 당사자로 하는 계약에 관한 법령」, 물품구매(제조)와 관련된 법령 및 이 조건에 반하여 계약상대자의 계약상 이익을 제한하는 내용이 있는 경우 특수조건의 동 내용은 효력이 인정되지 아니한다.
④ 이 조건이 정하는 바에 의하여 계약당사자 간에 행한 통지문서 등은 계약문서로서의 효력을 가진다.

 **Check**

입찰에서 특정 업체가 낙찰자로 선정되었음을 알려주는 문서는 무엇인가?

정답 낙찰통지서

4 계약문서의 구성

① 계약서 ② 계약조건
③ 입찰공고문 ④ 제안서, 규격서
⑤ 산출내역서 ⑥ 입찰유의서
⑦ 기타 계약 관련 문서
⇒ 계약문서 상호 간 충돌 시 우선순위 존재

5 계약서 해석 우선순위에 관한 일반원칙

① 특수조건 > 일반조건

② 계약서에 계약당사자 간 합의로 추가된 수기나 별도 명시된 문구 > 기본 문서

③ 강행규정 > 일반규정

④ 계약서에 명시된 사항 > 사법(「민법」)의 일반원칙

⇒ 다만, 계약서상의 특정 조항이 「민법」의 일반원칙에 위배되는 것이 명백한 경우에는 해당 조항은 적용 배제

법조문 돋보기

조달청 「물품구매(제조)계약 특수조건」 제27조(계약해석의 우선순위)

계약내용에 대한 해석의 우선순위는 다음의 순서로 한다. 다만, 계약서류에 명시되어 있지 않거나 「국가계약법」, 특례 규정 및 「특정조달을 위한 국가를 당사자로 하는 계약에 관한 법률 시행령특례 규칙」 등 관계법령상의 강행규정에 저촉되는 사항에 대하여는 그 강행규정을 적용한다.

① 계약서(갑·을지)

② 물품구매(제조)계약 추가특수조건

③ 물품구매계약 품질관리 특수조건

④ 물품구매(제조)계약 특수조건

⑤ 물품구매 규격서(시방서 및 보완규격 포함)

⑥ 물품구매(제조)계약 일반조건(지방자치단체 입찰 및 계약집행기준 제15장)

⑦ 물품구매(제조)입찰권유서

⑧ 물품구매(제조)입찰유의서(지방자치단체 입찰 및 계약집행기준 제11장)

핵심 포인트

- 계약 체결은 낙찰자 선정 후 일정 기간 내 진행: 낙찰통지를 받은 후 10일 이내
- 계약보증금 제출 후 계약 체결: 계약 금액의 10% 이상
- 계약서 작성 전 계약조건 최종 확정 필요
- 계약문서는 계약의 법적 근거가 됨
- * 입찰 관련 문서는 계약문서로 편입됨

02 계약이행보증 서류 준비

출제기준 4-1-2 국가 및 지방계약 등과 같이 발주처에서 계약의 이행보증을 요구할 경우 필요한 서류를 준비할 수 있다.

1 계약이행보증의 개요

개념	계약이행보증은 계약상대자가 계약을 성실히 이행하지 못할 경우 발주기관의 손해를 담보하기 위한 제도
역할	• 계약 불이행 위험 대비 • 발주기관 재정 보호 • 계약이행 강제 기능

2 계약이행보증의 법적 근거 및 원칙(「국가계약법」 제12조)

① 법적 근거: 「국가계약법」 제12조(계약보증금)

법조문 돋보기

> **「국가계약법」 제12조(계약보증금)**
> ① 각 중앙관서의 장 또는 계약담당공무원은 국가와 계약을 체결하려는 자에게 계약보증금을 내도록 하여야 한다. 다만, 대통령령으로 정하는 경우에는 계약보증금의 전부 또는 일부의 납부를 면제할 수 있다.
> ② 제1항에 따른 계약보증금의 금액, 납부방법, 그 밖에 필요한 사항은 대통령령으로 정한다.
> ③ 각 중앙관서의 장 또는 계약담당공무원은 계약상대자가 계약상의 의무를 이행하지 아니하였을 때에는 해당 계약보증금을 국고에 귀속시켜야 한다. 이 경우 제1항 단서에 따라 계약보증금의 전부 또는 일부의 납부를 면제하였을 때에는 대통령령으로 정하는 바에 따라 계약보증금에 해당하는 금액을 국고에 귀속시켜야 한다.

② 원칙
- 계약상대자는 계약보증금을 납부해야 함
- 보증금 납부 후 계약 체결 가능
- 보증 방식은 법령이 허용하는 형태 선택

✏ 더 알아보기 **계약이행보증의 의미**

> (1) 계약이행보증은 계약 성립의 선행조건
> (2) 계약 체결 시 계약이행의 안정성 확보, 선금 청구 시 선지급한 계약대금을 대상으로 한 채권보전 조치로서 계약보증금 또는 이에 상응하는 보증서를 제출

3 나라장터 시스템 이용

보증요청 절차	조달업체는 계약응답서 작성 시점에 보증요청 목록을 조회해 계약 체결과 함께 보증금 또는 보증서를 제출
보증요청 방식	보증요청이 필요한 계약 건을 선택해 보증요청 문서를 나라장터 시스템과 연계된 보증기관(보증보험회사, 공제조합 등 「국가계약법 시행령」 제37조에서 규정한 보증기관)에 전자 방식으로 작성
보증요청 구성 정보	보증요청 정보, 요청대상 정보, 계약대상 정보, 조달업체 정보
보증요청 세부 정보	납부 유형, 전자보증요청 여부, 일관보증요청 여부, 보증시작일, 보증만료일, 업체가 확인한 계약 시작과 만료 일자, 보증대상금액 보증금률과 보증금액 등
보증기간 관리	• 보증기간(시작일과 만료일)은 계약서의 계약기간과 일치 • 계약기간 연장 변경으로 계약이 체결되면 해당 기간만큼 보증서도 연장해 추가로 제출
보증기관 선택	납부 유형이 보증서로 선택된 경우 나라장터에 등록된 보증기관 중 한 곳을 선택해 보증요청서를 발송
전자보증요청	온라인상에서 전자적으로 보증요청서를 발송하기 위해서는 선택사항 중 전자보증요청을 선택

4 계약이행보증 방식

현금 납부	• 직접 보증금 납부	• 실무에서는 활용 빈도 낮음
보증보험증권 제출	• 이행보증보험증권	• 가장 일반적 방식
보증서 제출	• 은행 보증서 • 공제조합 보증서 • 보증기관 지급보증서	
보증금 면제	• 법령 또는 계약조건에 따라 면제 가능 • 면제 시 지급각서 제출 • 보증금 면제 ≠ 보증책임 면제(지급각서로 책임 유지)	

 Check

계약이행보증 방식 3가지를 설명하시오.

정답 현금 납부, 이행보증보험증권, 보증기관 지급 보증서를 제출한다.

법조문 돋보기

「국가계약법 시행령」 제50조(계약보증금)

① 각 중앙관서의 장 또는 계약담당공무원은 법 제12조에 따른 계약보증금을 계약금액의 100분의 10 이상으로 납부하게 해야 한다. 다만, 「재난 및 안전관리 기본법」 제3조 제1호의 재난이나 경기침체, 대량실업 등으로 인한 국가의 경제위기를 극복하기 위해 재정경제부 장관이 기간을 정하여 고시한 경우에는 계약보증금을 계약금액의 100분의 5 이상으로 할 수 있다.

② 단가계약에 의하는 경우로서 여러 차례로 분할하여 계약을 이행하게 하는 때에는 제1항의 규정에 불구하고 매회별 이행예정량중 최대량에 계약단가를 곱한 금액의 100분의 10 이상을 계약보증금으로 납부하게 하여야 한다.

③ 장기계속계약에 있어서는 제1차 계약 체결 시 부기한 총공사 또는 총제조 등의 금액의 100분의 10 이상을 계약보증금으로 납부하게 하여야 한다. 이 경우 당해 계약보증금은 총공사 또는 총제조 등의 계약보증금으로 보며, 연차별계약이 완료된 때에는 당초의 계약보증금 중 이행이 완료된 연차별계약금액에 해당하는 분을 반환하여야 한다.

④ 삭제

⑤ 삭제

⑥ 법 제12조 제1항 단서에 따라 계약보증금의 전부 또는 일부를 면제할 수 있는 경우는 다음 각 호와 같다.

　1. 제37조 제3항 제1호부터 제4호까지 및 제5호의2에 규정된 자와 계약을 체결하는 경우

　2. 삭제

　3. 계약금액이 5천만원 이하인 계약을 체결하는 경우

　4. 일반적으로 공정・타당하다고 인정되는 계약의 관습에 따라 계약보증금 징수가 적합하지 아니한 경우

　5. 이미 도입된 외자시설・기계・장비의 부분품을 구매하는 경우로서 당해 공급자가 아니면 당해 부분품의 구입이 곤란한 경우

⑦ 계약보증금은 현금 또는 제37조 제2항 각 호에 규정한 보증서 등으로 이를 납부하게 하여야 한다.

⑧ 「자본시장과 금융투자업에 관한 법률 시행령」 제192조에 따른 증권 또는 현금으로 납부된 계약보증금을 계약상대자가 특별한 사유로 제37조 제2항 제1호 내지 제5호에 규정된 보증서 등으로 대체납부할 것을 요청한 때에는 동가치 상당액 이상으로 대체납부하게 할 수 있다.

⑨ 삭제

⑩ 제37조 제4항의 규정은 제6항 제1호 내지 제3호 및 제5호의 규정에 의하여 계약보증금의 전부 또는 일부를 면제한 경우에 이를 준용한다.

⑪ 삭제

5 계약보증금 규모

① 일반적으로 계약금액의 일정 비율
② 계약 종류 및 법령에 따라 달라짐
③ 계약보증금은 손해배상 예정적 성격

6 계약이행보증 서류

기본 제출 서류	추가 확인 사항
• 계약보증금 납부서 • 이행보증보험증권 • 보증서 • 지급각서(면제 시)	• 보증기간(계약이행 완료 시 까지) • 보증금액 • 보증기관 적격 여부 • 보증범위

7 계약이행보증 관리

① 보증기간 만료 여부 관리
② 계약변경 시 보증금 증액 여부 검토
③ 계약해지 시 보증금 귀속 여부 판단
④ 계약완료 시 보증금 반환

핵심 포인트
- 계약보증금 = 계약이행 담보
- 보증보험증권 = 가장 일반적 방식
- 면제 시 지급각서 제출
- 변경계약 시 보증금 증액 검토
- 계약해지 시 보증금 귀속 여부

---

03 계약서 작성

출제기준 4-1-3 관련 계약법에 따라 계약서를 작성할 수 있다.

1 계약서 작성의 의의

계약서 작성의 의미	계약서 작성은 낙찰 이후 계약당사자 간 권리·의무를 확정하는 절차	
계약 핵심사항의 문서화	• 계약의 목적 • 이행기간 • 계약조건	• 계약금액 • 계약보증 및 지체상금
계약서 작성의 중요성	계약서 작성은 단순 행정 절차가 아니라 계약 분쟁 예방 및 이행관리의 출발점	

신규계약	• 전자적 의사표시 교환을 통해 계약 성립 • 계약서 초안 전송(발주기관) → 계약응답서 회신(계약상대자인 조달업체) → 계약통보서 전송(발주기관 → 조달업체) → 계약 체결 완료
변경계약	• 기본적으로 신규계약 체결 절차와 동일 • 계약변경요청서를 작성해 발주기관에 변경계약을 요청 • 변경계약서 초안 송부(발주기관) → 회신(조달업체) → 변경계약 체결 완료
계약해지 · 해제	• 계약당사자 간 대등한 위치에서 합의 필요 • 초안 발송(발주기관) → 계약상대자의 검토 후 회신 → 발주기관의 최종 계약 통보

🖋 **더 알아보기**   **나라장터 계약 체결 업무흐름도**

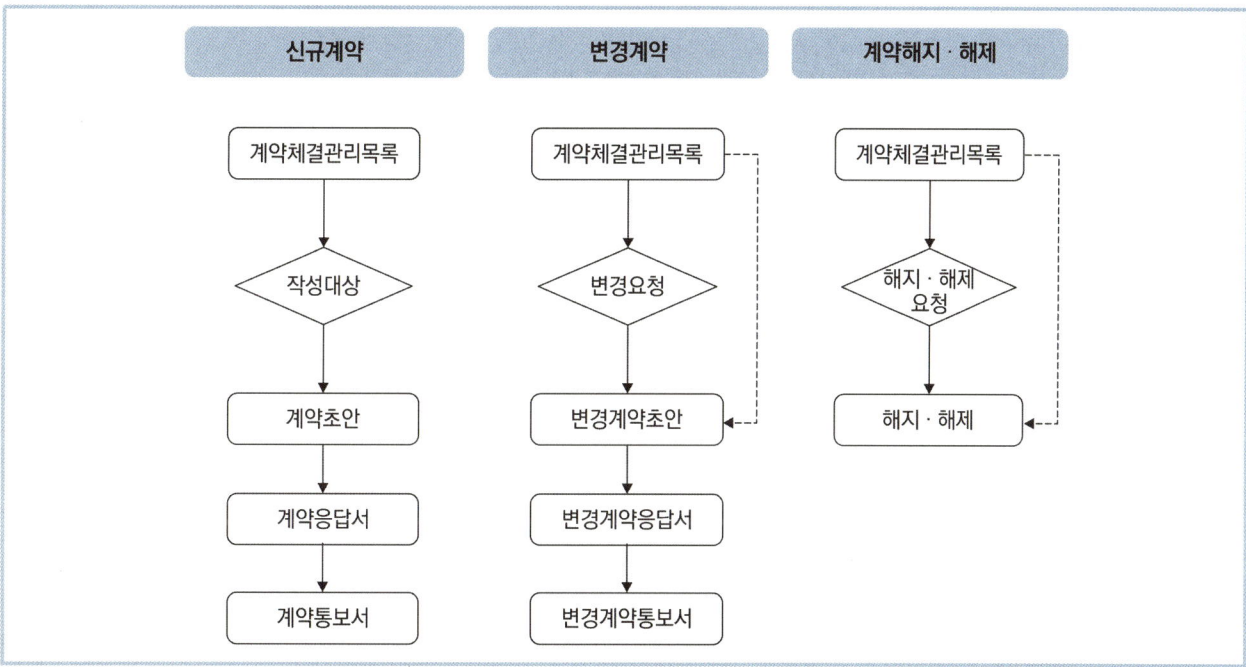

3 **전자계약 절차**

계약서 초안 작성 (발주기관)	• 낙찰자 선정 완료 • 계약체결관리목록 등록 • 계약서 초안 등록 • 계약번호 · 계약명 확정
계약응답서 작성 (조달업체)	• 계약서 초안 검토 • 계약응답서 작성(계약응답서 확정 = 계약 체결 의사표시) • 지급각서 · 청렴서약서 작성 • 발주기관으로 회신 • 조달업체는 이의 있을 경우 반려 사유를 첨부해 반려 가능

계약 체결 통보	• 발주기관은 계약응답서 접수 • 선제조건 확인 후 계약 체결 통보서(= 확정된 계약서) 작성 • 최종 계약서 완성 • 조달업체에 계약 체결 통보서 전송 • 계약 체결 완료

 Check

계약 체결 통보서는 어떤 성격의 문서인가?

정답 확정된 계약서

4 변경계약

① 변경 사유: 계약의 내용과 예산, 과업기간 등 계약의 주요 조건 등

② 변경계약 절차

변경계약 요청	• 조달업체가 계약변경요청서를 전송 → 발주기관에서 계약변경요청서 접수·승인 → 변경계약 체결 절차로 전환 • 발주기관의 계약변경요청서 반려 → 조달업체는 보완 요청 내용을 확인한 뒤 발주기관과 협의를 거쳐 다시 변경계약 요청 → 발주기관의 승인 → 변경계약 체결 절차로 전환
변경계약 체결	발주기관이 변경계약서 초안 전송 → 조달업체는 변경계약응답서 작성해 회신 → 발주기관의 승인 → 계약체결 승인통보서 전송 → 조달업체 접수 ⇒ 변경계약 체결 절차 완료
변경계약 작성 시 주요 입력사항	• 변경 사유, 변경 상세 사유, 변경 계약금액, 변경 계약기간 등 • 당초 계약기간을 초과해 변경을 요청하는 경우 지체상금 부과 또는 면제 대상 여부를 명시 • 발주기관과 협의를 통해 과업기간을 연장하는 경우 계약상대자의 귀책이 아니거나 계약조건 등에 따른 정당한 사유이면 지체상금 부과 면제를 선택할 수 있음

핵심 포인트

• 계약 체결 통보서 = 확정된 계약서
• 계약응답서 = 계약 체결 의사표시
• 변경계약 절차는 신규계약 절차와 동일
• 변경요청 승인 후 변경계약 체결 절차 진행
• 지체상금 부과 여부는 변경계약 작성 시 판단

04 계약서 기반 계약 내용 설명

출제기준 4-1-4 계약서를 근거로 계약의 목적, 계약금액, 이행기간, 계약보증금, 지체상금 등의 계약 내용을 당사자에게 설명할 수 있다.

1 계약내용 설명의 의미

① 공공조달 계약은 계약조건을 정확히 이해하고, 동일한 기준으로 계약을 이행하며, 책임 범위를 명확히 하는 것이 중요
② 계약내용 설명은 계약관리의 출발점, 분쟁 예방 장치, 계약이행 기준 공유 단계이므로 계약 체결 후 설명 단계가 반드시 필요

2 계약서 구성과 설명의 범위

계약서 구성의 특징	공공계약의 계약서는 하나의 문서가 아니라 여러 계약문서의 집합 • 계약서 본문 　　　　　　　　　　• 입찰공고문 • 제안요청서 　　　　　　　　　　　• 과업지시서 • 산출내역서 　　　　　　　　　　　• 계약일반조건 · 특수조건
계약설명의 범위	계약설명은 계약서 본문만 설명하는 것이 아니라 계약문서 전체를 대상으로 설명
계약내용 설명의 중요성	예를 들어 계약서에는 납품 100대라고만 적혀 있지만, 과업지시서에는 성능 · 규격 · 검사 기준이 상세히 존재 → 과업지시서를 설명하지 않으면 분쟁 발생 가능

3 계약 주요 설명 항목

계약 목적	• 계약이 무엇을 위해 체결되었는지를 설명하는 항목 • 납품 대상, 용역 범위, 공사 내용, 사업 목표 • 중요성: 과업 범위 판단 기준, 변경계약 판단 기준, 추가 요구 시 정당성 판단 기준 • 사례: 발주기관이 새로운 기능 추가 요구 → 계약 목적 · 과업지시서 기준으로 정당성 판단
계약금액	• 계약 수행 대가로 지급되는 총 금액 • 총 계약금액, 지급 방식, 기성금 · 잔금 구조, 부가가치세 포함 여부 • 중요성: 변경계약 시 조정 기준, 지체상금 산정 기준, 계약보증금 산정 기준 • 사례: 과업 추가 발생 → 계약금액 조정 필요
이행기간	• 계약 수행 일정과 완료 기한 • 착수일, 완료일, 납품기한, 단계별 일정 • 중요성: 지체상금 발생 기준, 계약 해제 · 해지 판단 기준, 일정관리 기준 • 사례: 납품 5일 지연 → 지체상금 발생 여부 판단
계약보증금	• 계약상대자의 계약이행을 담보하기 위한 보증 • 보증보험, 지급보증서, 현금, 보증기간 • 중요성: 계약 불이행 시 손해 보전, 계약이행 강제 장치 • 사례: 업체 계약 포기 → 계약보증금 귀속

지체상금	• 계약이행 지연 시 부과되는 금액 • 계약금액 기준 일정 비율, 지연일수 기준 계산 • 중요성: 손해배상 예정액, 일정관리 강제 장치 • 사례: 납품 10일 지연 → 지체상금 부과

 Check

계약금액 설명 시 포함 여부를 확인해야 하는 항목은 무엇인가?

정답 부가가치세

4 계약내용 설명 절차

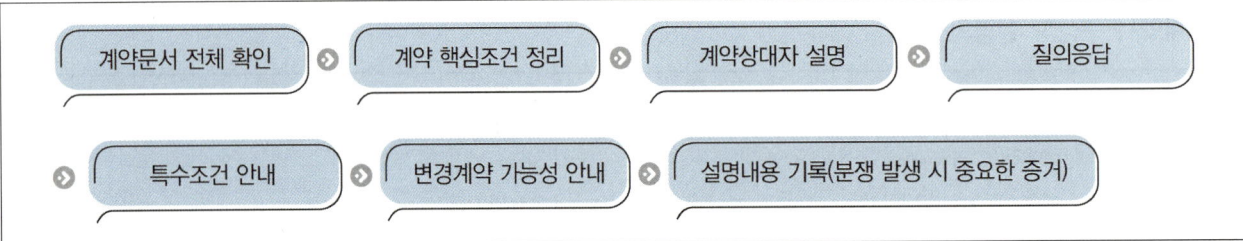

계약문서 전체 확인 ▸ 계약 핵심조건 정리 ▸ 계약상대자 설명 ▸ 질의응답

▸ 특수조건 안내 ▸ 변경계약 가능성 안내 ▸ 설명내용 기록(분쟁 발생 시 중요한 증거)

5 계약설명 시 주요 유의사항

① 계약문서 간 충돌 여부 확인
② 과업 범위 오해 방지
③ 지급 조건 명확화
④ 지체상금 발생 요건 설명
⑤ 변경계약 절차 안내
⑥ 계약설명 미흡 ⇒ 분쟁 발생 가능성 매우 높음

핵심 포인트
• 계약설명 = 계약관리의 출발점
• 계약 목적 = 과업 범위 기준
• 계약금액 = 변경계약 · 보증금 · 지체상금 기준
• 이행기간 = 지체상금 판단 기준
• 계약보증금 = 이행 담보
• 지체상금 = 손해배상 예정액

핵심 최종점검

01   공공조달 계약서 작성의 기본 법적 근거는 무엇인가?

01
「국가계약법」 및 「지방계약법」

02   계약 체결 시 계약자의 인감 확인을 위해 제출하는 서류는?

02
인감증명서

03   대리인이 계약 체결 시 필요한 서류는 무엇인가?

03
위임장

04   계약이행보증의 목적은 무엇인가 무엇인가?

04
계약 불이행 시 발주기관 손해 담보

05   계약이행보증의 가장 일반적 방식은 무엇인가?

05
이행보증보험증권

06   계약보증금 면제 시 제출하는 문서는 무엇인가?

06
지급각서

07   계약변경 시 검토해야 하는 보증 관련 사항은 무엇인가?

07
보증금 증액 여부, 보증기간 변경 여부

08   계약완료 시 보증금은 어떻게 처리되는가?

08
반환

09   계약해지 시 계약보증금은 어떤 조치가 가능한가?

09
국고 귀속

10   계약이행보증 서류 확인 시 필수 점검 항목 중 1가지는 무엇인가?

10
보증기간

11   계약서 초안을 송부하는 주체는 누구인가?

11
발주기관

12 계약응답서 작성 시 함께 제출하는 서류 2가지는 무엇인가?

13 변경계약 요청 시 조달업체가 제출하는 문서는 무엇인가?

14 계약내용 설명의 주요 목적은 무엇인가?

15 계약 목적은 무엇을 판단하는 기준인가?

16 지체상금 산정의 기준이 되는 계약 요소는 무엇인가?

17 계약보증금의 기능은 무엇인가?

18 계약설명 시 확인해야 하는 문서는 무엇인가?

19 지체상금의 법적 성격은 무엇인가?

20 계약설명 기록의 실무적 의미는 무엇인가?

핵심	정답

12
지급각서, 청렴서약서

13
계약변경요청서

14
분쟁 예방

15
과업 범위

16
이행기간

17
계약이행 담보

18
계약문서

19
손해배상 예정액

20
분쟁 발생 시 증거 자료

서술형 출제예상문제

01 계약이행 확보를 위해 낙찰자가 제출하는 보증 관련 서류를 쓰시오.

> **정답**
> 계약이행보증서가 기본이며, 상황에 따라 계약보증금, 보증보험증권, 공제조합 보증서, 지급보증서 등이 활용된다.

02 계약서 작성 전 준비해야 할 낙찰자 관련 서류를 설명하시오.

> **정답**
> 낙찰통지서, 사업자등록증, 인감증명서, 법인등기부등본, 사용인감계, 위임장 등을 준비하여 계약당사자 확인과 계약 체결 권한을 검증해야 한다.

03 계약문서의 구성을 쓰시오.

> **정답**
> 계약서, 계약조건, 입찰공고문, 제안서, 산출내역서 등으로 구성된다.

04 계약보증금 징구의 목적을 설명하시오.

> **정답**
> 계약 불이행 시 손해배상 확보 및 계약이행 담보 목적이다.

05 입찰 관련 문서가 계약문서로 편입되는 이유를 설명하시오.

> **정답**
> 계약조건 및 내용 확정의 근거가 되며, 계약 해석 시 기준이 되므로 계약문서에 편입된다.

06 계약이행보증의 기능을 설명하시오.

> **정답**
> 계약상대자의 계약 불이행 위험에 대비하여 발주기관 손해를 담보하고 계약이행을 확보하는 기능이다.

07 보증금 면제 시 지급각서의 의미를 설명하시오.

> **정답**
> 보증금 납부는 면제되지만, 계약 불이행 시 책임을 부담한다는 확약 문서이다.

08   계약이행보증 관리 시 주요 관리사항을 설명하시오.

> **정답**
>
> 보증기간을 관리하고, 변경계약 시 보증금 조정 여부를 확인하며, 계약해지 시 보증금 귀속 여부를 판단하고, 계약완료 시 보증금 반환을 관리하여야 한다.

09   나라장터 신규 계약체결 절차를 설명하시오.

> **정답**
>
> 계약서 초안 송부 → 계약응답서 회신 → 계약 체결 통보서 전송 → 계약 체결 완료

10   계약응답서의 의의를 설명하시오.

> **정답**
>
> 계약서 초안을 검토한 후 계약 체결 의사를 표시하고 지급각서 및 청렴서약서를 포함하여 제출하는 문서이다.

11   변경계약 요청 절차를 설명하시오.

> **정답**
>
> 계약변경요청서 제출 → 발주기관 승인 또는 반려 → 승인 시 변경계약 체결 절차 진행

12   변경계약 작성 시 주요 입력사항을 설명하시오.

> **정답**
>
> 변경 사유, 변경 상세 사유, 변경 계약금액, 변경 계약기간, 지체상금 여부를 입력한다.

13   계약내용 설명의 필요성을 설명하시오.

> **정답**
>
> 계약 목적, 계약금액, 이행기간 등 핵심 조건을 명확히 하여 계약이행 기준을 확정하고 분쟁을 예방하기 위함이다.

14   계약 목적 설명 시 포함해야 할 내용을 설명하시오.

> **정답**
>
> 계약 대상, 과업 범위, 수행 목표 등 계약이행의 기본 범위를 포함해야 한다.

15   계약금액 설명 시 유의사항을 설명하시오.

> **정답**
>
> 총 계약금액, 지급 방식, 부가가치세 포함 여부, 변경계약 시 조정 가능성을 유의해야 한다.

16 지체상금 설명의 중요성을 설명하시오.

> **정답**
>
> 납품 지연 시 손해배상 책임 발생 여부와 금액 산정 기준이 되므로 계약이행 관리의 핵심 요소이다.

17 A기관은 용역 입찰 후 B업체를 낙찰자로 결정하였다. 계약 체결 과정에서 제출해야 할 서류와 계약문서 구성 체계를 설명하시오.

> **정답**
>
> ① 제출서류: 낙찰통지서, 사업자등록증, 인감증명서, 법인등기부등본, 계약보증금 관련 서류, 산출내역서, 수행계획서
> ② 계약문서 구성: 계약서, 계약조건(일반조건 · 특수조건), 입찰공고문, 제안서, 산출내역서, 기타 계약 관련 문서
> ③ 계약문서는 상호 보완적으로 계약내용을 확정하는 법적 근거가 된다.

18 B사는 물품계약 체결 후 이행보증보험증권을 제출하였다. 이후 계약금액이 증가하는 변경계약이 체결되었다. 계약이행보증 관리 측면에서 발주기관이 수행해야 할 조치를 설명하시오.

> **정답**
>
> ① 변경계약 발생 확인: 계약금액 증가 여부 확인
> ② 보증금 조정 검토: 변경 계약금액 기준 보증금 재산정 및 기존 보증금 부족 여부 확인
> ③ 보증서 보완 요구: 보증보험 증액 또는 신규 보증서 제출 요구
> ④ 보증기간 확인: 변경된 계약기간 반영 여부 검토
> ⑤ 계약완료 시 조치: 계약이행 확인 후 보증금 반환

19 C사는 물품계약 체결 후 납품기한 연장이 필요하여 변경계약을 요청하려 한다. 변경계약 체결 절차와 작성 시 고려사항을 설명하시오.

> **정답**
>
> ① 변경계약 요청: 계약변경요청서를 제출하고 변경 사유 및 상세 사유를 기재하며, 변경 계약금액과 기간을 명시한다.
> ② 발주기관 처리: 변경 요청을 승인 또는 반려하며, 승인 시 변경계약 절차를 진행한다.
> ③ 변경계약 체결: 변경계약서 초안 송부 → 변경계약응답서 작성 및 회신 → 계약체결승인통보서 전송 → 변경계약 완료
> ④ 고려사항: 지체상금 부과 여부를 검토하고, 납품기한 변경 시 물품변경납기통보서를 생성하며, 발주기관과 협의를 통해 기간 연장 여부를 검토한다.

20 D사는 물품 납품계약을 체결하였다. 계약 체결 후 발주기관은 계약설명 과정에서 계약 목적, 계약금액, 이행기간, 계약보증금, 지체상금을 중심으로 설명하였다. 계약관리 측면에서 해당 설명의 필요성과 각 항목의 의미를 설명하시오.

> **정답**
>
> ① 계약 목적: 납품 대상과 과업 범위를 명확히 하여 계약이행 기준을 확정한다.
> ② 계약금액: 지급 조건과 변경계약 시 금액 조정 기준을 명확히 설명한다.
> ③ 이행기간: 납품 완료 시점과 일정관리 기준을 설정하고 지체상금 발생 판단 기준을 제시한다.
> ④ 계약보증금: 계약 불이행 시 발주기관의 손해를 담보하는 장치로 보증 방식과 기간을 설명한다.
> ⑤ 지체상금: 납품 지연 시 손해배상 예정액으로 지연일수 기준으로 계산됨을 설명한다.
> → 종합적으로 계약설명은 계약이행 기준 확정과 분쟁 예방을 위한 핵심 관리 활동이다.

PART 04

CHAPTER 02 계약이행 관리

01 계약서 주요 내용 파악

출제기준 4-2-1 계약 및 발주자의 요구 등을 검토하여 계약의 목적, 대상, 계약금액, 이행기간 등의 계약 내용을 파악할 수 있다.

1 계약내용 파악의 의미

계약 체결 또는 계약관리 단계에서 발주자의 요구사항과 계약문서를 분석하여 계약 수행의 기준정보를 명확히 하는 활동

 Check

계약 수행 기준정보를 명확히 하기 위한 활동을 무엇이라 하는가?

정답 계약내용 검토

2 계약서 주요 내용

① 계약 목적(규격 · 평가기준 · 이행조건의 기준점)

계약이 달성하려는 최종 목표	공공서비스 제공, 시설 구축, 물품 공급, 정책성과 달성
계약은 국가 목적 달성을 위한 수단	• 예산 집행 목적에 부합해야 함 • 계약방법 선택 및 규격작성 시 목적 반영 • 과업내용 및 계약조건은 목적 달성 가능하도록 설정
계약 목적이 불명확한 경우	• 규격 과도 제한 • 경쟁 제한 • 계약 변경 분쟁 발생

② 계약 대상
- 공급해야 할 물품 · 서비스 · 공사의 범위와 규격으로, 과업범위, 성능요건, 수량, 품질기준 등 포함
- 규격서 작성 의무가 있고, 과도한 특정 규격 제한 금지
- 계약내용은 계약서 및 부속서류로 구성
- 계약문서 우선순위 규정: 조달청 「물품구매(제조)계약 특수조건」 제27조
  - 계약서(갑 · 을지)
  - 물품구매(제조)계약 추가특수조건
  - 물품구매계약 품질관리 특수조건
  - 물품구매(제조)계약 특수조건
  - 물품구매 규격서(시방서 및 보완규격 포함)
  - 물품구매(제조)계약 일반조건(「지방자치단체 입찰 및 계약집행기준」 제15장)
  - 물품구매(제조)입찰권유서

- 물품구매(제조)입찰유의서(「지방자치단체 입찰 및 계약집행기준」 제11장)
- 계약 대상은 계약문서 체계로 확정: 계약서, 규격서, 과업지시서, 제안서 등
- 계약 분쟁의 대부분은 계약 대상 해석 문제에서 발생

 Check

조달청 「물품구매(제조)계약 특수조건」 제27조에 따른 계약문서 해석 우선순위에서 가장 먼저 적용되는 문서는 무엇인가?

정답 계약서(갑 · 을지)

③ 계약금액

계약이행의 대가	• 낙찰자 결정 및 계약금액 확정 • 총액계약, 단가계약, 사후정산계약, 개산계약
계약금액 결정 방식	• 낙찰금액 기준 – 입찰을 통해 낙찰된 금액이 계약금액의 기본 – 예정가격 이하에서 가장 유리한 조건을 제시한 자가 낙찰자로 선정 • 계약금액 조정 가능성: 설계변경, 물가변동, 기타 계약조건 변경 시 계약금액을 조정 **예** 공사 중 설계가 변경되거나 원자재 가격이 급등할 경우 계약금액을 증액 · 감액 조정 • 총액계약 vs 단가계약 <table><tr><td>총액계약</td><td>전체 금액을 확정하여 계약</td></tr><tr><td>단가계약</td><td>단가를 정하고, 실제 수량에 따라 최종 계약금액을 결정</td></tr></table> • 계약금액은 입찰 결과와 계약조건에 의해 법적으로 확정 • 면세사업자는 부가가치세 포함 금액으로 입찰, 낙찰자로 선정되면 부가가치세 제외 금액으로 계약
변경 가능성 포함 개념	물가변동, 설계변경, 계약내용 변경
계약금액 검토	재정 리스크 관리의 핵심

④ 이행기간

- 계약 수행 시작일부터 완료일까지의 기간
- 계약관리에서 가장 분쟁이 많은 영역으로, 철저한 관리 필요
- 납품기한 · 준공기한 · 지체상금 기준과 밀접 ⇒ 계약이행 지연 시 지체상금 부과 및 계약해제 · 해지 사유

📌 **더 알아보기 지체상금률(「국가계약법 시행규칙」 제75조)**

(1) 공사: 1천분의 0.5
(2) 물품의 제조 · 구매: 1천분의 0.75(다만, 계약 이후 설계와 제조가 일괄하여 이루어지고, 그 설계에 대하여 발주한 중앙관서의 장의 승인이 필요한 물품의 제조 · 구매의 경우에는 1천분의 0.5로 함)
(3) 물품의 수리 · 가공 · 대여, 용역 및 기타: 1천분의 1.25
(4) 군용 음 · 식료품 제조 · 구매: 1천분의 1.5
(5) 운송 · 보관 및 양곡가공: 1천분의 2.5

⑤ 발주자 요구사항 검토

개념	과업지시서·제안요청서·규격서 등 발주기관이 제시한 과업요구를 분석하여 계약 수행 기준 확정
목적	계약관리 리스크 통제의 출발점 • 계약 리스크 감소　　　　• 책임 범위 명확화 • 설계변경 예방　　　　　• 분쟁 예방

핵심 포인트
- 계약내용 확정
- 계약이행 기준 설정
- 분쟁 예방
- 계약금액·이해기간 관리
- 책임 범위 명확화

바로 Check

발주자 요구사항 분석의 목적을 설명하시오.

정답 과업에 대한 이해도를 높이고, 수행 과정에서 발생할 수 있는 리스크를 사전에 파악하여 감소시키며, 계약상 책임 범위를 명확히 하기 위해 수행된다.

---

02 계약이행계획 수립

출제기준 4-2-2 계약이행을 위한 수행절차 및 방법 등에 대한 계획을 수립할 수 있다.

1 계약이행계획 수립의 의미

계약 체결 이후 계약목적 달성을 위해 수행절차, 수행방법, 일정·품질·비용 관리 방법 등을 체계적으로 설계하는 과정

2 수행절차 및 방법 계획 수립의 필요성과 목적

① 계약목적 달성 보장　　　　　　　　　② 일정 지연 및 비용 초과 예방
③ 품질 확보 및 계약 분쟁 예방　　　　　④ 발주자의 요구사항 충족
⑤ 계약변경 최소화　　　　　　　　　　⑥ 계약관리계획 수립
⑦ 일정·품질·비용·위험의 통합 관리　　　⑧ 계약문서 기반 이행기준 설정

3 수행절차 계획 수립

착수 단계 계획	착수보고, 착수회의, 수행조직 구성, 역할·책임 배분, 이행보증 확인
수행 단계 계획	• 세부 일정 계획: 공정표, 납품 일정 • 품질관리 계획: 검사 기준, 시험 방법, 성능 확인 • 비용관리 계획: 계약금액 집행 계획, 변경 가능성 검토 • 위험관리 계획: 설계변경, 물가변동, 지연 위험
통제 단계 계획	진도관리, 성과평가, 계약변경 관리, 지체상금 관리
완료 단계 계획	납품·준공, 검사·검수, 대가 지급, 하자관리

바로 Check

계약 수행 일정 관리 도구는 무엇인가?

정답 공정표

---

4 수행방법 계획 수립

수행방법 유형	• 직접 수행 • 하도급 수행	• 공동수급 수행 • 주계약자관리방식
수행방법 계획 요소	• 공정관리 방법 • 인력 투입 계획 • 협력업체 관리	• 품질관리 체계 • 장비·자재 투입 계획

📢 핵심 포인트

• 수행절차 계획 = 이행 기준 설정
• 수행방법 계획 = 책임 범위 명확화
• 일정 계획 = 지체상금 리스크 관리
• 품질 계획 = 검사·하자 책임 기준
• 위험관리 계획 = 계약변경 예방

---

03 선급금 산정 및 신청

출제기준 4-2-3 계약이행에 필요한 선급금을 산정하여 신청할 수 있다.

1 선급금의 개요

개념	계약상대자에게 계약 대금의 일부를 미리 지급하는 제도
목적	계약이행 촉진, 계약상대자의 자금 부담 완화, 공공사업의 원활한 수행

2 법적 근거

① 「국고금관리법 시행령」 제40조(선급)
  • 선급금 지급을 허용하는 법적 근거
  • 국가가 계약을 체결할 때, 계약금액의 일부를 선급금으로 지급할 수 있도록 규정

법조문 돋보기

「국고금관리법 시행령」 제40조(선급) 제1항
① 법 제26조에 따라 미리 지급할 수 있는 경비는 다음 각 호와 같다.
  15. 공사, 제조 또는 용역 계약의 대가로서 계약금액의 100분의 70(원활한 공사 진행 등에 필요하여 중앙관서의 장이 재정경제부장관과 협의한 경우에는 100분의 100)을 초과하지 않는 금액

② 재정경제부 계약예규 「정부 입찰·계약 집행기준」 제12장
- 선급금 지급 절차, 지급 비율, 보증서 제출, 정산 방법 등을 구체적으로 규정
- 공사·용역·물품 계약별로 지급 가능 금액 기준 명시

법조문 돋보기

재정경제부 계약예규 「정부 입찰·계약 집행기준」 제12장(선금의 지급 등)

제33조(선금의 지급 등) 계약담당공무원은 「국고금관리법 시행령」 제40조 제1항 제15호에 의하여 선금을 지급하고자 할 때에는 이 장에 정한 바에 따라야 한다. 다만, 각 중앙관서의 장은 특수한 사유로 인하여 이 예규에 의하기 곤란하다고 인정할 때에는 재정경제부장관과 협의하여 특례를 정할 수 있다.

제34조(적용범위) ① 계약담당공무원은 다음 각 호의 요건을 충족하는 경우로서 계약상대자가 선금의 지급을 요청할 때에는 계약금액의 100분의 70을 초과하지 아니하는 범위 내에서 선금을 지급할 수 있다. 다만, 계약상대자가 선금의무지급률 이하로 신청하는 경우에는 신청한 바에 따라 지급한다.

1. 공사, 물품 제조 또는 용역 계약(발주기관이 시스템 특성 등에 맞게 소프트웨어의 일부에 대하여 수정·변경을 요구하여 체결한 소프트웨어사업을 포함)

2. 시행령 제76조에 의한 입찰참가자격제한을 받고 그 제한기간 중에 있지 아니한 경우

② 계약담당공무원은 계약상대자가 제1항에 따라 선금지급을 요청하는 경우에 하수급인에 대한 선금지급계획을 제출하도록 하여야 한다.

③ 계약담당공무원은 다음 각 호에 해당되는 선금에 대하여는 계약상대자의 청구를 받은 날로부터 14일 이내에 지급하여야 한다.

  1. 공사
    가. 계약금액이 100억원 이상인 경우: 100분의 30
    나. 계약금액이 20억원 이상 100억원 미만인 경우: 100분의 40
    다. 계약금액이 20억원 미만인 경우: 100분의 50

  2. 물품의 제조 및 용역
    가. 계약금액이 10억원 이상인 경우: 100분의 30
    나. 계약금액이 3억원 이상 10억원 미만인 경우: 100분의 40
    다. 계약금액이 3억원 미만인 경우: 100분의 50

  3. 수해복구공사
    가. 계약금액이 20억원 미만인 경우: 100분의 70
    나. 계약금액이 20억원 이상인 경우: 100분의 50

④ 계약담당공무원은 다음 각 호의 어느 하나에 해당하는 경우에는 계약상대자의 청구에 의해 제3항 제1호 또는 제2호에 해당하는 금액 이외에 해당 계약금액의 100분의 10 범위 내에서 추가로 지급하여야 한다.

  1. 제70조의4 제1항 각 호에 따른 원자재 가격이 급등한 경우

  2. 신기술을 사용하는 물품 및 용역계약에 있어서 기술개발투자를 위한 자금이 계약이행초기에 집중적으로 소요되는 경우

  3. 계약상대방이 「기후위기 대응을 위한 탄소중립·녹색성장 기본법」 제60조 제2항에 따라 녹색기술·녹색사업에 대한 적합성 인증을 받거나 녹색전문기업으로 확인받은 경우(제60조 제3항 각 호에 해당하는 자 제외)

⑤ 제1항, 제3항 및 제4항의 경우에서 「국가를 당사자로 하는 계약에 관한 법률」 제15조에 의하여 기성부분 또는 기납부분에 대하여 대가를 지급한 때에는 계약금액(단가계약의 경우에는 발주액)에서 그 대가를 공제한 금액을 기준으로 한다.

⑥ 계약담당공무원은 계속비와 명시이월비 예산에 의한 계약에 대하여 선금을 지급하는 경우에 계약금액 중 해당년도 이행금액을 기준으로 하며, 장기계속계약의 경우에는 각 연차계약금액을 기준으로 한다.

⑦ 계약담당공무원은 국고채무부담행위예산에 의한 계약에 대하여 선금을 지급하는 경우에 국고채무부담행위액 상환을 위한 세출예산이 계상된 년도에만 할 수 있다.

⑧ 제1항 내지 제7항의 경우에 계약담당공무원은 자금사정 등 불가피한 사유에 의하여 선금 지급이 불가능한 때에는 지체 없이 소속 중앙관서의 장의 승인을 얻어 계약상대자에게 그 사유를 서면으로 통지하여야 한다.

⑨ 제8항에 의한 "선금지급이 불가능한 경우"라 함은 다음 각 호의 경우를 말한다.

  1. 자금배정이 지연될 경우(단, 자금배정이 있을 경우에는 즉시 선금지급을 하여야 함)

2. 계약체결후 불가피한 사유로 이행착수가 상당기간 지연될 것이 명백한 경우(단, 동 사유 해제 시 즉시 선금지급을 하여야 함)

3. 계약상대자로부터 선금지급 요청이 없거나 유예신청이 있는 경우

⑩ 삭제

⑪ 계약담당공무원은 계약이행에 필요한 기간 등에 비추어 계약을 체결한 연도 내에 해당 예산을 전액 집행할 수 없는 경우로서 해당 예산의 사고이월이 불가피하다고 인정되는 때에는 제3항 및 제4항에도 불구하고 계약을 체결한 연도 내에 집행할 수 있는 금액을 한도로 선금을 지급하여야 하며, 제3항 및 제4항에 의하여 지급하여야 할 선금 중 미지급된 금액은 예산이 이월된 연도에 지급하여야 한다.

⑫ 계약담당공무원은 계약상대자로 하여금 제1항에 따른 선금을 지급받은 날로부터 5일 이내에 하수급인에게 선금수령 사실을 서면으로 통지하도록 하여야 한다.

③ 「하도급거래 공정화에 관한 법률」: 원도급사가 발주처로부터 선급금을 수령한 경우, 하도급업체에도 일정 비율로 지급 의무

법조문 돋보기

「하도급거래 공정화에 관한 법률」 제6조(선급금의 지급)

① 수급사업자에게 제조 등의 위탁을 한 원사업자가 발주자로부터 선급금을 받은 경우에는 수급사업자가 제조·수리·시공 또는 용역수행을 시작할 수 있도록 그가 받은 선급금의 내용과 비율에 따라 선급금을 받은 날(제조 등의 위탁을 하기 전에 선급금을 받은 경우에는 제조 등의 위탁을 한 날)부터 15일 이내에 선급금을 수급사업자에게 지급하여야 한다.

② 원사업자가 발주자로부터 받은 선급금을 제1항에 따른 기한이 지난 후에 지급하는 경우에는 그 초과기간에 대하여 연 100분의 40 이내에서 「은행법」에 따른 은행이 적용하는 연체금리 등 경제사정을 고려하여 공정거래위원회가 정하여 고시하는 이율에 따른 이자를 지급하여야 한다.

③ 원사업자가 제1항에 따른 선급금을 어음 또는 어음대체결제수단을 이용하여 지급하는 경우의 어음할인료·수수료의 지급 및 어음할인율·수수료율에 관하여는 제13조 제6항·제7항·제9항 및 제10항을 준용한다. 이 경우 "목적물 등의 수령일부터 60일"은 "원사업자가 발주자로부터 선급금을 받은 날부터 15일"로 본다.

④ 표준공사계약서(국토교통부 고시): 민간공사에서도 선급금 지급 조항을 포함하여 실무 기준으로 활용

법조문 돋보기

「민간건설공사 표준도급계약서(국토교통부 고시)」 제11조(선금)

① "도급인"은 계약서에서 정한 바에 따라 "수급인"에게 선금을 지급하여야 하며, "도급인"이 선금 지급 시 보증서 제출을 요구하는 경우 "수급인"은 제4조 제2항 각 호의 보증기관이 발행한 보증서를 제출하여야 한다.

② 제1항에 의한 선금지급은 "수급인"의 청구를 받은 날부터 14일 이내에 지급하여야 한다. 다만, 자금사정 등 불가피한 사유로 인하여 지급이 불가능한 경우 그 사유 및 지급시기를 "수급인"에게 서면으로 통지한 때에는 그러하지 아니하다.

③ "수급인"은 선금을 계약목적달성을 위한 용도 이외의 타 목적에 사용할 수 없으며, 노임지급 및 자재확보에 우선 사용하여야 한다.

④ 선금은 기성부분에 대한 대가를 지급할 때마다 다음 방식에 의하여 산출한 금액을 정산한다.

$$선금정산액 = 선금액 \times \frac{기성부분의\ 대가}{계약금액}$$

⑤ "도급인"은 선금을 지급한 경우 다음 각 호의 1에 해당하는 경우에는 당해 선금잔액에 대하여 반환을 청구할 수 있다.

1. 계약을 해제 또는 해지하는 경우

2. 선금지급조건을 위반한 경우

⑥ "도급인"은 제5항의 규정에 의한 반환청구 시 기성부분에 대한 미지급금액이 있는 경우에는 선금잔액을 그 미지급금액에 우선적으로 충당하여야 한다.

3 선급금 산정

산정 원칙	계약금액 × 선급금 지급률
지급률 기준	• 일반적으로 최대 70% 범위 내 지급 가능 • 사업 성격 · 예산 상황에 따라 조정 가능
산정 예시	계약금액 1억원, 선급금 지급률 50% → 선급금 = 5,000만원

4 선급금 신청 및 지급 절차

① 계약 체결 완료
② 선급금 지급 신청서 제출: 선급금 지급보증서(보증기관 발급)를 반드시 첨부
　　• 보증 필요성: 선급금 부당 사용 시 손해 담보
　　• 보증 방법: 보증보험증권, 지급보증서
③ 선급금 지급 필요성 및 요건 충족 여부 검토: 계약금액 및 계약금액의 70% 이내 등
④ 승인 후 지급

바로 Check

선급금 지급 전 필수 제출 서류는 무엇인가?

> **정답** 선급금 지급보증서

5 지급 후 관리 및 선급금 정산

지급 후 관리	• 선급금 사용 관리 • 기성대가 지급 시 상계 • 목적 외 사용 금지
선급금 정산	정산 방식: 기성(준공)대가 지급 시 선급금 공제 • 선급금 = 선지급 • 기성대가 = 후공제

6 선급금 관리 시 유의사항

① 목적 외 사용 금지
② 계약해제 시 반환 의무
③ 선급금 보증 유지
④ 미사용 금액 반환

핵심 포인트
• 선급금 = 계약이행 자금 지원
• 지급 전 선급금 지급 보증서 제출 필수
• 산정 = 계약금액 × 지급률
• 기성대가 지급 시 상계
• 목적 외 사용 금지
• 계약해제 시 반환 의무

바로 Check

선급금 관리 시 유의사항을 설명하시오.

> **정답** 선급금 관리 시에는 목적 외 사용을 금지하고, 보증을 유지하며, 계약해제 시 선급금을 반환해야 한다는 점을 유의하여야 한다.

출제기준 4-2-4 수립된 계획에 따른 수행절차 및 방법에 따라 수행할 수 있다.

1 계획 실행의 의의

개념	• 계약관리계획에서 수립한 수행절차, 수행방법, 일정·품질·비용·위험 관리 계획을 실제 계약이행 과정에서 적용하여 계약목적을 달성하는 활동 • 즉, 계획을 실행으로 옮기는 단계
특징	• 계약관리계획의 실행 • 일정·품질·비용·위험 관리의 적용 • 계약조건을 준수하는 활동 • 계약변경·지연을 예방하는 기능 • 계약목적 달성을 위한 핵심 활동 ※ 계획 수립 ≠ 계획 실행 → 실행은 계약관리의 본질

2 수행절차 및 방법에 따른 실행

① 착수 단계 실행

착수보고 제출	• 계약상대자가 계약 수행 준비상태를 발주기관에 공식 보고 • 포함 내용: 수행조직, 일정, 수행 방법, 품질관리계획, 위험관리계획 • 필요성: 발주자 승인 확보, 계약이행 준비 여부 확인, 분쟁 예방
착수회의 실시	• 발주자와 계약상대자가 계약 수행 방식·기준을 공유하는 회의 • 주요 논의: 일정, 품질 기준, 보고 체계, 변경 절차, 위험관리 • 목적: 계약조건 해석 통일, 역할 명확화, 분쟁 예방
수행조직 구성	• 계약 수행을 담당할 조직 및 인력 배치 • 중요성: 책임 소재 명확화, 일정 준수 확보, 품질 확보 • 계약이행 실패의 대부분은 조직 구성 미흡에서 발생
역할·책임 배분	• 수행조직 내 담당 업무 및 책임 범위 설정 • 효과: 업무 중복 방지, 책임 회피 방지, 일정 지연 예방
이행보증 확인	• 계약이행보증금 또는 보증서 제출 여부 확인 • 법적 의미: 계약 불이행 시 손해담보 기능, 계약이행의 안전장치
세부 일정 확정	• 계약기간 내 수행 일정 확정 • 중요성: 납기 관리 기준 형성, 지체상금 기준 형성

② 수행 단계 실행

일정관리 실행	• 공정표 기준 수행 진행 • 주요 활동: 공정표 준수, 납기 관리, 진도 점검 • 일정관리 실패 → 지체상금 발생
품질관리 실행	• 계약목적물이 계약 규격에 적합하도록 관리하여 하자·분쟁 예방 • 주요 활동: 검사 기준 적용, 시험·검증 수행, 품질 개선 활동 • 품질관리 실패 → 하자 책임·분쟁 발생
비용관리 실행	• 계약금액 범위 내에서 계약 수행 비용 통제 • 주요 활동: 비용 집행 관리, 계약변경 필요성 검토, 대가 지급 관리 • 비용관리 실패 → 적자·계약변경 발생
위험관리 실행	• 계약 수행 중 발생 가능한 위험 대응 • 주요 활동: 설계변경, 물가변동, 일정 지연 대응 • 위험관리 실패 → 계약금액 증가·기간 연장

바로 Check

품질관리 실행의 필요성은 무엇인가?

정답 하자 발생 예방 및 계약목적물 적합성을 확보해야 한다.

③ 통제 단계 실행 ⇒ 계약이행의 "품질·리스크 통제 장치"

진도 점검	일정 대비 수행 상태 확인
성과 평가	품질·성과 기준 충족 여부 확인
계약변경 절차 수행	설계·수량·기간 변경 대응
지체상금 관리	지연 발생 시 지체상금 발생
발주자 요구사항 대응	추가 요구·지시 대응

④ 완료 단계 실행

납품·준공 수행	계약목적물 제공
검사·검수 대응	발주자의 적합성 확인 절차
대가지급 청구	계약상 대가지급 요청
하자관리 수행	하자보수 의무 수행

3 수행방법 및 실행 시 유의사항

① 수행방법 적용: 계획된 수행방법 준수 의무

직접 수행	계약상대자가 자체 수행, 책임 명확
공동수급 수행	여러 업체가 공동으로 수행, 대형·복합 계약에서 활용, 책임 범위 명확화 필요
하도급 수행	일부 업무를 제3자에게 위탁, 발주처 승인 필요
단계별 수행	단계별 목표 설정 후 수행, 위험 분산

② 수행방법 실행 시 유의사항

계약조건 준수	계약 위반 방지
발주자 요구사항 충족	성과 미달 방지
품질 기준 준수	하자 책임 예방
일정 준수	지체상금 예방
계약금액 범위 준수	계약변경 최소화

핵심 포인트

• 일정관리 실행 → 지체상금 리스크 관리
• 품질관리 실행 → 하자 책임 최소화
• 위험관리 실행 → 계약변경 최소화
• 수행방법 준수 → 계약위반 방지

더 알아보기 계약이행 관리 핵심 정리

(1) 착수 단계 = 실행 준비
(2) 수행 단계 = 실제 계약 이행
(3) 통제 단계 = 진행 관리
(4) 완료 단계 = 계약 종료
(5) 수행방법 준수 = 계약위반 방지
(6) 일정관리 실패 → 지체상금

PART 04

핵심 최종점검

핵심 **정답**

01
계약 목적

02
계약 대상

03
계약금액

04
이행기간

05
과업지시서(또는 규격서, RFP)

06
계약 초기 단계

07
규격서

08
지체상금

09
1천분의 0.75

10
계약관리계획 수립

11
착수보고

12
검사(검수)

13
위험관리

01 계약이 달성하려는 최종 목표를 의미하는 계약내용 요소는 무엇인가?

02 계약 수행 범위와 규격을 의미하는 계약요소는 무엇인가?

03 계약 대가로 지급되는 금전적 요소는 무엇인가?

04 계약 수행 시작부터 완료까지의 기간을 의미하는 것은 무엇인가?

05 발주자의 요구사항을 구체적으로 제시한 문서를 무엇이라 하는가?

06 계약내용 파악 활동은 계약관리의 어느 단계에서 핵심적인가?

07 계약 대상의 성능·품질 기준을 명시한 문서를 무엇이라 하는가?

08 이행기간 지연 시 발생하는 금전적 제재는 무엇인가?

09 「국가계약법 시행규칙」 제75조에 따르면, 물품의 제조·구매 계약의 지체상금률은 얼마인가?

10 계약 체결 후 계약목적 달성을 위해 수행절차 및 방법을 체계적으로 설계하는 활동은 무엇인가?

11 계약 수행 시작 시 발주자에게 제출하는 보고는 무엇인가?

12 계약목적물 품질 적합 여부 확인 절차는 무엇인가?

13 계약이행 중 위험요인을 식별·대응하는 활동은 무엇인가?

핵심 **정답**

14 계약이행 방법 중 주계약자가 전체 수행을 대표하는 방식은 무엇인가?

14
주계약자관리방식

15 계약이행 진행 상황을 점검하는 활동은 무엇인가?

15
진도관리

16 수행방법 중 여러 업체가 공동으로 수행하는 방식은 무엇인가?

16
공동수급

17 선급금의 목적은 무엇인가?

17
계약이행 자금 지원

18 선급금 산정 기본 공식은 무엇인가?

18
계약금액 × 선급금 지급률

19 선급금 지급의 법적 근거 규정은 무엇인가?

19
「국고금관리법 시행령」 제40조

20 선급금 지급 후 정산 방식은 무엇인가?

20
기성대가 상계

21 선급금 사용 제한 원칙은 무엇인가?

21
목적 외 사용 금지

22 계약해제 시 선급금은 어떻게 처리하는가?

22
반환

23 선급금 보증 목적은 무엇인가?

23
손해 담보

24 선급금 지급률 상한은 얼마인가?

24
70%

25 계약 수행 일정 준수 여부를 관리하는 활동은 무엇인가?

25
일정관리

26 계약금액 범위 내 집행 관리 활동은 무엇인가?

26
비용관리

PART 04

서술형 출제예상문제

01 계약 목적 검토의 중요성을 설명하시오.

> **정답**
> 계약 목적 검토는 사업의 목표와 성과기준을 명확히 하여 계약 수행 방향을 설정하고 성과평가 기준을 제공하기 위해 중요하다.

02 계약 대상 검토 시 확인해야 할 사항을 설명하시오.

> **정답**
> 과업 범위, 규격, 수량, 성능요건, 품질기준, 책임범위 등을 확인해야 한다.

03 계약금액 검토의 필요성을 설명하시오.

> **정답**
> 지급조건, 금액 산정방식 변경 시 조정 가능성 등을 파악하여 재정 리스크를 관리하고 분쟁을 예방하기 위해 필요하다.

04 이행기간 검토가 계약관리에서 중요한 이유를 설명하시오.

> **정답**
> 일정관리와 지체상금 적용 기준을 결정하며, 사업 완료 시점 및 성과평가와 밀접하게 연계되므로 중요하다.

05 「국가계약법 시행령」 제75조에 따르면, 계약담당공무원은 지체상금 징수사유가 발생하여 그 금액이 계약보증금 상당액에 달하는 경우 어떤 기준에 따라 계약을 해제·해지하거나 유지할 수 있는가?

> **정답**
> ① 계약상대자의 귀책사유로 계약이행 가능성이 없음이 명백한 경우: 계약보증금을 국고에 귀속시키고 계약을 해제 또는 해지한다.
> ② 계약상대자의 계약이행 가능성이 있고 계약을 유지할 필요가 있다고 인정되는 경우: 미이행 부분에 상당하는 계약보증금을 추가 납부하게 하고 계약을 유지한다.

06 A기관은 정보시스템 구축 계약을 체결하였다. 계약 수행 중 과업 범위 해석 차이로 분쟁이 발생하였다. 계약내용 파악 관점에서 분쟁 발생 원인을 분석하고 예방 방안을 설명하시오.

> **정답**
> ① 분쟁 발생 원인: 계약 대상 및 과업 범위가 불명확하고, 발주자 요구사항 분석이 부족하며, 규격서 및 과업지시서 해석 차이로 인해 분쟁이 발생한다.
> ② 예방 방안: 계약 초기 분석회의를 통해 과업 범위를 명확히 하고, 질의응답 절차를 활용하여 해석 차이를 사전에 제거하여야 한다.

07 계약금액 1억원, 이행기간 120일인 계약에서 지체상금율이 0.05%/일이고 10일 지연되었다. 지체상금을 계산하고 이행기간 검토의 중요성을 설명하시오.

> **정답**
> ① 지체상금 = 100,000,000 × 0.0005 × 10 = 500,000원
> ② 이행기간 검토는 지체상금 발생 여부 및 계약의 해제 · 해지 리스크 관리에 직결되므로 계약관리의 핵심 요소이다.

08 수행방법 계획의 주요 요소를 설명하시오.

> **정답**
> 수행방법 계획은 인력, 장비, 자재, 품질관리 및 공정관리 계획을 포함한다.

09 완료 단계 계획의 내용을 설명하시오.

> **정답**
> 완료 단계 계획은 검사 · 검수, 대가지급 및 하자관리로 구성된다.

10 용역계약 수행 중 일정 지연과 품질 문제 발생 가능성이 높다고 판단되었다. 계약관리자가 수립해야 할 수행절차 및 방법 계획을 설명하시오.

> **정답**
> ① 세부 일정계획 수립 및 공정표 관리   ② 품질관리 기준 및 검사방법 설정
> ③ 진도관리 체계 구축   ④ 위험관리 계획 수립
> ⑤ 계약변경 대응 방안 마련   ⑥ 수행조직의 역할 및 책임 명확화

11 공사계약 수행 중 설계변경 가능성이 예상되는 상황이다. 수행방법 계획 측면에서 계약관리자가 취해야 할 조치를 설명하시오.

> **정답**
> ① 위험관리 계획 수립   ② 설계변경 절차 사전 검토
> ③ 계약금액 조정 가능성 검토   ④ 일정 변경 대응 계획 수립
> ⑤ 협력업체 및 인력 투입 계획 조정

12 계약이행을 위한 수행절차 계획 수립의 목적을 설명하시오.

> **정답**
> 계약 목적 달성을 위해 일정 · 품질 · 비용을 체계적으로 통제하고, 단계별 수행 기준을 명확히 하여 분쟁을 예방하기 위한 것이다.

13 계약 이행을 위한 위험관리 계획의 필요성을 설명하시오.

> **정답**
> 지연, 설계변경, 물가변동 등 다양한 리스크에 사전에 대응하여 계약 수행의 안정성을 확보하기 위해 필요하다.

14   계약 이행을 위한 통제 단계 계획의 내용을 설명하시오.

> **정답**
>
> 계약 이행 과정에서 진도관리, 성과평가 및 계약변경 관리 등을 통해 수행 상태를 점검하고 통제하는 내용을 포함한다.

15   선금 신청 및 지급 절차에 대하여 설명하시오.

> **정답**
>
> 계약 체결 후 신청서와 보증서를 제출하고, 지급 필요성과 요건을 검토한 뒤 승인 절차를 거쳐 지급된다.

16   선급금 보증의 필요성을 설명하시오.

> **정답**
>
> 선급금의 부당 사용이나 계약 불이행 시 발주기관의 손해를 담보하기 위해 필요하다.

17   계약금액 2억원, 선급금 지급률 60%일 때 선급금을 산정하시오.

> **정답**
>
> 2억원 × 60% = 1억 2,000만원

18   계약상대자가 선급금을 지급받았으나 일부를 다른 사업에 사용하였다. 법적 문제와 발주기관 조치사항을 설명하시오.

> **정답**
>
> ① 법적 문제: 선급금을 목적 외로 사용한 것은 계약 위반에 해당한다.
> ② 발주기관 조치
>   • 선급금 반환 요구   • 보증서를 통해 손해 회수
>   • 계약 해제 또는 해지 가능   • 부정당업자 제재 등 입찰참가 제한 가능

19   계획 실행 단계의 의미를 설명하시오.

> **정답**
>
> 계약 관리 계획에서 수립한 수행절차 및 방법을 실제 계약이행 과정에 적용하여 계약 목적을 달성하는 단계이다.

20   공사계약 수행 중 발주자의 추가 요구로 설계변경 가능성이 발생하였다. 계획 실행 단계에서 계약관리자의 대응 방안을 설명하시오.

> **정답**
>
> ① 계약변경 절차 검토   ② 계약금액 조정 검토
> ③ 일정 변경 대응 계획 실행   ④ 위험관리 조치 시행
> ⑤ 발주자와 협의 진행   ⑥ 수행방법 조정

CHAPTER

03 계약변경 관리

01 계약 조정요건 판단

출제기준 4-3-1 계약법령에서 규정한 계약의 조정요건을 판단할 수 있다.

1 계약변경(조정)의 의미

① 계약 체결 후 계약조건에 영향을 미치는 사유 발생 시 계약금액·과업·기간 등을 변경하는 절차
② 계약 동일성 유지 범위 내 합리적 수정
  • 계약이행 안정성 확보
  • 분쟁 예방 기능

2 법적 근거

① 「국가계약법」 제19조(물가변동 등에 따른 계약금액 조정)

법조문 돋보기

「국가계약법」 제19조(물가변동 등에 따른 계약금액 조정)
각 중앙관서의 장 또는 계약담당공무원은 공사계약·제조계약·용역계약 또는 그 밖에 국고의 부담이 되는 계약을 체결한 다음 물가변동, 설계변경, 그 밖에 계약내용의 변경(천재지변, 전쟁 등 불가항력적 사유에 따른 경우를 포함한다)으로 인하여 계약금액을 조정(調整)할 필요가 있을 때에는 대통령령으로 정하는 바에 따라 그 계약금액을 조정한다.

② 「국가계약법 시행령」
  • 제64조(물가변동으로 인한 계약금액의 조정)
  • 제65조(설계변경으로 인한 계약금액의 조정)
  • 제66조(기타 계약내용의 변경으로 인한 계약금액의 조정)
③ 「지방계약법」 제22조(물가변동 등에 따른 계약금액의 조정)
④ 「지방계약법 시행령」
  • 제73조(물가 변동으로 인한 계약금액의 조정)
  • 제74조(설계 변경으로 인한 계약금액의 조정)
  • 제75조(그 밖에 계약내용의 변경으로 인한 계약금액의 조정)
  • 제75조의2(계약기간 연장에 따른 계약금액의 조정)

3 계약 조정요건 판단 기준

① 계약 동일성 유지 여부
② 법령상 인정 사유 존재 여부

③ 계약상대자 귀책 여부

④ 계약금액·기간 영향 여부

⑤ 분쟁 발생 가능성 여부

4 계약 조정요건 판단 절차

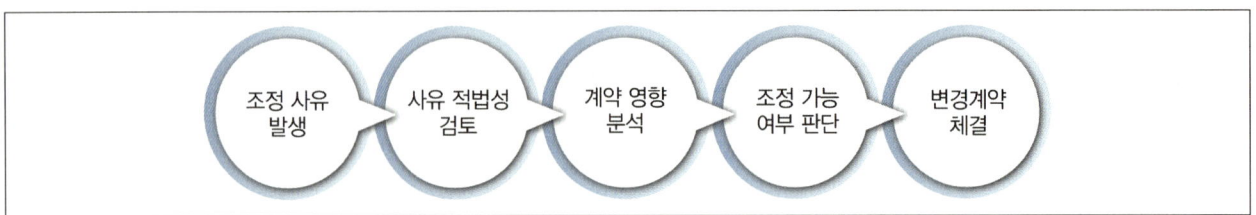

바로 Check

계약 조정 절차의 마지막 단계는 무엇인가?

정답 변경계약 체결

5 물가변동으로 인한 계약금액의 조정요건(「국가계약법 시행령」 제64조)

① 계약을 체결한 날부터 90일 이상 경과하고 동시에 다음의 어느 하나에 해당되는 때: 조정기준일(조정사유가 발생한 날)부터 90일 이내에는 이를 다시 조정하지 못함
- 입찰일을 기준일로 하여 재정경제부령으로 정하는 바에 따라 산출된 품목조정률이 100분의 3 이상 증감된 때
- 입찰일을 기준일로 하여 재정경제부령이 정하는 바에 의하여 산출된 지수조정률이 100분의 3 이상 증감된 때

② 동일한 계약에 대하여는 품목조정률 또는 지수조정률 중 하나의 방법에 의하여야 함: 계약을 체결할 때에 계약서에 계약상대자가 지수조정률의 방법을 원하는 경우 외에는 품목조정률의 방법으로 계약금액을 조정한다는 뜻을 명시

③ 예외
- 천재·지변 또는 원자재의 가격급등으로 인하여 당해 조정제한기간 내에 계약금액을 조정하지 아니하고는 계약이행이 곤란하다고 인정되는 경우에는 계약을 체결한 날 또는 직전 조정기준일부터 90일 이내에 계약금액 조정 가능
- 공사계약의 경우 특정 규격의 자재(해당 공사비를 구성하는 재료비·노무비·경비 합계액의 1천분의 5를 초과하는 자재만 해당)별 가격변동으로 인하여 입찰일을 기준일로 하여 산정한 해당 자재의 가격증감률이 100분의 15 이상인 때에는 그 자재에 한하여 계약금액 조정 가능

④ 환율변동을 원인으로 하여 ①에 따른 계약금액 조정요건이 성립된 경우에도 계약금액 조정

⑤ 단순한 노무에 의한 용역으로서 재정경제부령으로 정하는 용역에 대해서는 예정가격 작성 이후 노임단가가 변동된 경우 노무비에 한정하여 계약금액을 조정

6 설계변경으로 인한 계약금액의 조정요건(「국가계약법 시행령」 제65조)

① 공사계약의 경우
- 설계변경으로 공사량의 증감이 발생한 때에는 해당 계약금액을 조정
- 입찰에 참가하려는 자가 물량내역서를 직접 작성하고 단가를 적은 산출내역서를 제출하는 경우로서 그 물량내역서의 누락 사항이나 오류 등으로 설계변경이 있는 경우에는 계약금액 변경 불가

② 예외: 예정가격의 100분의 86 미만으로 낙찰된 공사계약의 계약금액을 증액조정하려는 경우로서 해당 증액조정금액(2
차 이후의 계약금액 조정에 있어서는 그 전에 설계변경으로 인하여 감액 또는 증액조정된 금액과 증액조정하려는 금액
을 모두 합한 금액)이 당초 계약서의 계약금액(장기계속공사의 경우에는 부기된 총공사금액)의 100분의 10 이상인 경
우에는 계약심의위원회, 예산집행심의회 또는 기술자문위원회의 심의를 거쳐 소속중앙관서의 장의 승인을 얻어야 함

7 기타 계약내용의 변경으로 인한 계약금액의 조정요건(「국가계약법 시행령」 제66조)

① 공사기간·운반거리의 변경 등 계약내용의 변경으로 계약금액을 조정하여야 할 필요가 있는 경우에는 그 변경된 내
용에 따라 실비를 초과하지 아니하는 범위 안에서 조정
② 단순한 노무에 의한 용역으로서 재정경제부령으로 정하는 용역에 대해서는 「최저임금법」에 따른 최저임금액이 변동
되어 당초의 계약금액으로는 최저임금 지급이 곤란하다고 인정하는 경우로서 재정경제부장관이 정하는 요건에 해당
하는 경우 계약금액을 조정

✎ 더 알아보기 계약금액 조정요건 판단

(1) 물가변동
  • 계약체결일로부터 90일 이상 경과
  • 입찰일 기준 품목(지수)조정률 3/100 이상 증감
(2) 설계변경
  • 공사의 경우
  • 낙찰률이 86/100 미만이고, 증액조정금액이 10/100 이상인 경우에는 관련 심의와 소속중앙관서의 장의 승인 필요
(3) 기타
  • 공사기간·운반거리의 변경 등
  • 단순 노무 용역계약에서 최저임금 지급이 곤란하다고 인정하는 경우

02 계약 조정요건별 처리방법 판단

출제기준 4-3-2 계약의 조정요건별 처리방법을 판단할 수 있다.

1 계약 조정요건별 처리방법의 개요

① 계약 조정요건이 발생했다고 해서 자동으로 변경되는 것은 아님
② 요건별로 법령상 처리방법·절차·효과가 다름
③ 물가변동 요건 충족 여부 판단 → 조정 방식 선택 → 계약금액 조정 → 변경계약 체결

2 물가변동으로 인한 계약금액 조정방법

① 지수조정률 방식: 공표된 물가지수 변동률을 적용하여 계약금액 조정
  • 계약금액의 산출내역서의 비목군(임금통계지수, 기계경비손료, 한국은행 생산자물가지수 등)으로 분류해 비목군별
    지수 변동이 당초 계약금액 대비 3% 이상 증감 시 계약금액을 조정
  • 비교적 산출내역서상 품목이 복잡해 개별 품목 산정이 어려울 경우에 적용

- 비목분류별로 발표되는 지수를 활용해 물가조정 여부를 검토하므로 산출이 용이하나, 정확한 물가변동 내역을 파악하는 데는 한계가 있음

② **품목조정률 방식**: 계약 구성 품목별 가격변동을 직접 반영하여 계약금액 조정
- 계약금액을 구성하고 있는 산출내역서상 개별 품목의 입찰 시점과 비교 시점의 단가를 각각 산정해 등락률을 산정한 후, 품목별 기준 시점과 비교 시점의 등락폭 합계 금액을 대상으로 산정한 품목조정률에 따라 계약금액을 조정
- 비교적 산출내역서상 품목이 복잡하지 않은 구조에 적용
- 원가계산서상 구성된 개별 품목의 등락률을 기반으로 산정하므로 실제 물가변동 내역 파악이 용이하나, 품목이 복잡하고 많을수록 등락률을 일일이 산출해야 하므로 계산이 복잡해지고 많은 노력이 소요됨

> 품목조정률 = 각 품목 또는 비목의 수량에 등락 폭을 곱하여 산출한 금액의 합계액/계약금액
> - (등락폭 = 계약단가 × 등락률
> - 등락률 = (물가변동당시가격-입찰당시가격)/입찰당시가격)

✏ **더 알아보기** **품목조정률과 지수조정률**

(1) 물가변동으로 인한 계약금액 조정 절차

단계별 검토절차	검토내용	단계별 검토절차	검토내용
물가변동 기본요건	• 기본요건(90일, ±3% 이상) 동시 충족 여부 • 물가변동 조정방법(지수) • 조정기준일(직전일) ±3% 적정 여부 • 2회 이상 동시요청 시 순차 적용 검토	물가변동 기본요건	• 기본요건(기간, 등락요건) 동시 충족 여부 • 물가변동 조정방법(품목) • 조정기준일(직전일) ±3% 적정 여부 • 2회 이상 동시요청 시 순차 적용 검토
물가변동 적용대가 산출	• 예정/실행공정률 적정 여부 • 기성대가 제외, 계산급 적용 여부 • PS 항목 제외 여부 • 신규비목 포함 여부	물가변동 적용대가 산출	• 예정/실행공정률 적정 여부 • 기성대가 제외, 계산급 적용 여부 • PS 항목 제외 여부 • 신규비목 포함 여부
비목군 분류 및 계수 산출	• 산출내역서상 비목별 분류 • 비목군별 금액 및 계수 확인	적용단가 결정	• 적용단가 결정(기준/비교 시점) 　- 노임, 자재, 환율 　- 계약일, 조정기준일
비목별 물가변동 지수 산출	• 비목별 적용지수 확인(기준/비교 시점) 　- 노임, 환율, 생산자지수, 제경비율 　- 계약일, 조정기준일	등락률/등락폭 산출	• 단위품목 또는 비목별로 등락률 산정 • 등락폭의 단가 산출 　- 등락률 × 직전 조정기준일 계약단가
물가변동 조정률 산출	• 지수변동률, 조정계수 확인 • 지수조정률 산출 • 조정률 3% 이상 유무 검토	물가변동 조정률 산출	• 품목조정률 산출 • 등락요건 충족 여부
조정금액 산출 및 통보	• 선급금 제외 여부 • 검토 결과 통보(수요부, 재정경제부)	조정금액 산출 및 통보	• 선급금 제외 여부 • 검토 결과 통보(수요부, 재정경제부)

▲ 지수조정률에 의한 절차　　　　　　　　▲ 품목조정률에 의한 절차

(2) 품목조정률과 지수조정률 비교

구분	품목조정률	지수조정률
개요	산출내역을 구성하는 개개 품목마다의 가격 변동율을 기반으로 당초 계약금액과 비교하여 산정한 등락폭을 반영하여 계산	산출내역을 구성하는 비목군을 분류하고 비목별 지수 변동을 반영하여 계산
장점	각 품목별 등락율을 산출하므로 물가변동 내역의 상세 및 실제 내용 파악 가능	비목군별로 지수를 활용하므로 조정률 산출이 용이
단점	매 조정 시마다 수많은 품목의 등락율을 개별 산출해야 하므로 계산이 복잡하고 많은 시간과 노력이 필요	평균가격 개념인 지수를 이용하므로 실제 내역에서 물가변동 반영 여부를 판단하기 곤란
적용	구성품목이 적고 조정횟수가 많지 않은 경우 (소규모 단기간 공사)	구성 비목이 많고 조정횟수가 많은 경우 (대규모 복합공종 및 장기간 공사)

③ 단품슬라이딩 방식

개념	전체 공사비 대상의 물가변동 요건은 만족하지 않지만, 특정 자재의 가격만 급격히 상승(가격 증가율 100분의 10 이상)했을 경우, 해당 자재를 대상으로만 선별적으로 금액을 조정
장점	• 하도급자의 계약 이행이 어려운 상황을 방지하고 자재비 상승에 따른 조기 대응 수단 • 총액 조정이 힘든 상황에서 특정 자재 대상의 물가 변동을 보완
적용 요건	• 자재 요건: 특정 규격이 명확한 자재 • 금액 요건: 해당 자재가 순공사 원가의 0.5% 이상을 차지 • 변동률 요건: 입찰일(조정기준일) 기준 15% 이상의 가격 상승 또는 하락 • 계약기간 요건: 계약일로부터 최소 90일 이상 경과

3 설계변경으로 인한 계약금액 조정방법

① 단가 산정 방법

• 증감된 공사량의 단가는 계약단가를 원칙으로 하지만, 계약단가가 예정가격 단가보다 높은 경우로서 물량이 증가하게 된 경우에는 그 증가된 물량 대상에 적용되는 단가는 예정가격 단가로 함
• 산출내역서에 없는 품목 또는 비목의 단가는 설계변경 당시를 기준으로 산정한 단가에 낙찰률을 곱한 금액으로 함

발주기관이 설계변경을 요구하는 경우	증가된 물량 또는 신규 비목 단가는 설계변경 시점을 기준으로 산정한 단가와 이 단가에 낙찰률을 곱한 금액 범위 내에서 협의하며, 협의가 이루어지지 않는 경우에는 두 단가를 합한 금액의 2분의 1로 함
표준시장 단가가 적용된 공사의 경우	• 증가된 공사량의 단가는 예정가격 산정 시 표준시장 단가가 적용된 경우에 설계변경 시점을 기준으로 산출한 표준시장 단가로 산정 • 신규 비목 단가를 표준시장 단가 기준으로 산정하고자 하는 경우에는 설계변경 시점을 기준으로 산출한 표준시장 단가로 산정

📌 더 알아보기 **계약금액 조정 시 단가적용 방법**

(1) 증감 공사량 → 계약단가 원칙
(2) 신규 비목 → 설계변경 시점 단가 × 낙찰률
(3) 계약단가 > 예정가격 단가 → 증가물량은 예정가격 단가 적용
(4) 발주기관 요구 설계변경 시 단가 협의

② 신기술, 신공법에 따른 설계변경으로 공사비가 절감된 경우: 해당 공사의 절감액 중 100분의 30에 해당하는 금액을 감액

📝 더 알아보기 **설계변경에 의한 계약금액 조정 절차**

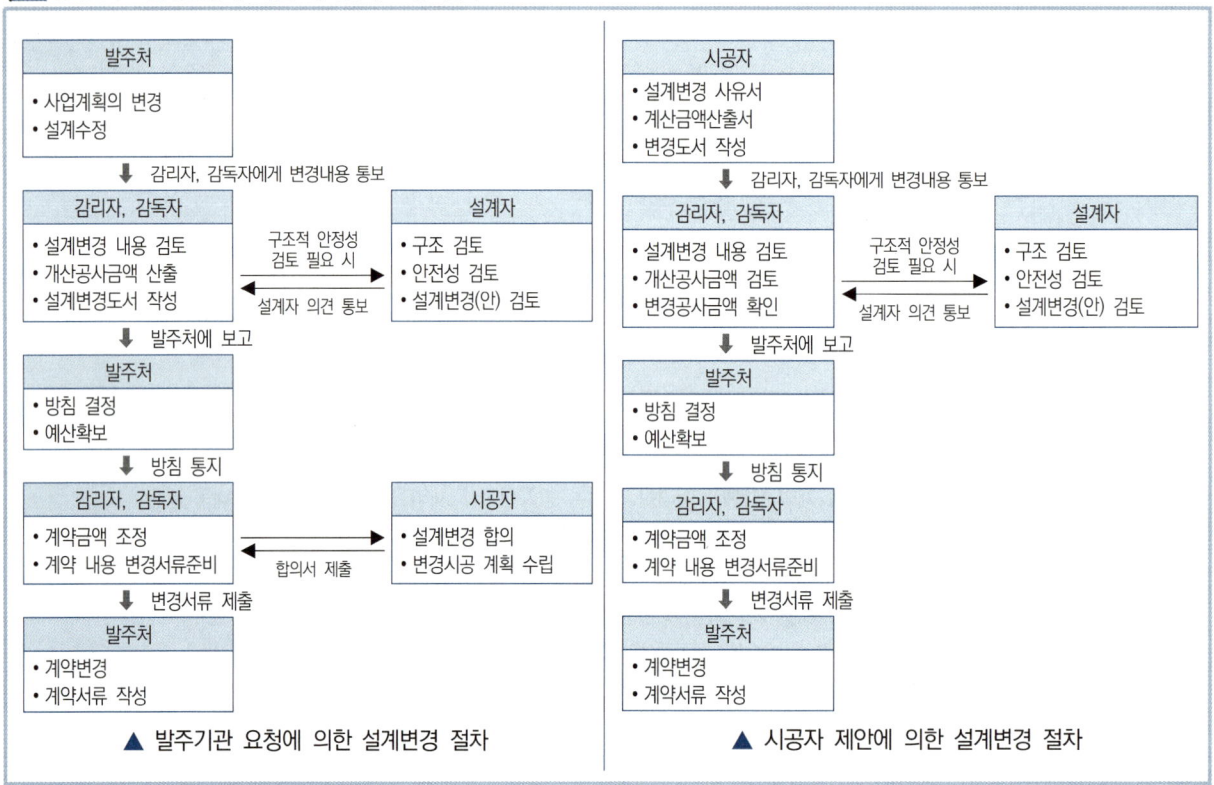

▲ 발주기관 요청에 의한 설계변경 절차   ▲ 시공자 제안에 의한 설계변경 절차

4 기타 계약내용의 변경으로 인한 계약금액의 조정방법

① 공사기간·운반거리의 변경 등 계약내용을 변경하는 경우
② 단순 노무 용역계약에서 최저임금 지급이 곤란하다고 인정하는 경우

법조문 | 돋보기

「**국가계약법 시행령」 제66조(기타 계약내용의 변경으로 인한 계약금액의 조정)**
① 각 중앙관서의 장 또는 계약담당공무원은 법 제19조의 규정에 의하여 공사·제조 등의 계약에 있어서 제64조 및 제65조의 규정에 의한 경우 외에 공사기간·운반거리의 변경 등 계약내용의 변경으로 계약금액을 조정하여야 할 필요가 있는 경우에는 그 변경된 내용에 따라 실비를 초과하지 아니하는 범위 안에서 이를 조정한다.
② 각 중앙관서의 장 또는 계약담당공무원은 단순한 노무에 의한 용역으로서 재정경제부령으로 정하는 용역에 대해서는 「최저임금법」에 따른 최저임금액이 변동되어 당초의 계약금액(제64조 제8항에 따라 계약금액 조정을 하는 경우를 포함한다)으로는 최저임금 지급이 곤란하다고 인정하는 경우로서 재정경제부장관이 정하는 요건에 해당하는 경우 계약금액을 조정한다.
③ 제65조 제6항의 규정은 제1항의 경우에 이를 준용한다.

출제기준 4-3-3 계약변경과 관련된 서류를 준비할 수 있다.

1 계약변경 서류의 의의

① **개념**: 계약변경 사유 발생 시 변경내용을 객관적으로 입증하고 적법한 절차를 확보하기 위한 문서
② **기능**: 계약 동일성 유지 및 분쟁 예방 기능
③ **역할**
- 변경계약 체결의 근거자료 역할
- 법령은 계약금액 조정 사유를 규정하고, 변경 서류는 그 요건의 충족 여부를 입증하는 역할

2 계약변경 관련 주요 서류

공통 서류	• 계약변경 요청서(공문): 계약상대자가 계약변경 필요성을 공식적으로 신청하는 문서 • 계약변경 검토보고서: 발주기관 내부 검토 결과를 정리한 문서 • 변경 사유 입증자료 • 계약금액 산정 근거자료 • 변경계약서(계약서 및 부속서류): 변경 내용을 반영하여 새롭게 작성된 계약 문서
물가변동 관련 서류	물가의 상승·하락을 객관적으로 입증하는 자료 • 물가변동 조정 신청서 • 품목조정률 또는 지수조정률 산정서 • 단가 변동 근거자료(가격자료, 지수자료) • 산출내역서(변경 전·후): 변경 금액 계산 근거를 제시하는 문서 • 계약금액 조정 계산서
설계변경 관련 서류	설계변경 시 기술적 변경 내용을 담은 문서 • 설계변경 요청서　　　　　　• 변경 설계도서 • 공사량 증감 내역서　　　　　• 단가 산정자료 • 설계변경 검토서
기타 계약내용 변경 서류	• 공사기간 연장 신청서　　　　• 운반거리 변경 증빙 • 최저임금 변동 자료　　　　　• 실비 산정자료

PART 04

바로 Check

계약기간 연장 시 제출하는 신청서는 무엇인가?

정답 공사기간 연장 신청서

3 변경계약 체결 시 필수 문서

① **변경계약서**: 변경 내용을 반영하여 새롭게 작성된 계약 문서
② 변경 산출내역서
③ **변경 공정표**: 변경된 수행 일정 관리 문서
④ 변경 설계도서
⑤ 변경 특수조건

4 계약변경 서류 준비 시 유의사항

① 계약 동일성 유지 범위 확인
② 객관적 증빙자료 확보
③ 조정기준일 명확화
④ 산정 근거의 합리성 확보
⑤ 변경 전·후 비교표 작성

핵심 포인트
- 계약변경 서류의 목적
- 변경 유형별 제출 서류 구분
- 변경계약 필수 문서
- 물가변동 서류 vs 설계변경 서류 차이
- 증빙자료의 법적 의미

04 변경계약서 작성

출제기준 4-3-4 물가변동, 설계변경 등에 따라 변경된 내용을 포함한 계약서를 작성할 수 있다.

1 변경계약서 작성 역량

① 계약이행 중 발생한 물가변동, 설계변경, 계약기간 변경 등 계약조정 사유를 반영하여 당초 계약 내용을 수정한 "변경계약서"를 작성할 수 있는 능력
② **절차**: 계약조정 → 변경내용 확정 → 변경계약 체결 → 계약문서 반영

2 변경계약서 작성이 필요한 경우

물가변동	지수조정률, 품목조정률
설계변경	물량 증감, 신규 비목 발생, 공법 변경, 발주자 요구 변경
계약기간 변경	불가항력, 발주자 책임 지연, 설계변경 영향
기타 조정	법령 개정, 과업 범위 변경, 계약조건 변경

바로 Check

물가변동 조정 방식은 무엇인가?

정답 지수조정 또는 품목조정

3 변경계약서 작성 절차

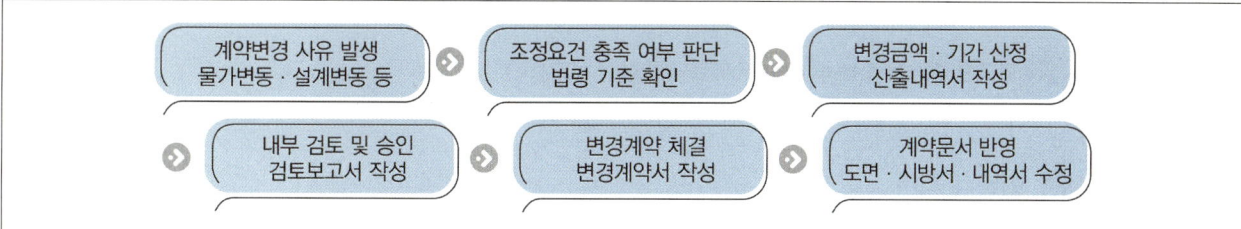

계약변경 사유 발생
물가변동 · 설계변동 등

조정요건 충족 여부 판단
법령 기준 확인

변경금액 · 기간 산정
산출내역서 작성

내부 검토 및 승인
검토보고서 작성

변경계약 체결
변경계약서 작성

계약문서 반영
도면 · 시방서 · 내역서 수정

4 변경계약서 주요 작성 내용

변경 사유	법령 근거 명시	변경 과업내용	설계 · 물량 · 규격 변경
변경 전 · 후 계약금액	증감액 표시	변경 계약문서 목록	변경 도면 · 내역서 등
변경 전 · 후 계약기간	기간 연장 여부		

5 변경계약서 작성 시 유의사항

① 계약 조정요건 충족 필수
② 사후 변경계약 금지 원칙(소급 변경 금지 원칙)
③ 증액 시 예산 확보 필요
④ 설계변경은 기술적 근거 필수
⑤ 물가변동은 기준일 충족 필요
⑥ 변경계약 체결 전 시행 금지 원칙
⑦ 계약문서 일체 변경 반영

핵심 포인트
• 변경계약은 당초 계약 수정이 아닌 보완 계약
• 변경계약 체결 후 법적 효력 발생
• 변경계약 전 수행은 분쟁 위험
• 설계변경은 기술적 근거 필수
• 물가변동은 기준일 요건 중요

바로 Check

물가변동 요건 충족 전 조정 가능 여부는 어떠한가?

정답 불가

PART 04

05 변경계약서 설명

출제기준 4-3-5 변경된 계약서의 내용을 당사자에게 설명할 수 있다.

1 변경계약 내용 설명의 의미

개념	• 변경계약 체결 후 계약담당자는 변경된 계약서 내용을 계약상대자에게 설명 • 계약 내용에 대한 이해 · 합의 · 이행 가능성 확보 및 분쟁 예방 • 변경내용 통지, 계약상 권리 · 의무 설명, 이행방법 안내, 변경에 따른 위험요소 안내를 포함한 계약관리 행위
목적	• 계약내용 명확화 • 계약분쟁 예방 • 계약이행의 안정성 확보 → 변경계약 설명은 단순 통지가 아니라, 계약관리 행위, 분쟁 예방 행위, 이행확보 행위임

배로 Check

변경계약 설명의 목적은 무엇인가?

정답 계약내용 변경에 따른 권리 · 의무를 명확화하고 분쟁을 예방하기 위함이다.

2 설명 대상 주요 계약내용

계약금액 관련	변경 전 · 후 계약금액, 증감 사유, 산정 근거, 대가지급 방식
계약기간 관련	변경된 이행기간, 공정 조정 사항, 지체상금 적용 여부
과업 · 설계 변경	변경된 과업범위, 설계도서 변경사항, 공사량 증감
계약보증 · 이행보증	보증금 증감 여부, 보증기간 조정
위험 · 책임 변경	하자담보 책임, 지체상금 기준, 위험부담 분배

배로 Check

변경계약서에 반드시 포함되는 계약금액 정보는 무엇인가?

정답 변경 전 계약금액 및 변경 후 계약금액(증감액 포함), 산정 근거, 대가지급 방식

3 변경계약 내용 설명 절차

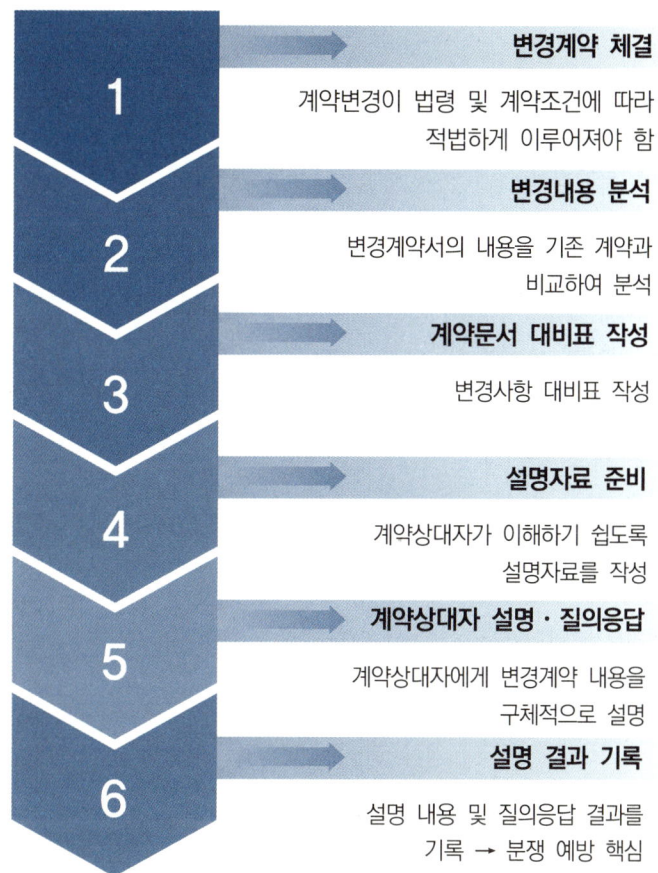

1 → **변경계약 체결**
계약변경이 법령 및 계약조건에 따라
적법하게 이루어져야 함

2 → **변경내용 분석**
변경계약서의 내용을 기존 계약과
비교하여 분석

3 → **계약문서 대비표 작성**
변경사항 대비표 작성

4 → **설명자료 준비**
계약상대자가 이해하기 쉽도록
설명자료를 작성

5 → **계약상대자 설명 · 질의응답**
계약상대자에게 변경계약 내용을
구체적으로 설명

6 → **설명 결과 기록**
설명 내용 및 질의응답 결과를
기록 → 분쟁 예방 핵심

4 변경계약 내용 설명 방법

① **서면 설명**: 변경계약서 및 설명자료를 교부하여 설명
② **설명회의 개최**: 회의를 통해 변경내용을 구체적으로 설명
③ **변경계약서 교부**
④ **주요 변경사항 체크리스트 제공**: 변경항목, 변경내용, 이행방법, 책임사항

5 변경계약 내용 설명 시 유의사항

① 계약문서 기준 설명
② 기술적 변경사항 명확화
③ 금액 산정 근거 제시
④ 이행방법 구체화
⑤ 분쟁 가능 사항 사전 안내

> **핵심 포인트**
> • 변경계약 설명 = 계약관리 행위
> • 변경금액 · 기간 · 과업 범위 필수 설명
> • 변경사항 대비표 작성
> • 설명기록 유지 = 분쟁 예방 핵심

핵심 최종점검

CHAPTER 03

핵심	정답

01 계약 조정의 목적은 무엇인가?

02 설계변경의 대표적인 사유는 무엇인가?

03 계약내용 변경 시 판단의 핵심 원칙은 무엇인가?

04 계약내용 변경의 불가항력 사유 중 대표적 한 가지는 무엇인가?

05 발주기관 정책 변경 시 조정 가능 여부는?

06 계약상대자 귀책 사유 발생 시 조정 가능 여부는?

07 설계변경 시 삭제 항목 처리는 무엇인가?

08 불가항력 판단 시 중요 판단 요소는 무엇인가?

09 계약 체결 후 물가변동·설계변경 등으로 계약금액·과업·기간 등을 변경하는 절차를 무엇이라 하는가?

10 물가변동에 따른 계약금액 조정을 위해 계약체결일부터 최소 며칠이 경과해야 하는가?

11 물가변동으로 계약금액 조정을 하기 위한 품목조정률 또는 지수조정률의 기준 증감률은 얼마 이상인가?

12 설계변경으로 기존 비목의 증가된 공사량의 단가 산정 시 적용하는 단가는 무엇인가?

13 설계변경으로 공사량 증감이 발생한 경우 작성하는 내역서는 무엇인가?

14 변경계약 체결 시 계약금액 산정의 근거가 되는 문서는 무엇인가?

핵심 정답

01 계약 목적 달성 및 이행 안정성 확보

02 물량 증감

03 동일성 유지

04 천재지변

05 가능

06 제한

07 감액

08 귀책 여부

09 계약변경

10 90일

11 3%

12 계약단가

13 공사량 증감 내역서

14 산출내역서

| 핵심 | 정답 |

15 계약변경 사유를 공식적으로 요청하는 문서는 무엇인가?

15
계약변경 요청서

16 설계변경 시 변경된 설계 내용을 표시한 문서는 무엇인가?

16
변경 설계도서

17 변경계약 체결 시 계약의 핵심 문서는 무엇인가?

17
변경계약서

18 계약기간 변경이 필요한 대표적인 사유는 무엇인가?

18
불가항력, 설계변경, 발주자 책임
지연

19 변경계약 체결의 법적 효력이 발생하는 시점은 언제인가?

19
변경계약 체결 시점

20 변경계약 체결 전 수행 시 발생 가능한 위험은 무엇인가?

20
무단 시공·수행에 따른 분쟁 및 대
가 미지급 위험

21 변경계약 설명 시 필수 설명 항목 3가지는 무엇인가?

21
계약목적 변경내용(과업범위), 계약
금액, 계약기간

22 계약금액 설명 시 포함되는 정보는 무엇인가?

22
변경 전·후 금액, 증감액 및 산정
근거

23 계약기간 변경 설명 시 확인사항은 무엇인가?

23
기간 변경 사유 및 이행 일정

24 설계변경 설명 시 활용 문서는 무엇인가?

24
설계도서(설계도면·시방서 등)

25 변경계약 설명 기록 유지의 목적은 무엇인가?

25
설명 이행 증빙 및 분쟁 대비

26 변경계약 설명 시 금액 산정 근거 제시의 이유는 무엇인가?

26
금액 산정의 투명성 확보 및 합의
형성

27 계약보증 변경 설명 시 확인사항은 무엇인가?

27
보증금액 및 보증기간 변경 여부

28 변경계약 설명 방법 2가지는 무엇인가?

28
서면 설명, 구두(대면) 설명

29 변경계약 설명 후 수행해야 할 기록 행위는 무엇인가?

29
설명 확인서 또는 회의록 작성

PART 04

서술형 출제예상문제

01 설계변경의 개념을 설명하시오.

> **정답**
> 계약 체결 후 설계 또는 과업내용 변경으로 계약금액이나 계약기간 등을 조정하는 것을 의미한다.

02 물가변동으로 인한 계약금액 조정의 필요성을 설명하시오.

> **정답**
> 물가 상승 또는 하락으로 계약이행 곤란 발생 시 계약 안정성을 확보하기 위해 필요하다.

03 불가항력에 따른 계약내용 변경에 대해서 설명하시오.

> **정답**
> 계약당사자가 통제할 수 없는 사유가 발생한 경우 계약 기간 연장이나 계약금액 조정 등을 통해 계약조건을 변경하는 것이다.

04 계약 조정요건의 판단 기준을 설명하시오.

> **정답**
> 계약의 동일성이 유지되는 범위 내에서 적법한 변경 사유가 존재하고, 해당 사유가 계약 수행에 영향을 미치는지를 기준으로 판단한다.

05 발주기관 사정 변경에 따른 계약 조정에 대해서 설명하시오.

> **정답**
> 정책, 예산 또는 사업 범위의 변경이 발생한 경우 계약조건을 수정하는 것을 의미한다.

06 공사 수행 중 현장 조건이 설계와 달라 추가 공사가 필요해졌다. 계약 조정 가능 여부를 설명하시오.

> **정답**
> ① 현장 조건이 설계와 상이한 경우 설계변경 사유에 해당한다.
> ② 계약의 동일성이 유지되는 범위 내에서 계약금액과 기간을 조정할 수 있다.
> ③ 변경계약 체결이 필요하다.

07 계약 체결 후 급격한 물가 상승으로 원자재 가격이 상승하였다. 계약 조정 가능 여부와 조정 방식을 설명하시오.

> **정답**
> ① 물가변동 사유 인정되므로 법령 기준 충족 시 계약금액 조정이 가능하다.
> ② 지수조정 또는 품목조정으로 조정한다.
> ③ 변경계약을 체결한다.

08 설계변경에 의한 계약변경 처리방법을 설명하시오.

> **정답**
>
> 변경 사유 확인 → 계약금액·기간 조정 → 변경계약 체결

09 물가변동에 의한 계약변경 처리방법을 설명하시오.

> **정답**
>
> 요건 충족 여부 판단 → 지수조정 또는 품목조정 → 계약금액 조정

10 불가항력 사유 발생 시 처리방법을 설명하시오.

> **정답**
>
> 해당 사유 인정 → 귀책 여부 검토 → 계약 기간 연장 및 비용 보전 여부 검토

11 계약내용 변경 처리방법을 설명하시오.

> **정답**
>
> 과업 추가 또는 삭제 검토 → 계약 동일성 유지 판단 → 변경계약 체결

12 발주기관 사정으로 인한 계약변경 처리방법을 설명하시오.

> **정답**
>
> 정책 또는 예산 변경 여부 확인 → 과업 조정 → 계약금액 조정

13 공사 수행 중 물량 증가가 발생하였다. 처리방법을 설명하시오.

> **정답**
>
> ① 설계변경 사유 검토　　② 증가 물량에 대한 단가 적용
> ③ 계약금액 증액　　④ 계약기간 조정 검토
> ⑤ 변경계약 체결

14 계약 체결 후 감염병 확산으로 납품 지연이 발생하였다. 처리방법을 설명하시오.

> **정답**
>
> ① 불가항력 사유 인정 여부 검토　　② 계약상대자 귀책 없음
> ③ 계약기간 연장 조정　　④ 지체상금 면제 가능
> ⑤ 변경계약 체결

15 A사는 물품 계약을 체결하였다. 계약 구성 품목과 계약 당시 가격, 현재 가격은 다음과 같다.

품목	계약 당시 가격	현재 가격	비중
철강	1,000	1,200	50%
전선	500	550	30%
플라스틱	300	270	20%

① 품목조정률을 계산하시오.
② 최초 계약금액이 10억원이었다면 변경계약금액은?

> **정답**
> ① 〈품목별 변동률〉
>   • 철강 = (1,200 − 1,000) / 1,000 = 20%
>   • 전선 = (550 − 500) / 500 = 10%
>   • 플라스틱 = (270 − 300) / 300 = −10%
>   〈가중평균 적용〉
>   • 품목조정률 = (20% × 0.5) + (10% × 0.3) + (−10% × 0.2) = 10% + 3% − 2% = 11%
> ② 변경 계약금액: 10억원 × 1.11 = 11.1억원

16 B사는 장기 계약을 체결하였다. 계약 당시와 현재 물가지수는 다음과 같고, 생산자물가지수 비중은 60%, 건설공사비지수 비중은 40%이다.

구분	계약 당시 지수	현재 지수
생산자물가지수	100	108
건설공사비지수	120	132

① 지수조정률을 계산하시오.
② 최초 계약금액이 10억원이었다면 변경계약금액은?

> **정답**
> ① 〈지수별 변동률〉
>   • 생산자물가지수 = (108 − 100) / 100 = 8%
>   • 건설공사비지수 = (132 − 120) / 120 = 10%
>   〈가중평균 적용〉
>   • 지수조정률 = (8% × 0.6) + (10% × 0.4) = 4.8% + 4% = 8.8%
> ② 변경 계약금액: 10억원 × 1.088 = 10.88억원

17 계약변경 요청서의 기능을 설명하시오.

> **정답**
> 계약상대자가 계약금액·기간·과업 범위 등의 변경 필요성이 발생한 경우 변경 사유와 범위를 명시하여 발주기관에 공식적으로 신청하는 문서로, 계약변경 절차 개시의 근거가 된다.

18 계약금액 조정 산출내역서의 역할을 설명하시오.

> **정답**
>
> 물가변동, 설계변경 등에 따른 계약금액 증감액을 산정하기 위한 계산 근거를 제시하는 문서로, 변경 금액의 적정성과 객관성을 확보하는 자료이다.

19 설계변경 도서의 구성과 목적을 설명하시오.

> **정답**
>
> 설계도면, 시방서, 물량내역서 등 설계변경 내용을 반영한 기술적 문서로, 공사량 증감 및 신규 비목 발생 등 계약변경의 기술적 근거를 제공하는 자료이다.

20 계약변경 검토보고서의 필요성을 설명하시오.

> **정답**
>
> 발주기관의 계약변경 요청의 법령 적합성, 조정요건 충족 여부, 금액 및 기간 영향 등을 검토하여 정리한 문서로, 계약변경 승인 여부 판단을 위한 내부 의사결정 자료이다.

21 변경계약서의 법적 의미를 설명하시오.

> **정답**
>
> 계약금액, 계약기간, 과업 범위 등 변경된 내용을 반영하여 당초 계약을 수정·보완한 계약문서로, 변경된 계약조건에 대해 당사자 간 법적 효력을 발생시키는 문서이다.

22 공사계약 수행 중 주요 자재 가격 상승으로 계약상대자가 계약금액 조정을 요청하였다. 이 경우 발주기관이 검토해야 할 계약변경 관련 서류를 설명하시오.

> **정답**
>
> ① 계약변경 요청서   ② 조정률 산정서
> ③ 가격 변동 증빙자료   ④ 변경 산출내역서
> ⑤ 계약금액 조정 계산서   ⑥ 변경계약서

23 설계변경으로 공사량 증가와 신규 비목이 발생하였다. 계약변경 관련 서류를 설명하시오.

> **정답**
>
> ① 설계변경 요청서   ② 변경 설계도서
> ③ 공사량 증감 내역서   ④ 단가 산정자료
> ⑤ 설계변경 검토서   ⑥ 변경 산출내역서
> ⑦ 변경계약서

24 계약문서 변경 시 반드시 반영해야 할 문서를 설명하시오.

> **정답**
> 설계도서, 시방서, 산출내역서 등 계약문서 일체를 반영해야 한다.

25 변경계약서 작성 절차를 설명하시오.

> **정답**
> ① 계약변경 사유 발생
> ② 조정요건 충족 여부 판단
> ③ 변경금액·기간 산정 및 산출내역서 작성
> ④ 내부 검토 및 승인
> ⑤ 변경계약 체결
> ⑥ 계약문서 수정 및 반영

26 물가변동에 따른 변경계약서 작성 시 검토사항을 설명하시오.

> **정답**
> ① 물가변동 조정요건 충족 여부(기준일 요건)   ② 조정방식 선택(지수조정률 또는 품목조정률)
> ③ 변동률 산정 근거 확인   ④ 계약금액 증감액 산정

27 설계변경에 따른 변경계약서 작성 시 유의사항을 설명하시오.

> **정답**
> ① 설계변경 사유의 타당성 확보   ② 변경 설계도서 작성
> ③ 공사량 및 금액 산정의 객관성 확보   ④ 변경계약 체결 전 수행 금지 원칙 준수
> ⑤ 계약문서 일체 변경 반영

28 변경계약 체결 전 수행 금지 원칙의 필요성을 설명하시오.

> **정답**
> ① 계약금액 분쟁 예방   ② 무단 수행에 따른 대가 미지급 위험 방지
> ③ 계약책임 소재 명확화   ④ 예산 통제 및 공정한 계약관리 확보

29 공사계약 수행 중 발주자의 요구로 설계가 변경되어 공사량이 증가하였다. 이 경우 계약상대자가 수행해야 할 변경계약 체결 절차를 설명하시오.

> **정답**
> ① 설계변경 사유 발생   ② 설계변경 도서 작성
> ③ 변경 금액 산정   ④ 조정요건 검토
> ⑤ 검토 보고   ⑥ 변경계약 체결

CHAPTER 04 계약종결 관리

01 계약서류 기반 이행 완료 판단

출제기준 4-4-1 규정한 계약의 이행이 계약서, 설계서 및 그 밖의 관계서류를 확인하여 계약 이행의 완료를 판단할 수 있다.

1 계약이행 완료 판단의 의미

계약상대자가 계약서·설계서·시방서 및 관계서류에 따라 계약목적물을 적정하게 이행했는지를 확인하여 계약이행 종료 여부를 확정하는 행위

2 확인 대상 문서

계약이행 완료 판단 시 다음 문서들의 일치성을 종합적으로 확인
① 계약서
② 설계서(설계도서·내역서)
③ 시방서
④ 과업지시서
⑤ 계약조건 및 특수조건
⑥ 변경계약서
⑦ 검사·시험 관련 서류
⑧ 성과물 및 납품서류

바로 Check

계약이행 완료 판단의 핵심 기준은 무엇인가?

정답 계약문서 일치성

3 계약이행 완료 판단 기준

계약목적물 완성 여부	계약에서 요구한 결과물이 물리적·기능적으로 완성되었는지 확인
품질·규격 적합 여부	계약서·설계서·시방서에서 요구한 품질과 규격을 충족했는지 확인
수량 및 성능 충족 여부	계약서 또는 내역서에 명시된 수량과 성능을 충족했는지 확인
계약기간 내 이행 여부	계약기간 또는 변경된 기간 내 이행했는지 확인
하자 발생 여부	기능적·구조적 결함 또는 미비사항이 존재하는지 확인
관련 법령 및 계약조건 준수 여부	계약조건 및 관련 법령을 준수했는지 확인
변경계약 반영 여부	설계변경·물가변동·과업변경 등 변경사항이 반영되었는지 확인

4 계약이행 완료 판단 절차

계약문서 확인	계약서 · 설계서 · 과업지시서 등 기준 문서를 확인
이행내용 점검	실제 수행된 내용이 계약 요구사항과 일치하는지 확인
성과물 검토	제출된 결과물의 완성도 및 적정성 확인
검사 · 시험 실시	품질 · 성능 확인을 위한 검사 및 시험 수행
미비사항 보완 요구	부족 · 하자 · 오류 발생 시 보완 요구
이행 완료 인정	모든 기준 충족 시 계약이행 완료 확정

5 계약이행 완료 판단의 중요성

① 검사 · 검수 실시의 전제
② 대금지급의 선행요건
③ 계약종결 판단 기준
④ 하자책임 개시 시점 결정
⑤ 분쟁 예방

핵심 포인트
- 계약이행 완료 판단은 계약문서를 기준으로 수행
- 계약목적물의 완성 여부와 품질 · 규격 적합성을 동시에 확인
- 수량 · 성능 · 계약기간 · 변경계약 반영 여부를 종합적으로 검토
- 검사 · 검수 이전 단계로서 계약이행 완료 판단 절차가 선행
- 하자 및 미비사항 존재 시 보완 요구 후 완료 확정

02 계약종결 서류 준비

출제기준 4-4-2 계약이행의 완료에 따라 검사 · 검수 및 대금 청구 등과 같은 계약종결 처리와 관련된 서류를 준비할 수 있다.

1 계약종결 서류 준비의 의미

계약이행이 정상적으로 완료되면 검사 · 검수, 대가지급, 하자관리 등 종결 절차를 수행하기 위해 필요한 서류를 체계적으로 준비하는 활동

바로 Check

계약이행 완료 판단 후 수행되는 다음 단계는 무엇인가?

정답 검사 · 검수

2 관련 법적 근거

① **검사 · 검수**: 계약이행 완료 여부 확인을 위한 검사 · 검수 수행 근거 ⇒ 「국가계약법」 제14조, 「국가계약법 시행령」 제55조

「국가계약법」 제14조(검사)

① 각 중앙관서의 장 또는 계약담당공무원은 계약상대자가 계약의 전부 또는 일부를 이행하면 이를 확인하기 위하여 계약서, 설계서, 그 밖의 관계 서류에 의하여 검사하거나 소속 공무원에게 그 사무를 위임하여 필요한 검사를 하게 하여야 한다. 다만, 대통령령으로 정하는 계약의 경우에는 전문기관을 따로 지정하여 필요한 검사를 하게 할 수 있다.

② 제1항에 따라 검사하는 자는 검사조서(檢査調書)를 작성하여야 한다. 다만, 대통령령으로 정하는 경우에는 검사조서의 작성을 생략할 수 있다.

③ 각 중앙관서의 장 또는 계약담당공무원은 제1항에도 불구하고 다른 법령에 따른 품질인증을 받은 물품 또는 품질관리능력을 인증받은 자가 제조한 물품 등 대통령령으로 정하는 물품에 대하여는 같은 항에 따른 검사를 하지 아니할 수 있다.

④ 물품구매계약 또는 물품제조계약의 경우 물품의 특성상 필요한 시험 등의 검사에 드는 비용과 검사로 인하여 생기는 변형, 파손 등의 손상은 계약상대자가 부담한다.

「국가계약법 시행령」 제55조(검사)

① 법 제14조 제1항에 따른 검사는 계약상대자로부터 해당 계약의 이행을 완료한 사실을 통지받은 날부터 14일(「재난 및 안전관리 기본법」 제3조 제1호의 재난이나 경기침체, 대량실업 등으로 인한 국가의 경제위기를 극복하기 위해 재정경제부장관이 기간을 정하여 고시한 경우에는 계약상대자로부터 해당 계약의 이행을 완료한 사실을 통지받은 날부터 7일) 이내에 완료해야 한다. 다만, 재정경제부장관이 정하는 경우에는 7일(본문에 따라 7일 이내에 검사를 완료해야 하는 경우에는 3일)의 범위에서 그 검사기간을 연장할 수 있다.

② 제1항의 규정에 의한 검사를 할 때 조사설계용역계약인 경우에는 당해 용역계약의 상대자가 조사설계대상사업의 총사업비를 적정하게 산정하였는지의 여부를 함께 검사하여야 한다.

③ 법 제14조 제1항 단서에서 "대통령령이 정하는 계약"이라 함은 제54조 제1항 각 호의 1에 해당하는 계약을 말한다.

④ 기본설계(타당성 조사에 관한 내용을 포함한다. 이하 같다)와 실시설계를 구분하여 계약을 체결한 경우에는 제1항의 규정에 의하여 실시설계용역에 대한 이행검사를 하는 때에 실시설계대상사업의 총사업비의 산정이 적정한지의 여부를 기본설계서상의 총사업비와 실시설계서상의 총사업비를 비교하여 검사하여야 한다. 이 경우 기본설계서상의 총사업비와 실시설계서상의 총사업비에 차이가 있는 경우에는 실시설계용역의 계약상대자로 하여금 그 사유를 설명하는 자료를 제출하게 하여야 한다.

⑤ 천재·지변 등 불가항력의 사유로 제1항의 규정에 의한 기간 내에 검사를 완료하지 못한 경우에는 당해 사유가 소멸한 날부터 3일 이내에 검사를 완료하여야 한다.

⑥ 각 중앙관서의 장 또는 계약담당공무원은 법 제14조 제1항의 규정에 의한 검사를 함에 있어서 계약상대자의 계약이행내용의 전부 또는 일부가 계약에 위반되거나 부당함을 발견한 때에는 지체없이 필요한 시정조치를 하여야 한다. 이 경우 계약상대자로부터 그 시정을 완료한 사실을 통지받은 날부터 제1항의 규정에 의한 기간을 계산한다.

⑦ 제58조 제3항의 규정에 의한 기성대가지급 시의 기성검사는 법 제13조에 의한 감독을 행하는 자가 작성한 감독조서의 확인으로 갈음할 수 있다. 다만, 동 검사 3회마다 1회는 법 제14조에 의한 검사를 실시하여야 한다.

② 대가지급: 검사 완료 후 계약 대가지급 절차 규정 ⇒ 「국가계약법」 제15조, 「국가계약법 시행령」 제58조

「국가계약법」 제15조(대가의 지급)

① 각 중앙관서의 장 또는 계약담당공무원은 공사, 제조, 구매, 용역, 그 밖에 국고의 부담이 되는 계약의 경우 검사를 하거나 검사조서를 작성한 후에 그 대가(代價)를 지급하여야 한다. 다만, 국제관례 등 부득이한 사유가 있다고 인정되는 경우에는 그러하지 아니하다.

② 제1항에 따른 대가는 계약상대자로부터 대가지급의 청구를 받은 날부터 대통령령으로 정하는 기한까지 지급하여야 하며, 그 기한까지 대가를 지급할 수 없는 경우에는 대통령령으로 정하는 바에 따라 그 지연일수(遲延日數)에 따른 이자를 지급하여야 한다.

③ 동일한 계약에서 제2항에 따른 이자와 제26조에 따른 지체상금은 상계(相計)할 수 있다.

「국가계약법 시행령」 제58조

① 법 제15조 제2항에 따라 국고의 부담이 되는 계약의 대가는 제55조에 따른 검사를 완료한 후 계약상대자의 청구를 받은 날부터 5일(「재난 및 안전관리 기본법」 제3조 제1호의 재난이나 경기침체, 대량실업 등으로 인한 국가의 경제위기를 극복하기 위해 재정경제부장관이 기간을 정하여 고시한 경우에는 계약상대자의 청구를 받은 날부터 3일) 이내에 지급해야 한다. 이 경우 계약당사자와 합의하여 5일을 초과하지 않는 범위에서 대가의 지급기한을 연장할 수 있는 특약을 정할 수 있다.

② 천재·지변 등 불가항력의 사유로 지급기한 내에 대가를 지급할 수 없게 된 경우에는 당해 사유가 소멸된 날부터 3일 이내에 대가를 지급하여야 한다.

③ 법 제15조의 규정에 의하여 기성부분 또는 기납부분에 대한 대가를 지급하는 경우에는 제1항의 규정에 불구하고 계약수량, 이행의 전망, 이행기간 등을 참작하여 적어도 30일마다 지급하여야 한다.

④ 제3항에 따른 대가 지급 시에는 제55조에 따른 검사를 완료하는 날 이전까지 계약상대자로 하여금 대가지급 청구를 하게 할 수 있으며, 검사완료일부터 5일 이내에 검사된 내용에 따라 대가를 확정하여 지급하여야 한다. 다만, 계약상대자가 검사완료일 후에 대가의 지급을 청구한 때에는 그 청구를 받은 날부터 5일 이내에 지급하여야 한다.

⑤ 각 중앙관서의 장 또는 계약담당공무원은 제1항 또는 제4항의 규정에 의한 대가지급의 청구를 받은 후 그 청구내용의 전부 또는 일부가 부당함을 발견한 때에는 그 사유를 명시하여 계약상대자에게 당해 청구서를 반송할 수 있다. 이 경우 반송한 날부터 재청구를 받은 날까지 기간은 제1항 또는 제4항의 지급기간에 이를 산입하지 아니한다.

⑥ 제1항 및 제2항에 따른 기간을 산정하는 경우에는 공휴일 및 토요일을 제외한다.

3 계약종결 처리 절차

① 계약이행 완료 확인
② 검사·검수 요청 및 수행
③ 검사·검수 결과 확정
④ 대금 청구 및 지급 처리
⑤ 보증금 반환 또는 하자보증 전환
⑥ 계약종결 기록 관리

4 주요 준비 서류

① 검사·검수 관련 서류: 계약목적물 적합성 확인

검사요청서	계약 목적물에 대한 검사 절차를 공식적으로 요청하는 문서
검사조서	검사 결과와 판정을 기록한 공식 확인 문서
검수확인서	납품된 물품·용역이 계약조건에 적합함을 확인하는 문서
시험성적서	성능·품질 시험 결과를 수치로 증명하는 문서
성능검증서	계약 목적물이 요구 성능을 충족했음을 입증하는 문서

② 대금 청구 관련 서류: 계약 대가지급 근거 확보

대가지급 청구서	계약상대방이 대금지급을 요청하는 공식 문서
세금계산서	거래에 따른 세금 부과 및 회계 처리를 위한 증빙 문서
기성검사조서(공사·용역)	공사·용역 진행 상황을 검사하고 인정한 결과를 기록하는 문서
기성금 청구서	공사·용역의 진행분에 대해 부분 대금을 청구하는 문서

③ 준공·납품 관련 서류: 이행 완료 공식 확인

준공계(공사)	공사가 계약대로 완료되었음을 공식적으로 보고하는 문서
납품서(물품·용역)	물품·용역이 계약조건에 맞게 인도되었음을 확인하는 문서
완료보고서	계약이행이 끝났음을 종합적으로 보고하는 문서

④ 보증·하자 관련 서류: 하자 책임 및 보증 관리

하자보증서	계약목적물에 하자가 발생할 경우 일정 기간 책임을 보증하는 문서
계약보증금 반환신청서	계약 의무를 모두 이행했음을 근거로 보증금 반환을 요청하는 문서

⑤ 계약종결 행정 서류: 계약 종료 기록

계약종결 보고서	계약이 종료되었음을 공식적으로 보고하는 문서
계약이행 평가서	계약 수행 과정과 결과를 평가하여 기록하는 문서
계약문서 정산자료	계약금액, 변경사항, 지급 내역 등을 최종 정산한 자료

 **Check**

계약이행 결과를 종합 기록하는 문서는 무엇인가?

정답 계약종결 보고서

5 계약종결 서류 준비 시 검토사항

① 검사·검수 결과 반영 여부
② 변경계약 반영 여부
③ 계약금액 정산 여부
④ 지체상금 반영 여부
⑤ 하자보증 전환 여부
⑥ 전자조달시스템 입력 여부

핵심 포인트

- 절차: 검사·검수 → 대금지급 → 보증·하자 → 종결 기록
- 검사·검수 서류는 대금지급의 선행 조건: 검사 완료 전 대가지급 불가
- 준공·납품 처리는 검사 규정과 결합 구조, 준공·납품 서류는 이행 완료 공식 증빙
- 보증금 반환은 검사 완료 + 하자보증 전환 조건
- 하자담보책임은 계약종결 후 관리 단계
- 종결 서류 미비 시 감사·분쟁 위험 발생

03 계약완료 서류 작성

출제기준 4-4-3 계약이행 완료와 관련된 서류를 작성할 수 있다.

1 계약이행 완료 서류 작성의 의미

① 계약이행이 정상적으로 완료되면 이행 사실 확인 + 가지급 + 책임 관리 + 계약 종료 기록을 위해 각종 종결 서류를 작성해야 함
② 단순 행정이 아니라 법적 분쟁 예방, 회계 증빙 확보, 하자책임 관리, 계약종결 명확화를 위한 핵심 절차

2 계약이행 완료 관련 작성서류 체계

이행 완료 확인 서류	완료 여부 판단의 공식 근거	
	계약이행 완료 사실 통보	계약조건 충족 여부 확인 결과 기록
	• 준공계 • 납품완료서 • 용역완료보고서	• 검사조서 • 검수조서
대금지급 관련 서류	대가지급의 회계·법적 근거 • 대금청구서 • 세금계산서 • 검사합격 통보서 • 지급결의서	
보증 및 책임 관리 서류	계약 종료 후 책임관리 체계 확보 • 하자보수보증서 제출서 • 하자보수계획서 • 보증금 반환신청서	
계약 종료 기록 서류	계약종결의 공식 행정 기록 • 계약완료 보고서 • 계약이행 확인서 • 계약종결 기록서 • 전자조달시스템 완료 처리	

바로 Check

계약종결 후 책임 관리를 위해 제출하는 보증서는 무엇인가?

정답 하자보수보증서

3 하자담보책임

① 하자 발생 시 보수 의무 및 하자보증 관리

② 관련 법적 근거: 「국가계약법」 제18조, 「국가계약법 시행령」 제62조

법조문 돋보기

「국가계약법」 제18조(하자보수보증금)

① 각 중앙관서의 장 또는 계약담당공무원은 공사의 도급계약의 경우 계약상대자로 하여금 그 공사의 하자보수(瑕疵補修) 보증을 위하여 하자보수보증금을 내도록 하여야 한다. 다만, 대통령령으로 정하는 경우에는 하자보수보증금의 전부 또는 일부의 납부를 면제할 수 있다.

② 제1항에 따른 하자보수보증금의 금액, 납부시기, 납부방법, 예치기간, 그 밖에 필요한 사항은 대통령령으로 정한다.

③ 하자보수보증금의 국고 귀속에 관하여는 제12조 제3항을 준용한다. 다만, 그 하자의 보수를 위한 예산이 없거나 부족한 경우에는 그 하자보수보증금을 그 하자의 보수를 위하여 직접 사용할 수 있다.

④ 제3항 단서의 경우에 사용하고 남은 금액은 국고에 납입하여야 한다.

「국가계약법 시행령」 제62조(하자보수보증금)

① 법 제18조의 규정에 의한 하자보수보증금은 재정경제부령이 정하는 바에 의하여 계약금액의 100분의 2 이상 100분의 10 이하로 하여야 한다. 다만, 공사의 성질상 하자보수가 필요하지 아니한 경우로서 재정경제부령이 정하는 경우에는 하자보수보증금을 납부하지 아니하게 할 수 있다.

② 각 중앙관서의 장 또는 계약담당공무원은 제1항의 규정에 의한 하자보수보증금을 당해 공사의 준공검사 후 그 공사의 대가를 지급하기 전까지 납부하게 하고 제60조의 규정에 의한 하자담보책임기간 동안 보관하여야 한다.

③ 장기계속공사에 있어서는 연차계약별로 제1항 및 제2항의 규정에 의한 하자보수보증금을 납부하게 하여야 한다. 다만, 연차계약별로 하자담보책임을 구분할 수 없는 공사인 경우에는 총공사의 준공검사 후 하자보수보증금을 납부하게 하여야 한다.

④ 법 제18조 제1항 단서의 규정에 의하여 하자보수보증금의 납부를 면제할 수 있는 경우는 다음 각 호와 같다.
 1. 삭제
 2. 제37조 제3항 제1호 내지 제4호에 규정된 자와 계약을 체결한 경우

⑤ 제37조 제2항·제4항 및 제38조의 규정은 하자보수보증금의 납부 및 국고귀속의 경우에 이를 준용한다.

4 계약보증금 반환

① 계약이행 완료 시 보증금 반환 절차

② 관련 법적 근거: 「국가계약법」 제12조, 「국가계약법 시행령」 제50조

법조문 돋보기

「국가계약법」 제12조(계약보증금)

① 각 중앙관서의 장 또는 계약담당공무원은 국가와 계약을 체결하려는 자에게 계약보증금을 내도록 하여야 한다. 다만, 대통령령으로 정하는 경우에는 계약보증금의 전부 또는 일부의 납부를 면제할 수 있다.

② 제1항에 따른 계약보증금의 금액, 납부방법, 그 밖에 필요한 사항은 대통령령으로 정한다.

③ 각 중앙관서의 장 또는 계약담당공무원은 계약상대자가 계약상의 의무를 이행하지 아니하였을 때에는 해당 계약보증금을 국고에 귀속시켜야 한다. 이 경우 제1항 단서에 따라 계약보증금의 전부 또는 일부의 납부를 면제하였을 때에는 대통령령으로 정하는 바에 따라 계약보증금에 해당하는 금액을 국고에 귀속시켜야 한다.

5 **서류 작성 시 핵심 유의사항**

검사 합격 전 완료서 작성 금지	대가지급 및 보증금 반환 근거 부재
계약조건 충족 여부 명확 기재	하자 및 분쟁 예방
계약변경사항 반영 필수	변경계약 미반영 시 법적 문제 발생 가능
날짜·금액·물량 일치성 확보	회계 감사 시 핵심 점검사항
전자조달시스템 기록 병행	공공계약 필수 증빙

📢 **핵심 포인트**

• 업무 흐름: 완료통보 → 검사 → 지급 → 보증관리 → 종결기록
• 완료 판단 핵심 문서 = 검사조서(대가지급·종결의 기준)
• 검사 합격 전 대가지급 금지
• 하자보증서 = 계약종결 후 책임관리 핵심
• 전자조달 종결 처리 = 행정기록 필수(감사·분쟁 대응)

---

04 **계약 해제·해지 및 관련 서류 작성**

출제기준 4-4-4 계약이행이 불가할 경우 계약 해제 또는 해지하는 절차를 이해하고, 관련 서류를 작성할 수 있다.

1 **계약 해제·해지의 개요**

구분	계약 해제	계약 해지
의미	계약 성립 당시로 소급하여 효력을 없애는 것	장래를 향해 계약 관계를 종료하는 것
효력 발생 시점	계약이 처음부터 없었던 것으로 간주(소급효)	해지 이후부터 계약 효력 종료(불소급)
주요 사유	계약 체결 과정에서 하자 발생(사기, 강박, 착오 등) 또는 채무불이행	계약이행 중 계속적 계약에서 사유 발생(장기계약 불이행, 신뢰 상실 등)
적용 대상	매매계약, 도급계약 등 단발성 계약	임대차, 고용계약 등 계속적 계약
법적 효과	원상회복 의무 발생(이미 이행한 부분을 돌려줘야 함)	이미 이행된 부분은 유효, 장래의 의무만 소멸
대표 사례	매매계약에서 물품이 계약조건과 달라 계약을 없던 것으로 돌리는 경우	임대차계약에서 임차인이 차임을 계속 지급하지 않아 계약을 종료하는 경우

바로 Check

계약 효력을 소급하여 소멸시키는 것은 무엇인가?

정답 계약 해제

2 계약 해제 · 해지 적용 사유

계약상대자 귀책 사유	• 이행 지체(지연 이행): 정해진 납기 또는 준공기한 내 이행하지 못한 경우 • 이행 불능(객관적 불능): 계약자가 계약 목적을 수행할 수 없는 상태 • 부정당행위: 담합, 허위서류 제출, 부정청탁 • 계약상 의무 불이행(채무불이행): 계약조건 위반 • 무단 하도급 • 파산, 회생절차 개시, 영업정지, 면허 취소
발주기관 사유	• 사업 취소 • 예산 미확보, 예산 삭감 • 설계변경으로 계약 목적 소멸 • 공익상 필요 • 정책 변경
불가항력 사유	자연재해, 전쟁, 국가 비상사태 등 천재지변

3 계약 해제 · 해지 판단 절차

① 계약 위반 사실 확인: 계약서 · 설계서 · 관계서류 검토
② 귀책 사유 판단: 계약상대자 vs 발주기관 vs 불가항력
③ 시정요구 및 이행 촉구: 서면 통보
④ 계약 해제 · 해지 결정: 내부 검토 및 승인
⑤ 계약 해제 · 해지 통보: 내용증명 또는 공문
⑥ 후속 조치: 보증금 처리 · 손해배상 · 정산
⑦ 전자조달시스템 종결 처리

바로 Check

계약 해제 통보 방식은 무엇인가?

> 정답 서면 통보

4 계약 해제 · 해지 시 작성 서류

사전 단계	계약 위반 보고서, 시정요구서, 이행 촉구 공문
결정 단계	계약 해제 · 해지 결정서, 내부 검토 보고서
통보 단계	계약 해제 · 해지 통보서, 계약상대자 의견서
후속 조치	계약보증금 국고귀속 또는 반환 처리서, 손해배상청구서, 정산서, 계약종결 기록서

5 관련 법령

① 계약법령: 「국가계약법」 제5조의3, 「국가계약법 시행령」 제75조

> **법조문   돋보기**
>
> **「국가계약법」 제5조의3(청렴계약 위반에 따른 계약의 해제·해지 등)**
> 각 중앙관서의 장 또는 계약담당공무원은 청렴계약을 지키지 아니한 경우 해당 입찰·낙찰을 취소하거나 계약을 해제·해지하여야 한다. 다만, 금품·향응 제공 등 부정행위의 경중, 해당 계약의 이행 정도, 계약이행 중단으로 인한 국가의 손실 규모 등 제반사정을 고려하여 공익을 현저히 해(害)한다고 인정되는 경우에는 대통령령으로 정하는 바에 따라 각 중앙관서의 장의 승인을 받아 해당 계약을 계속하여 이행하게 할 수 있다.
>
> **「국가계약법 시행령」 제75조(계약의 해제·해지)**
> ① 각 중앙관서의 장 또는 계약담당공무원은 법 제12조 제3항의 규정에 의하여 계약보증금을 국고에 귀속시키는 경우에는 계약에 특별히 정한 것이 없는 한 당해 계약을 해제 또는 해지하고 계약상대자에게 그 사유를 통지하여야 한다.
> ② 각 중앙관서의 장 또는 계약담당공무원은 제74조 제1항에 따른 지체상금의 징수사유가 발생하고 그 금액이 제50조 제1항에 따른 계약보증금상당액(면제된 계약보증금을 포함한다)에 달하는 경우에는 다음 각 호의 구분에 따른 방법으로 계약을 해제 또는 해지하거나 유지할 수 있다.
> 1. 계약상대자의 귀책사유로 계약을 수행할 가능성이 없음이 명백하다고 인정되는 경우: 법 제12조 제3항에 따라 계약보증금을 국고에 귀속시키고 해당 계약을 해제 또는 해지한다.
> 2. 제1호 외의 경우로서 계약상대자의 계약 이행가능성이 있고 계약을 유지할 필요가 있다고 인정되는 경우: 계약이행이 완료되지 아니한 부분에 상당하는 계약보증금(당초 계약보증금에 제74조 제3항에 따른 지체상금의 최대금액을 더한 금액을 한도로 한다)을 추가 납부하게 하고 계약을 유지한다. 이 경우 계약보증금의 추가납부에 관하여는 제50조 제6항부터 제8항까지 및 제10항을 준용한다.

② 「민법」: 제3관 계약의 해지, 해제

> **법조문   돋보기**
>
> **「민법」 제3관 계약의 해지, 해제**
> 제543조(해지, 해제권) ① 계약 또는 법률의 규정에 의하여 당사자의 일방이나 쌍방이 해지 또는 해제의 권리가 있는 때에는 그 해지 또는 해제는 상대방에 대한 의사표시로 한다.
> ② 전항의 의사표시는 철회하지 못한다.
> 제544조(이행지체와 해제) 당사자 일방이 그 채무를 이행하지 아니하는 때에는 상대방은 상당한 기간을 정하여 그 이행을 최고하고 그 기간 내에 이행하지 아니한 때에는 계약을 해제할 수 있다. 그러나 채무자가 미리 이행하지 아니할 의사를 표시한 경우에는 최고를 요하지 아니한다.
> 제545조(정기행위와 해제) 계약의 성질 또는 당사자의 의사표시에 의하여 일정한 시일 또는 일정한 기간 내에 이행하지 아니하면 계약의 목적을 달성할 수 없을 경우에 당사자 일방이 그 시기에 이행하지 아니한 때에는 상대방은 전조의 최고를 하지 아니하고 계약을 해제할 수 있다.
> 제546조(이행불능과 해제) 채무자의 책임있는 사유로 이행이 불능하게 된 때에는 채권자는 계약을 해제할 수 있다.
> 제547조(해지, 해제권의 불가분성) ① 당사자의 일방 또는 쌍방이 수인인 경우에는 계약의 해지나 해제는 그 전원으로부터 또는 전원에 대하여 하여야 한다.
> ② 전항의 경우에 해지나 해제의 권리가 당사자 1인에 대하여 소멸한 때에는 다른 당사자에 대하여도 소멸한다.
> 제548조(해제의 효과, 원상회복의무) ① 당사자 일방이 계약을 해제한 때에는 각 당사자는 그 상대방에 대하여 원상회복의 의무가 있다. 그러나 제삼자의 권리를 해하지 못한다.
> ② 전항의 경우에 반환할 금전에는 그 받은 날로부터 이자를 가하여야 한다.

제549조(원상회복의무와 동시이행) 제536조의 규정은 전조의 경우에 준용한다.

제550조(해지의 효과) 당사자 일방이 계약을 해지한 때에는 계약은 장래에 대하여 그 효력을 잃는다.

제551조(해지, 해제와 손해배상) 계약의 해지 또는 해제는 손해배상의 청구에 영향을 미치지 아니한다.

제552조(해제권행사여부의 최고권) ① 해제권의 행사의 기간을 정하지 아니한 때에는 상대방은 상당한 기간을 정하여 해제권행사여부의 확답을 해제권자에게 최고할 수 있다.

② 전항의 기간 내에 해제의 통지를 받지 못한 때에는 해제권은 소멸한다.

제553조(훼손 등으로 인한 해제권의 소멸) 해제권자의 고의나 과실로 인하여 계약의 목적물이 현저히 훼손되거나 이를 반환할 수 없게 된 때 또는 가공이나 개조로 인하여 다른 종류의 물건으로 변경된 때에는 해제권은 소멸한다

핵심 포인트

- 해제 → 계약 소급 소멸
- 해지 → 장래 효력 소멸
- 최고 후 해제 원칙(공공계약 예외 존재)
- 계약자 귀책 여부에 따라 보증금 처리 달라짐
- 공익상 해지는 손실보상 문제 발생 가능

핵심 최종점검

핵심 | **정답**

01 계약이행 완료 판단 시 가장 기본적으로 확인하는 문서는 무엇인가?

01 계약서

02 공사계약에서 기술적 완성 여부 판단의 기준 문서는 무엇인가?

02 설계서(설계도서)

03 용역계약에서 이행 완료 판단의 주요 기준 문서는 무엇인가?

03 과업지시서

04 계약이행 완료 판단 시 변경사항 반영 여부를 확인하는 문서는 무엇인가?

04 변경계약서

05 계약이행 완료 판단 시 하자 발생 여부를 확인하는 목적은 무엇인가?

05 하자책임 판단

06 계약이행 완료 판단 결과는 무엇의 선행요건인가?

06 대금지급

07 계약이행 완료 판단 시 기간 준수 여부 확인의 목적은 무엇인가?

07 지체상금 적용 판단

08 계약종결 처리의 출발점이 되는 절차는 무엇인가?

08 계약이행 완료 확인

09 검사 수행을 위해 제출하는 서류는 무엇인가?

09 검사요청서

10 검사 결과를 기록하는 문서는 무엇인가?

10 검사조서

11 공사 완료 시 제출하는 서류는 무엇인가?

11 준공계

12 대가지급을 요청하는 문서는 무엇인가?

12 대가지급 청구서

13 하자책임 확보를 위한 서류는 무엇인가?

13 하자보증서

14 계약종결 후 보증금 반환을 요청하는 문서는 무엇인가?

14 계약보증금 반환신청서

15 공사·용역 기성대가를 지급하는 근거 문서는 무엇인가?

15 기성검사조서

16	계약이행 완료 사실을 통보하는 대표 서류는 무엇인가?

핵심   정답

16   계약이행 완료 사실을 통보하는 대표 서류는 무엇인가?

17   대가지급의 회계 근거가 되는 서류는 무엇인가?

18   용역 완료 시 제출하는 대표 서류는 무엇인가?

19   검사합격 후 발급되는 지급 관련 통보서는 무엇인가?

20   계약이행 완료 여부를 확인하는 공식 문서는 무엇인가?

21   장래를 향하여 계약 효력을 소멸시키는 것은 무엇인가?

22   계약상대자 귀책 시 국고귀속되는 것은 무엇인가?

23   해제 · 해지 전 실시하는 절차는 무엇인가?

24   해제 후 재산관계 정리의 원칙은 무엇인가?

25   계약 해지 후 기존 이행 부분의 효력은 어떻게 되는가?

16
준공계, 납품완료서, 용역완료보고서

17
지급결의서

18
용역완료보고서

19
검사합격 통보서

20
검사조서

21
해지

22
계약보증금

23
시정요구, 의견청취(청문)

24
원상회복

25
유효

PART 04

서술형 출제예상문제

01 계약이행 완료 판단 절차를 설명하시오.

> **정답**
> ① 계약문서 확인　　　　　　　② 계약이행 내용 점검
> ③ 성과물 및 납품물 검토　　　 ④ 검사 · 시험 실시
> ⑤ 미비사항 보완　　　　　　　⑥ 이행 완료 확정

02 계약이행 완료 판단 시 확인해야 할 문서를 설명하시오.

> **정답**
> ① 계약서　　　　　　　　　　② 설계서 및 시방서
> ③ 과업지시서　　　　　　　　④ 변경계약서
> ⑤ 검사 · 시험 관련 서류　　　 ⑥ 성과물 및 납품서류

03 계약이행 완료 판단의 필요성을 설명하시오.

> **정답**
> ① 계약목적물의 적정 이행 여부 확인　　② 검사 · 검수의 전제 확보
> ③ 대금지급의 적정성 확보　　　　　　 ④ 하자담보 책임 개시 판단
> ⑤ 분쟁 예방

04 계약이행 완료 판단 시 유의사항을 설명하시오.

> **정답**
> ① 계약문서 기준의 객관적 판단
> ② 변경계약 반영 여부 확인
> ③ 품질 및 성능 기준 충족 여부 확인
> ④ 하자 발생 여부 확인
> ⑤ 검사 전 완료 판단 금지

05 계약이행 완료 판단 결과의 효과를 설명하시오.

> **정답**
> ① 검사 · 검수 실시 가능　　　② 대금지급 절차 진행
> ③ 계약종결 단계 진입　　　　④ 하자담보 책임 개시
> ⑤ 계약이행 관련 책임 종료

06 용역계약에서 최종 보고서가 제출되었다. 계약이행 완료 판단 시 검토해야 할 사항을 작성하시오.

> 정답
>
> ① 과업지시서 대비 수행 내용 충족 여부
> ② 보고서 및 성과물 완성도
> ③ 품질 및 성능 기준 충족 여부
> ④ 계약기간 준수 여부
> ⑤ 변경계약 반영 여부
> ⑥ 하자 또는 미비사항 존재 여부
> ⑦ 검수 기준 충족 여부

07 계약종결 서류 준비의 목적을 설명하시오.

> 정답
>
> 검사·검수 및 대금 지급의 법적 근거를 확보하고 계약종료에 필요한 행정처리를 수행하기 위해 필요하다.

08 검사·검수 관련 서류의 기능을 설명하시오.

> 정답
>
> 계약목적물의 규격, 품질, 성능이 계약조건에 적합한지를 확인하는 근거 문서이다.

09 대금 청구 서류의 구성요소를 설명하시오.

> 정답
>
> 대가지급 청구서, 세금계산서, 검사·검수 결과 문서 등으로 구성된다.

10 하자 관련 서류 준비의 필요성을 설명하시오.

> 정답
>
> 하자 발생 시 책임을 확보하고 보수 의무 이행을 담보하기 위해 필요하다.

11 계약종결 기록 관리의 중요성을 설명하시오.

> 정답
>
> 분쟁 예방, 감사 대응, 향후 계약관리 자료 확보를 위해 중요하다.

12 물품계약에서 납품이 완료되어 검사 결과 적합 판정을 받았다. 계약담당자가 준비해야 할 계약종결 관련 서류를 작성하시오.

> 정답
>
> ① 검사요청서 및 검사조서　　② 검수확인서
> ③ 납품서 및 완료보고서　　④ 대가지급 청구서 및 세금계산서
> ⑤ 하자보증서　　⑥ 계약보증금 반환신청서
> ⑦ 계약종결 보고서

13 공사계약에서 준공검사 후 기성금 정산과 하자보증 전환이 필요한 상황이다. 준비해야 할 서류와 검토사항을 작성하시오.

> **정답**
> ① 준비 서류
> - 준공계 및 준공검사조서
> - 정산서 및 지급명세서
> - 계약보증금 반환 또는 전환 서류
> - 기성검사조서 및 기성금 청구서
> - 하자보증서
> - 계약종결 보고서
> ② 검토사항
> - 검사 적합 여부
> - 지체상금 정산 여부
> - 변경계약 반영 여부
> - 계약금액 최종 정산 여부

14 계약이행 완료 관련 서류의 종류를 설명하시오.

> **정답**
> 준공계, 납품완료서, 검사조서, 대금청구서, 지급결의서, 하자보수보증서, 계약종결 기록서 등으로 구성되며, 계약이행 확인·대가지급·책임관리·종결 기록 기능을 수행한다.

15 검사조서 작성의 목적을 설명하시오.

> **정답**
> 계약조건 충족 여부를 확인하고 검사 합격 여부를 기록하여 대가지급 및 계약완료 판단의 법적 근거를 확보하기 위함이다.

16 대금청구 관련 서류의 검토사항을 작성하시오.

> **정답**
> 검사 합격 여부, 계약금액 일치성, 변경계약 반영 여부, 세금계산서 적정성, 지급조건 충족 여부를 확인해야 한다.

17 하자보증 관련 서류 작성의 필요성을 설명하시오.

> **정답**
> 계약종료 후 하자 발생 시 보수 책임을 담보하고 발주기관의 재정적 손실을 방지하기 위해 필요하다.

18 계약종결 기록서 작성의 중요성을 설명하시오

> **정답**
> 계약종료 사실을 공식적으로 기록하여 분쟁 예방, 감사 대응, 계약이력 관리의 근거를 확보하는 데 중요하다.

19 물품계약에서 납품 완료 후 검사 합격이 이루어졌다. 계약담당자가 작성해야 할 계약이행 완료 관련 서류를 작성 순서 중심으로 설명하시오.

> **정답**
> ① 납품완료서 접수
> ② 검사 실시 및 검사조서 작성
> ③ 검사합격 통보
> ④ 대금청구서 및 세금계산서 접수
> ⑤ 지급결의서 작성 및 대가지급
> ⑥ 하자보수보증서 제출 확인
> ⑦ 계약완료 보고서 작성 및 전자조달 종결 처리

20 공사계약에서 준공 후 하자담보책임 기간이 설정되었다. 계약이행 완료 이후 작성해야 할 책임관리 및 종결 서류를 설명하시오.

> **정답**
> ① 준공계 및 검사조서 작성
> ② 준공확인서 발급
> ③ 하자보수보증서 제출 확인
> ④ 계약보증금 반환 처리
> ⑤ 계약완료 기록서 작성 및 종결 등록

21 계약 해제와 해지의 차이를 설명하시오.

> **정답**
> 계약 해제는 계약 효력이 소급하여 소멸하고 원상회복 의무가 발생하는 것이며, 계약 해지는 장래에 대해서만 효력이 소멸하여 이미 이행된 부분은 유효하다.

22 계약 해제 · 해지 사유를 설명하시오.

> **정답**
> 계약 위반, 이행 불능, 사업 취소, 불가항력 등의 사유로 발생한다.

23 계약 해제 · 해지 절차를 설명하시오.

> **정답**
> ① 계약 위반 여부 확인　　　　　② 시정요구
> ③ 개선이 없을 경우 해제 · 해지 여부 결정　　④ 계약상대자에게 통보
> ⑤ 정산 및 보증금 처리 등 후속 조치 수행　　⑥ 계약종결 처리

24 계약보증금 처리 기준을 설명하시오.

> **정답**
>
> 계약보증금은 계약상대자의 귀책사유로 계약이 해제·해지된 경우 국고에 귀속되며, 발주기관 사유 또는 불가항력에 의한 경우에는 반환된다.

25 해제·해지 후 후속 조치를 설명하시오.

> **정답**
>
> 정산, 손해배상 청고, 계약보증금 처리, 재발주 여부 검토, 계약종결 기록 및 시스템 처리를 수행한다.

26 계약상대자의 공사지연 발생 시 계약담당자의 대처 방안을 설명하시오.

> **정답**
>
> ① 계약 위반 여부 확인   ② 시정요구 및 이행 촉구
> ③ 귀책 사유 판단   ④ 계약 해제·해지 결정
> ⑤ 계약 해제·해지 통보   ⑥ 계약보증금 국고귀속 검토
> ⑦ 손해배상 청구 및 정산   ⑧ 전자조달 종결 처리

27 사업 취소로 인한 계약 해지 시 조치를 설명하시오.

> **정답**
>
> ① 사업 취소 사유 확인   ② 계약 해지 결정
> ③ 계약 해지 통보   ④ 기성부분 정산
> ⑤ 계약보증금 반환   ⑥ 계약종결 기록 및 시스템 처리

05

공급대상물 유형별 계약 관리

CHAPTER 01 공사계약 관리

CHAPTER 02 물품계약 관리

CHAPTER 03 용역계약 관리

CHAPTER

공사계약 관리

01 공사계약 특화 절차

출제기준 5-1-1 공사에 특화된 계약조건에 따른 계약을 체결할 수 있다.

1 공사계약의 특징

현장 중심 계약	• 공사는 대부분 현장에서 직접 수행되므로 계약이행 관리가 현장 상황(예 지형, 기후, 주변 환경 등)에 크게 좌우됨 • 발주기관의 감독·검사, 감리, 안전관리 등 현장 관리 기능이 중요
장기간 계약 수행	• 공사는 착공부터 준공까지 장기간 수행되는 경우가 많음 • 이에 따라 물가변동, 설계변경, 공정지연, 계약금액 조정 등 계약변경 사유 발생 가능성이 큼
설계·물량 변동 가능성	• 시공 과정에서 현장 여건 변화, 추가 요구사항 등으로 설계변경 및 물량 증감이 발생하기 쉬움 • 계약금액 조정, 공기 연장, 단가 변경 등의 계약관리 절차가 빈번하게 이루어짐
공정관리 및 품질관리의 중요성	• 공사는 다수 공정이 연계된 복합적 작업이므로 공정관리 실패 시 전체 공사 지연 발생 • 공사는 구조물 안전성과 직결되므로 품질관리·시험·검사가 핵심 요소
하도급 구조 존재	• 전문공종 수행을 위해 원도급자와 하도급자 간 다층적 계약구조 형성 • 이에 따라 하도급대금 지급, 하도급 승인, 불공정 하도급 방지 등 하도급 관리 필요
안전·환경 책임 수반	공사는 산업재해 위험이 높고 환경 영향도 크므로 안전관리계획 수립, 산업재해 예방, 환경보호 및 민원 대응 등의 법적 책임이 계약 수행과 함께 발생

⇒ 따라서 표준계약조건 외 공사 특화 계약조건 필요

2 공사 특화 계약조건의 주요 내용

① 설계도서 관련 계약조건

설계도서 우선순위	도면·시방서·물량내역서 등 설계도서 간 내용이 충돌할 경우: 적용 순서를 정해 분쟁을 예방
설계변경 절차	현장 여건 변화, 발주자 요구 등으로 설계가 변경될 경우: 승인 → 검토 → 변경계약 체결 절차 규정
물량증감 처리	공사 수행 중 실제 물량이 증가·감소할 경우: 단가 적용 및 계약금액 조정 방법 규정
추가공사 인정 기준	당초 설계 범위를 벗어난 공사에 대해 발주자 승인 및 계약금액 조정 여부 판단 기준 마련

⇒ 목적: 분쟁 예방 및 계약금액 조정 근거 확보

② 계약금액 조정 조건

설계변경	공사량 증감 또는 신규공종 발생 시 계약금액 조정
물가변동	자재비·노임 등 가격 변동 시 품목조정률 또는 지수조정률 방식으로 조정
공사기간 연장	공기연장으로 간접비 증가 시 계약금액 조정 가능

법령변경	최저임금·안전기준 강화 등으로 비용 증가 시 조정
공사중지	발주자 사정 등으로 공사중지 시 발생 비용 보상

⇒ 목적: 공사 수행 중 발생하는 위험의 합리적 분담

③ 공사기간 및 공정관리 조건

착공일·준공일	계약이행의 시작과 종료 기준일 명확화
공정표 제출	공정계획을 제출하여 공사 진행 상황을 관리·통제
지체상금	준공지연 시 계약상대자의 책임을 금전적으로 부담시키는 제도
공기연장 인정 사유	천재지변, 설계변경 등 계약상대자 책임이 아닌 경우 공기연장 인정

⇒ 목적: 일정관리 및 계약이행 확보

④ 대가지급 조건

선금	착공 초기 자금 지원을 위한 선지급
기성금	공사 진행률에 따라 부분적으로 지급되는 금액
준공금	공사 완료 후 최종 지급되는 금액
하자보수보증금	하자 발생 시 보수 책임 확보를 위한 보증금

⇒ 목적: 시공사의 자금흐름 안정 및 계약이행 확보

⑤ 하자관리 조건

하자담보책임기간	준공 후 일정 기간 동안 하자 발생 시 보수 책임 부담
하자보수 절차	하자 발견 → 통보 → 보수 → 재검사 등의 절차 규정
하자보수보증금	하자보수 미이행 시 보수 비용 확보를 위한 보증
하자 발생 시 책임범위	시공 결함, 설계 결함 등 책임 귀속 기준 명확화

⇒ 목적: 공사 품질 확보

⑥ 하도급 관련 조건

하도급 승인	원도급자가 하도급 계약 체결 시 발주자 승인 필요
직접지급	하도급 대금 체불 방지를 위해 발주자가 하수급자에게 직접지급 가능
하도급대금 보호	지급보증, 하도급대금 지급기한 등 보호 장치
불공정 하도급 금지	부당특약, 대금 감액, 기술자료 요구 등 금지

⇒ 목적: 하도급 보호 및 공정거래 확보

 Check

원도급자가 하도급 계약 체결 시 발주자의 사전 승인을 받는 제도는 무엇인가?

정답 하도급 승인

⑦ 안전 · 환경 관련 조건

산업안전관리	안전관리계획 수립, 안전교육, 위험요인 관리 등의 의무 부담
안전관리비 반영	안전관리 비용을 공사비에 반영하여 안전투자 확보
환경보호 의무	소음 · 진동 · 폐기물 · 수질 관리 등 환경보호 책임
사고 발생 시 책임	산업재해 및 환경사고 발생 시 손해배상 및 행정책임 규정

⇒ 목적: 안전사고 예방 및 사회적 책임 확보

3 공사 특화 계약조건의 적용 절차

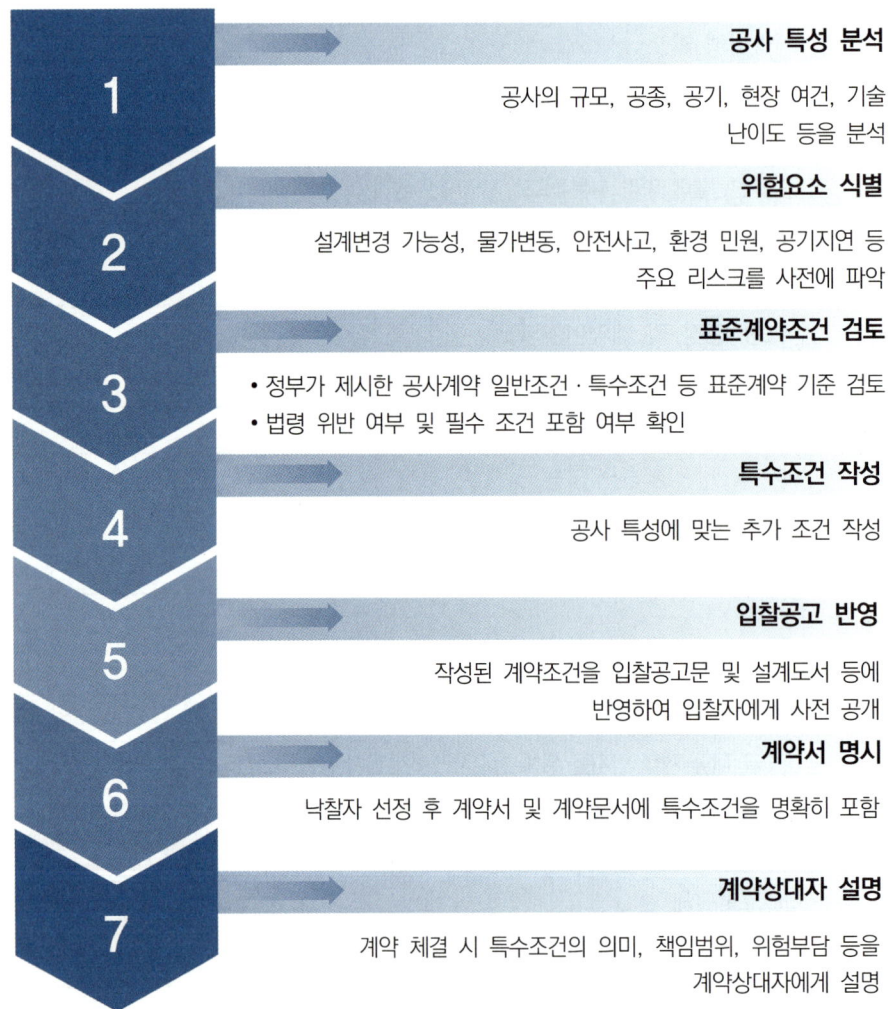

1 공사 특성 분석
공사의 규모, 공종, 공기, 현장 여건, 기술 난이도 등을 분석

2 위험요소 식별
설계변경 가능성, 물가변동, 안전사고, 환경 민원, 공기지연 등 주요 리스크를 사전에 파악

3 표준계약조건 검토
• 정부가 제시한 공사계약 일반조건 · 특수조건 등 표준계약 기준 검토
• 법령 위반 여부 및 필수 조건 포함 여부 확인

4 특수조건 작성
공사 특성에 맞는 추가 조건 작성

5 입찰공고 반영
작성된 계약조건을 입찰공고문 및 설계도서 등에 반영하여 입찰자에게 사전 공개

6 계약서 명시
낙찰자 선정 후 계약서 및 계약문서에 특수조건을 명확히 포함

7 계약상대자 설명
계약 체결 시 특수조건의 의미, 책임범위, 위험부담 등을 계약상대자에게 설명

4 나라장터 시스템의 공사계약 업무 영역

① **15개 부문**: 입찰공고, 사업(과업)설명회, 실적심사, 공동수급 협정, 조합공동 참여, PQ심사, 적격성 심사, 입찰서 제출, 개찰 결과, 수의시담, 적격심사, 종합심사, 종합평가, 낙찰자 선정, 국가유산수리공사 등
② **공사계약 특화 절차(5개 부문)**: PQ심사, 적격성심사, 종합심사, 종합평가, 국가유산수리공사 등

5 공사계약 PQ심사

① **공사계약 PQ(Pre-Qualification)심사**
- 공사입찰에 참여하려는 업체의 시공경험, 기술능력, 경영상태 등을 미리 평가해 해당 공사 수행에 필요한 적정한 능력 여부를 사전에 심사하는 제도
- PQ심사를 통과한 조달업체만 입찰참가를 허용

② **PQ심사 개괄**: 통합 PQ심사 목록 조회 → PQ심사신청서 작성 제출 → 발주기관 심사 → PQ심사 결과 공개 순으로 진행

③ **목록 조회 방법**: 나라장터 메뉴 중 '입찰' → 'PQ심사' → 통합 PQ심사 목록 확인[입찰공고번호, 공고명, 진행상태, 업무구분(전체/공사/기술용역)]

④ **PQ심사 신청**

신청 정보 확인	• PQ심사 신청 정보는 공고와 심사 기본 정보, 신청자 정보, 공동수급 협정 정보, 심사 정보를 확인 • 심사 정보에 경영상태 평가 방식과 PQ심사 신청 방식을 확인하고 하도급계약 관련 표준하도급계약서 사용 여부를 선택해 입력
공사 PQ심사 평가	공사 PQ심사 평가 분야: 경영상태(신용평가), 시공경험, 기술능력, 신인도(표준계약), 신인도(일자리창출)로 구성되며, 해당 심사 분야에 대해 자기평가를 진행 • 경영상태 평가: 대표업체와 구성업체의 신용평가 정보를 확인해 신용평가 유형별로 해당 등급 정보를 입력(입력된 정보를 삭제하고 재입력 가능)하고 저장 • 시공경험 평가 　- 해당 PQ심사와 관련한 실적심사기준에 따라 실적 조회를 통해 확인된 실적을 추가·삭제할 수 있으며, 추가한 실적을 저장하면 평가 정보로 입력 　- 해당 공사 PQ심사의 평가 대상 실적을 조회하고 추가하기 위해 심사 대상 조달업체의 공사 실적 공종을 조회하면 목록이 나열되며, 그중 평가 대상 실적을 선택하면 시공경험 평가 정보로 입력 • 기술능력 심사 　- 건설기술자 보유 현황을 심사받는 것으로, 일반기술자와 경력기술자로 구분 　- 일반기술자는 실적공종, 공종상세, 일반·시공 지원 기술자 수를 입력 　- 경력기술자는 PQ공종 구분, 기술자 등급, 기술자명, 식별번호, 참여기간 정보를 입력 • 신인도 심사 　- 기술능력 심사 정보 입력 후 경영상태 평가 방식, PQ심사 신청 방식 정보를 확인하고 신인도 심사와 관련해 표준하도급계약서와 건설기계임대차 표준계약서 사용 여부를 선택 　- 해당 표준계약서 사용을 선택한 경우 사용비율을 입력하면 해당 비율에 따른 신인도 가점에 해당하는 평가점수가 입력 　- 일자리창출 실적 정보를 입력
자기평가 및 제출	• 자기평가 　- 경영상태에서 신인도 심사항목까지 정보 입력을 완료하고 자기평가 절차를 통해 심사표를 저장하면 해당 입찰공고의 PQ심사기준을 확인할 수 있음 　- PQ심사 대상 조달업체가 심사표의 기본항목과 신인도 심사항목 등에서 입력한 정보에 따른 심사점수를 선택하면 심사표의 심사항목별 심사점수를 입력하고 심사표를 저장 • 제출 　- 자기평가 PQ심사표까지 저장되면 PQ심사신청서, 공종별 동일 또는 유사한 공사 실적, 건설기술 보유 현황표, 표준계약서 사용계획서, 공동수급 협정 승인 내역 등 심사받기 위해 입력한 정보가 반영된 서류를 출력해 확인 　- 확인 후 심사표를 저장하고 제출하면 PQ심사 신청 절차 완료

6 공사계약 적격성 심사

① 개념: 부실공사를 방지하고, 공공사업의 품질을 높이기 위해 입찰참가업체가 해당 계약을 성공적으로 이행할 능력이 있는지를 종합적으로 평가하는 절차

② 절차: 발주기관이 적격성 심사 공고 → 해당 입찰에 참가할 조달업체가 적격성 심사 신청 → 발주기관은 이를 접수해 심사 후 결과를 공개

적격성 심사 신청	공고정보 기준으로 적격성 심사를 신청 후 제출
적격성 심사 처리	적격성 심사 설정 기준으로 심사
적격성 심사 공개	적격성 심사 평가결과 점수를 업체에 공개
적격성 심사 이의신청	적격성 심사 결과에 대해 이의신청 → 승인 시 이의신청한 결과로 반영 → 반려 시 수정되지 않음

7 공사계약 종합심사

개념	「국가계약법 시행령」 제42조 제4항에 따라 공사 수행능력, 입찰금액, 사회적 책임, 계약 신뢰도 등 다양한 요소를 종합적으로 평가해 가장 높은 점수를 얻은 업체를 낙찰자로 선정하는 제도
도입 취지	기존 대규모 공사에서 최저가 낙찰제의 문제점을 보완하고 공사의 품질 향상과 건설산업 경쟁력 제고를 목표로 2016년부터 본격적으로 시행
적용 범위 확대	최초 추정가격 300억원 이상인 대규모 공사나 고난도 공사에 적용되다가, 현재는 100억원 이상 300억원 미만의 일반공사(고난도 공사 제외)에 간이형 종합심사낙찰제를 도입해 확대 적용
운용기준	• 「국가계약법」 적용 입찰의 경우: 재정경제부 (계약예규)「종합심사낙찰제 심사기준」 • 「지방계약법」 적용 입찰의 경우: 행정안전부 예규「종합평가낙찰자 결정기준」
진행 절차	• 종합심사낙찰제를 적용하는 공사 입찰공고에서 조달업체가 종합심사를 신청 • 발주기관이 심사신청을 접수한 후 심사서류 제출 업체를 선정해 해당 업체에 서류 제출을 통보 • 조달업체가 종합심사에 필요한 서류를 제출하면 서류 보완 필요 여부에 따라 보완 절차를 진행하거나 종합심사를 진행해 심사 결과를 공개하는 순으로 진행 • 심사서류 제출 통보를 받은 조달업체는 서류를 제출해야 하며, 발주기관은 제출된 서류를 바탕으로 심사를 진행해 낙찰자를 선정하고 계약을 체결

8 공사계약 종합평가

① 개념: 「지방계약법」이 적용되는 공사계약 입찰에서 종합심사낙찰제는 종합평가낙찰제로 명명되며, 심사 절차는 기본적으로 「국가계약법」이 적용되는 종합심사낙찰제와 동일하거나 유사

② 신청 방법: 조달업체가 나라장터 "입찰" 메뉴에서 종합평가공고 목록을 검색해 참가를 결정한 입찰공고를 선택하면 종합평가신청서를 작성해 제출할 수 있음

9 공사계약 국가유산수리공사

① 국가유산수리공사도 종합심사낙찰제 적용 대상

② 시행 시기: 시범사업을 거쳐 2017년부터 본격적으로 시행 중

③ **도입 목적**: 국가유산의 역사성, 전문성 등에도 불구하고 일반공사 계약과 동일하게 가격 경쟁 위주의 최저가 낙찰제 도로 발생하는 부실 수리 문제를 예방하고, 적정 대가를 보장함으로써 국가유산 보존에 필수적인 기술력과 전문성을 갖춘 사업자를 선정해 부실 수리 예방과 수리품질을 향상하기 위한 목적으로 도입
④ **신청 방법**: 나라장터에서 국가유산수리 입찰공고 중 종합심사 또는 종합평가(「지방계약법」 적용 국가유산수리의 경우)낙찰제를 적용하는 입찰에 참가할 국가유산수리업체는 종합심사신청서를 제출
⑤ **심사 절차**: 기본적인 심사 절차는 공사계약 종합심사나 종합평가 절차와 유사

국가유산수리공사에 종합심사낙찰제를 적용하는 주된 목적은 무엇인가?

정답 부실 수리 예방 및 수리 품질 향상

핵심 포인트

- 공사계약은 현장 중심 · 장기간 수행 · 설계변경 가능성 등의 특수성 존재
- 공사계약은 설계변경 · 물량변동 · 공기연장 등 불확실성 관리(계약금액 조정)가 핵심
  → 공사기간 관리의 핵심 수단: 공정표 · 지체상금 · 공기연장 제도
- 공사 특화 계약조건은 위험 분담 및 분쟁 예방 장치
- 하도급 · 안전 · 환경 조건은 공사계약에서 사회적 책임 및 공사 품질 확보의 핵심 영역
- PQ심사, 적격성 심사, 종합심사, 종합평가, 국가유산수리공사 등은 공사 특화 제도

PART 05

---

02 공사계약 기반 계약이행 절차 관리

출제기준 5-1-2 공사에 특화된 계약조건에 따른 계약이행 절차를 관리할 수 있다.

1 공사계약 계약이행 관리(공통)

착공관리	공사 시작을 공식적으로 관리 • 착공신고서 제출 및 승인　　　• 착공일 확정 • 현장 조직 · 장비 · 인력 투입 확인　　• 공정표 및 안전관리계획 제출 → 의미: 계약이 실제 이행 단계로 전환되는 시점
공정관리	공사를 계획된 일정대로 진행하도록 관리 • 공정표 작성 및 제출　　　　• 공정률 점검 • 지연 발생 시 원인 분석 및 대책 수립　• 공기연장 여부 판단 → 의미: 준공 지연 및 지체상금 발생 예방
품질관리	설계도서 및 기준에 맞는 시공 여부 관리 • 자재검사 및 시험　　　　　• 시공 품질 확인 • 품질시험 성적서 관리　　　　• 부적합 시 재시공 → 의미: 공사 목적물의 성능 · 내구성 확보

안전관리	공사현장 사고 예방 및 근로자 보호 • 안전관리계획 수립 • 보호장비 사용 점검 → 의미: 산업재해 예방 및 책임 리스크 감소	• 안전교육 실시 • 사고 발생 시 보고 및 조치
설계변경 관리	공사 중 설계·물량변경 발생 시 계약조정 관리 • 설계변경 사유 검토 • 계약금액 및 공기 조정 → 의미: 공사비·공기 변동에 대한 합리적 대응	• 변경도면 및 내역서 작성 • 변경계약 체결
기성금·준공금관리	공사진행 단계별 대가지급 관리 • 기성검사 후 기성금 지급 • 선금 정산 → 의미: 시공사의 자금흐름 안정 및 공사의 지속성 확보	• 준공검사 후 준공금 지급 • 지급지연 방지
하자관리	준공 후 하자 발생 시 보수 및 책임 관리 • 하자담보책임기간 설정 • 하자보수보증금 관리 → 의미: 준공 후 공사 품질 지속 확보	• 하자 발생 시 보수 요구 • 하자 종료 확인

2 공사 특화 계약이행 절차 관리

① **공사계약의 특징**: 설계·물량·공정·안전·하도급 등 변동요인이 많아 일반 물품·용역보다 계약이행 관리 절차가 복잡
② **목적**: 공정관리 및 품질확보, 공사비 통제, 안전·환경 리스크 관리, 설계변경·물가변동 대응, 분쟁 예방 등

3 공사 특화 제도별 계약이행 절차와 특징

① PQ심사 공사

절차	PQ심사 통과 → 입찰 참여 → 낙찰자 선정 → 계약 체결 → 착공 및 공정관리 → 품질·안전관리 수행 → 준공 및 검사 → 종결
특징	• 기술 중심 공사 • 대형·고난도 공사 적용 • 시공능력 확보로 계약이행 안정성 확보

 Check

PQ심사 공사 계약이행 절차를 설명하시오.

정답 PQ심사 → 입찰 → 낙찰 → 계약 → 공정·품질관리 → 준공

② 적격성 심사 공사

절차	입찰 참여 → 예정가격 대비 투찰 → 적격성 심사 → 낙찰자 선정 → 계약 체결 → 공정관리·품질관리 수행 → 기성·준공 관리 → 종결
특징	• 중소·중형 공사 중심 • 가격경쟁 + 수행능력 균형

③ 종합심사낙찰제 공사

절차	입찰 참여 → 기술·가격 제안 제출 → 종합심사평가 → 낙찰자 선정 → 계약 체결 → 성과기반 공정관리 → 준공 및 성과 평가 → 종결
특징	• 대형 공사 • 공사 품질 중심 계약이행 관리

 Check

종합심사낙찰제 공사의 계약이행 특징을 설명하시오.

정답 기술·가격 종합평가 후 성과기반의 시공관리를 수행한다.

④ 종합평가낙찰제 공사

절차	기술제안서 제출 → 기술평가 → 가격평가 → 종합평가 낙찰자 선정 → 계약 체결 → 기술 중심 시공 관리 → 준공 및 성능검증 → 종결
특징	• 고난도 기술공사 • 설계·시공 통합 관리

 **Check**

종합평가낙찰제의 평가 구성요소는 무엇인가?

정답 기술평가 + 가격평가

⑤ 국가유산수리공사

절차	전문업체 참여 → 기술자 배치 → 수리계획 승인 → 전통기법 시공 → 품질·기록관리 → 준공검사 → 유지관리
특징	• 전문기술자 의무 배치 • 원형보존 원칙 • 공정 변경 제한

핵심 포인트

공사별 낙찰제도에 따라 계약이행 관리 방식 달라짐
• PQ심사 → 입찰 전 수행능력 검증
• 적격성 심사 → 가격 중심 + 능력 보완
• 종합심사·종합평가 → 기술 중심 관리
• 국가유산수리 → 원형보존 중심

03 하도급 계약이행 절차 관리

출제기준 5-1-3 「하도급법」에 따른 원수급자와 하수급자인 협력업체 간 계약이행 절차를 관리할 수 있다.

1 「하도급법」에 따른 원수급자 – 하수급자 간 계약이행 절차 관리

개념	원수급자가 공사의 일부를 협력업체(하수급자)에 맡겨 수행하는 계약이행 관리
목적	• 하도급 거래의 공정성 확보 • 하수급자 보호 • 공사 품질 및 이행 안정성 확보

2 주요 법적 근거

① 「하도급거래 공정화에 관한 법률」
  • 제3조(서면의 발급 및 서류의 보존)

> 법조문 돋보기
>
> **「하도급거래 공정화에 관한 법률」 제3조(서면의 발급 및 서류의 보존)**
> ① 원사업자가 수급사업자에게 제조 등의 위탁을 하는 경우 및 제조 등의 위탁을 한 이후에 해당 계약내역에 없는 제조 등의 위탁 또는 계약내역을 변경하는 위탁(이하 이 항에서 "추가·변경위탁"이라 한다)을 하는 경우에는 제2항의 사항을 적은 서면(「전자문서 및 전자거래 기본법」 제2조 제1호에 따른 전자문서를 포함한다. 이하 이 조에서 같다)을 다음 각 호의 구분에 따른 기한까지 수급사업자에게 발급하여야 한다.
> 1. 제조위탁의 경우: 수급사업자가 제조 등의 위탁 및 추가·변경위탁에 따른 물품 납품을 위한 작업을 시작하기 전
> 2. 수리위탁의 경우: 수급사업자가 제조 등의 위탁 및 추가·변경위탁에 따른 수리행위를 시작하기 전
> 3. 건설위탁의 경우: 수급사업자가 제조 등의 위탁 및 추가·변경위탁에 따른 계약공사를 착공하기 전
> 4. 용역위탁의 경우: 수급사업자가 제조 등의 위탁 및 추가·변경위탁에 따른 용역수행행위를 시작하기 전
> ② 제1항의 서면에는 다음 각 호의 사항을 적고 원사업자와 수급사업자가 서명[「전자서명법」 제2조 제2호에 따른 전자서명(서명자의 실지명의를 확인할 수 있는 것을 말한다)을 포함한다. 이하 이 조에서 같다] 또는 기명날인하여야 한다.
> 1. 하도급대금과 그 지급방법 등 하도급계약의 내용
> 2. 제16조의2 제1항에 따른 하도급대금의 조정요건, 방법 및 절차
> 3. 하도급대금 연동의 대상 목적물 등의 명칭, 주요 원재료, 주요 에너지, 조정요건, 기준 지표 및 산식 등 하도급대금 연동에 관한 사항으로서 대통령령으로 정하는 사항 〈시행 2026.8.11.〉
> 4. 그 밖에 서면에 적어야 할 사항으로서 대통령령으로 정하는 사항
> ③ 원사업자는 제2항 제3호에 따른 사항을 적을 때 수급사업자의 이익에 반하는 불공정한 내용이 되지 아니하도록 수급사업자와 성실히 협의하여야 한다.
> ④ 다음 각 호의 어느 하나에 해당하는 경우에는 원사업자는 서면에 제2항 제3호에 따른 사항을 적지 아니할 수 있다. 다만, 제4호의 경우에는 원사업자와 수급사업자가 그 취지와 사유를 서면에 분명하게 적어야 한다.
> 1. 원사업자가 「중소기업기본법」 제2조 제2항에 따른 소기업에 해당하는 경우
> 2. 하도급거래 기간이 90일 이내의 범위에서 대통령령으로 정하는 기간 이내인 경우
> 3. 하도급대금이 1억원 이하의 범위에서 대통령령으로 정하는 금액 이하인 경우
> 4. 원사업자와 수급사업자가 하도급대금 연동을 하지 아니하기로 합의한 경우

⑤ 원사업자는 하도급대금 연동과 관련하여 하도급거래에 관한 거래상 지위를 남용하거나 거짓 또는 그 밖의 부정한 방법으로 이 조의 적용을 피하려는 행위를 하여서는 아니 된다.

⑥ 원사업자는 제2항에도 불구하고 위탁시점에 확정하기 곤란한 사항에 대하여는 재해·사고로 인한 긴급복구공사를 하는 경우 등 정당한 사유가 있는 경우에는 해당 사항을 적지 아니한 서면을 발급할 수 있다. 이 경우 해당 사항이 정하여지지 아니한 이유와 그 사항을 정하게 되는 예정기일을 서면에 적어야 한다.

⑦ 원사업자는 제6항에 따라 일부 사항을 적지 아니한 서면을 발급한 경우에는 해당 사항이 확정되는 때에 지체 없이 그 사항을 적은 새로운 서면을 발급하여야 한다.

⑧ 원사업자가 제조 등의 위탁을 하면서 제2항의 사항을 적은 서면(제6항에 따라 일부 사항을 적지 아니한 서면을 포함한다)을 발급하지 아니한 경우에는 수급사업자는 위탁받은 작업의 내용, 하도급대금 등 대통령령으로 정하는 사항을 원사업자에게 서면으로 통지하여 위탁내용의 확인을 요청할 수 있다.

⑨ 원사업자는 제8항의 통지를 받은 날부터 15일 이내에 그 내용에 대한 인정 또는 부인(否認)의 의사를 수급사업자에게 서면으로 회신을 발송하여야 하며, 이 기간 내에 회신을 발송하지 아니한 경우에는 원래 수급사업자가 통지한 내용대로 위탁이 있었던 것으로 추정한다. 다만, 천재나 그 밖의 사변으로 회신이 불가능한 경우에는 그러하지 아니하다.

⑩ 제8항의 통지에는 수급사업자가, 제9항의 회신에는 원사업자가 서명 또는 기명날인하여야 한다.

⑪ 제8항의 통지 및 제9항의 회신과 관련하여 필요한 사항은 대통령령으로 정한다.

⑫ 원사업자와 수급사업자는 대통령령으로 정하는 바에 따라 하도급거래에 관한 서류를 보존하여야 한다.

- 제4조(부당한 하도급대금의 결정 금지)
- 제8조(부당한 위탁취소의 금지 등)
- 제11조(감액금지)
- 제13조(하도급대금의 지급 등)
- 제14조(하도급대금의 직접 지급)

법조문 돋보기

「하도급거래 공정화에 관한 법률」 제14조(하도급대금의 직접 지급)

① 발주자는 다음 각 호의 어느 하나에 해당하는 사유가 발생한 때에는 수급사업자가 제조·수리·시공 또는 용역수행을 한 부분에 상당하는 하도급대금을 그 수급사업자에게 직접 지급하여야 한다.

1. 원사업자의 지급정지·파산, 그 밖에 이와 유사한 사유가 있거나 사업에 관한 허가·인가·면허·등록 등이 취소되어 원사업자가 하도급대금을 지급할 수 없게 된 경우로서 수급사업자가 하도급대금의 직접 지급을 요청한 때

2. 발주자가 하도급대금을 직접 수급사업자에게 지급하기로 발주자·원사업자 및 수급사업자 간에 합의한 때

3. 원사업자가 제13조 제1항 또는 제3항에 따라 지급하여야 하는 하도급대금의 2회분 이상을 해당 수급사업자에게 지급하지 아니한 경우로서 수급사업자가 하도급대금의 직접 지급을 요청한 때

4. 원사업자가 제13조의2 제1항 또는 제2항에 따른 하도급대금 지급보증 의무를 이행하지 아니한 경우로서 수급사업자가 하도급대금의 직접 지급을 요청한 때

② 제1항에 따른 사유가 발생한 경우 원사업자에 대한 발주자의 대금지급채무와 수급사업자에 대한 원사업자의 하도급대금 지급채무는 그 범위에서 소멸한 것으로 본다.

③ 원사업자가 발주자에게 해당 하도급 계약과 관련된 수급사업자의 임금, 자재대금 등의 지급 지체 사실(원사업자의 귀책사유로 그 지급 지체가 발생한 경우는 제외한다)을 입증할 수 있는 서류를 첨부하여 해당 하도급대금의 직접 지급 중지를 요청한 경우, 발주자는 제1항에도 불구하고 그 하도급대금을 직접 지급하여서는 아니 된다.

④ 제1항에 따라 발주자가 해당 수급사업자에게 하도급대금을 직접 지급할 때에 발주자가 원사업자에게 이미 지급한 하도급금액은 빼고 지급한다.

⑤ 제1항에 따라 수급사업자가 발주자로부터 하도급대금을 직접 받기 위하여 기성부분의 확인 등이 필요한 경우 원사업자는 지체 없이 이에 필요한 조치를 이행하여야 한다.

⑥ 제1항에 따라 하도급대금을 직접 지급하는 경우의 지급 방법 및 절차 등에 관하여 필요한 사항은 대통령령으로 정한다.

② 「하도급거래 공정화에 관한 법률 시행령」
- 제3조(서면 기재사항)

법조문 | 돋보기

「하도급거래 공정화에 관한 법률 시행령」 제3조(서면 기재사항)

① 법 제3조 제2항 제1호에 따른 하도급계약의 내용에는 다음 각 호의 사항이 포함되어야 한다.
1. 위탁일과 수급사업자가 위탁받은 것(이하 "목적물 등"이라 한다)의 내용
2. 목적물 등을 원사업자에게 납품·인도 또는 제공하는 시기 및 장소
3. 목적물 등의 검사의 방법 및 시기
4. 하도급대금(선급금, 기성금 및 법 제16조에 따라 하도급대금을 조정한 경우에는 그 조정된 금액을 포함한다. 이하 같다)과 그 지급방법 및 지급기일
5. 원사업자가 수급사업자에게 목적물 등의 제조·수리·시공 또는 용역수행행위에 필요한 원재료 등을 제공하려는 경우 그 원재료 등의 품명·수량·제공일·대가 및 대가의 지급방법과 지급기일

② 법 제3조 제2항 제3호에서 "대통령령으로 정하는 사항"이란 다음 각 호의 사항을 말한다.
1. 하도급대금 연동 대상 목적물 등의 명칭
2. 하도급대금 연동 대상 목적물 등의 주요 원재료
3. 하도급대금 연동의 조정요건
4. 주요 원재료 가격의 기준 지표
5. 하도급대금 연동의 산식
6. 주요 원재료 가격의 변동률 산정을 위한 기준 시점 및 비교 시점
7. 하도급대금 연동의 조정일, 조정주기 및 조정대금 반영일

③ 법 제3조 제4항 제2호에서 "대통령령으로 정하는 기간"이란 90일을 말한다. 다만, 거래 관행 등 거래의 특성을 고려하여 공정거래위원회가 달리 정하여 고시하는 경우에는 그에 따른 기간을 말한다.

④ 법 제3조 제4항 제3호에서 "대통령령으로 정하는 금액"이란 1억원을 말한다. 다만, 거래 관행 등 거래의 특성을 고려하여 공정거래위원회가 달리 정하여 고시하는 경우에는 그에 따른 금액을 말한다.

- 제7조(부당한 하도급대금 결정 금지)
- 제7조의2(하도급대금 감액 시 서면 기재사항)
- 제9조(하도급대금의 직접 지급)

법조문 | 돋보기

「하도급거래 공정화에 관한 법률 시행령」 제9조(하도급대금의 직접 지급)

① 법 제14조 제1항에 따른 수급사업자의 직접지급 요청은 그 의사표시가 발주자에게 도달한 때부터 효력이 발생하며, 그 의사표시가 도달되었다는 사실은 수급사업자가 증명하여야 한다.

② 발주자는 하도급대금을 직접 지급할 때에 「민사집행법」 제248조 제1항 등의 공탁사유가 있는 경우에는 해당 법령에 따라 공탁(供託)할 수 있다.

③ 발주자는 원사업자에 대한 대금지급의무의 범위에서 하도급대금 직접 지급 의무를 부담한다.

④ 하도급대금의 직접 지급 요건을 갖추고, 그 수급사업자가 제조·수리·시공한 분(分)에 대한 하도급대금이 확정된 경우, 발주자는 도급계약의 내용에 따라 수급사업자에게 하도급대금을 지급하여야 한다.

③ 「건설산업기본법」
  - 제29조(건설공사의 하도급 제한)
  - 제29조의2(건설공사의 하도급관리)
  - 제29조의3(건설공사의 하도급 참여제한)
  - 제31조(하도급계약의 적정성 심사 등)
  - 제31조의2(하도급계획의 제출)

법조문 돋보기

「건설산업기본법」제31조의2(하도급계획의 제출)
① 건설사업자는 국가, 지방자치단체 또는 대통령령으로 정하는 공공기관이 발주하는 공사로서 대통령령으로 정하는 건설공사를 도급받으려는 경우, 하도급 관계의 공정성 확보와 건설공사의 효율적인 수행을 위하여 대통령령으로 정하는 바에 따라 하도급할 공사의 주요 공종 및 물량, 하수급인 선정방식 등 하도급계획을 발주자에게 제출하여야 한다. 이 경우 발주자는 제출받은 하도급계획의 적정성을 검토하여야 하고, 그 이행 여부를 감독하여야 한다.
② 제1항을 적용받지 아니하는 건설공사의 경우에도 발주자가 하도급관계의 공정성과 건설공사의 효율성을 확보하기 위하여 필요하다고 인정하여 하도급계획서를 제출할 것을 요구하면 건설사업자는 이에 따라야 한다.

  - 제34조(하도급대금의 지급 등)
  - 제34조의2(하도급계약 이행보증 등)
  - 제35조(하도급대금의 직접 지급)
  - 제36조(설계변경 등에 따른 하도급대금의 조정 등)
  - 제38조(불공정행위의 금지)
④ 「건설산업기본법 시행령」
  - 제30조의2(건설공사의 직접시공)
  - 제31조의2(건설공사 하도급 제한의 예외)
  - 제33조(건설공사의 하도급 참여제한)
  - 제34조(하도급계약의 적정성 심사 등)
  - 제34조의4(하도급대금지급보증서 발급금액의 명시)
⑤ (계약예규) 「공사계약일반조건」
  - 제42조(하도급의 승인 등)
  - 제43조(하도급대가의 직접지급 등)
  - 제43조의2(하도급대금 등 지급 확인)

3 원수급자 – 하수급자 계약이행 절차

하도급 계획 수립	• 하도급 대상 공종 선정 • 하도급 가능 여부 검토 • 하도급 비율 확인 → 목적: 무분별한 하도급 방지

하도급 계약 체결	• 서면 계약 체결 의무 • 계약금액 · 공종 · 기간 명시 • 계약조건 설명 → 핵심: 서면교부 의무
발주기관 승인 절차	• 하도급 승인 신청 • 기술능력 · 자격 검토 • 승인 후 착수 → 목적: 부실업체 참여 방지
계약이행 관리	• 공정관리 • 품질관리 • 안전관리 • 하도급대금 지급 관리 → 의미: 공사계약 전체 품질 확보
하도급대금 지급 관리	• 지급기한 준수 • 부당 감액 금지 • 어음 지급 제한 • 직접지급 제도 운영 → 핵심: 하수급자 보호 제도
변경 및 분쟁관리	• 공종 · 금액 변경 시 변경계약 • 분쟁 발생 시 조정 • 불공정행위 신고 가능
완료 및 하자관리	• 하도급 공종 검사 • 하자담보책임 적용 • 하자보수 요구

 **Check**

하도급 승인 전 공사 수행 가능 여부는 어떠한가?

 정답 원칙적으로 불가

📌 더 알아보기 「**하도급법」상 주요 금지행위**

(1) 제4조(부당한 하도급대금의 결정 금지)
(2) 제8조(부당한 위탁취소의 금지 등)
(3) 제10조(부당반품의 금지)
(4) 제11조(감액금지)
(5) 제12조(물품구매대금 등의 부당결제 청구의 금지)
(6) 제12조의2(경제적 이익의 부당요구 금지)
(7) 제12조의3(기술자료 제공 요구 금지 등)
(8) 제17조(부당한 대물변제의 금지)
(9) 제18조(부당한 경영간섭의 금지)
(10) 제19조(보복조치의 금지)
(11) 제20조(탈법행위의 금지)

 **Check**

「하도급법」상 금지되는 대표 행위는 무엇인가?

 정답 부당 감액

4 하도급대금 직접지급 제도

① **법적 근거:** 「하도급거래 공정화에 관한 법률」 제14조(하도급대금의 직접 지급)

② **하수급자 요청**
- 원사업자의 지급정지·파산, 그 밖에 이와 유사한 사유가 있거나 사업에 관한 허가·인가·면허·등록 등이 취소되어 원사업자가 하도급대금을 지급할 수 없게 된 경우
- 원사업자가 지급하여야 하는 하도급대금의 2회분 이상을 해당 수급사업자에게 지급하지 아니한 경우
- 원사업자가 하도급대금 지급보증 의무를 이행하지 아니한 경우

③ **3자 간 합의:** 발주자가 하도급대금을 직접 수급사업자에게 지급하기로 발주자·원사업자 및 수급사업자 간에 합의한 때

핵심 포인트
- 서면 계약 의무
- 하도급 승인 절차
- 하도급대금 보호 제도
- 직접지급 제도
- 「하도급법」상 금지행위 유형
- 변경계약 절차
- 하자 책임 구조

핵심 최종점검

핵심	정답

01 공사가 현장 상황에 크게 좌우되는 계약 특성은 무엇인가?

01
현장 중심 계약

02 공사 준공 지연 시 계약상대자에게 부과되는 금전적 제도는 무엇인가?

02
지체상금

03 공사 진행률에 따라 부분 지급되는 대가는 무엇인가?

03
기성금

04 준공 후 일정 기간 동안 하자 발생 시 보수 책임을 부담하는 제도는 무엇인가?

04
하자담보책임기간

05 공사 초기 자금 지원을 위해 지급하는 금액은 무엇인가?

05
선금

06 공사입찰 참여 전 업체의 수행능력을 사전 평가하는 제도는 무엇인가?

06
PQ심사

07 공사 수행능력 · 입찰금액 등을 종합 평가해 낙찰자를 결정하는 제도는 무엇인가?

07
종합심사낙찰제

08 종합평가낙찰제는 어느 법령이 적용되는 공사계약에서 활용되는가?

08
「지방계약법」

09 적격성 심사의 목적은 무엇인가?

09
낙찰 예정자의 계약이행능력 평가

10 PQ심사의 목적은 무엇인가?

10
수행능력 사전 검증

11 종합평가낙찰제의 장점은 무엇인가?

11
기술 품질 확보

12 종합심사낙찰제의 핵심 특징은 무엇인가?

12
가격 · 기술 종합평가

핵심 **정답**

13 국가유산수리공사의 시공 원칙은 무엇인가?

13
원형보존

14 종합심사낙찰제에서 계약이행 관리 특징은 무엇인가?

14
성과기반 공정관리

15 하도급 계약 체결 시 필수 의무는 무엇인가?

15
서면 계약 교부

16 하도급 승인 주체는 누구인가?

16
발주기관

17 하도급대금 보호의 핵심 제도는 무엇인가?

17
직접지급 제도

18 하도급 계약 변경 시 필요한 절차는 무엇인가?

18
변경계약 체결

19 하도급대금 지급 기한 준수 의무 주체는 누구인가?

19
원수급자

20 하도급 계약 완료 후 적용되는 책임은 무엇인가?

20
하자담보책임

21 하도급 계약 체결 시 명시해야 할 사항은 무엇인가?

21
공종 · 계약금액 · 기간

22 하도급 분쟁 발생 시 활용 가능한 절차는 무엇인가?

22
분쟁조정

PART 05

CHAPTER 01

서술형 출제예상문제

01 공사계약에서 공정관리 및 품질관리의 중요성을 설명하시오.

> **정답**
> 공사는 다수 공정이 연계된 복합 작업으로, 공정관리 실패 시 전체 공사 지연으로 이어질 수 있다. 또한 구조물의 안전성과 직결되므로 품질관리, 시험, 검사는 계약이행의 핵심 요소이다.

02 설계도서 우선순위 규정의 목적을 설명하시오.

> **정답**
> 설계도서 간 내용 충돌 시 적용 기준을 명확히 하여 분쟁을 예방하고 계약이행의 일관성을 확보하기 위함이다.

03 계약금액 조정 사유 3가지를 쓰시오.

> **정답**
> 설계변경, 물가변동, 공사기간 연장(법령변경, 공사중지 등도 가능)

04 하도급 관련 계약조건의 목적을 설명하시오.

> **정답**
> 하도급대금 보호, 불공정거래 방지, 하수급자의 권익 보호 및 공정한 거래질서 확보를 위함이다.

05 공사 특화 계약조건 적용 절차 중 위험요소 식별 단계의 의미를 설명하시오.

> **정답**
> 설계변경 가능성, 물가변동, 안전사고, 공기지연 등 주요 리스크를 사전에 파악해 계약조건에 반영하는 단계이다.

06 종합평가의 개념과 특징을 설명하시오.

> **정답**
> 종합평가는 「지방계약법」이 적용되는 공사입찰에서 가격분 아니라 공사수행능력, 사회적 책임, 계약신뢰도 등을 종합적으로 평가하여 최고점 업체를 낙찰자로 선정하는 제도로, 가격 중심 평가를 보완하는 특징이 있다.

07 적격성 심사의 개념과 주요 평가요소를 설명하시오.

> **정답**
> 적격성 심사는 낙찰 예정자가 해당 계약을 적정하게 수행할 능력이 있는지를 종합적으로 평가하는 제도로, 입찰가격과 수행능력(실적, 기술능력, 경영상태, 신인도 등)을 평가하여 낙찰자를 확정한다.

08 국가유산수리공사의 낙찰자 선정 시 고려되는 평가요소를 설명하시오.

> **정답**
> 국가유산수리공사는 국가유산의 역사성과 전문성을 고려해 수리기술능력, 전문인력 자격, 수리실적, 가격, 품질관리 등 다양한 요소를 종합 평가하여 낙찰자를 선정한다.

09 A공사에서 착공 후 지반 상태가 설계와 달라 추가 공사가 발생하였다. 이 경우 발주기관이 취해야 할 계약관리 절차를 설명하시오.

> **정답**
> ① 설계변경 검토 및 승인   ② 변경 설계도서 작성
> ③ 물량 증감 및 신규 공종 확인   ④ 계약금액 조정
> ⑤ 필요 시 공기 연장   ⑥ 변경계약 체결

10 공사지연으로 5일간 준공이 늦어졌고, 계약서상 지체상금률이 계약금액의 0.1%/일이며 계약금액이 10억원일 경우 지체상금을 계산하시오.

> **정답**
> ① 1일 지체상금 = 10억원 × 0.1% = 100만원
> ② 5일 지체상금 = 100만원 × 5 = 500만원

11 적격성 심사 공사의 계약이행 절차를 설명하시오.

> **정답**
> 입찰 → 가격평가 → 적격성 심사 → 낙찰 → 계약 → 시공관리

12 종합평가낙찰제 공사의 계약이행 특징을 설명하시오.

> **정답**
> 종합평가낙찰제 공사는 기술 중심으로 낙찰자를 선정한 후 시공 단계에서도 기술 및 품질 관리가 강화되는 특징이 있다.

13 국가유산수리공사의 계약이행 특징을 설명하시오.

> **정답**
> 국가유산수리공사는 전문기술자 배치와 전통기법을 활용하여 원형보존 중심으로 시공하는 것이 특징이다.

14 하도급 계약 체결 절차를 설명하시오.

> **정답**
> ① 하도급 대상 공종 선정   ② 협력업체 선정
> ③ 서면 계약 체결   ④ 발주기관 승인
> ⑤ 공사 착수

15 하도급대금 보호 제도를 설명하시오.

> **정답**
>
> 하수급자의 대금지급을 보장하기 위한 제도로, 지급기한 준수, 부당 감액 금지, 어음 사용 제한, 직접지급 제도 운영 등을 통해
> 공정한 거래를 확보한다.

16 하도급 승인 제도의 필요성을 설명하시오.

> **정답**
>
> 부실업체 참여를 방지하고, 공사의 품질과 안전을 확보하며, 계약이행의 안정성을 확보하기 위해 필요하다.

17 「하도급법」상 금지행위를 설명하시오.

> **정답**
>
> ① 서면 미교부   ② 부당 감액
> ③ 부당 위탁 취소   ④ 기술자료 부당 요구
> ⑤ 대금지급 지연

18 하도급 계약 완료 후 관리사항을 설명하시오.

> **정답**
>
> 하도급 계약 완료 후에는 검사·검수, 하자관리, 대금 정산, 분쟁관리 등을 수행해야 한다.

19 공사계약에서 원수급자가 하수급자에게 대금을 2개월 지연 지급하였다. 계약담당자가 취해야 할 관리조치를
작성하시오.

> **정답**
>
> ① 지급지연 사실 확인   ② 직접지급 검토
> ③ 지급기한 준수 요구   ④ 불공정행위 여부 판단
> ⑤ 분쟁조정 또는 제재 조치

20 하도급 공종 변경으로 계약금액이 증가하였다. 계약담당자가 수행해야 할 절차를 작성하시오.

> **정답**
>
> ① 변경사유 검토   ② 변경계약 체결
> ③ 승인 절차 수행   ④ 대금 조정
> ⑤ 계약문서 반영

CHAPTER 02 물품계약 관리

01 물품계약 특화 계약조건 기반 계약 체결

출제기준 5-2-1 물품에 특화된 계약조건에 따른 계약을 체결할 수 있다.

1 개념 및 법적근거

개념	• 물품계약은 국가 · 지방자치단체 등 공공기관이 필요한 물품을 구매하기 위해 체결하는 계약 • 공사계약과 달리 납품 중심 · 규격 중심 · 검사 중심의 계약
법적 근거	• 「국가를 당사자로 하는 계약에 관한 법률」 • 「지방자치단체를 당사자로 하는 계약에 관한 법률」 • 「물품구매계약 일반조건」 • 「물품구매계약 특수조건」 • 계약예규 「정부 입찰 · 계약 집행기준」

2 물품계약의 특징

규격 중심 계약	규격서 · 성능요건이 계약이행의 판단 기준
납품 중심 계약	납품 완료 + 검사 합격이 계약 완료 기준
검사 · 검수 중요	품질분쟁 예방의 핵심
계약금액 변동 제한	설계변경보다 물가변동 중심
하자담보책임 존재	납품 후 하자관리 필수

3 물품 특화 계약조건 주요 내용

규격 · 성능 계약조건	• 규격서, 제안서, 성능요건, 품질기준 • 목적: 계약이행 판단 기준 확보와 검사 기준 명확화
납품조건	• 납품기한, 납품장소, 운송책임, 포장 · 보관 기준 • 목적: 납기지연 예방과 물품 손상 예방
검사 · 검수조건	• 검사 기준, 시험 · 검증, 합격 기준, 재납품 절차 • 목적: 품질 확보와 분쟁 예방
대가지급조건	• 선금, 중도금, 잔금, 지체상금 • 목적: 계약이행 유도와 납기 준수 확보
하자관리조건	• 하자담보기간, 하자보수 절차, 보증금, 교체 · 수리 기준 • 목적: 납품 후 품질 확보

바로 Check

물품 특화 계약조건의 주요 내용을 설명하시오.

정답 규격조건 · 납품조건 · 검사조건 · 대가지급 · 하자관리 조건 등

4 물품계약 체결 절차

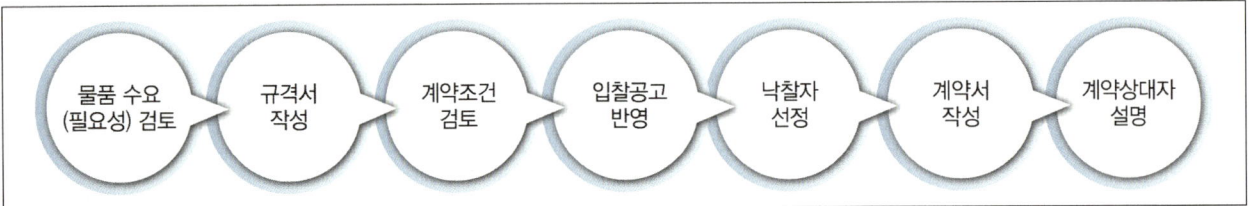

물품 수요 (필요성) 검토 → 규격서 작성 → 계약조건 검토 → 입찰공고 반영 → 낙찰자 선정 → 계약서 작성 → 계약상대자 설명

5 물품계약 체결 시 핵심 유의사항

① 규격의 과도한 제한 금지
② 특정 브랜드 지정 제한
③ 성능요건 중심 작성
④ 검사 기준 사전 명확화
⑤ 납품조건 구체화
⑥ 하자담보 책임 명확화

📢 핵심 포인트
• 물품계약의 핵심 3요소: 규격, 납품, 검사
• 계약 완료 기준: 납품 완료 + 검사 합격
• 분쟁 발생 원인: 규격 불명확

02 물품계약 계약이행 절차 및 관리

출제기준 5-2-2 물품에 특화된 계약조건에 따른 계약이행 절차를 관리할 수 있다.

1 물품계약 이행 관련 법적 근거

① 「국가계약법」 및 「국가계약법 시행령」
② (계약예규) 「물품구매계약 일반조건」
③ (조달청 지침) 「물품구매계약 특수조건」
④ 계약서 · 규격서 등 계약문서
• 계약문서는 계약이행 판단의 기준이 됨
• 「물품구매계약 일반조건」 제3조: 계약서 + 규격서 + 유의서 + 일반조건 + 특수조건 + 산출내역서 등

법조문 돋보기

(계약예규)「물품구매(제조)계약 일반조건」제3조(계약문서)

① 계약문서는 계약서, 규격서, 유의서, 물품구매(제조)계약 일반조건, 물품구매(제조)계약 특수조건 및 산출내역서 등으로 구성되며 상호보완의 효력을 갖는다. 다만, 이 경우 산출내역서는 계약금액의 조정 및 기성부분에 대한 대가의 지급 시에 적용할 기준으로서 계약문서의 효력을 갖는다.

② 계약담당공무원은 「국가를 당사자로 하는 계약에 관한 법령」, 물품구매(제조)와 관련된 법령 및 이 조건에 정한 계약일반사항 외에 해당 계약의 적정한 이행을 위하여 필요한 경우 물품구매계약 특수조건을 정하여 계약을 체결할 수 있다.

③ 제2항에 따라 정한 물품구매계약 특수조건에 「국가를 당사자로 하는 계약에 관한 법령」, 물품구매(제조)와 관련된 법령 및 이 조건에 반하여 계약상대자의 계약상 이익을 제한하는 내용이 있는 경우 특수조건의 동 내용은 효력이 인정되지 아니한다.

④ 이 조건이 정하는 바에 의하여 계약당사자간에 행한 통지문서 등은 계약문서로서의 효력을 가진다.

물품 계약이행 판단 기준 문서 1가지는 무엇인가?

정답 규격서

2 물품계약 계약이행 절차

① 제조 · 생산 및 납품 준비
- 규격 · 시방에 따른 제조

법조문 돋보기

(계약예규)「물품구매(제조)계약 일반조건」제13조(규격)

① 모든 물품의 규격은 계약상 명시된 규격명세, 규격번호 및 발주기관이 제시한 견품의 규격을 충족하여야 하며, 구매목적에 맞는 신품이어야 한다.

② 계약상 규격이 명시되어 있지 아니한 경우에는 상관습과 기술적 타당성 및 구매규격 등에 부합하는 물품이어야 한다.

③ 예비부속품으로서 기계 · 기구를 완성하는 데 필요한 조립비는 물품가격에 포함되어 있는 것으로 간주한다. 다만, 계약에 부속품으로 기계, 기구를 완성하는 데 필요한 조립비가 별도로 표시되어 있는 경우에는 그러하지 아니하다.

- 발주기관 감독 가능 ⇒ 제조공정 · 재료 감독 가능
- 목적: 규격 미달 방지, 품질 확보

② 납품 및 검사 요청: 계약상대자 ⇒ 납품 완료 후 검사 요청

법조문 돋보기

(계약예규)「물품구매(제조)계약 일반조건」제19조(검사)

① 계약상대자는 계약이행을 완료한 때에는 그 사실을 서면으로 계약담당공무원에게 통지하고 필요한 검사를 받아야 한다. 기납부분에 대하여 완납전에 대가의 전부 또는 일부를 지급하고자 할 때에도 또한 같다.

② 「산업표준화법」 제15조에 따라 인증을 받은 제품, 같은 법 제31조의4 제2항에 따라 수상자로 선정된 기업 등이 제조한 물품, 「조달사업에 관한 법률」 제18조에 따라 조달청장이 고시한 품질관리능력 평가기준에 적합한 자가 제조한 물품에 대하여는 제1항에도 불구하고 검사를 면제하여야 한다. 다만, 해당 물품이 국민의 생명 보호, 안전, 보건위생 등을 위하여 검사가 필요하다고 인정되거나 불량 자재의 사용, 다수의 하자 발생, 관계 기관의 결함보상명령 등으로 품질의 확인이 필요한 것으로 인정되어 계약의 내용에 검사를 실시한다는 사항이 포함되도록 한 경우에는 그러하지 아니하다.

③ 계약담당공무원은 제1항의 통지를 받은 때에는 검사와 관련된 규정 및 다음 각 호의 요령에 따라 계약서 기타 관계서류에 의하여 그 날로부터 14일 이내에 계약상대자의 입회하에 그 이행을 확인하기 위한 검사를 하여야 한다. 다만, 천재·지변 등 불가항력인 사유로 인하여 검사를 완료하지 못한 경우에는 해당 사유가 존속되는 기간과 해당 사유가 소멸된 날로부터 3일까지는 이를 연장할 수 있다.

1. 검사는 계약담당공무원이 품질, 수량, 포장, 표기상태, 포장명세서, 품질식별기호 등에 관하여 행한다.
2. 계약담당공무원은 물품을 신규로 제조할 필요가 있거나 물품의 성질상 제조과정이 중요한 경우에는 제조과정에서 검사를 할 수 있다.
3. 계약상대자는 검사를 받기 위하여 발주기관이 지정하는 장소에 물품을 반입하였을 때에는 계약담당공무원에게 즉시 반입통지를 하여야 한다.
4. 검사에 필요한 일체의 비용과 검사를 하기 위한 변형, 소모, 파손 또는 변질로 생기는 손상은 계약상대자의 부담으로 한다.

④ 계약담당공무원은 제3항의 검사에 있어서 계약상대자의 계약이행 내용의 전부 또는 일부가 계약에 위반되거나 부당함을 발견한 때에는 필요한 시정조치를 할 수 있다. 이 경우에는 계약상대자로부터 그 시정을 완료한 사실을 통지받은 날로부터 제3항의 기간을 계산한다.

⑤ 제3항에 따른 검사에 합격하지 못하여 계약이행기간이 연장될 때에는 계약담당공무원은 제24조에 의한 지체상금을 부과한다.

⑥ 계약상대자는 제3항에 의한 검사에 입회·협력하여야 한다. 계약상대자가 입회를 거부하거나 검사에 협력하지 아니함으로써 발생하는 지체에 대하여는 제4항 및 제5항을 준용한다.

⑦ 계약상대자는 제3항 및 제4항에 의한 검사에 이의가 있을 때에는 재검사를 요청할 수 있다. 이 경우 계약담당공무원은 지체 없이 검사를 하여야 한다.

⑧ 계약담당공무원은 검사를 완료한 때에는 그 결과를 서면으로 계약상대자에게 통지하여야 한다.

⑨ 제3항에도 불구하고 「재난 및 안전관리 기본법」 제3조 제1호의 재난이나 경기침체, 대량실업 등으로 인한 국가의 경제위기를 극복하기 위해 재정경제부장관이 기간을 정하여 고시한 경우에는 제3항의 14일을 7일로 본다.

③ 검사·검수

검사	계약조건·규격 적합 여부 확인
검수	수량·외관·작동 확인
불합격 시	보완·재납품, 지체상금 부과

법조문 돋보기

(계약예규) 「물품구매(제조)계약 일반조건」 제12조(납품)
① 계약상대자는 계약서에 정한 납품기일까지 해당물품(검사에 필요한 서류 등을 포함한다)을 「산업표준화법」 제24조에 따른 한국산업표준(특별한 사유가 없는 한 「물류정책기본법」 제24조에 따른 물류표준을 포함한다)을 준수하여 계약담당공무원이 지정한 장소에 납품하여야 한다.
② 제1항에 의하여 납품된 물품을 검사·수령하기까지 발주기관의 책임없는 사유로 인하여 발생된 물품의 망실·파손 등은 계약상대자의 부담으로 한다.
③ 계약담당공무원이 필요에 따라 분할납품을 요구하거나, 계약상 분할납품이 허용된 경우를 제외하고는 분할납품을 할 수 없다.

④ 대가지급 청구 및 지급(「물품구매계약 일반조건」 제22조)
- 검사 합격 ⇒ 대금 청구
- 지급기한 내 지급
- 검사 합격이 지급 전제: 검사 합격 시 대가지급 청구 가능

 **Check**

대가지급 절차를 설명하시오.

정답 검사 합격 → 지급 청구 → 지급서류 검토 → 지급

법조문 돋보기

(계약예규)「물품구매(제조)계약 일반조건」제22조(대가의 지급)

① 계약상대자는 계약이행을 완료한 후 제19조에 의한 **검사에 합격한 때**에는 대가지급청구서(하수급인에 대한 대금지급 계획을 첨부하여야 한다)를 제출하는 등 소정절차에 따라 대가지급을 청구할 수 있다.

② 계약담당공무원은 제1항에 따른 청구를 받은 때에는 그 청구를 받은 날로부터 5일(공휴일 및 토요일은 제외한다. 이하 이 조에서 같다) 이내에 그 대가를 지급(「전자조달의 이용 및 촉진에 관한 법률」제9조의2 제1항에 따른 시스템을 통한 지급 포함. 이하 이 조에서 같다)하여야 하며, 동 대가지급기한에도 불구하고 자금사정 등 불가피한 사유가 없는 한 최대한 신속히 대가를 지급하여야 한다. 다만, 계약상대자와의 합의에 의하여 5일을 초과하지 아니하는 범위안에서 대가의 지급기간을 연장하는 특약을 정할 수 있다.

③ 천재·지변 등 불가항력의 사유로 인하여 대가를 지급할 수 없게 된 경우에는 계약담당공무원은 해당 사유가 존속되는 기간과 해당 사유가 소멸된 날로부터 3일까지는 대가의 지급을 연장할 수 있다.

④ 계약담당공무원은 기성부분 또는 기납부분에 대한 대가를 지급하는 경우에 제2항에도 불구하고 계약수량, 이행의 전망, 이행기간 등을 고려하여 최소한 매 30일마다 공평하게 지급하여야 하며 제19조 제3항에 의한 검사를 한 후 계약상대자의 청구를 받은 날로부터 5일 이내에 지급하여야 한다.

⑤ 계약담당공무원은 제2항 및 제4항에 따른 대가지급시 제1항의 대금지급 계획상의 하수급인에게 대가지급 사실을 통보하고 대금 수령내역(수령자, 수령액, 수령일 등) 및 증빙서류를 제출(「전자서명법」제2조에 따른 전자문서에 의한 제출을 포함한다. 이하 제22조의2 제1항에 따른 제출 및 통보에 있어 같다)하게 하여야 한다.

⑥ 계약담당공무원은 제1항 또는 제4항의 청구를 받은 후에 그 청구내용의 전부 또는 일부가 부당함을 발견한 때에는 그 사유를 명시하여 계약상대자에게 해당 청구서를 반송할 수 있다. 이 경우에는 반송한 날로부터 재청구를 받은 날까지의 기간은 제2항 또는 제4항의 지급기간에 이를 산입하지 아니한다.

⑦ 제4항에 의하여 기성부분에 대한 대가를 지급하는 경우에는 제3조 제1항 단서에 의한 산출내역서의 단가에 의하여 이를 계산한다.

⑧ 제2항에도 불구하고 「재난 및 안전관리 기본법」제3조 제1호의 재난이나 경기침체, 대량실업 등으로 인한 국가의 경제위기를 극복하기 위해 재정경제부장관이 기간을 정하여 고시한 경우에는 제2항의 5일을 3일로 본다.

---

⑤ **계약이행 감독**
- 제조공정 감독
- 품질·수량·납기 관리

⑥ **하자관리**
- 하자 발생 시 보수 요구
- 하자보수보증금 운용

3 물품계약 계약이행 관리의 특징(공사·용역과 비교)

① 단기간 계약이 많음
② 규격 적합성 중심 관리
③ 검사·검수의 중요성이 매우 큼
④ 수량·품질 중심 계약
⑤ 기성 개념이 거의 없음

핵심 포인트
- 검사 vs 검수 구분
- 검사 합격 = 대가지급 전제
- 계약문서가 이행 판단 기준
- 제조공정 감독 가능
- 하자관리 책임 존재

03 다수공급자계약(MAS)의 특성과 계약이행 관리

출제기준 5-2-3 다수공급자계약(MAS)의 특성에 따른 계약이행 절차를 관리할 수 있다.

1 정의

① 「조달사업에 관한 법률」 제13조에 따라 수요기관이 필요로 하는 수요물자를 구매하기 위하여 품질·성능 또는 효율 등이 같거나 비슷한 종류의 수요물자를 수요기관이 선택할 수 있도록 2인 이상을 계약상대자로 하여 조달청장이 체결하는 계약

② 동일 물품을 다수공급자와 장기 단가계약 체결 후 수요기관이 경쟁을 통해 구매하는 방식
  • 중앙조달기관(조달청) ⇒ 다수공급자와 기본계약 체결
  • 수요기관 ⇒ 경쟁 또는 주문으로 구매

2 법적 근거

① 「조달사업에 관한 법률」 제13조(다수공급자계약)

대상	품질·성능 또는 효율 등이 같거나 비슷한 종류의 수요물자
계약상대자	2인 이상
우대가격 유지의무	• 시장거래가격과 같거나 시장거래가격보다 낮게 유지 • 위반 시 납품금액에서 감액하거나 청구
형태	MAS는 일반 물품계약의 특수 형태

> **법조문 돋보기**
>
> **「조달사업에 관한 법률」 제13조(다수공급자계약)**
> ① 조달청장은 수요기관이 필요로 하는 수요물자를 구매하기 위하여 품질·성능 또는 효율 등이 같거나 비슷한 종류의 수요물자를 수요기관이 선택할 수 있도록 2인 이상을 계약상대자로 하여 제12조에 따른 계약(이하 "다수공급자계약"이라 한다)을 체결할 수 있다.
> ② 계약상대자는 다수공급자계약을 체결하는 경우 계약가격을 계약상품(성능·사양이 계약상품과 동등 이상인 계약상대자의 상품을 포함한다)의 시장거래가격(계약상대자가 수요기관과 직접 계약을 체결하는 경우의 가격 또는 계약상대자가 시장에 공급한 가격을 말한다)과 같거나 시장거래가격보다 낮게 유지하여야 한다.
> ③ 조달청장은 계약상대자가 정당한 이유없이 제2항을 위반한 경우 계약금액과의 차액을 납품금액에서 감액하거나 계약상대자에게 청구할 수 있다.
> ④ 다수공급자계약의 체결, 차액의 감액 및 청구 등에 필요한 사항은 대통령령으로 정한다.

② 「물품 다수공급자계약 업무처리규정」(조달청 훈령)

> **법조문 돋보기**
>
> **「물품 다수공급자계약 업무처리규정」 제2조(적용범위)**
> 다수공급자계약 업무는 단가계약에 의한 공급을 원칙으로 하며, 제6조에 따른 구매입찰공고, 「물품 다수공급자계약 특수조건」, 수요물자별 「다수공급자계약 추가특수조건」, 기타 수요물자별 별도 업무처리기준에서 따로 정한 것을 제외하고는 이 규정이 정하는 바에 의한다.

3 MAS 계약이행 절차

기본계약 체결	• 적격성 평가 • 가격협상 • 기본계약 체결 • 종합쇼핑몰 등록 → 특징: 단가 중심 계약, 장기계약
수요기관 구매	• 수요기관 구매요청 • 2단계 경쟁 또는 주문 • 납품요청 • 계약은 이미 체결 → 구매만 별도 수행
납품 및 검사	• 납품 • 검사 · 검수 • 불합격 시 보완 → 일반 물품계약 절차와 동일
대가지급	• 검사 합격 • 지급 청구 • 대가지급

계약변경 관리	• 계약단가 조정(제26조)
	  – 물가변동을 사유로 계약단가 조정 가능
	  – 중소기업자 간 경쟁제품인 경우 최초 계약단가 기준으로 100분의 10을 초과하여 인하할 수 없음
	  – 계약단가를 인하한 경우 수정계약 체결일부터 3일 이내에 계약단가를 다시 조정하지 아니함
	• 계약품목 추가 또는 삭제(제27조): 세부품명 기준으로 당초 계약체결일 또는 품목추가일로부터 50일이 경과한 후 계약상대자가 품목 추가를 요청하는 경우에는 해당 품목에 대하여 규격서, 시험성적서, 가격자료를 제출받고, 가격협상을 거쳐 수정계약을 체결
	• 1회 최대납품요구금액 및 할인율 조정(제28조)
	  – 1회 최대납품요구금액을 증액하는 경우에는 이에 상응하는 금액의 계약보증금을 추가로 납부
	  – 당초 계약체결일 또는 할인율의 수정계약일로부터 60일이 경과한 후 할인율 조정을 요청하는 경우에는 수정계약을 체결

법조문 돋보기

「물품 다수공급자계약 업무처리규정」 제8조(적격성 평가 및 규격서 제출 요구) 제1항
① 계약담당공무원은 다수공급자계약에 참가하고자 하는 자로 하여금 다음 각 호의 서류를 제출하게 하여야 한다.
  1. 적격성 평가 신청서 1부 [별지 제2호 서식]
  2. 적격성 자기평가 및 심사표 1부 [별지 제2-1호 서식]
  3. 신용평가등급확인서 1부
  4. 구매입찰공고서에서 별도로 규정한 입찰참가자격 관련 서류
  5. 적격성 평가를 신청하는 자가 조합인 경우에는 '조합원사 적격확인서' 1부 [별지 제2-2호 서식]
  6. 규격서 1부 [별지 제4호 서식]
  7. 구매입찰공고서에서 규정한 시험성적서 1부 [별지 제4-1호 서식]

PART 05

 **바로 Check**

MAS 계약 후 물품이 등록되는 시스템은 무엇인가?

정답 종합쇼핑몰

4 계약이행실적평가

계약이행실적평가 (제41조)	• 다수공급자계약을 체결한 계약상대자의 계약이행실적을 평가하여 등급화 • 수요기관의 구매의사결정 지원을 위해 종합쇼핑몰을 통해 평가결과를 제공 • 계약상대자의 계약이행실적평가 결과를 계약연장, 재계약, 차기계약, 입찰참가자격 사전심사, 다수공급자계약 2단계 경쟁 평가 등에 활용
계약이행실적평가 기준 (제43조)	• 평가항목: 납기, 품질, 수요기관 만족도, 서비스, 계약이행성실도 • 계약이행실적평가를 실시함에 있어 나라장터 및 종합쇼핑몰 시스템에 저장된 계약 관련 자료를 활용하여야 함

5 2단계 경쟁

대상 기준 금액	• 중소기업자 간 경쟁제품: 1억원 이상 • 일반제품: 5천만원 이상(중소기업 제조품목: 5천만원 이상 1억원 미만 선택 적용)
예외	• 재해복구나 방역사업에 필요한 물자 또는 이상기후(폭염, 폭우, 한파, 폭설 등) 발생 시 필요한 물자를 긴급하게 구매하는 경우 • 농기계 임대사업에 따라 농기계를 구매하는 경우 • 이미 설치된 물품과 호환이 필요한 설비확충 및 부품교환을 위해 구매하는 경우 • 조달청「시설공사 맞춤형 서비스 관급자재 선정 운영기준」에 따라 관급자재 선정 심의회에서 선정된 제품을 구매하는 경우 • 그 외 다수공급자계약 2단계 경쟁 회피가 아닌 명백한 사유가 있어 구매업무심의회에서 2단계 경쟁 예외를 인정한 경우(수요기관의 장이 요청하는 경우 2단계 경쟁 허용 가능) 　– 일반차량(소방차 제외)을 구매하는 경우 　– 백신을 구매하는 경우 　–「소방장비관리법 시행령」제29조 각 호에 따른 소방장비를 구매하는 경우

핵심 포인트

• 기본계약 + 수요기관 개별구매 구조
• 장기 단가계약
• 경쟁적 구매 구조: 2단계 경쟁의 금액 기준 및 예외
• 종합쇼핑몰 활용
• 시장가격 이하 유지 의무
• 계약이행실적평가 제도

04 단가계약 특성에 따른 계약이행 관리

출제기준 5-2-4 단가계약의 특성에 따른 계약이행 절차를 관리할 수 있다.

1 단가계약의 개념 및 특징

개념	일정 기간 동안 동일 물품을 반복 구매할 경우 단위가격만 계약으로 확정하고 실제 구매수량은 주문 시 확정하는 계약
특징	• 수량 미확정 계약 • 반복 · 지속 구매 • 물량 변동 위험 존재 • 예산 · 재고 관리 유리

 Check

단가계약의 주요 장점은 무엇인가?

정답 단가계약은 동일 품목을 반복적으로 구매하는 경우 계약절차를 간소화하여 구매 효율성을 높일 수 있는 장점이 있다.

2 법적 근거

① 「국가계약법」 제22조

법조문 돋보기

「국가계약법」 제22조(단가계약)
각 중앙관서의 장 또는 계약담당공무원은 일정 기간 계속하여 제조, 수리, 가공, 매매, 공급, 사용 등의 계약을 할 필요가 있을 때에는 해당 연도 예산의 범위에서 단가(單價)에 대하여 계약을 체결할 수 있다.

② 「지방계약법」 제25조

법조문 돋보기

「지방계약법」 제25조(단가계약)
① 지방자치단체의 장 또는 계약담당자는 일정한 기간 계속하여 제조 · 구매 · 수리 · 보수 · 복구 · 가공 · 매매 · 공급 · 사용 등의 계약을 체결할 필요가 있을 때에는 해당 회계연도 예산의 범위에서 미리 단가(單價)에 대하여 계약을 체결할 수 있다.
② 제1항에 따른 단가계약의 범위 · 절차 · 기준, 그 밖에 필요한 사항은 대통령령으로 정한다.

③ 「물품구매(제조)계약 특수조건」 제22조

법조문 돋보기

(조달청 지침) 「물품구매(제조)계약 특수조건」 제22조(단가계약)
① 단가계약에 대한 납품은 계약조건에 따라 납품수량, 납품기한, 납품장소, 인도조건, 분할납품 여부, 기타 필요한 사항 등을 명시하여 계약담당공무원이 발급하는 납품요구서에 따른다.
② 계약수량은 계약기간 동안의 구매예상량을 추정한 수량이며, 실제 납품요구량이 이보다 적거나 없어도 이에 대하여 조달청은 어떠한 책임도 지지 아니한다.
③ 계약담당공무원은 필요한 경우 계약금액의 100분의 10 이내 금액을 계약금액에 초과하여 납품을 요구할 수 있다. 다만, 계약상대자의 동의가 있을 경우에는 그 이상의 금액에 대하여 납품을 요구할 수 있다.

PART 05

④ 1회 최대 납품요구금액은 계약금액의 100분의 (   )을 기준하되, 제3항의 경우에도 이를 준용한다.

⑤ 계약담당공무원은 필요한 경우 계약상대자의 동의를 받아 계약기간을 연장할 수 있다.

⑥ 계약상대자는 부득이한 사유가 없는 한 납품기한 이전이더라도 수요기관으로부터 분할 납품요청이 있을 경우 이에 응하여야 한다.

⑦ 계약상대자는 제4항에서 정한 1회 최대 납품요구금액이 증가하는 경우에는 그 초과금액에 해당하는 소정의 추가 계약보증금을 계약담당공무원이 정하는 바에 따라 조달청에 납부하여야 한다.

⑧ 수요기관에서 납품요구 수량의 취소 또는 변경 요구가 있을 경우에는 계약상대자와 협의하여 취소 또는 변경할 수 있다.

⑨ 수요기관의 사정에 의하여 규격이 변경되거나 수량이 증량되어 수정 납품요구된 경우 그 규격변경 및 증량분에 대하여는 수정납품요구 시의 변동된 가격을 적용한다.

3 단가계약 계약이행 절차

기본계약 체결	• 단가 확정, 계약기간 설정, 최대 계약금액 설정(한도액) • 특징: 수량은 확정되지 않음
발주(주문)	• 수요기관 구매요청, 주문서 발행, 납품요구 • 특징: 주문은 개별 계약 역할
납품	계약단가 적용, 납품기한 준수, 납품서 제출
검사 · 검수	규격 · 수량 확인, 불합격 시 보완 요구
대가지급	검사 합격 → 대금 청구 → 지급
계약단가 조정 사유	물가변동, 규격변경, 법령변경
계약 종료	계약기간 만료, 계약한도액 소진, 해지 · 해제

핵심 포인트
- 단가계약 = 수량 미확정 계약
- 주문 = 개별 계약 기능
- 계약한도액 중요
- 단가조정 시 수정계약 필요
- 반복 구매 효율성

 **Check**

단가계약 체결 시 확정되는 것은 무엇인가?

정답 단위가격

 법조문 **돋보기**

「조달사업에 관한 법률」 제12조(제3자를 위한 단가계약)

① 조달청장은 수요기관이 필요로 하는 수요물자를 제조 · 구매 및 가공하는 등의 계약을 할 때 미리 단가만을 정하여 계약(이하 "제3자를 위한 단가계약"이라 한다)을 체결할 수 있다.

② 조달청장은 계약상대자가 경영악화로 인한 폐업, 원자재 수급 곤란, 그 밖에 대통령령으로 정하는 사유로 계약기간 중 계약해지를 요청하는 때에는 다음 각 호의 어느 하나에 해당되는 경우를 제외하고는 이를 허용할 수 있다.
  1. 현재 납품이 진행 중인 경우
  2. 제22조 제1항 각 호의 어느 하나에 해당하는 행위를 한 경우
  3. 그 밖에 계약조건 등의 위반 사실이 있는 등 대통령령으로 정하는 경우

③ 제3자를 위한 단가계약의 체결 및 해지 등에 필요한 사항은 대통령령으로 정한다.

더 알아보기 　단가계약의 경우 계약보증금

(1) 기본 규정(「국가계약법 시행령」 제50조)
　•원칙: 계약보증금은 계약금액의 10% 이상을 납부
　•특례: 재난·경제위기 등으로 재정경제부장관이 고시한 경우에는 5% 이상으로 완화
(2) 단가계약의 경우
　•매회별 이행예정량 중 최대량 × 계약단가를 계산한 금액의 10% 이상
　•전체 계약금액이 아니라 해당 회차에서 최대 이행예정량을 기준으로 산정

핵심 최종점검

핵심 **정답**

01 물품계약의 계약이행 판단 기준은 무엇인가?

01
검사 합격

02 물품계약에서 품질 판단의 기준 문서는 무엇인가?

02
규격서

03 물품 납기 미준수 시 부과되는 금전적 제재는 무엇인가?

03
지체상금

04 물품 납품 후 품질책임 기간은 무엇인가?

04
하자담보기간

05 물품계약에서 특정 브랜드 지정을 제한하는 원칙은 무엇인가?

05
경쟁성 확보 원칙

06 물품계약 완료 판단 기준 2가지는 무엇인가?

06
납품 완료 + 검사 합격

07 물품계약에서 검사 기준 명확화의 목적은 무엇인가?

07
분쟁 예방

08 물품 납품 후 실시하는 적합성 확인 절차는 무엇인가?

08
검사

09 검사 합격 후 가능한 행위는 무엇인가?

09
대가지급 청구

10 수량 · 외관 확인 절차는 무엇인가?

10
검수

11 제조공정 감독 권한의 주체는 누구인가?

11
발주기관

| 12 | 대가 지급 전 필수 선행절차는 무엇인가? |

12
검사 합격

| 13 | MAS 계약의 계약상대자 수 기준은 얼마인가? |

13
2인 이상

| 14 | MAS 기본계약 체결 단계의 첫 절차는 무엇인가? |

14
적격성 평가

| 15 | MAS 계약이행실적평가 결과 활용 목적은 무엇인가? |

15
계약연장, 재계약, 2단계경쟁 평가
활용

| 16 | MAS 2단계 경쟁 대상 금액(일반제품 기준)은 얼마인가? |

16
5천만원 이상

| 17 | 단가계약의 핵심 특징은 무엇인가? |

17
수량 미확정 계약

| 18 | 단가계약 종료 사유는 무엇인가? |

18
계약기간 만료, 계약한도액 소진,
해지 · 해제

| 19 | 단가계약 대가지급 요건은 무엇인가? |

19
검사 합격

| 20 | 단가계약 납품 후 필수 절차는 무엇인가? |

20
검사 · 검수

PART 05

서술형 출제예상문제

01 물품계약의 특징을 설명하시오.

> **정답**
> 규격, 납품, 검사 중심으로 이루어지는 계약으로, 품질 적합성 확보가 핵심이다.

02 물품계약 체결 절차를 설명하시오.

> **정답**
> 필요성 검토 → 규격서 작성 → 계약조건 검토 → 입찰 → 계약서 작성

03 검사ㆍ검수 조건의 중요성을 설명하시오.

> **정답**
> 납품된 물품이 계약조건에 부합하는지를 확인하여 품질을 확보하고 분쟁을 예방하는 기능을 수행한다.

04 물품계약 체결 시 유의사항을 설명하시오.

> **정답**
> 물품계약 체결 시에는 규격 제한을 금지하고, 검사 기준을 명확히 하며, 납품조건을 구체화하는 등 계약조건을 명확히 설정해야 한다.

05 컴퓨터 100대를 구매하는 물품계약에서 규격서가 불명확하여 납품 후 품질 분쟁이 발생하였다. 계약담당자가 계약 체결 단계에서 고려해야 할 계약조건을 작성하시오.

> **정답**
> ① 규격 명확화   ② 성능요건 제시
> ③ 검사 기준 설정   ④ 납품조건 명확화
> ⑤ 하자담보 조건 설정

06 의료장비 납품계약에서 납기 지연이 발생하였다. 계약 체결 단계에서 지연 예방을 위해 설정해야 할 계약조건을 작성하시오.

> **정답**
> ① 납품기한 명시   ② 지체상금 규정
> ③ 검사 일정 설정   ④ 운송 책임 명확화
> ⑤ 대가지급 조건 설정

07 물품계약 검사 절차를 설명하시오.

정답

납품 완료 → 검사 요청 → 규격 적합성 확인 → 합격·불합격 판정 → 보완 또는 대가지급

08 물품계약 검수의 의미를 설명하시오.

정답

검수는 납품된 물품의 수량, 외관, 작동 및 계약내용 일치 여부를 확인하는 것이다.

09 계약이행 감독의 목적을 설명하시오.

정답

계약이행 감독은 규격 미달을 방지하고 품질과 납기 준수를 확보하기 위한 것이다.

10 A업체는 물품을 납품했으나 검사에서 규격 미달 판정을 받았다. 계약담당자의 조치를 설명하시오.

정답

① 검사 불합격 통보　　　　　② 보완 또는 재납품 요구
③ 납기 지연 시 지체상금 검토　　④ 재검사 실시

11 검사 합격 후 대가지급까지의 절차를 설명하시오.

정답

검사 합격 → 지급청구서 제출 → 지급서류 검토 → 대가지급

12 MAS 계약의 개념을 설명하시오.

정답

MAS 계약은 품질·성능이 유사한 물품을 대상으로 2인 이상 공급자와 장기 단가계약을 체결하고, 수요기관이 경쟁 또는 주문을 통해 구매하는 제도이다.

13 MAS 계약이행 절차를 설명하시오.

정답

적격성 평가 → 가격협상 → 기본계약 체결 → 종합쇼핑몰 등록 → 수요기관 구매요청 → 주문(2단계 경쟁) → 납품 → 검사 → 대가지급

14 MAS 계약이행실적평가 제도에 대하여 설명하시오.

정답

① 납기·품질·만족도·서비스·성실도 평가
② 종합쇼핑몰 공개
③ 재계약, 입찰참가, 2단계 경쟁 평가 등에 활용

15 MAS 2단계 경쟁제도에 대해 설명하시오.

> **정답**
> ① 일정 금액 이상 구매 시 경쟁 실시(중소기업제품 1억원 이상, 일반제품 5천만원 이상)
> ② 긴급·호환·백신 등 예외 존재

16 A수요기관이 MAS 등록 물품에 대해 8천만원 규모의 구매를 계획하고 있다. 계약이행 절차를 설명하시오(중소기업자 간 경쟁제품 아님).

> **정답**
> 종합쇼핑몰 등록 물품 확인 → 구매요청 → 2단계 경쟁 실시 → 납품요청 → 납품 → 검사·검수 → 대가지급

17 MAS 계약 공급자가 시장가격 상승을 이유로 계약단가 조정을 요청하였다. 계약담당자의 조치를 설명하시오.

> **정답**
> ① 물가변동 여부 검토   ② 가격자료 제출 요구
> ③ 가격협상 실시   ④ 수정계약 체결
> ⑤ 종합쇼핑몰 가격 반영

18 단가계약의 개념을 설명하시오.

> **정답**
> 일정 기간 반복 구매 물품을 대상으로, 단가만 계약하고, 수량은 주문 시 확정하는 계약 방식이다.

19 단가계약의 장점을 설명하시오.

> **정답**
> 행정 효율성, 신속 구매, 재고관리 용이, 가격 안정성

20 단가계약에서 단가조정 사유에 대하여 설명하시오.

> **정답**
> 물가변동, 규격변경, 법령변경

21 A기관이 사무용지 단가계약을 체결한 후 3개월 동안 5회 주문을 통해 납품받았다. 계약이행 절차를 설명하시오.

> **정답**
> 단가계약 체결 → 주문서 발행 → 납품 → 검사·검수 → 대가지급

CHAPTER

03 용역계약 관리

01 용역계약 체결 관리

> 출제기준 5-3-1 용역에 특화된 계약조건에 따른 계약을 체결할 수 있다.

1 물품계약 대비 차별적 절차

사업(과업)설명회	현장설명회 참가 신청, 조회, 내역 확인
실적심사	실적심사신청서 작성, 조회, 내역 확인
공동수급체 구성	공동수급협정서 등록, 조회, 확인

2 나라장터 통합입찰공고목록 조회

① 입찰 → 입찰공고 → 입찰공고목록

② 상세검색

- 일반용역 또는 기술용역 등 검색, 조회
- 발주기관, 공고기관, 업종, 지역제한, 세부품명 등 상세 정보별로 구체적인 검색도 가능

3 사업(과업)설명회

① 근거: 「국가계약법 시행령」 제43조

법조문 돋보기

「국가계약법 시행령」 제43조(협상에 의한 계약 체결)

① 각 중앙관서의 장 또는 계약담당공무원은 물품·용역계약을 할 때 계약이행의 전문성·기술성·긴급성, 공공시설물의 안전성 및 그 밖에 국가안보목적 등의 이유로 필요하다고 인정되는 경우에는 제42조에도 불구하고 다수의 공급자들로부터 제안서를 제출받아 평가하여 협상적격자를 선정한 후 협상절차를 통해 국가에 가장 유리하다고 인정되는 자와 계약을 체결할 수 있다. 이 경우 예정가격을 작성한 경우에는 예정가격 이하로 입찰한 자 중에서 협상적격자를 선정해야 한다.

② 각 중앙관서의 장 또는 계약담당공무원은 제1항에 따른 계약을 체결하고자 하는 경우에는 입찰공고시 협상에 의한 계약이라는 뜻을 명시하여야 한다.

③ 각 중앙관서의 장 또는 계약담당공무원은 협상에 의한 계약에 참가하고자 하는 자에게 제안요청서 등 필요한 서류를 교부하여야 한다.

④ 각 중앙관서의 장 또는 계약담당공무원은 제안요청서 등 필요한 서류를 전자조달시스템에 게재함으로써 제3항에 따른 제안요청서 등 필요한 서류의 교부에 갈음할 수 있다.

⑤ 각 중앙관서의 장 또는 계약담당공무원은 제1항에 따라 계약을 체결하려는 경우 그 계약의 성질·규모 등을 고려하여 필요하다고 인정되는 경우에는 제안요청서 등에 대한 설명을 할 수 있다.

⑥ 삭제

PART 05

⑦ 각 중앙관서의 장 또는 계약담당공무원은 제1항에 따라 협상에 의한 계약을 체결하려는 경우에는 해당 계약을 체결하려는 자의 이행실적, 기술능력, 사업수행계획, 재무상태 및 입찰가격 등을 종합적으로 고려하여 재정경제부장관이 정하는 계약체결기준에 따라 세부기준을 정하고, 계약을 체결하려는 자가 그 기준을 열람할 수 있도록 해야 한다. 다만, 「방위사업법」에 따른 방위력개선사업 수행을 위해 협상에 의한 계약을 체결하려는 경우에는 그 계약체결기준 및 절차는 방위사업청장이 정한다.
⑧ 각 중앙관서의 장 또는 계약담당공무원은 제1항에 따라 제안서를 평가하는 경우에는 제안서평가위원회(이하 이 조에서 "위원회"라 한다)의 심의를 거쳐야 한다. 다만, 「방위사업법」에 따른 방위력개선사업과 관련하여 협상에 의한 계약을 체결하려는 경우에는 「국방과학기술혁신 촉진법 시행령」 제3조 제6항에 따른 연구개발사업제안서 평가팀의 심의로 위원회의 심의를 갈음할 수 있다.
⑨ 위원회는 각 중앙관서별로 그 중앙관서의 소속공무원, 계약에 관한 학식과 경험이 풍부한 자 등으로 구성하며, 위원회의 구성 및 운영에 관하여 필요한 세부사항은 각 중앙관서의 장이 정한다.

- 용역계약에서 낙찰자를 선정하기 위한 방법으로 협상에 의한 계약을 선택한 경우 사업설명회를 시행할 수 있음
- 공사계약의 경우도 「국가계약법 시행령」 제14조의2에 따라 공사의 성질이나 규모를 고려해 현장설명회를 진행할 수 있음

> **법조문 돋보기**
>
> **「국가계약법 시행령」 제14조의2(공사의 현장설명)**
> ① 각 중앙관서의 장 또는 계약담당공무원은 공사입찰을 하는 경우 그 공사의 성질·규모 등을 고려하여 실제 공사현장에서 입찰참가자의 적정한 시공을 위한 현장설명을 실시할 수 있다.
> ② 삭제
> ③ 제1항에 따른 현장설명은 공사의 규모에 따라 해당 입찰서 제출마감일의 전일부터 기산하여 다음 각 호에서 정한 기간 전에 실시해야 한다. 다만, 제35조 제4항의 경우에는 그 기간을 단축할 수 있다.
>   1. 추정가격이 10억원 미만인 경우 7일
>   2. 추정가격이 10억원 이상 50억원 미만인 경우 15일
>   3. 추정가격이 50억원 이상인 경우 33일
> ④ 삭제

② 현장설명회 진행
  - 조달업체는 현장설명회 참가신청서 작성 등록과 작성 내용 조회 가능
  - 현장설명회 참가 신청 정보: 대표자 성명, 참가기술자격, 참가자 직책 등
  - 해당 입찰공고의 설명회에 참가신청한 전체 조달업체의 정보도 확인

4 실적심사

① 조달업체는 실적심사신청서를 작성해 발주기관에 접수
② 수행실적 심사신청서 제출 과정

신청하는 조달업체와 실적심사기관의 정보 확인 ⊳ 실적심사신청서 파일 업로드 ⊳ 저장 후 제출

③ 실적심사신청서를 작성해 등록한 후 해당 입찰공고를 검색해 정보를 조회하면 실적심사신청 목록 정보 확인 가능
④ 실적심사와 관련한 상세한 공고 정보를 선택해 확인할 수 있으며, 작성 여부 등 진행 상황 확인 가능

5 공동수급체 구성

① 입찰공고에서 공동계약을 허용해 공동수급체를 구성하는 경우 공동수급협정서 작성 절차

| 대표업체가 해당 공고에서 협정을 선택 | ▷ | 공동수급협정서를 작성해 등록 | ▷ | 구성업체가 공동수급협정서 목록에서 해당 협정서를 확인, 승인 | ▷ | 대표업체가 발주기관으로 전송 |

바로 Check

공동수급협정서는 누가 작성 · 등록하는가?

정답 대표업체

② **공동수급협정서 작성 내용:** 해당 입찰공고의 일반 정보, 이행 방식, 공동수급협정을 체결하는 업종코드, 업종명, 구성업체 정보, 지분, 대표사 여부 등 대표업체와 구성업체의 정보를 입력

③ 공동수급협정서 작성 시 공동계약의 이행 방식을 선택할 때 유의

✎ 더 알아보기 공동수급협정서 작성 시 유의사항

(1) 공동계약 이행 방식: 공동이행, 분담이행, 혼합방식 중 한 가지(공사의 경우는 주계약자관리 방식 추가)를 선택
(2) 입찰공고에서 이행 방식을 함께 제시하는 경우에는 해당 방식과 일치되도록 선택
(3) 입찰공고에서 요구하는 공동계약 이행 방식이 공동이행임에도 분담이행으로 입력하는 경우에는 해당 입찰이 무효로 처리될 수 있음

④ **공동수급체 구성 등록**
- 공동수급체를 구성하는 대표업체와 구성업체 정보를 등록
- 이행 방식에 따라 업체별 참여 지분을 정확하게 입력하고 대표업체를 지정

⑤ **부정당업자 제재 여부 확인**
- 협정서 작성 시 공동수급체에 참여하는 모든 업체를 대상으로 부정당업자 제재 여부를 조회
- 공동수급체를 구성하는 대표업체와 구성업체 모두 부정당업자 제재 처분을 부과받고 입찰참가자격이 제한되어 있는 상황에서는 공동수급체 구성은 물론이고 입찰참가 또한 할 수 없으므로 구성업체의 해당 여부를 확인

⑥ 「국가계약법」을 적용하는 입찰에서 (계약예규) 「공동계약운용요령」 제9조에 따른 이행 방식별 구성원 수와 최소지분율

분담이행방식에 의한 경우	5인 이하
공동이행방식에 의한 경우	5인 이하, 10% 이상(단, 시행령 제6장 및 제8장에 따른 공사 중 추정가격이 1,000억원 이상인 공사의 경우에는 10인 이하, 5% 이상)
주계약자관리방식에 의한 경우	10인 이하, 5% 이상

※ 계약의 특성 및 규모를 고려하여 발주기관이 구성업체 수와 최소 지분을 20% 범위에서 가감 가능
※ 「국가계약법 시행령」 제72조 제3항 제1호에 따른 지역업체 참여 보장을 위한 경우 등에는 30% 이상 설정도 가능

(계약예규)「공동계약운용요령」제9조(공동수급체의 구성)

① 계약담당공무원은 공동수급체 구성원으로 하여금 해당계약을 이행하는 데 필요한 면허·허가·등록 등의 자격요건을 갖추게 하여야 하며, 계약이행에 필요한 자격요건은 다음 각 호에 따라 구비되어야 한다.

  1. 분담이행방식의 경우: 구성원 공동

  2. 공동이행방식의 경우: 구성원 각각

  3. 주계약자관리방식의 경우

    가. 주계약자: 전체공사를 이행하는 데 필요한 자격요건

    나. 구성원: 분담공사를 이행하는 데 필요한 자격요건

② 계약담당공무원은 시행령 제21조 제1항에 의한 시공능력, 공사실적, 기술보유상황 등은 「건설산업기본법」 등 관련법령에서 규정하고 있는 면허와 동일한 경우에는 공동수급체 구성원 모두의 것을 합산하여 적용한다.

③ 공동계약에 의하여 이행된 실적의 인정범위는 다음 각 호에 따라 배분한다.

  1. 분담이행방식에 의한 경우: 공동수급체의 구성원별 분담부분

  2. 공동이행방식에 의한 경우

    가. 금액: 공동수급체의 구성원별 출자비율에 해당되는 금액

    나. 규모 또는 양: 실적증명 발급기관에서 공사의 성질상 공동수급체의 구성원별 실제 시공부분을 분리하여 구분할 수 있는 경우에는 실제 시공한 부분. 다만, 분리·구분할 수 없는 경우에는 출자비율에 따라 배분

  3. 주계약자관리방식에 의한 경우

    가. 구성원: 분담부분

    나. 주계약자: 「건설산업기본법 시행규칙」 제23조 제6항에 의함(제10항)

④ 계약담당공무원은 공동수급체구성원이 동일 입찰건에 대하여 공동수급체를 중복적으로 결성하여 입찰에 참가하게 하거나, 시행령 제72조 제3항에 의한 공동계약의 경우와 주계약자관리방식에 의한 공동계약의 경우 「독점규제 및 공정거래에 관한 법률」에 의한 상호출자제한기업집단소속 계열회사 간에 공동수급체를 구성하게 하여서는 아니 된다.

⑤ 계약담당공무원은 공동계약의 유형별 구성원 수와 구성원별 계약참여 최소지분율을 다음 각 호에 따라 처리한다. 다만, 해당 계약의 특성 및 규모를 고려하여 계약담당공무원이 필요하다고 인정할 경우에는 공동계약의 유형별 구성원 수와 구성원별 계약참여 최소지분율을 각각 20% 범위 내에서 가감할 수 있다.

  가. 분담이행방식에 의한 경우: 5인 이하

  나. 공동이행방식에 의한 경우: 5인 이하, 10% 이상(단, 시행령 제6장 및 제8장에 따른 공사중 추정가격이 1,000억원 이상인 공사의 경우에는 10인 이하, 5% 이상)

  다. 주계약자관리방식에 의한 경우: 10인 이하, 5% 이상

⑥ 제5항에도 불구하고 계약담당공무원은 시행령 제72조 제3항에 따른 공동계약의 경우에 공사의 특성 등을 고려하여 지역업체의 최소지분율을 다음 각 호에 따라 정할 수 있으며, 이를 입찰공고에 명시하여야 한다.

  1. 시행령 제72조 제3항 제1호에 따른 공동계약: 30% 이상

  2. 시행령 제72조 제3항 제2호에 따른 공동계약

    가. 재정경제부 고시 「국가를 당사자로 하는 계약에 관한 법률 시행령 제72조 제3항 제2호에 따른 공동계약 대상사업」(이하 이 예규에서 "고시"라 한다) 제1호에 따른 사업: 40% 이상(단, 시행령 제6장 및 제8장에 따른 공사의 경우에는 20% 이상)

    나. 고시 제2호에 따른 사업: 20% 이상

⑦ 제6항 제2호에 따른 공동수급체의 구성원이 되는 지역업체는 입찰공고일 현재 90일 이상 해당 공사현장을 관할하는 특별시·광역시 및 도에 법인등기부상 본점소재지가 소재한 업체이어야 한다.

⑦ 이전 공동수급체 이력 활용: 공동수급협정서 작성 대표업체와 이전 입찰에서 공동수급체를 구성한 이력 정보가 있는 경우 대표업체가 해당 정보를 조회하고 해당 입찰에서 공동업체로 참여하는 경우 선택해 추가 가능

⑧ 엑셀 양식을 활용한 구성업체 등록
- 공동수급체를 구성하는 업체의 정보를 등록하는 경우 등록 양식인 엑셀파일을 내려받아 업종과 업체명, 출자비율 정보를 작성 양식에 맞추어 입력한 후 시스템에 업로드
- 구성업체별로 수기로 입력하는 번거로움과 입력 오류를 줄이는 등 실수 예방 가능

⑨ 공동수급협정서 확인 및 승인 절차: 대표업체가 공동수급협정서를 작성하면 다음의 절차로 진행됨

1단계 협정서 공개	• 대표업체가 협정서 작성을 완료하면 공동수급협정 조회 목록에 공개 • 이때 해당 공동수급체로 참여하는 구성업체가 해당 내용을 확인할 수 있음
2단계 협정서 내용 확인	• 공동수급협정서 목록을 조회하기 위해 해당 입찰공고와 대표업체 정보를 확인 • 처리 상태가 구성업체 공개 단계로 표시된 경우에는 세부 내용을 조회
3단계 승인 또는 반려	• 공동수급협정서 목록을 조회 • 공동수급체 구성 내역(지분 등)에 이의가 없는 경우 승인 • 보완해야 할 경우 반려 처리 → 대표업체에 해당 사실이 통보되고 공동수급협정서를 다시 작성해 신청 ※ 참여하는 모든 구성업체가 해당 협정서의 작성 사항을 확인·승인하는 경우에만 협정서를 제출할 수 있음

⑩ 협정서 반려 및 재작성 절차
- 공동수급체의 구성업체가 대표업체가 작성한 공동수급협정서를 확인한 후 반려 처리를 하는 경우 반려 사유를 해소할 수 있는 수정 요청 이유를 명확하게 기재
- 대표업체가 공개된 공동수급협정서를 반려 처리하기 위해 입력한 내용을 상세 조회한 후 대표업체도 반려 요청 내역이 적정하지 않은 경우 반려 처리할 수 있음
- 구성업체가 수정 요청한 공동수급협정서는 재작성해 다시 공개하고, 구성업체의 확인·승인 절차를 거쳐 제출

핵심 포인트
- 협상에 의한 계약의 법적 근거와 절차
- 사업(과업)설명회의 목적
- 공동수급협정서는 전원 승인 후 제출
- 이행방식 불일치 시 입찰무효
- 물품계약 대비 차별적 절차

PART 05

02 | 용역계약 계약이행 절차 관리

출제기준 5-3-2 용역에 특화된 계약조건에 따른 계약이행 절차를 관리할 수 있다.

1 물품계약과의 본질적 차이

① 물품계약: "결과물 검사" 중심
② 용역계약: "과정 + 성과 통합 관리" 중심

✒ 더 알아보기 **물품계약과 용역계약의 비교**

구분	물품계약	용역계약
계약목적	완성된 물건 납품	무형의 서비스·지식·기술 제공
이행확인	규격·수량 검사	과업수행 과정·성과 평가
관리초점	납품기한·하자	일정·인력·성과·보고
변경관리	규격·수량 중심	과업내용·범위·인력·기간

2 용역이행 및 관리

① 용역이행
- 용역의 착수 및 보고(「용역계약일반조건」 제13조)
  - 계약 체결 후 10일 이내 다음 서류 첨부하여 착수계 제출 및 승인 필요
  - 착수계 포함 서류

  > • 산출내역서: 계약단가, 계약금액 조정 등의 기준
  > • 용역공정 예정표
  > • 인력 및 장비투입 계획서
  > • 용역책임자와 참여기술자의 이력서
  > • 서약서
  > • 기타 계약담당공무원이 지정한 사항

바로 Check

착수계에 포함되는 대표적 일정관리 문서는 무엇인가?

정답 용역공정 예정표

• 승인(「용역계약일반조건」제13조)

제출서류 변경	계약상대자는 계약의 이행 중에 과업내용의 변경 등으로 인하여 제출한 서류의 변경이 필요한 때에는 관련 서류를 변경하여 제출
조정 요구	계약담당공무원은 제출된 서류의 내용을 조정할 필요가 있다고 인정될 경우에는 계약상대자에게 이의 조정을 요구
용역 수행 지연 시 조치	계약담당공무원은 용역의 전부 또는 일부의 진행이 지연되어 소정의 기간 내에 수행이 불가능하다고 인정되는 경우에는 주간공정현황을 제출토록 하는 등 계약상대자에게 필요한 조치 요구

• 용역이행감독

계약이행상황 감독 (제12조)	• 해당 계약의 적정한 이행을 확보하기 위하여 필요하다고 인정할 때에는 계약문서에 의하여 스스로 감독하거나 소속공무원에게 위임하여 감독 • 전문적인 지식 또는 기술을 필요로 하거나 기타 부득이한 사유로 인하여 감독을 할 수 없는 경우에는 전문기관을 따로 지정하여 필요한 감독 가능
인력의 투입 및 교체업무 감독 (제11조 · 제14조)	• 계약상대자는 용역수행에 필요한 충분한 기술과 경험을 가진 근로자를 채용하여야 하며, 근로자의 행위에 대하여 모든 책임 부담 • 계약상대자가 채용한 근로자에 대하여 용역수행에 적당하지 않으면 교체 요구 가능하며, 교체된 근로자는 승인 없이 재채용 불가능 • 계약상대자는 「최저임금법」, 「근로기준법」 등 준수 • 계약상대자는 계약기간 단축지시 및 발주기관의 부득이한 사유로 인하여 휴일 또는 야간작업을 지시하였을 때에는 추가비용을 청구 가능

과업내용의 변경
(제16조)
	• 계약담당공무원은 계약의 목적상 필요하다고 인정될 경우에는 다음 내용을 계약상대자에게 지시 가능(다만, 과업내용을 추가할 경우에는 계약상대자와 사전에 협의)
	  – 추가업무 및 특별업무의 수행
	  – 용역공정계획의 변경
	  – 특정용역항목의 삭제 또는 감소
	• 과업내용의 변경은 원칙적으로 그 변경이 필요한 부분의 이행 전에 완료
	• 계약상대자는 계약의 기본방침에 대한 변동 없이 과업내용서상의 용역항목을 변경하는 것이 발주기관에 유리하다고 판단될 경우 변경제안 가능 → 계약담당공무원은 제안요청을 받은 날로부터 14일 이내에 승인 여부 통지
	• 과업내용이 변경되었을 경우는 계약금액조정, 과업내용에 없는 과업을 추가 요구할 경우에도 정당한 대가 지급

② 용역계약관리

• 계약금액 조정

물가변동으로 인한
계약금액 조정
(제15조)
	• 조정요건(2가지 모두 충족)
	  – 국고의 부담이 되는 계약을 체결(장기계속 계약의 경우에는 제1차 계약)한 날로부터 90일 이상 경과(조정기준일)
	  – 조정기준일 이후에 이행되어야 할 부분의 계약금액(물가변동 적용대가)에 대한 품목조정률 또는 지수조정률이 3/100 이상 증감될 때
	※ 단순노무용역으로서 재정경제부령으로 정하는 용역은 예정가격 작성 이후 노임단가가 변동된 경우 노무비에 한정하여 계약금액 조정
	• 조정방법: 품목조정률 또는 지수조정률에 따라 계약금액 조정

과업내용 변경으로 인한 계약금액 조정 (제16조)	• 조정요건: 용역의 과업내용을 변경 또는 추가하여야 할 경우, 계약의 본질을 해치지 않는 범위 내에서 가능
	• 적용기준: 공사에 대한 설계변경으로 인한 계약금액 조정방법 준용
	   – 계약단가가 있는 경우에는 계약단가 적용, 계약단가가 예정가격 단가보다 높을 경우는 예정가격 단가 적용
	   – 신규 비목의 단가: 계약내용 변경 당시를 기준으로 산정한 단가에 낙찰률을 곱한 금액
	   – 정부에서 변경 요청한 경우: 계약내용 변경 당시를 기준으로 산정한 단가와 동 단가에 낙찰률을 곱한 금액의 범위 안에서 계약당사자 간에 협의하여 결정
	   – 계약금액 조정요건 해당 시 계약상대자의 계약금액조정 청구를 받은 날부터 30일 이내에 계약금액을 조정

기타 계약내용 변경으로 인한 계약금액 조정 (제17조)	• 조정대상
	   – 단순한 노무에 의한 용역으로서 「최저임금법」에 따른 최저임금액이 변동되어 당초의 계약금액(물가변동 조정 규정에 따라 계약금액 조정을 하는 경우를 포함)으로는 최저임금 지급이 곤란하다고 인정하는 경우
	   – 기타 계약내용의 변경이 있을 경우
	• 적용기준
	   – 계약내용의 변경으로 계약금액을 조정하여야 할 필요가 있는 경우에는 그 변경된 내용에 따라 실비를 초과하지 아니하는 범위 안에서 이를 조정
	   – 일반관리비 및 이윤 등은 산출내역서상의 일반관리비율 및 이윤율 등에 의하되 재정경제부령이 정하는 율 초과 불가

• 계약기간의 연장(제19조)

계약기간 연장 신청	계약상대자는 다음의 사유가 계약기간 내에 발생한 경우 계약기간 종료 전에 지체 없이 계약담당공무원에게 서면으로 계약기간의 연장 신청을 해야 함 • 불가항력의 사유가 있을 경우 • 발주기관 책임으로 용역착수가 지연되거나 용역이 중단되었을 경우 • 계약상대자의 부도 등으로 연대 보증인이 보증이행을 하거나 보증이행업체를 지정하여 보증이행을 할 경우 • 기타 계약상대자의 책임에 속하지 않는 사유로 인하여 지체된 경우
계약기간 연장 시 추가비용	계약상대자는 계약기간 연장으로 인하여 추가비용이 발생하는 경우에는 계약금액 조정신청 가능 → 위 사유 외에 용역수행기한 내에 용역을 완성하지 아니한 때에는 계약을 해제·해지하거나 매 지체일수마다 계약서에서 정한 지체상금(지연배상금)을 징수하는 조건으로 계약연장 가능

③ 대가지급

검사(제20조)	• 용역을 완성하였을 때에는 계약담당공무원에게 서면으로 통지 • 계약담당공무원은 통지를 받은 날부터 14일 이내(재난 등 국가경제위기 극복을 위해 고시한 경우 7일)에 검사 실시

용역대가지급 (제27조)	• 대가지급: 계약상대자의 청구를 받은 날로부터 5일 이내 지급
	• 지체상금: 용역 1.25/1000(「지방계약법」 1.3/1000)
	• 지체일수 계산
	   – 기한 내 용역을 완료하였을 경우: 검사에 소요된 기간은 지체일수에 미산입
	   – 기한을 경과하여 용역을 완료하였을 경우: 용역수행기간 익일부터 검사(시정조치를 한 때에는 최종 검사)에 합격한 날까지의 기간을 지체일수에 산입
	• 노무비 구분관리 및 지급 확인(제27조의4)
	   – 계약상대자는 노무비 지급기일에 맞추어 매월 모든 근로자(직접노무비 대상, 하수급인 고용한 근로자 포함)의 노무비 청구내역을 제출
	   – 계약담당공무원은 노무비 청구내역을 확인하고 청구를 받은 날부터 5일 이내에 계약상대자의 노무비 전용계좌로 해당 노무비를 지급
	• 하도급대금 지급 확인(제27조의2): 계약상대자는 대가 수령 15일 이내에 하도급대금을 하수급인에게 현금으로 지급하고, 계약담당공무원은 하도급대금 지급내역을 확인

국민건강보험료 등 사후정산 (제27조의3)	• 용역의 예정가격 작성 시 국민건강보험료, 노인장기요양보험, 국민연금, 퇴직급여충당금 등 계상 • 국민건강보험료 등을 사후정산하기로 한 계약에 대하여는 관련 규정에 따라 입찰공고 시 반영하고 대금지급 시 정산

④ **계약불이행 시 조치**

• 계약의 해제 · 해지

– 해제 · 해지 대상(계약상대자 귀책 사유)

⇒ 계약 해제 · 해지 시 계약보증금 국고귀속(세입조치) 및 부정당업자 제재

법조문 돋보기

「국가계약법 시행령」 제75조(계약의 해제 · 해지)

① 각 중앙관서의 장 또는 계약담당공무원은 법 제12조 제3항의 규정에 의하여 계약보증금을 국고에 귀속시키는 경우에는 계약에 특별히 정한 것이 없는 한 당해 계약을 해제 또는 해지하고 계약상대자에게 그 사유를 통지하여야 한다.

② 각 중앙관서의 장 또는 계약담당공무원은 제74조 제1항에 따른 지체상금의 징수사유가 발생하고 그 금액이 제50조 제1항에 따른 계약보증금상당액(면제된 계약보증금을 포함한다)에 달하는 경우에는 다음 각 호의 구분에 따른 방법으로 계약을 해제 또는 해지하거나 유지할 수 있다.

　1. 계약상대자의 귀책사유로 계약을 수행할 가능성이 없음이 명백하다고 인정되는 경우: 법 제12조 제3항에 따라 계약보증금을 국고에 귀속시키고 해당 계약을 해제 또는 해지한다.

　2. 제1호 외의 경우로서 계약상대자의 계약 이행가능성이 있고 계약을 유지할 필요가 있다고 인정되는 경우: 계약이행이 완료되지 아니한 부분에 상당하는 계약보증금(당초 계약보증금에 제74조 제3항에 따른 지체상금의 최대금액을 더한 금액을 한도로 한다)을 추가 납부하게 하고 계약을 유지한다. 이 경우 계약보증금의 추가납부에 관하여는 제50조 제6항부터 제8항까지 및 제10항을 준용한다.

「용역계약일반조건」 제29조(계약상대자의 책임있는 사유로 인한 계약의 해제 또는 해지)

① 계약담당공무원은 계약상대자가 다음 각 호의 어느 하나에 해당하는 경우에는 해당 계약의 전부 또는 일부를 해제 또는 해지할 수 있다. 다만, 제3호의 경우에는 계약상대자의 계약이행 가능성이 있고 계약을 유지할 필요가 있다고 인정되는 경우로서 계약상대자가 계약이행이 완료되지 아니한 부분에 상당하는 계약보증금(당초 계약보증금에 제18조 제1항에 따른 지체상금의 최대금액을 더한 금액을 한도로 한다)을 추가납부하는 때에는 계약을 유지한다.

　1. 정당한 이유없이 약정한 착수기일을 경과하고도 용역수행에 착수하지 아니할 경우

　2. 계약상대자의 책임있는 사유로 인하여 용역수행기한까지 해당 용역을 완료하지 못하거나 완료할 가능성이 없다고 인정될 경우

　3. 제18조 제1항에 의한 지체상금이 시행령 제50조 제1항에 의한 해당 계약(장기계속용역계약인 경우에는 차수별 계약)의 계약보증금상당액에 달한 경우

　4. 장기계속용역의 계약에 있어서 제2차 용역 이후의 계약을 체결하지 아니하는 경우

　5. 계약의 수행 중 뇌물수수 또는 정상적인 계약관리를 방해하는 불법 · 부정행위가 있는 경우

　6. 해당 계약이행과 관련하여 계약상대자가 「최저임금법」 제6조 제1항 및 제2항 또는 「근로기준법」 제43조를 위반하여 「최저임금법」 제28조 또는 「근로기준법」 제109조에 따라 처벌을 받은 경우(다만, 지체 없이 시정된 경우에는 그러하지 아니한다)

　7. 입찰에 관한 서류 등을 허위 또는 부정한 방법으로 제출하여 계약이 체결된 경우

　8. 기타 계약조건을 위반하고 그 위반으로 인하여 계약의 목적을 달성할 수 없다고 인정될 경우

② 계약담당공무원은 제1항에 의하여 계약을 해제 또는 해지한 때에는 그 사실을 즉시 계약상대자에게 통지하여야 한다.

③ 계약담당공무원은 제1항에 의하여 계약을 해제 또는 해지한 경우 및 제33조에 의하여 보증기관이 보증이행을 하는 경우에 기성부분을 검사하여 인수하는 때에는 인수한 날로부터 14일 이내에 해당 부분에 상당하는 대가를 계약상대자에게 지급하여야 한다.

④ 계약상대자는 제1항에 의하여 계약이 해제 또는 해지되는 경우에는 지급받은 선금에 대하여 미정산잔액이 있는 경우에는 그 잔액에 대한 약정이자상당액[사유발생 시점의 금융기관 대출평균금리(한국은행 통계월보상의 금융기관 대출평균금리를 말한다)에 의하여 산출한 금액]을 가산하여 발주기관에 상환하여야 한다. 이 경우 계약담당공무원은 상환할 금액과 기성부분의 대가를 상계할 수 있다.

- 사정변경에 의한 계약의 해제·해지(제30조): 계약담당공무원은 객관적으로 명백한 발주기관의 불가피한 사정이 발생한 때에는 계약을 해제 또는 해지 가능
- 계약상대자에 의한 계약의 해제·해지(제31조)
  · 계약내용의 변경으로 계약금액이 100분의 40 이상 감소되었을 때
  · 발주기관 사정에 의한 용역수행정지기간이 계약기간의 100분의 50을 초과하였을 경우
- 부정당업자 제재(제34조)

개념	입찰계약 체결 및 이행과정에서 공정한 집행 또는 계약의 적정한 이행을 해칠 염려가 있거나 기타 입찰에 참가시키는 것이 부적합하다고 인정되는 자에 대하여 일정 기간 입찰참가자격을 제한하는 행정처분

입찰참가자격 제한 대상	• 계약을 이행함에 있어서 부실조잡 또는 부당하게 하거나 부정한 행위를 한 자
	• 입찰자 간에 상의하여 미리 입찰가격을 협정하였거나 특정인의 낙찰을 위하여 담합한 자
	• 「건설산업기본법」 등 다른 법률의 하도급에 관한 제한기준을 위반한 자
	• 부정한 행위로 입찰·낙찰 또는 계약체결·이행 과정에서 국가에 손해를 끼친 자
	• 「독점규제 및 공정거래에 관한 법률」 등을 위반하여 공정위로부터 입찰참가 제한 요청이 있는 자
	• 「상생협력 촉진에 관한 법률」에 따라 중기부장관으로부터 입찰참가자격 제한요청이 있는 자
	• 입찰·낙찰 또는 계약의 체결·이행과 관련하여 관계 공무원에게 뇌물을 준 자
	• 그 밖에 다음 부적당하다고 인정되는 자로서 대통령령으로 정하는 자
	  – 입찰계약 관련 서류를 위조 또는 변조하거나 입찰계약을 방해하는 등 경쟁의 공정한 집행을 저해할 염려가 있는 자
	  – 정당한 이유 없이 계약의 체결 또는 이행 관련 행위를 하지 아니하거나 방해하는 등 계약의 적정한 이행을 해칠 염려가 있는 자
	  – 다른 법령을 위반하는 등 입찰에 참가시키는 것이 적합하지 아니하다고 인정되는 자

제재 절차	입찰참가를 제한하려는 경우 「행정절차법」에 따라 청문회 및 의견진술 기회 부여
시효기간	5년(담합, 뇌물 제공 관련은 7년)(「지방계약법」 제31조 제6항)
과징금 대체 가능	입찰참가자격 제한을 갈음하여 다음의 경우 과징금 부과 가능 • 부정당업자의 위반행위가 예견할 수 없음이 명백한 경제여건 변화에 기인하는 등 책임이 경미한 경우로서 대통령령으로 정하는 경우 • 입찰참가자격 제한으로 유효한 경쟁입찰이 명백히 성립되지 아니하는 경우로서 대통령령으로 정하는 경우

 바로 Check

입찰참가자격 제한 시 행정절차상 필수 절차는 무엇인가?

정답 청문 또는 의견진술 기회 부여

핵심 포인트

- 용역: 과정 + 성과 통합관리 계약
- 과업변경은 반드시 계약변경 절차 필요
- 검사는 내용·성과 중심 평가
- 신규비목 = 변경단가 × 낙찰률
- 계약해지 시 기성부분은 14일 이내 정산 지급

- 인력 동일성 유지가 핵심
- 중간보고는 품질통제 수단
- 물가변동 조정요건: 90일, ±3%
- 지체상금 한도 = 계약보증금 상당액

03 용역계약 하도급 계약이행 관리

출제기준 5-3-3 「하도급법」에 따른 원수급자와 하수급자인 협력업체 간 계약이행 절차를 관리할 수 있다.

1 하도급의 법적 의미

① 원수급자(계약상대자)가 계약된 용역의 일부를 협력업체에 다시 위탁하는 것
② 무형의 기술용역도 「하도급법」 적용 대상

2 용역 하도급 관리의 특징 및 필요성

특징	• 기술용역은 전문분야 재위탁이 빈번 • 제안 인력이 실제 수행 과정에서 무단 대체될 위험 • 재하도급 은폐 가능성 • 성과물 품질의 저하 위험 • 대금 체불을 둘러싼 분쟁 다발
필요성	• 용역 품질 저하 방지 • 하도급대금 체불 방지 • 불공정거래 방지 • 계약이행 확보

3 법적 근거

① 「하도급법」
② (계약예규) 「용역계약일반조건」
③ 「건설기술용역 하도급 관리지침」

4 용역 하도급의 기본 구조(당사자 구조)

① 발주기관(국가) → 원수급자(계약상대자) → 하수급자(협력업체)
② 발주기관은 하도급계약의 직접 당사자는 아니나, 공정성 확보를 위해 감독 · 관리 권한 보유

5 단계별 계약이행 절차 관리

하도급 승인 · 신고 관리	관리내용	• 하도급 예정 여부 확인 • 하도급 범위 적정성 검토	• 하도급계약 체결 전 승인 또는 통보 • 재하도급 여부 확인
	주요 쟁점	• 일괄하도급 금지 • 과도한 하도급 비율	• 핵심업무 재하도급 제한

하도급 계약 체결 관리	원수급자의 의무	• 서면 계약 체결(「하도급법」 제3조): 원수급자는 하수급자에게 위탁내용, 대금지급기일, 검사방법, 하자책임 등을 명시한 서면 교부 의무 → 미교부 시 과징금 · 시정명령 대상 • 계약서에 대금 · 기성 · 지급기한 명시 • 계약서 사본 교부
	발주기관 관리 포인트	• 표준하도급계약서 사용 여부 • 부당특약 존재 여부
하도급대금 결정 관리	금지사항	• 부당한 하도급대금 결정 • 낙찰률보다 과도한 인하 • 부당한 특약(예 손해배상 과다 부담 전가, 원수급자 면책 특약, 무상 하자보수 확대) 설정
	검토 기준	• 원도급금액 대비 비율 • 동일 · 유사 용역의 단가 비교 • 기술 · 인력 투입 기준
하도급대금 지급 관리 (「하도급법」 제13조)	지급기한	원수급자는 발주기관으로부터 대금을 받은 날부터 15일 이내 지급
	지급 지연 시	• 지연이자 지급 • 공정거래위원회 제재 • 입찰참가자격 제한 가능
하도급대금 직접지급 (하도급법 제14조)	직접지급의 사유	• 원수급자의 부도 • 대금 미지급 • 하수급자의 요청 • 발주기관의 필요 판단
	효과	• 발주기관 → 하수급자 직접지급 • 원수급자 채무 소멸 범위 내 효력 발생(원수급자 채권에서 공제)
부당행위 점검	대표적 위반행위	• 부당 감액　　　　• 부당 반품 • 기술자료 요구　　• 경영정보 요구 • 보복조치
	위반 시	공정거래위원회 제재 + 계약상 제재
「하도급법」 위반 시 제재 및 사후관리	제재 종류	• 과징금　　　　　• 시정명령 • 입찰참가자격 제한　• 계약해지

바로 Check

1. A사는 조달청과 10억원에 용역계약을 체결하였다. B사와 3억원의 하도급계약을 체결하였는데, 조달청으로부터 대금 수령 후 40일간 지급하지 않았다.
   ① 위반 여부를 판단하시오.
   ② 제재 및 발주기관의 조치를 설명하시오.

2. 「하도급법」 위반 시 계약상 제재 유형을 설명하시오.

　정답　1. ① A사는 하도급대금을 수령 후 40일간 지급하지 않았으므로, 「하도급법」상 15일 이내 지급의무를 위반하였다.
　　　　② 지연이자 지급 의무, 공정거래위원회의 시정명령 및 과징금, 입찰참가자격 제한 가능, 직접지급 검토 가능
　　　2. 입찰참가자격 제한, 계약해지, 시정명령, 과징금

구분	물품	공사	용역
하도급 비율	제한 적음	엄격 제한	과업 성격에 따라 관리
기술자료 분쟁	낮음	중간	높음
인력 재위탁	드묾	제한적	빈번
직접지급 분쟁	적음	많음	증가 추세

핵심 포인트

- 하도급 서면교부 의무(제3조)
- 하도급대금은 15일 이내 지급
- 부당특약은 무효
- 직접지급은 하수급자 보호 핵심제도
- 기술자료 요구는 엄격히 제한
- 위반 시 공정위 + 입찰제한 연계 제재

PART 05

핵심 최종점검

CHAPTER 03

01 협상에 의한 계약 시 제안서 평가는 어떤 기구의 심의를 거쳐야 하는가?

02 사업(과업)설명회는 어느 경우 실시할 수 있는가?

03 나라장터에서 용역 입찰공고를 조회하는 경로는 무엇인가?

04 공동수급협정서 제출을 위해 필요한 절차는 무엇인가?

05 공동계약 이행방식 3가지는 무엇인가?

06 공동수급체 구성 시 최소 지분 요건(공동이행 기준)은 무엇인가?

07 공동수급체 구성 업체 수는 원칙적으로 몇 개 이상인가?

08 용역계약에서 계약 체결 후 10일 이내 제출해야 하는 문서는 무엇인가?

09 용역 완료 통지를 받은 후 계약담당공무원의 검사기한은 얼마인가?

10 용역의 지체상금률(「국가계약법」 기준)은 얼마인가?

11 물가변동으로 계약금액 조정이 가능하려면 조정기준일부터 며칠이 경과해야 하는가?

12 물가변동 조정 요건 중 품목조정률 또는 지수조정률 증감 기준은 무엇인가?

13 과업내용 변경 승인 여부는 며칠 이내에 통지해야 하는가?

핵심 정답

01
제안서평가위원회

02
협상에 의한 계약 등 필요 시

03
입찰 → 입찰공고 → 입찰공고목록

04
구성업체 전원의 승인

05
공동이행방식, 분담이행방식, 혼합방식

06
10% 이상

07
5개 이상

08
착수계

09
14일 이내 (재난 등 특별고시 시 7일)

10
1.25/1000

11
90일 이상

12
3/100 이상

13
14일 이내

14	하도급대금은 대가 수령 후 며칠 이내에 지급해야 하는가?	**14** 15일 이내
15	지체상금이 계약보증금 상당액에 달한 경우의 조치는 무엇인가?	**15** 계약 해제 · 해지 또는 추가 계약보증금 납부 후 유지
16	하도급 계약은 반드시 어떤 형식으로 체결해야 하는가?	**16** 서면
17	「하도급법」 위반 감독기관은 무엇인가?	**17** 공정거래위원회
18	발주기관이 하수급자에게 직접 대금을 지급할 수 있는 제도는 무엇인가?	**18** 하도급대금 직접지급
19	「하도급법」상 부당특약은 유효한가?	**19** 무효
20	일괄하도급은 원칙적으로 허용되는가?	**20** 금지
21	하도급대금 지연 시 지급해야 하는 것은 무엇인가?	**21** 지연이자
22	기술자료 요구 시 사전 서면합의가 필요한가?	**22** 필요
23	서면 미교부 시 부과되는 제재는 무엇인가?	**23** 과징금 또는 시정명령
24	하도급 위반은 입찰참가자격 제한 사유가 될 수 있는가?	**24** 가능

PART 05

서술형 출제예상문제

01 용역계약에서 사업(과업)설명회의 의의를 설명하시오.

> **정답**
>
> 용역계약에서 사업(과업)설명회는 제안요청서 등에 대한 설명을 통해 제안자의 이해도를 높이고 적정한 제안서 제출을 유도하기 위한 절차로, 계약의 성질과 규모에 따라 필요 시 실시한다.

02 협상에 의한 계약의 특징을 설명하시오.

> **정답**
>
> 협상에 의한 계약은 제안서를 제출받아 기술과 가격을 종합평가하고, 협상적격자를 선정한 후 협상 절차를 거쳐 계약을 체결하는 방식이다.

03 공동수급협정서 작성 시 유의사항을 설명하시오.

> **정답**
>
> ① 입찰공고에서 허용한 이행방식과 일치
> ② 대표업체를 지정하고 업체별 지분을 정확히 입력
> ③ 구성업체의 부정당업자 제재 여부 조회
> ④ 모든 구성업체 승인 후 제출

04 공동계약 이행방식의 종류와 특징을 설명하시오.

> **정답**
>
> ① 공동이행방식: 공동으로 전부 이행, 연대책임
> ② 분담이행방식: 각자 분담 부분만 책임
> ③ 혼합방식: 공동이행 + 분담이행 혼합

05 A기관이 기술용역을 협상에 의한 계약으로 추진하려 한다. 사업설명회 실시 여부와 절차를 설명하시오.

> **정답**
>
> ① 협상에 의한 계약임을 입찰공고에 명시 ② 제안요청서 교부 또는 전자게재
> ③ 필요 시 사업설명회 실시(의무가 아님) ④ 제안서평가위원회 평가
> ⑤ 협상적격자 선정 ⑥ 협상 후 계약 체결

06 공동이행 방식으로 4개 업체가 공동수급체를 구성하였다. 발주기관이 최소 지분을 10%로 정한 경우, 한 업체의 지분이 5%로 입력되었다면 적정 여부를 판단하시오.

> **정답**
> 기준 미충족으로 부적정하며, 입찰무효 사유가 될 수 있다.

07 용역계약이 물품계약과 본질적으로 다른 점을 설명하시오.

> **정답**
> ① 물품계약은 완성된 물건을 납품하는 계약으로, 규격 · 수량 등 객관적 기준에 따라 검사 · 검수가 이루어진다.
> ② 용역계약은 무형의 기술 · 지식 등을 제공하는 계약으로, 과정 + 성과의 통합 관리와 일정 · 인력 · 보고 관리가 핵심이다.

08 착수계에 포함되는 주요 서류를 작성하시오.

> **정답**
> ① 산출내역서 　　　　　　　　　　　② 용역공정 예정표
> ③ 인력 · 장비 투입계획서 　　　　　④ 책임기술자 및 참여기술자의 이력서
> ⑤ 서약서 　　　　　　　　　　　　　⑥ 기타 계약담당공무원의 지정사항

09 과업내용 변경 시 계약금액 조정 기준을 설명하시오.

> **정답**
> ① 계약단가 존재 시 계약단가 적용
> ② 계약단가가 예정가격 단가보다 높으면 예정가격 단가 적용
> ③ 신규 비목 단가는 '변경 당시 단가 × 낙찰률' 적용
> ④ 정부요청 변경은 협의 결정
> ⑤ 계약상대자 청구 후 30일 이내 조정

10 계약상대자 귀책사유로 계약을 해제 · 해지할 수 있는 대표 사례를 설명하시오.

> **정답**
> ① 착수 지연 　　　　　　　　　　　② 기한 내 완료 불가능
> ③ 지체상금이 계약보증금 상당액 도달 　④ 허위서류 제출
> ⑤ 뇌물 제공 　　　　　　　　　　　⑥ 「최저임금법」 위반 등

11 A사는 연구용역 계약(계약금액 5억원)을 체결하였다. 계약기간 내 완료하지 못하여 지체상금이 5,000만원 발생하였다. 계약보증금은 5,000만원이다.
① 발주기관의 조치 가능 여부를 설명하시오.
② 계약을 유지하려면 무엇이 필요한지 설명하시오.

> **정답**
> ① 발주기관 조치 가능 여부: 지체상금이 계약보증금 상당액(5,000만원)에 도달하였으므로, 계약 해제·해지가 가능하다(「국가계약법 시행령」 제75조, 「용역계약일반조건」 제29조).
> ② 계약 유지 조건: 계약상대자의 이행 가능성이 인정되는 경우, 미이행 부분에 상당하는 계약보증금을 추가 납부하면 계약 유지가 가능하다.

12 계약금액 10억원, 낙찰률 80%, 신규 비목 단가가 변경 당시 1,000만원으로 산정되었다. 신규 비목 적용 단가는 얼마인가?

> **정답**
> 신규 비목 적용 단가 = 변경 당시 단가 × 낙착률 = 1,000만원 × 80% = 800만원

13 하도급대금 직접지급 제도의 취지를 설명하시오.

> **정답**
> ① 하수급자 보호
> ② 대금체불 방지(분쟁 예방)
> ③ 공사·용역 중단 방지(계약이행 안정화)
> ④ 공정거래 질서 확보

14 기술자료 요구를 제한하는 취지를 설명하시오.

> **정답**
> ① 기술탈취 방지
> ② 중소기업 보호
> ③ 지식재산 보호

15 용역계약에서 하도급 관리가 중요한 이유를 설명하시오.

> **정답**
> ① 기술용역은 전문분야 재위탁이 빈번
> ② 성과물 품질의 저하 우려
> ③ 대금체불을 둘러싼 분쟁 다발
> ④ 불공정거래 방지
> ⑤ 계약이행 안정성 확보

16 하도급 서면교부 의무의 주요 기재사항을 설명하시오.

> **정답**
> ① 위탁내용   ② 대금지급기일
> ③ 검사기준   ④ 하자책임

17 부당특약의 대표 사례 3가지를 쓰시오.

> **정답**
> ① 무상 추가업무 강요
> ② 과도한 손해배상 부담
> ③ 원수급자 면책 조항

18 A사는 조달청 용역을 수행하며 하수급자에게 대금 1억원을 지급해야 한다. 발주기관으로부터 3월 1일 대금을 수령하였으나 4월 10일까지 지급하지 않았다.
① 위법 여부를 설명하시오.
② 가능한 제재를 설명하시오.

> **정답**
> ① 위법 여부: 3월 1일 수령 후 4월 10일까지 지급하지 않았으므로, 「하도급법」상 15일 이내 지급의무를 위반하였다.
> ② 가능한 제재: 지연이자 지급, 공정거래위원회의 과징금 부과, 입찰참가자격 제한

19 원도급금액 10억원, 하도급 비율 40%인 계약에서 원수급자가 발주기관으로부터 2억원의 기성금을 지급받았다. 하수급자에게 지급해야 할 최소 기성금은 얼마인가?

> **정답**
> 2억원 × 40% = 8천만원

20 하도급대금 2억원, 대금지급 지연일수 20일, 지연이자율 연 15%일 때 지연이자액은 얼마인가?

> **정답**
> 2억원 × 15% × (20/365) = 200,000,000 × 0.15 × (20/365) = 1,643,835원

박문각
공공조달관리사
실기

06

공공조달 리스크 관리

CHAPTER 01 공급리스크 식별

CHAPTER 02 위험도 평가

CHAPTER 03 리스크 대응계획 수립

CHAPTER 04 리스크 발생 모니터링

CHAPTER

01 공급리스크 식별

01 공급리스크 관리계획 수립

출제기준 6-1-1 입찰계획에 따라 공급리스크 관리계획을 수립할 수 있다.

1 리스크 관리의 기본 개념

조달환경	• 공공조달을 수행하는 수요기관과 공급업체는 공공조달 목표를 달성하는 데 불확실성을 초래하는 다양한 내외부 요인에 노출 • 공공조달은 강력한 법적 프레임워크에 기반해 경제·산업 전반의 다양한 기업과 물품, 서비스, 공사의 상호작용 속에서 수행되므로 다양한 유형의 리스크가 발생
공공조달 리스크	• 공공조달 실행·관리 과정에서 불확실성을 확대하고, 목표 달성에 영향을 미치는 현상 • 공공조달 리스크는 불확실성으로 인한 손실 발생 가능성 상존 • 리스크 관리: 위험과 관련하여 조직을 지휘·통제하기 위해 조정된 활동

바로 Check

공공조달 리스크란 무엇인가?

정답 위험과 관련해 조직을 지휘하고 통제하기 위해 조정된 활동이다.

2 ISO 31000

리스크의 정의	"목표에 관한 불확실성의 영향"이자, 조직이 달성하려는 목표에 대해 불확실성이 긍정적 또는 부정적 영향을 미칠 수 있는 상태
주요 특징	• 조직의 리스크 관리와 관련한 대표적인 국제표준 • 리스크 관리의 원칙, 프레임워크, 프로세스의 운영 기준과 지침을 제공 • 조직이 리스크 식별, 분석, 평가, 처리, 모니터링, 의사소통을 체계적으로 진행할 수 있도록 지원 • 조직이 리스크 관리 절차를 조직의 전반적인 거버넌스, 전략과 계획, 경영, 보고 절차, 정책, 가치와 문화에 통합하도록 하는 프레임워크를 개발해 구현하고, 이를 지속적으로 개선할 것을 강조 • 리스크 관리는 조직의 특정 기능, 프로젝트, 활동뿐만 아니라 조직의 다양한 부문과 수준에서 적용되며, 궁극적으로 조직 전체에 영향

바로 Check

ISO 31000에서 정의한 리스크 관리의 개념은 무엇인가?

정답 공공조달 실행·관리 과정에서 불확실성을 확대하고 목표 달성에 영향을 미치는 현상이다.

더 알아보기 **전통적 리스크와 ISO 31000 비교**

구분	전통적 리스크	ISO 31000
초점	손실, 위험, 부정적 결과	목표 달성에 대한 불확실성의 영향
관점	위협 중심	위협 + 기회 중심
적용 범위	주로 안전 · 재무 분야에 적용 가능	모든 산업 · 조직 · 목표에 적용 가능

더 알아보기 **ISO 31000 리스크 관리 원칙**

(1) 가치 창출과 보호
(2) 모든 조직 프로세스의 필수적인 부분
(3) 의사결정의 일부
(4) 불확실성의 명시적 해결
(5) 체계적이며 시의적절한 수행
(6) 최상의 가용 정보에 기반한 수행
(7) 투명성과 포괄성 확보
(8) 역동적 · 반복적 · 변화 대응적 수행
(9) 조직의 지속적인 개선 촉진

3 리스크 관리의 필요성

① 조달 환경은 법적 · 경제적 · 산업적 요인이 복합적으로 작용
② 리스크는 제거 대상이 아니라 관리 대상
③ 조달계획 수립 단계에서 위험의 종류와 수준을 고려

4 리스크 관리 절차

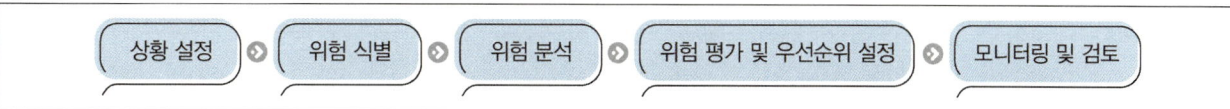

상황 설정 ▷ 위험 식별 ▷ 위험 분석 ▷ 위험 평가 및 우선순위 설정 ▷ 모니터링 및 검토

① 상황 설정
- 개념: 리스크를 식별 · 분석하기 전에 조달사업의 목표, 범위, 환경, 이해관계자, 제약조건을 명확히 정의하여 리스크 관리의 방향을 정하는 설계 단계
- 중요성: 상황 설정이 잘못되면, 중요 리스크가 누락되고 영향도 판단이 왜곡되며 우선순위 잘못 설정으로 과도하거나 부족한 대응계획 수립
- 공공조달에서 상황 설정의 구성요소

사업 목적 및 성과목표 정의	정책목표, 예산 규모, 납기, 품질 수준, 사회적 가치 달성 여부 예 긴급 방역물품 조달 → 납기 리스크 매우 중요, R&D 용역 → 기술완성도 리스크 중요
조달 범위 및 계약 구조 설정	물품/용역/공사 여부, 단가계약/총액계약, 장기계속계약 여부, 공동수급 여부, 하도급 구조
내부 환경 분석	발주기관 역량, 계약관리 경험, 기술 검토 능력, 예산 안정성
외부 환경 분석	시장 경쟁구조, 공급자 수, 독점 여부, 환율 변동, 정책 변화, 법령 개정 가능성

이해관계자 분석	발주부서, 계약담당자, 감사기관, 공급업체, 이용자
리스크 허용수준 (Risk Tolerance) 설정	기관이 감내할 수 있는 위험 수준을 설정(일정 지연 허용 기간, 예산 증액 가능 범위)

② 위험 식별

개념	사업 목표 달성에 영향을 줄 수 있는 잠재적 위험요인을 체계적으로 도출하는 단계
공공조달에서의 식별 대상	• 공급 측면: 단일공급자 의존, 해외조달·환율변동, 원자재 수급 불안, 기술 독점 • 계약·제도 측면: 법령 개정, 입찰 무효·이의신청, 부정당업자 발생 • 수행 단계: 납기 지연, 품질 미달, 하도급 분쟁 • 외부 환경: 재난·감염병, 정책 변경, 예산 삭감
주요 기법	브레인스토밍, 체크리스트 기법, 과거 사례 분석, 시장조사, 이해관계자 인터뷰, 공급시장 분석, Kraljic Matrix 적용
산출물	• 리스크 목록(Risk Register 초안) • 리스크 정의서 • 발생원인·영향경로 정리

③ 위험 분석(Risk Analysis)

개념	식별된 위험의 발생 가능성과 영향 정도를 구체적으로 추정하는 단계
분석 요소	• 발생확률(Probability): 낮음(10% 미만), 보통(10~40%), 높음(40% 이상) 또는 1~5등급 척도 활용 • 영향도(Impact): 재정 영향, 일정 지연, 품질 저하, 법적 책임, 평판 손상
분석 방법	• 정성적 분석: 5×5 위험도 매트릭스, 등급평가 방식 • 정량적 분석: 기대손실값(EV = 확률 × 손실금액), 시나리오 분석, 민감도 분석
산출물	• 위험도 점수 • 위험등급(상·중·하) • 위험지도(Risk Map)

위험 분석에서 5×5 위험도 매트릭스의 분석 방법은 무엇인가?

정답 정성적 분석

④ 위험 평가 및 우선순위 설정

개념	분석 결과를 기준으로 어떤 위험을 먼저 관리할 것인지 결정하는 단계
중요도 산정 방식	기본 산식 예시: 위험도 = 발생확률 × 영향도 예 확률 4점 × 영향 5점 = 20점 → 고위험군
우선순위 (위험도에 따른 대응전략)	• 고위험: 즉시 대응계획 수립 • 중위험: 통제·모니터링 • 저위험: 수용

공공조달에서 특히 우선 관리해야 할 리스크	• 공급중단 리스크
	• 대규모 계약금액 관련 리스크
	• 사회적 파급효과가 큰 사업
	• 단일공급자 독점 품목
산출물	• 우선관리 리스크 목록
	• 대응 대상 리스크 선정 결과
	• 리스크 대응 필요성 판단 근거

⑤ **모니터링 및 검토**(Monitoring & Review)

개념	리스크 대응이 제대로 실행되고 있는지 확인하고, 새로운 위험을 지속적으로 탐지하는 단계
점검 내용	• 대응계획 실행 여부: 계약보증금 확보, 대체공급자 확보, 보험 가입 • 성과 확인: 납기 준수율, 검사 합격률, 분쟁 발생 건수 • 신규 리스크 탐지: 시장 구조 변화, 정책 변경, 공급자 재무 악화
모니터링 방식	• 정기 점검회의 • 계약이행 점검 • KPI 분석 • 리스크 대장(Risk Register) 업데이트
이해관계자 공유	발주부서, 계약담당자, 사업관리자, 외부 감사기관

공공조달 리스크 관리 절차를 작성하시오.

 ① 상황 설정
② 위험 식별
③ 위험 분석
④ 위험 평가 및 우선순위 설정
⑤ 모니터링 및 검토

핵심 포인트

• 사전 예방 중심
• 계약 · 시장 · 정책 리스크 포함
• 공급망 안정성 중시
• 단일공급자 의존의 위험 관리 중요
• 계약이행 단계까지 연계 관리

02 입찰계획에 영향을 미치는 위험요인 식별

출제기준 6-1-2 입찰계획에 따라 영향을 미치는 위험을 식별할 수 있다.

1 위험요인 식별의 개념

① 사업 목표 달성에 영향을 줄 수 있는 잠재적 위험요인을 체계적으로 도출하는 단계
② 단순한 추측이 아니라, 입찰계획·계약구조·시장환경을 근거로 논리적으로 위험요인을 도출하는 과정
③ 즉, "무슨 일이 발생할 수 있는가?"를 체계적으로 탐색하는 과정
④ 아직 발생하지 않았지만 발생 가능성이 있는 요인을 찾는 단계이자, 리스크 관리 전체 과정의 출발점
⑤ 위험요인의 '누락'이 가장 큰 위험이 되는 단계

바로 Check

위험 식별 단계에서 가장 큰 위험은 무엇인가?

정답 위험요인의 누락

2 공공조달에서의 식별 대상

① 공급 측면

단일공급자 의존	대체 공급자가 없을 경우 공급 중단 시 사업 자체가 중단될 위험
해외조달 및 환율변동	환율 상승 시 예산 초과, 통관 지연 등 추가 리스크 발생 가능
원자재 수급 불안	글로벌 수급 불균형 시 납기지연 및 가격 상승 가능성
기술 독점	특정 기업의 특허 및 독점기술 의존 시 협상력 약화 및 가격 통제 어려움

바로 Check

환율 상승으로 예산이 초과되는 위험은 어느 측면의 리스크인가?

정답 공급 측면 리스크

② 계약·제도 측면

법령 개정	계약 이행 중 관련 법규 변경 시 계약조건 수정 필요 가능성
입찰 무효·이의신청	평가 공정성 문제 발생 시 사업 지연 위험
부정당업자 발생	계약상대자가 제재 처분을 받을 경우 계약 해지 위험

③ 수행 단계 측면

납기지연	계약기간 내 납품 불이행으로 사업 일정 차질 발생
규격 미달	검사 불합격 시 재시공·재납품 필요
하도급 분쟁	하도급대금 미지급, 공정거래 문제로 계약이행 지연 가능

④ 외부 환경 측면

재난·감염병	공장 가동 중단, 물류 차질 등 공급망 붕괴 가능
정책 변경	정부 정책 방향 전환 시 사업 축소 또는 변경 가능
예산 삭감	연도 중 예산 조정 시 계약 범위 변경 필요

⇒ 공공조달은 법·시장·계약·정책이 복합적으로 작용하므로 다각도로 검토해야 함

3 주요 기법

브레인스토밍	다양한 부서·전문가가 자유롭게 위험요인을 제시
체크리스트 기법	과거 사업에서 반복 발생한 리스크를 목록화하여 점검
과거 사례 분석	유사 사업의 실패 사례나 분쟁 사례를 분석하여 재발 가능성 검토
시장조사	공급자 수, 시장집중도, 가격 변동성 등을 파악
이해관계자 인터뷰	발주부서, 사용자, 공급자 등 이해관계자의 의견을 통해 잠재적 위험요인 확인
공급시장 분석	시장 구조(독점·과점·경쟁시장) 분석을 통해 공급 안정성 평가
Kraljic Matrix 적용	공급위험도와 구매영향도를 기준으로 전략품목·병목품목 등으로 분류

📝 더 알아보기 **위험요인 식별 시 고려 사항**

⑴ 유형 및 무형 위험요소
⑵ 원인과 사건
⑶ 위협과 기회
⑷ 약점과 강점
⑸ 내외부 상황의 변화
⑹ 새로운 위험 징후
⑺ 자산과 자원의 특성 및 가치
⑻ 결과와 목표에 미치는 영향
⑼ 지식의 한계와 정보의 신뢰성
⑽ 시간 관련 요인
⑾ 관련자의 편견, 가정, 신념 등의 요인과 이들 요인 간의 관계를 종합적으로 고려

4 산출물

리스크 목록 (Risk Register, 초안)	식별된 모든 위험요인을 정리한 기본 관리대장
리스크 정의서	각 위험의 내용, 발생원인, 영향 범위를 구체적으로 서술
발생원인 및 영향경로 정리	위험이 어떻게 발생하고, 어떤 경로로 목표에 영향을 미치는지 구조화

핵심 포인트
- 위험 식별은 사업 특성을 기준으로 체계적 방법을 활용
- 누락 없이 위험요인을 도출하여 문서화하는 과정

⇒ 위험 식별 단계는 반드시 문서화되어야 함

03 공급리스크 유형별 분류

출제기준 6-1-3 입찰계획에 따라 리스크를 유형별로 분류할 수 있다.

1 공공조달과 리스크

① 공공조달과 관련된 대표적인 리스크: 불확실성에 따른 손실 발생
② 조달 절차는 단계마다 특정 위험과 그에 따른 결과를 내포
③ 리스크 관리는 조달담당자의 핵심 업무
  • 리스크 관리 계획을 수립하고 사전 관리 절차를 적정하게 이행한다면 심각한 영향을 미치는 리스크의 발생을 예방하거나 완화
  • 리스크 관리 조치 중 일부는 모든 활동에 적용되는 공공조달 프로세스의 품질을 기반으로 하는 반면, 일부는 특정 조달 범주에 내재한 위험을 줄이거나 완화하는 데 목표

2 주요 위험 영역

공공조달 관련 주요 위험 영향 부문	• 비용 증가 • 납품 일정 지연 • 제공되는 상품과 서비스 품질 저하
2차 위험 영향 부문	• 조직 성과 저하 • 조달담당자의 전문적 지위 불신 • 정치적 영향력으로 발생하는 조직 평판 저하

3 영향 기준 분류

비용 리스크	개념	사업 수행 과정에서 예산 증가 또는 재정적 손실을 초래하는 위험
	주요 사례	• 예정가격 산정 오류　　• 원자재 가격 상승 • 환율 변동　　• 설계변경으로 인한 계약금액 증가 • 손해배상·지체상금 미회수
	영향	• 결과적으로 예산 초과, 재정 통제 실패, 감사 지적으로 이어질 수 있음 • 대규모 공공사업일수록 영향이 큼
일정 리스크	개념	사업 일정이 지연되거나 계획된 기한 내 완료되지 못하는 위험
	주요 사례	• 납기지연　　• 인허가 지연 • 입찰무효·이의신청으로 재입찰　　• 공급망 차질 • 계약 해지 후 재계약
	특징	• 긴급 조달이나 정책사업일 경우 사회적 파급효과가 매우 큼 • 비용 증가로 연결되는 2차 리스크 발생 가능

품질 리스크	개념	조달 목적물의 품질이 기준에 미달하거나 성능이 확보되지 않는 위험
	주요 사례	• 규격 미달 • 기술 성과 미달 • 안전 기준 미충족 • 검사 불합격 • 유지관리 부실
	영향	• 재시공·재납품 발생 • 신뢰도 하락 및 평판 리스크로 확대 가능

 Check

규격 미달로 검사 불합격이 발생하는 위험은 무엇인가?

정답 품질 리스크

4 원천 기준 분류

구매자의 과도한 요구	개념	발주기관이 과도하거나 불명확한 요구를 설정함으로써 발생하는 위험
	주요 사례	• 과도한 기술사양 요구 → 경쟁 제한 • 비현실적 납기 설정 → 이행 불가능 • 모호한 과업지시서 → 분쟁 발생 • 과도한 참가자격 제한 → 입찰 무효 가능성
	특징	• 발주기관 내부 원인에서 발생 • 사전 검토 미흡이 주요 원인
공급자 기회주의	개념	공급자가 자신의 이익을 극대화하기 위해 기회주의적으로 행동함으로써 발생하는 위험
	주요 사례	• 저가 투찰 후 설계변경 요구 • 품질 저하 • 하도급대금 미지급 • 계약조건 악용
	특징	• 정보 비대칭 상황에서 발생 • 계약관리와 사후 점검이 핵심 대응 수단
외부 경제·환경 요인	개념	조직 외부에서 발생하며 통제하기 어려운 위험
	주요 사례	• 경기 침체 • 원자재 가격 폭등 • 정책·법령 변경 • 환율 급등 • 자연재해·감염병
	특징	• 예측은 가능하나 통제는 어려움 • 대응 전략(분산, 보험, 대체공급자 확보 등) 필요

 Check

원천 기준 분류의 세 가지 유형을 설명하시오.

정답 ① 구매자의 과도한 요구: 과도·모호한 사양 설정
② 공급자 기회주의: 계약 악용·품질 저하 등
③ 외부 경제·환경 요인: 통제 어려운 외부 변수

5 관리영역 기준 분류

보안관리	개념	조달 정보, 기술자료, 개인정보 등이 외부로 유출되는 위험 관리	
	주요 사례	• 기술자료 유출 • 사이버 공격	• 입찰 정보 사전 유출 • 국가기밀 노출
	관리 핵심	• IT 시스템 통제 및 접근권한 관리 중요 • 신뢰성과 직결되는 영역	
시간관리	개념	사업 일정의 계획·통제와 관련된 위험 관리	
	주요 사례	• 공정관리 미흡 • 단계별 일정 지연 • 승인 절차 지연	
	관리 핵심	• 일정관리 체계(마일스톤 설정, 진도관리표)가 핵심 • 일정 리스크와 직접 연결	
품질관리	개념	성과물의 품질 확보를 위한 위험 관리	
	주요 관리 요소	• 검사 기준 설정 • 시제품 테스트	• 품질보증체계 확인 • 하자관리
	관리 핵심	• 품질 리스크 예방의 핵심 수단 • 사전검증과 사후검사 병행 필요	
범위관리	개념	사업 범위의 변경이나 확대를 통제하는 위험 관리	
	주요 사례	• 설계변경 • 과업 추가 • 물량 증가	
	관리 핵심	• 범위 통제가 실패하면 비용·일정 리스크로 확산 • 변경관리 절차의 명확성이 중요	
커뮤니케이션 관리	개념	이해관계자 간 정보 전달 및 협의 과정에서 발생하는 위험 관리	
	주요 사례	• 의사소통 오류 • 보고 누락	• 요구사항 오해 • 이해관계자 간 갈등
	관리 핵심	• 갈등 관리와 분쟁 예방의 핵심 • 정기회의, 보고체계, 기록관리 중요	

6 리스크 관리

① **리스크 관리**: 조직의 모든 관행과 업무 절차에 통합되어 실행되는 것이 중요

② **리스크 관리 정책**: 성과의 실효성과 효율성을 개선하기 위한 의사결정에 활용되므로 논리적·체계적 절차로 구성

③ **공공조달 과정에서 관리되어야 할 위험의 종류와 수준**: 조달계획 수립 단계에서 고려
  • 조달을 실행하기 위한 요구사항 정의
  • 사양 개발
  • 시장조사 등의 과정에서 조달담당자와 관련 직원은 위험 식별·분석·평가·처리 계획을 수립

④ **리스크 관리 책임**: 해당 조달사업 또는 공급 업무 담당자에게 할당되어야 하며, 담당자는 자신의 책임을 인식하고 이행

⑤ 조기에 위험성이 발견되면 구매사양과 계약조건 관련 문서의 내용을 개정하거나 잠재적 공급업체로부터 질문, 개선 요구 등의 절차를 통해 문제를 해결

⑥ 입찰공고 이전 또는 진행 초기에 발생한 문제점을 개선하여 위험성이 제거된 상태에서 안정적인 조달 절차를 시행

핵심 포인트

- 입찰계획 요소와 리스크의 연결성 이해
- 분류 기준의 다층적 적용
- 중복·누락 방지 사고 체계
- 입찰단계와 수행단계의 구분
- 분류 결과를 실제 관리에 활용

핵심 최종점검

CHAPTER 01

핵심 **정답**

01 리스크 관리 절차의 첫 단계는 무엇인가?

02 상황 설정 단계에서 기관이 감내할 수 있는 위험 수준을 설정하는 것을 무엇이라 하는가?

03 위험 분석에서 기대손실값(EV)을 구하는 산식은 무엇인가?

04 위험도 산정의 기본 산식은 무엇인가?

05 위험 식별 단계의 주요 산출물은 무엇인가?

06 위험도에 따른 대응전략에서 고위험에 해당하는 기본 대응은 무엇인가?

07 위험 식별은 이미 발생한 위험을 다루는 단계인가, 발생 가능성이 있는 위험을 다루는 단계인가?

08 단일공급자 의존은 어느 측면의 리스크에 해당하는가?

09 입찰 무효 및 이의신청은 어느 측면의 리스크인가?

10 검사 불합격으로 재납품이 필요한 위험은 무엇인가?

11 정부 정책 방향 전환으로 사업이 변경되는 위험은 어느 영역에 해당하는가?

01
상황 설정

02
리스크 허용수준(Risk Tolerance) 설정

03
발생확률 × 손실금액

04
발생확률 × 영향도

05
리스크 목록(Risk Register)

06
즉시 대응계획 수립

07
발생 가능성이 있는 위험을 다루는 단계

08
공급 측면 리스크

09
계약·제도 측면 리스크

10
규격 미달 리스크

11
외부 환경 리스크

12　공급위험도와 구매영향도를 기준으로 품목을 분류하는 기법은 무엇인가?

13　공공조달과 관련된 대표적 리스크의 본질은 무엇인가?

14　공공조달에서 1차적으로 영향을 받는 대표적 위험 영역 3가지는 무엇인가?

15　일정 지연이 초래할 수 있는 2차 리스크는 무엇인가?

16　예정가격 산정 오류는 어떤 유형의 리스크에 해당하는가?

17　입찰 무효로 인한 재입찰은 어떤 유형의 리스크에 해당하는가?

18　저가 투찰 후 설계변경 요구는 어떤 원천 기준 리스크에 해당하는가?

19　환율 급등은 어떤 원천 기준 리스크에 해당하는가?

핵심	정답

12
Kraljic Matrix

13
불확실성에 따른 손실 발생

14
비용, 일정, 품질

15
비용 증가

16
비용 리스크

17
일정 리스크

18
공급자 기회주의

19
외부 경제·환경 요인

PART 06

서술형 출제예상문제

01 ISO 31000에서 정의하는 '리스크'의 개념을 설명하시오.

> **정답**
> 목표에 관한 불확실성의 영향을 의미한다.

02 ISO 31000에서 제시하는 리스크 개념의 특징을 전통적 리스크 개념과 비교하여 설명하시오.

> **정답**
> ① 전통적 리스크는 손실과 위협 등 부정적 결과에 초점을 맞춘다.
> ② ISO 31000은 목표 달성에 대한 불확실성의 영향에 초점을 맞추고, 위협뿐 아니라 기회도 포함하며, 모든 조직·산업·목표에 적용하고, 조직 거버넌스 및 전략과 통합을 강조한다.

03 공공조달에서 상황 설정 단계의 주요 구성요소를 설명하시오.

> **정답**
> ① 사업 목적 및 성과목표 정의   ② 조달 범위 및 계약구조 설정
> ③ 내부 환경 분석(발주기관 역량 등)   ④ 외부 환경 분석(시장·법령 등)
> ⑤ 이해관계자 분석   ⑥ 리스크 허용수준 설정

04 위험 식별 단계에서 고려해야 할 공공조달 리스크 유형을 설명하시오.

> **정답**
> ① 공급 측면: 단일공급자 의존, 해외조달 및 환율 변동, 원자재 수급 불안, 기술 독점
> ② 계약·제도 측면: 법령 개정, 입찰무효, 이의신청, 부정당업자 발생
> ③ 수행 단계 측면: 납기지연, 규격 미달
> ④ 외부 환경 측면: 재난·감염병, 정책 변경, 예산 삭감

05 위험 분석 방법에서 정성적 분석과 정량적 분석의 차이를 설명하시오.

> **정답**
> ① 정성적 분석: 등급평가, 위험도 매트릭스를 활용할 수 있다.
> ② 정량적 분석: 확률·금액을 기반으로 수치화하여 기대손실값, 시나리오 분석, 민감도 분석을 활용할 수 있고, 보다 객관적 의사결정이 가능하다.

06 모니터링 및 검토 단계의 주요 점검 내용을 설명하시오.

> **정답**
>
> ① 대응계획 실행 여부 확인
> ② 성과지표(KPI) 점검
> ③ 신규 리스크 탐지
> ④ 리스크 대장 업데이트
> ⑤ 이해관계자 공유 및 보고

07 A기관은 긴급 방역물품을 해외 단일공급자로부터 조달하려 한다. 예산은 100억원이며 납기지연 시 사회적 파급효과가 크다.
① 상황 설정 단계에서 고려해야 할 요소를 설명하시오.
② 식별 가능한 주요 리스크 3가지를 제시하시오.
③ 우선 관리해야 할 리스크를 선정하고 그 이유를 설명하시오.

> **정답**
>
> ① 상황 설정 요소
> • 사업 목적 및 성과 목표: 긴급 방역물품을 확보해야 하고 납기 중요성이 매우 높다.
> • 조달 범위 및 계약구조: 해외조달 구조이다.
> • 내부 환경 및 외부 환경: 단일공급자에 의존하고, 환율 변동 가능성이 있다.
> • 리스크 허용수준: 일정 지연 최소화
> ② 식별 가능한 주요 리스크
> • 납기지연 리스크
> • 환율 변동 리스크
> • 공급 중단 리스크
> ③ 우선 관리 리스크: 사회적 파급효과가 크고 목표 달성에 직접적 영향을 줄 수 있는 공급 중단 및 납기지연 리스크를 우선 관리한다.

08 어느 사업에서 두 가지 리스크가 식별되었다.

리스크	발생확률	영향도(점수)
A	4	5점
B	3	4점

① 각 리스크의 위험도를 계산하시오.
② 우선 관리 대상 리스크를 결정하시오.

> **정답**
>
> ① 위험도 계산
> • A = 4 × 5 = 20점
> • B = 3 × 4 = 12점
> ② 우선 관리 대상: A 리스크(위험도 20점으로 더 높음)

PART 05

09 위험 식별의 개념과 특징을 설명하시오.

> **정답**
> ① 사업 목표 달성에 영향을 미칠 잠재적 위험요인을 체계적으로 도출하는 단계이다.
> ② 입찰계획·계약구조·시장환경을 근거로 논리적으로 위험요인을 분석하는 과정이다.
> ③ 발생 가능성 있는 요인을 사전에 탐색하는 과정으로 리스크 관리의 출발점이다.
> ④ 위험요인의 '누락'이 가장 큰 위험이다.

10 공공조달에서 공급 측면의 주요 위험을 설명하시오.

> **정답**
> ① 단일공급자 의존: 공급 중단 위험이 있다.
> ② 해외조달 및 환율변동: 예산 초과 위험이 있다.
> ③ 원자재 수급 불안: 납기지연 및 가격 상승 위험이 있다.
> ④ 기술 독점: 협상력 약화 및 가격 통제가 어려울 수 있다.

11 계약·제도 측면에서 발생할 수 있는 위험을 설명하시오.

> **정답**
> ① 법령 개정: 계약조건 변경 가능성이 있다.
> ② 입찰무효·이의신청: 사업이 지연될 수 있다.
> ③ 부정당업자 발생: 계약 해지 위험이 있다.

12 위험식별을 체계적으로 수행하기 위한 주요 기법을 설명하시오.

> **정답**
> ① 브레인스토밍 ② 체크리스트 기법
> ③ 과거 사례 분석 ④ 시장조사
> ⑤ 이해관계자 인터뷰 ⑥ 공급시장 분석
> ⑦ Kraljic Matrix

13 위험식별 단계의 산출물을 설명하시오.

> **정답**
> ① 리스크 목록(Risk Register, 초안)
> ② 리스크 정의서
> ③ 발생원인 및 영향경로 정리
> → 문서화를 통해 이후 분석·평가의 기초자료로 활용한다.

14 A기관은 해외에서만 생산되는 특수 의료장비를 단일공급자로부터 조달하려 한다. 계약금액은 150억원이며, 납기는 6개월이다.

① 입찰계획에 영향을 미치는 위험을 5가지 이상 식별하시오.

② 그중 공급 측면과 계약·제도 측면을 구분하여 설명하시오.

정답

① 식별 가능한 위험: 단일공급자 의존, 환율 변동, 통관지연, 납기지연, 규격 미달, 부정당업자 발생, 정책 변경, 법령 개정, 예산 조정 위험

② 구분
- 공급 측면: 단일공급자 의존, 환율 변동, 통관지연
- 계약·제도 측면: 부정당업자 발생, 법령 개정

15 어느 기관이 원자재 가격 상승 가능성을 30%, 상승 시 추가 비용을 20억원으로 추정하였다.

① 기대손실값(EV)을 계산하시오.

② 이 위험이 입찰계획 수립에 어떤 영향을 미칠 수 있는지 설명하시오.

정답

① 기대손실값(EV) = 발생확률 × 손실규모 = 0.3 × 20억원 = 6억원

② 입찰계획 영향
- 예정가격 산정 시 반영 필요
- 장기계속계약 여부 검토
- 예비비 설정 필요
- 물가변동 조항 검토
- 대체 공급자 확보 방안 마련

16 공공조달에서 리스크 관리의 중요성을 설명하시오.

정답

① 조달 절차는 단계별 위험을 내포한다.

② 리스크 관리는 조달담당자의 핵심 업무이다.

③ 사전 관리계획 수립 시 심각한 손실을 예방 또는 완화 가능하다.

④ 일부 조치는 전체 프로세스의 품질 향상이 목적이고, 일부 조치는 특정 조달범주의 위험 감소가 목적이다.

17 영향 기준 분류에 따른 비용·일정·품질 리스크의 차이를 설명하시오.

정답

① 비용 리스크: 예산 초과, 재정 손실 유발

② 일정 리스크: 납기지연, 사업 차질

③ 품질 리스크: 규격 미달, 성능 저하

18 관리영역 기준 분류의 목적을 설명하시오.

정답

① 위험을 통제 관점에서 분류한다.

② 보안·시간·품질·범위·커뮤니케이션 영역에서 관리한다.

③ 예방 중심 관리체계 구축이 목적이다.

19 조달계획 수립 단계에서 리스크 관리가 이루어져야 하는 이유를 설명하시오.

> **정답**
> ① 요구사항 정의, 사양 개발, 시장조사 단계에서 위험 식별이 가능하다.
> ② 조기 발견 시 문서 수정 등을 통해 위험 제거가 가능하다.
> ③ 입찰공고 전 개선하는 것이 가장 효율적이다.
> ④ 사후 대응보다 사전 예방이 비용 측면에서 훨씬 효율적이다.

20 A기관은 300억원 규모의 공사를 추진하면서 다음과 같은 상황이 발생하였다.

> • 예정가격 산정 시 최근 원자재 가격 상승을 반영하지 못함
> • 특정 기술을 보유한 업체 1곳만 입찰 참여 가능
> • 계약 체결 후 설계변경 요구 발생
> • 공정관리 미흡으로 공사지연

① 위 사례의 리스크를 영향 기준으로 분류하시오.
② 위 사례의 리스크를 원천 기준으로도 분류하시오.

> **정답**
> ① 영향 기준 분류
>   • 예정가격 미반영 → 비용 리스크
>   • 단일공급자 → 비용·일정 리스크
>   • 설계변경 요구 → 비용 리스크
>   • 공사지연 → 일정 리스크
> ② 원천 기준 분류
>   • 예정가격 미반영 → 구매자의 과도한 요구(내부 관리 미흡)
>   • 단일공급자 → 외부 경제·환경 요인
>   • 설계변경 요구 → 공급자 기회주의

21 어떤 조달사업에서 다음과 같은 위험이 식별되었다.

> • 납기지연 확률 40%, 지연 시 추가비용 15억원
> • 품질 미달 확률 20%, 재시공 비용 25억원

① 각각의 기대손실값(EV)을 계산하시오.
② 두 리스크 중 우선 관리해야 할 위험은 무엇인가?

> **정답**
> ① 기대손실값 계산
>   • 납기지연 EV = 0.4 × 15억원 = 6억원
>   • 품질 미달 EV = 0.2 × 25억원 = 5억원
> ② 우선 관리 대상: 납기지연 리스크(기대손실값이 6억원으로 더 큼)
>   ※ 단, 사회적 파급효과나 정책 중요도에 따라 전략적 판단 필요

CHAPTER **02**

위험도 평가

01 식별된 리스크의 위험도 평가계획 수립

> 출제기준 6-2-1 식별된 리스크의 위험도 평가계획을 수립할 수 있다.

1 위험도 평가의 개념

① 위험도 평가: 식별된 리스크가 얼마나 심각한지 판단하는 과정
② 위험도: 발생가능성(Probability) × 영향도(Impact)
③ 평가 방식: 정성적 평가와 정량적 평가로 구분
④ 평가 목적: 우선순위 설정 및 대응전략 결정

2 위험도 평가계획의 구성요소

① 평가 기준 설정
  • 발생가능성 등급 설정: 예 1 ~ 5등급
  • 영향도 등급 설정: 비용·일정·품질 기준
  • 허용 가능한 위험수준(Risk Tolerance) 정의
② 영향 기준 세분화(예시)

비용 영향 기준	일정 영향 기준	품질 영향 기준
• 1단계: 경미(예산의 1% 미만) • 3단계: 중간(예산의 5% 내외) • 5단계: 심각(예산의 10% 이상)	• 경미: 1주 이내 지연 • 중간: 1개월 내외 지연 • 심각: 정책 차질 수준 지연	• 경미: 부분 수정 가능 • 중간: 재작업 필요 • 심각: 전면 재시공

③ 위험도 산정 방법

정성적 평가	정량적 평가
• High / Medium / Low • 위험도 매트릭스 활용	• 기대손실값(EV) 계산 • 민감도 분석 • 시나리오 분석

④ 위험도 매트릭스 구성

발생가능성	영향도 낮음	영향도 중간	영향도 높음
낮음	저위험	저위험	중위험
중간	저위험	중위험	고위험
높음	중위험	고위험	최고위험

⇒ 우선 관리 대상은 고위험·최고위험 영역

3 평가 결과의 활용

① 우선순위 설정, 관리 책임자 지정, 모니터링 계획 수립
② 대응 전략 수립

회피(Avoid)	리스크가 발생할 가능성을 원천적으로 없애기 위해 해당 활동을 중단하거나 피하는 전략 **예** 원자재 가격 변동 위험이 큰 시장 진출을 아예 하지 않음
완화(Mitigate)	리스크가 발생할 가능성이나 영향을 줄이는 전략 **예** 공급망 리스크를 줄이기 위해 여러 공급업체를 확보하거나, 안전사고를 줄이기 위해 교육 강화
이전(Transfer)	리스크의 부담을 다른 주체에게 넘기는 전략 **예** 보험에 가입하여 사고 발생 시 손실을 보험사에 전가
수용(Accept)	리스크가 허용 가능한 수준이라고 판단하여 별도의 조치를 취하지 않고 그대로 감내하는 전략 **예** 소규모 프로젝트에서 발생할 수 있는 경미한 지연을 받아들임

4 평가계획 수립 시 고려사항

① 조달계획 단계에서 사전 설정
② 조달 유형·규모에 따라 평가기준 차등화
③ 기록화(Risk Register 업데이트)
④ 조기 발견 시 사양·계약조건 수정
⑤ 입찰공고 이전에 위험 제거가 최선
※ 핵심 구조 정리: 식별 → 평가기준 설정 → 위험도 산정
   → 우선순위 결정 → 대응전략 → 모니터링

> **핵심 포인트**
> • 위험도 = 발생가능성 × 영향도
> • 정성평가 vs 정량평가 구분
> • 위험도 매트릭스 활용
> • 기대손실 계산
> • 리스크 대응 4전략

02 리스크 발생확률 추정

출제기준 6-2-2 식별된 리스크의 발생확률을 추정할 수 있다.

1 리스크 발생확률 추정의 개념

① 개념: 식별된 리스크가 실제로 발생할 가능성의 정도를 판단하는 과정
② 위험도 산정식

$$위험도 = 발생확률 × 영향도$$

⇒ 발생확률 추정의 정확성은 전체 위험관리의 신뢰성과 직결
③ **추정 방법**: 정성적 방법과 정량적 방법으로 구분

2 리스크 발생확률 추정의 목적

① 위험 우선순위 결정의 기초 자료 제공
② 대응 전략 수립의 근거 마련
③ 위험 허용수준 초과 여부 판단
④ 조달계획의 수정 여부 판단
⑤ 입찰공고 이전에 사전 위험 제거 가능

3 리스크 발생확률 추정 방법

① 정성적 추정 방법
- 전문가 판단에 기반한 등급화
- 등급 기준 예시

등급	발생 가능성	의미
1	매우 낮음	거의 발생하지 않음
2	낮음	드물게 발생
3	보통	가끔 발생
4	높음	자주 발생
5	매우 높음	거의 확실

- 장점: 신속하고 간편
- 단점: 평가자의 주관 개입 가능

 **Check**

발생확률을 등급으로 평가하는 방법은 무엇인가?

정답 정성적 추정

② 정량적 추정 방법

과거 데이터 분석	• 유사 조달사업 통계 활용 • 입찰무효율, 납기지연율 등 분석
확률값 직접 산정	0 ~ 1 또는 %로 표현 예 30%, 0.3 등
시나리오 분석	낙관/보통/비관 시나리오 비교
민감도 분석	특정 변수 변화 시 위험 발생 가능성 변동 분석
장점	객관성 높음
단점	데이터 필요

4 리스크 발생확률 추정 시 고려요인

① 내부 요인

수행 경험	유사 사업에서 납기지연 · 설계변경 · 분쟁이 반복된 사업은 동일 리스크의 발생확률을 높게 추정
사양의 명확성	사양이 불명확할수록 리스크 발생확률 증가
계약조건의 엄격성	지체상금, 하자담보, 성과기준 등이 명확하면 기회주의 행동 억제
내부 통제 수준	감독 · 검수 · 공정관리 체계가 약하면 일정 · 품질 리스크 확률 증가

② 공급자 요인

재무건전성	부채비율이 높거나 현금흐름이 불안정하면 공사 중단 가능성 증가
기술역량	신기술 미숙 · 실적 부족 시 실패 확률 증가
과거 이행실적	지체 · 하자 · 계약 해지 전력이 많으면 재발 가능성 높음
기회주의 가능성	기회주의 성향이 높을수록 일정 · 비용 · 품질 리스크의 발생확률을 높게 추정

③ 외부 요인

경기 변동	경기 변동성이 클수록 비용 · 일정 리스크의 발생확률을 높게 추정
환율 변동성	수입 자재 의존도가 높으면 환율 리스크 확률 증가
원자재 가격 추세	원자재 가격 변동 폭이 크면 계약금액 조정 가능성 증가
정책 · 법령 변경 가능성	정책 변화 · 입법 개정 가능성이 높으면 계약변경 확률 증가
자연재해 · 감염병	장마 · 폭설 · 태풍 등 지역 특성 고려 필요

5 리스크 발생확률 추정의 실무 절차

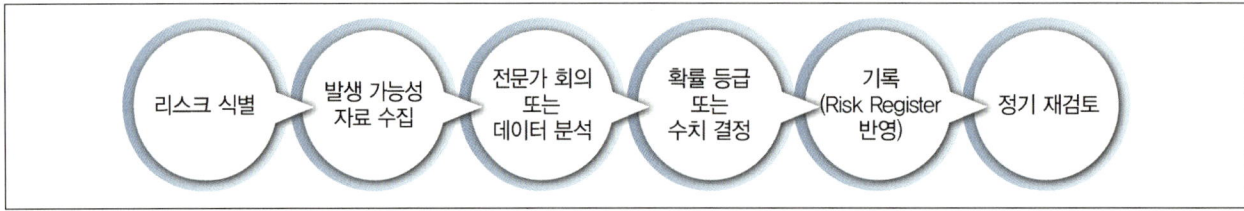

리스크 식별 → 발생 가능성 자료 수집 → 전문가 회의 또는 데이터 분석 → 확률 등급 또는 수치 결정 → 기록 (Risk Register 반영) → 정기 재검토

✒ 더 알아보기 리스크 평가 방법

(1) 확률과 결과 행렬

개념	리스크의 발생확률(Probability)과 영향도(Impact)를 교차시켜 위험 수준을 평가
구조	보통 3×3 또는 5×5 매트릭스 사용
특징	직관적이고 이해하기 쉬움, 조직 전반에서 표준화 가능, 우선순위 결정에 유용
장점	간단하고 빠름
한계	정량성 부족, 주관 개입 가능

(2) 델파이 기법

개념	여러 전문가의 의견을 익명으로 반복 수집하여 합의된 판단을 도출
절차	전문가 설문, 결과 취합, 재설문, 합의 도출
특징	집단사고(Groupthink) 방지, 복잡하거나 불확실한 리스크 평가에 적합, 미래 예측 리스크에 효과적
장점	전문성 기반 판단
한계	시간 소요, 운영 비용 발생

(3) 의사결정 트리 모델

개념	여러 선택 대안과 그 결과를 가지(Branch) 형태로 시각화하여 기댓값을 계산
구조(예)	A안: 성공(60%) → +5억원, 실패(40%) → −2억원 기댓값 = (0.6 × 5억원) + (0.4 × −2억원)
특징	확률 기반 정량적 분석, 비용·편익 비교에 적합, 전략적 의사결정 지원
장점	객관적 수치 판단 가능
한계	확률 산정이 어려울 수 있음

(4) FMEA(Failure Mode and Effects Analysis: 고장 모드와 영향 분석)

개념	발생 가능한 실패 유형(Failure Mode)을 사전에 식별하고, 각 실패의 심각도·발생도·검출도를 점수화하여 우선순위를 정함
평가 요소	• Severity(심각도), Occurrence(발생도), Detection(검출도) • RPN(Risk Priority Number) 계산 = S × O × D
특징	예방 중심 관리, 제조·기술·공정 분야에서 많이 활용, 체계적이고 정량화 가능
장점	구체적이고 예방적
한계	점수 부여에 주관성 개입 가능

(5) 리스크 평가 방법별 공공조달에서의 활용 예

리스크 평가 방법	공공조달 활용 예
확률과 결과 행렬	• 공사지연 리스크: 확률 高 + 영향 高 → High 등급 • 경미한 민원 리스크: 확률 中 + 영향 低 → Low 등급
델파이 기법	• 혁신제품·신기술 도입 시 기술 리스크 평가 • 조달 정책 변화의 영향 예측 • 미래 조달시장 및 기술 트렌드 전망
의사결정 트리 모델	• 사업 추진 여부 결정(사업 시행 vs 미시행) • 계약 방식 선택(일반경쟁, 제한경쟁 등) • 입찰 전략 선택에 따른 기대 수익 분석
FMEA	• 공사 품질관리 과정의 잠재적 결함 분석 • 정보시스템 구축사업 오류 분석 • 시설·설비 안전 리스크 사전 점검

6 리스크 발생확률 추정 시 유의사항

① 과소추정 시 대형 사고 위험

② 과대추정 시 과도한 비용 발생

③ 대규모 사업이나 정책사업일수록 보수적 추정 필요

④ 입찰공고 전 재점검 필수

⇒ 확률은 고정값이 아니라 환경 변화에 따라 수정 가능

※ 핵심 구조: 식별 → 자료수집 → 정성/정량 추정 → 기록

　　→ 재검토 → 위험도 평가

핵심 포인트

• 발생확률은 위험도 산정의 출발점
• 정성 vs 정량 구분 필수
• 내부 · 공급자 · 외부 요인 구분
• 확률은 환경 변화에 따라 변동 가능
• 조달계획 단계에서 추정 필수

---

03 리스크의 영향 정도 추정

출제기준 6-2-3 식별된 리스크의 발생에 따른 영향 정도를 추정할 수 있다.

1 리스크 영향 정도 추정의 개념

① **영향 정도(Impact):** 특정 리스크가 실제 발생했을 경우 사업 목표에 미치는 피해 또는 결과의 크기

② 위험도 산정식

위험도 = 발생확률 × 영향도

③ 영향 정도는 단일 요소가 아니라, 비용, 일정, 품질, 조직성과 및 평판 등 다차원적으로 평가

2 리스크 영향 평가의 목적

① 위험의 심각성 판단

② 우선순위 결정

③ 대응 수준 결정

④ 위험 허용수준 초과 여부 판단

⑤ 조달계획의 수정 필요성 검토

3 리스크 영향 기준 분류

① 비용 영향

　• 리스크 발생 시 재정적 손실 규모

　　예 예정가격 초과, 설계변경 비용 증가, 원자재 가격 상승, 지체상금 미회수

- 영향 판단 기준 예시

등급	기준 예시
1	예산 1% 미만
3	예산 5% 내외
5	예산 10% 이상

⇒ 대규모 사업일수록 파급력이 큼

② 일정 영향
- 사업 완료 시점에 미치는 영향

⑩ 납기지연, 재입찰로 인한 지연, 인허가 지연, 계약 해지 후 재계약

- 영향 판단 기준 예시

등급	기준 예시
1	1주 이내 지연
3	1개월 내외 지연
5	정책 차질 수준

⇒ 일정 지연은 비용 증가로 연결되는 2차 영향 발생

③ 품질 영향
- 조달 목적물의 성능·규격 충족 여부

⑩ 검사 불합격, 기술 성과 미달, 안전기준 미충족

- 영향 판단 기준 예시

등급	기준
1	부분 수정 가능
3	재작업 필요
5	전면 재시공

⇒ 품질 저하는 평판 리스크로 확대 가능

 Check

비용·일정·품질 영향의 차이를 설명하시오.

정답 ① 비용 영향: 재정 손실 ② 일정 영향: 납기지연 ③ 품질 영향: 규격·성능 미달

---

4 2차 리스크 영향(간접 영향)

조직 성과 저하	기관의 정책·사업 목표 달성 능력 약화
조달담당자의 전문성 불신	조달담당자 및 조직의 신뢰도 하락
정치적·사회적 평판 하락	정치·사회적 신뢰 손상 및 장기적 이미지 악화

⇒ 단순 재정 손실보다 더 심각할 수 있음

5 리스크 영향 추정 방법

구분	정성적 평가	정량적 평가
활용	• 낮음/중간/높음, 등급 1~5 활용 • 전문가 판단 기반	실제 손실 금액 산정, 지연 일수 산정, 재작업 비용 계산, 기대손실 계산 시 활용
장점	신속성	객관성
단점	주관성 존재	데이터 필요

6 리스크 영향 추정 시 고려요인

사업 규모	• 사업 규모가 클수록 리스크 발생 시 재정적·행정적 피해 범위 확대 • 대형 사업은 파급 범위가 넓어 영향도를 크게 추정 • 규모가 클수록 동일한 사건이라도 영향도를 더 크게 추정
정책 중요도	• 국가 핵심정책, 안전·복지·국방 등 주요 정책사업일수록 실패 시 정책 신뢰도에 큰 영향 • 일반 사업보다 보수적으로 영향도를 평가 • 정책 상징성이 클수록 영향도를 더 크게 추정
사회적 파급효과	• 국민 생활, 지역경제, 안전 등 사회 전반에 미치는 영향 정도 • 언론 보도, 민원, 사회적 갈등으로 확대 가능성 고려 • 사회적 관심도가 높을수록 영향도를 크게 추정
이해관계자 수	• 사업에 관련된 기관·부서·지역주민·기업 등이 많을수록 리스크 발생 시 조정·갈등 비용 증가 • 이해관계자가 많을수록 영향도의 범위 확대
계약금액 비중	• 해당 계약이 전체 예산에서 차지하는 비율이 높을수록 실패 시 조직 재정에 미치는 충격이 큼 • 예산 비중이 높을수록 영향도를 크게 추정
긴급성 여부	• 긴급조달, 재난 대응, 정책 시한이 있는 사업은 일정 지연 시 피해가 즉각적이고 심각함 • 긴급 사업일수록 영향도를 크게 추정

7 리스크 영향 추정 시 유의사항

① 직접 영향과 간접 영향을 모두 고려
② 일정 지연 → 비용 증가와 같은 연계성 분석
③ 단일기준이 아닌 다기준 평가
④ 대형 정책사업은 보수적으로 영향도 평가
⑤ 기록화 필수(Risk Register 반영)
※ 핵심 구조: 리스크 발생 → 비용·일정·품질·평판 영향 분석 →
   등급 또는 수치 부여 → 위험도 산정에 활용

> **핵심 포인트**
> • 영향도는 위험도 산정의 핵심 요소
> • 비용·일정·품질 영향 구분 필수
> • 2차 영향 고려
> • 정성적·정량적 평가 병행
> • 대형 정책사업은 보수적 평가

04 리스크의 중요도 산정

식별된 리스크의 중요도를 산정할 수 있다.

1 리스크 중요도 산정의 개념

① **리스크 중요도**: 특정 리스크가 조직의 목표에 미치는 종합적 심각성 수준

② 위험도 산정식

$$위험도 = 발생확률 \times 영향도$$

③ 정책 중요성, 사회적 파급효과, 조직의 위험 허용수준(Risk Tolerance)을 함께 고려하여 판단

2 리스크 중요도 산정의 목적

관리 우선순위 결정	중요도가 높은 리스크부터 집중 관리
대응 전략 수준 결정	위험의 크기에 따라 대응 강도를 달리함
예산·자원 배분 기준 마련	합리적 자원 배분의 근거 제공
허용 가능한 위험 여부 판단	위험 수용 여부 판단 기준
입찰계획 수정 여부 결정	입찰공고 이전에 구조적 위험 제거 가능

3 리스크 중요도 산정 절차

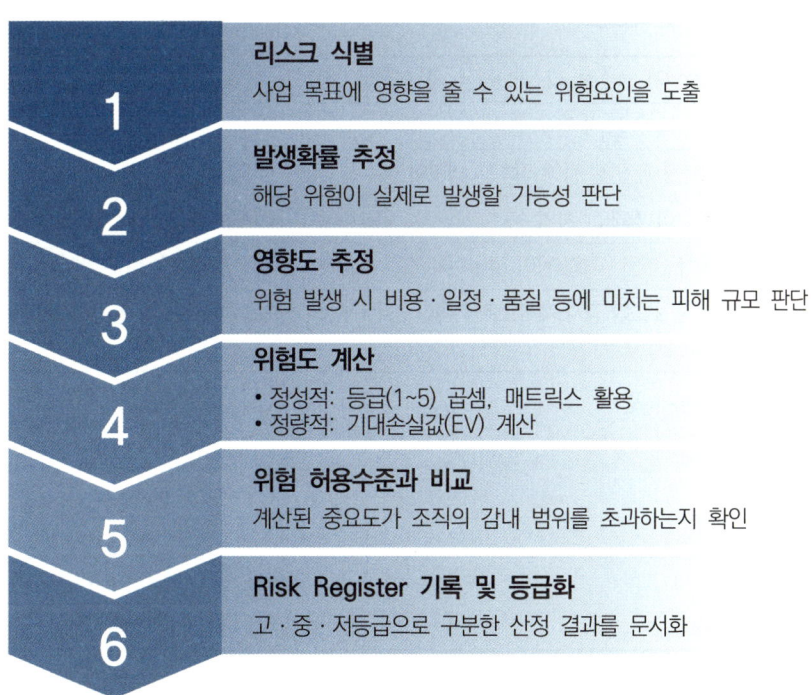

1 리스크 식별
사업 목표에 영향을 줄 수 있는 위험요인을 도출

2 발생확률 추정
해당 위험이 실제로 발생할 가능성 판단

3 영향도 추정
위험 발생 시 비용·일정·품질 등에 미치는 피해 규모 판단

4 위험도 계산
• 정성적: 등급(1~5) 곱셈, 매트릭스 활용
• 정량적: 기대손실값(EV) 계산

5 위험 허용수준과 비교
계산된 중요도가 조직의 감내 범위를 초과하는지 확인

6 Risk Register 기록 및 등급화
고·중·저등급으로 구분한 산정 결과를 문서화

4 리스크 중요도 산정 방법

① 정성적 산정
- 발생확률 등급(1 ~ 5) × 영향도 등급(1 ~ 5)
- 위험도 매트릭스 활용
- 예시

확률/영향	1	2	3	4	5
1	저	저	저	중	중
3	저	중	중	고	고
5	중	고	고	최고	최고

⇒ 고·최고등급이 우선 관리 대상

② 정량적 산정
- 기대손실값(EV) = 확률 × 손실금액
- 다수 리스크 비교 가능
- 대규모 사업에 적합

 **Check**

기대손실값(EV)의 산정 공식은 무엇인가?

정답 확률 × 손실금액

5 리스크 중요도 판단 시 추가 고려요소

사업 규모	사업 금액과 범위가 클수록 리스크 발생 시 재정적·행정적 피해가 커지므로 중요도를 높게 평가
정책 중요도	국가 핵심정책이나 중점 추진 사업일수록 실패 시 정책 신뢰도에 큰 영향을 미치므로 중요도를 높게 평가
사회적 파급효과	국민 생활, 지역경제, 안전 등에 미치는 영향이 클수록 사회적 비판과 갈등 가능성이 크므로 중요도를 높게 평가
긴급성	재난 대응·기한이 정해진 사업 등은 지연 시 피해가 즉각적이므로 일정 리스크의 중요도를 높게 평가
이해관계자 수	관련 기관·부서·주민·기업 등이 많을수록 조정 실패 시 갈등과 분쟁 가능성이 확대되므로 중요도를 높게 평가
조직 평판	사업 실패가 언론 보도나 감사 지적으로 이어질 경우 기관의 신뢰도와 이미지에 장기적 손실을 초래하므로 중요도를 높게 평가

⇒ 동일 수치라도 정책사업은 더 높게 평가

6 리스크 중요도의 등급화

일반적 분류 예시(5 × 5)

0 ~ 5	낮음(관찰 수준)	13 ~ 20	높음(즉시 대응)
6 ~ 12	중간(통제 필요)	21 ~ 25	매우 높음(우선 제거 대상)

7 리스크 중요도 산정 시 유의사항

① 단순 수치 계산에 의존하지 말아야 함
② 정성적·정량적 평가 병행
③ 1차 영향 + 2차 영향 고려
④ 조달계획 단계에서 사전 산정
⑤ 환경 변화 시 재산정 필요

※ 핵심구조: 식별 → 확률 → 영향 → 중요도 계산 → 허용수준 비교 → 우선순위 설정 → 대응

> **핵심 포인트**
> • 중요도 = 확률 × 영향
> • 정성적·정량적 평가 병행
> • 허용수준과 비교
> • 정책·사회적 영향 고려
> • 우선순위 결정이 핵심 목적

05 리스크의 우선순위 결정

출제기준 6-2-5 관리 우선순위가 높은 리스크를 결정할 수 있다.

1 공공조달 리스크 관리의 개요

① 리스크 관리: 위험과 관련해 조직을 지휘하고 통제하기 위해 조정된 활동(ISO 31000)
② 목표: 리스크 발생 가능성 또는 그 결과와 영향을 줄여 위험성이 미치는 영향을 완화
③ 리스크 관리 절차

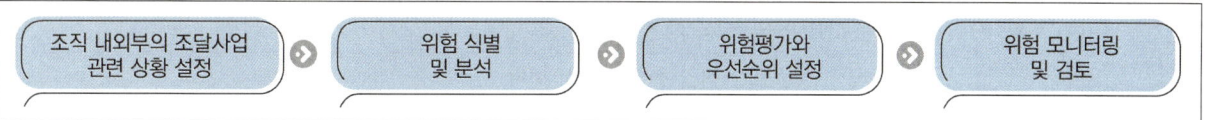

| 조직 내외부의 조달사업 관련 상황 설정 | 위험 식별 및 분석 | 위험평가와 우선순위 설정 | 위험 모니터링 및 검토 |

2 조직 내외부의 상황 설정

운영환경 설정	조직은 리스크를 효과적으로 관리하기 위해 먼저 운영 환경을 설정 • 조직의 목표와 목적, 가치, 정책, 전략을 명확하게 이해 • 이해관계자의 요구 파악 • 조직의 리스크에 영향을 미칠 수 있는 내외부 맥락을 분석
조직 외부 환경	문화적·사회적·정치적·법적·규제적·경제적·환경적 요인 등을 포함
조직 내부 상황	조달 관련 거버넌스, 조직 구조, 역할과 책임, 정책, 목표와 전략, 정보 시스템, 위험 감수 성향과 위험 문화 등을 포함
위험평가 기준 개발	위험관리의 중요성을 평가하기 위한 기준 개발 • 조직은 다양한 리스크의 우선순위에 따라 허용 가능 여부를 결정 • 잠재적 리스크의 발생 가능성과 결과, 수준 결정 방법, 완화 조치 시행 시점 등을 정의

3 위험의 원천

① 위험을 효과적으로 관리하기 위한 수요기관과 공급업체의 역할
   - 직면한 위험을 파악·분석·평가하고, 위험처리 방안을 계획해야 하며, 위험처리 책임을 협상·분담
   - 수요기관과 공급업체는 부여된 책임을 이해하고 수용
   ⇒ 이를 통해 전반적인 비용과 불확실성을 줄이고, 조달 프로세스와 결과 관리체계를 개선
   ⇒ 수요기관과 공급업체, 관련 이해관계자 간의 관계 구축과 유지에도 긍정적인 영향

② 위험요소

성공적인 조달을 방해하는 위험요소	• 구매자(수요기관)의 과도한 요구 • 공급자(공급업체)의 기회주의적 행동 • 양자간의 계약이행 및 관리과정이나 외부의 경제상황, 정부정책 및 제도의 변화
수요기관이 통제할 수 있는 위험요소	• 요구사항의 정확한 파악과 적절한 계획 수립 • 포괄적인 요구사항 수집과 사양 개발 • 조달담당자의 역량과 경험 • 예산 검토와 자원 가용성 • 조달 절차의 효율성과 효과성 저하 등
잠재적 공급업체가 통제할 수 있는 위험요소	• 공급 물품, 서비스, 공사의 정확한 수량과 품질 관리 • 재무건전성과 사업 가능성 • 직원의 경험과 전문성, 역량 • 장비·시설의 용량과 가용성 저하 등
계약관계 관리 과정에서 발생하는 위험요소	• 계약 형태, 계약 조건의 적합성, 납품 요건, 지불 조건 등 • 손해배상책임, 납품 지연, 불이행 등
수요기관과 잠재적 공급업체가 통제할 수 없는 외부적 위험요소	• 시장 기반 또는 산업 전반의 위험 회피 • 정치적 안정성 • 건설계약 또는 운송 관련 날씨 • 금리와 인플레이션, 환율 변동 • 안전과 보안 등
구매 조직의 통제하에 있는 위험요소	• 프로젝트의 복잡성 • 매우 복잡한 프로젝트는 조건을 완전히 파악하지 못하거나 정치적 또는 기타 이유로 요구사항이 변경될 수 있기 때문에 요구사항을 명시하는 데 객관적인 어려움을 초래 • 조달담당자가 조기에 조달사업팀에 참여하고 요구사항을 정기적으로 검토함으로써 위험을 감소 • 대규모 토목공사 같은 경우에는 관련된 특정 불확실성을 고려한 적절한 계약조건이 필요
잠재적 공급업체가 통제하는 위험요소	• 회사와 직원의 자격, 생산 능력, 재무건전성과 역량, 공급·관리 능력 • 수요기관과 잠재적 공급업체 간 계약관계의 다양한 측면은 조달 활동의 성공뿐만 아니라 프로젝트 자체에 위험성을 초래 • 계약관계의 위험 요소에는 가격 수준, 지불 일정, 계약조건의 명확성, 보험의 적정성, 품질 요건, 지식재산권 등을 포함

③ 사기, 부패, 비전문적인 행위는 조달 과정의 어느 단계에서든 발생
- 부적절한 물품, 서비스 또는 공사 공급으로 조직과 재정에 손실 위험 발생
- 조직 이미지와 평판에 심각한 손상
- 계약 단계에서는 사기와 부패 위험성을 해결
④ 위험성을 감소 · 완화하기 위한 조치사항
- 투명한 절차 운영
- 경쟁성을 제고하는 조달 방법 활용
- 조달사업팀 내외 기능과 역할 분리
- 명확한 규칙과 절차 수립
- 공공조달 표준문서 활용
- 직원 전문 교육 시행
- 효과적인 통제 시스템 구축
- 책임성 강화
⑤ 경쟁과 투명성, 기능 분리: 조직이 사기 또는 부패 행위를 감지하는 데 도움
- 수요기관의 최고경영진이 직원들에게 비윤리적인 행위는 용납되지 않는다는 점을 명확하게 전달
- 교육과 시스템, 권한, 통제를 제공하면 직원들이 조달 기능을 올바르게 수행하는 데 도움
⑥ 외부 요인
- 정치적 문제(정부 결정, 입법 변화 등), 경제적 문제(환율, 원자재 가격, 인플레이션율, 금리 변동) 등
- 안보 관련 자연재해뿐만 아니라 사회에 부정적인 영향을 미치는 사회적 · 환경적 문제
- 보다 빈번하게 발생하는 외부 요인으로는 수요기관의 의사결정 절차가 복잡하고 장시간 소요
- 정치적 · 예산적 요인은 조달담당자의 통제 범위를 벗어나지만, 공급 지연 위험을 줄이기 위해 충분한 리드타임을 두고 조달 절차를 적절하게 시행
⑦ 최종 승인 이전에 입찰공고를 시행할 경우, 잠재적 공급업체에 주의사항을 명확하게 안내하고, 승인을 받기 전까지 구속력 있는 약속으로 이어지지 않도록 해야 함
⑧ 조달 절차에 참여하는 모든 사람은 스스로를 '위험 관리자'로 인식해야 하고, 조달 활동을 계획하고 수행하는 모든 단계에서 발생할 수 있는 잠재적 위험을 인지하고 선제적으로 식별 · 처리하려고 노력

4 위험성 분석

① 위험 관리 방법을 결정하기 위해 발생 가능성과 결과 · 영향이라는 두 가지 관점에서 위험 분석
- 어떤 위험에 특별히 주의가 필요한지 파악
- 위험성을 해결하기 위해 어떤 완화 조치가 필요한지 파악
② 공공조달 절차의 각 단계에는 고유한 위험성이 존재하므로 조달계획 수립 시 각 단계에서 발생 가능한 위험 분석 필요
- "위험이 발생할 가능성은 얼마나 되는가?"
- "위험의 결과 · 영향은 무엇인가?"
- "위험 수준은 어느 정도인가?"
※ 위험 발생 가능성(확률): 특정 기간의 빈도(발생 횟수) 또는 일정 기간(1년, 2년 또는 3년) 내에 위험이 발생할 확률로 표현

③ 위험 발생 시 그에 따른 결과나 영향을 측정
- 결과는 발생 가능성과 영향력을 고려해 경미·보통·중요·심각 등 4단계로 구분
- 위험성이 미치는 영향도는 원치 않는 사건의 발생 가능성과 발생 시 나타나는 결과를 기준으로 측정
④ 서로 다른 위험의 관리 방식
- 위험 관리 계획 수립 시 발생 가능성이 높은 저수준 사건 피해와 발생 가능성이 낮은 고수준 피해 모두 영향도가 동일할 수 있음
- 두 상황은 서로 다른 방식으로 관리

발생 가능성이 높은 저수준 사건	개선된 절차와 전문적인 실무를 통해 발생 빈도를 감소
발생 가능성이 낮은 고수준 사건	보험 가입을 통해 유사한 위험 유형에 대응

- 위험 수준의 의사결정에 가장 자주 사용되는 접근법은 정성적 접근 방식
  ⇒ 조달담당자의 경험과 판단력, 직관을 활용해 결정되기 때문
⑤ 위험 관리 매트릭스(RMM: Risk Management Matrix)를 활용해 조직의 주요 위험을 문서화하고 관리
- 각 위험성, 발생 가능성, 발생 시 예상되는 결과·영향, 위험 완화 관리자, 수행 중인 완화 조치, 책임 담당자의 기록을 포함
- 위험 관리 매트릭스는 연속적인 문서이므로 정기적으로 검토하고 업데이트됨
- 새로운 위험이 추가되는 과정에서 기존에 포함된 위험이 삭제될 수도 있음
⑥ 결과·영향의 정의

경미	위험이 목표 달성을 실질적으로 방해하지 않아 조직의 업무수행능력이나 평판에 최소한의 손상만 초래함
보통	위험이 목표의 일부 요소를 지연시키거나 달성하지 못하게 해 조직의 업무수행능력과 평판에 잠재적인 손상을 초래함
중요	위험이 목표의 주된 요소를 지연시키거나 달성하지 못하게 해 조직의 업무수행능력과 평판에 상당한 손상을 초래함
심각	위험이 목표 달성을 방해해 조직의 업무수행능력과 평판에 심각한 손상을 초래함

5 조달 위험평가와 우선순위 설정

① 위험성 분석을 통해 결정된 각 위험의 수준을 내부 위험 기준과 비교해 해당 위험의 허용 가능 여부를 판단
② 위험성 평가 순위를 정해 가장 주의를 기울여야 할 위험과 가장 적절한 위험 처리 방법을 우선 순위화
③ 평가 과정에서의 고려 사항: 조직이 각 위험을 통제하는 정도, 위험 비용에 미치는 영향, 편익과 기회, 다양한 이해관계자가 부담하는 위험
④ 조달과 관련해서는 위험수준을 관리자가 개발한 내부 위험 허용 기준과 비교

위험 허용 기준 설정에 사용되는 기준 유형	• 잠재적 재정 손실 또는 비용 초과 • 허용 가능한 일정 지연 • 구매사양 허용 오차 • 허용 가능한 품질 수준 • 허용 가능한 조달사업 지연 등
평가된 위험의 조정	평가된 위험은 위험의 유형과 영향력, 우선순위 등을 종합적으로 고려해 위험처리 계획을 수립하고, 이를 통해 허용 가능한 수준으로 조정

 **핵심 포인트**

- 발생확률과 영향도를 결합하여 중요도 산정
- 위험 허용수준(Risk Tolerance)과 비교하여 대응 필요성 판단
- 조직 내·외부 상황을 고려하여 중요도 재평가
- 통제 가능성과 책임 주체를 고려하여 우선순위 결정
- 자원 배분 및 대응 전략 수립과 연계하여 우선순위 활용

핵심 최종점검

CHAPTER 02

| 핵심 | 정답 |

01 위험도 평가의 1차 목적은 무엇인가?

02 기대손실값(EV)은 어떤 평가 방식인가?

03 위험 허용수준을 의미하는 용어는 무엇인가?

04 위험도 시각화 도구는 무엇인가?

05 조달계획 단계에서 위험도 평가를 실시하는 이유는 무엇인가?

06 위험 수용 전략은 언제 사용하는가?

07 위험도 산정의 기본 산식은 무엇인가?

08 과거 유사사업 통계 활용 방식은 어떤 추정 방법인가?

09 공급자의 재무건전성은 어떤 요인에 해당하는가?

10 환율 변동은 어떤 요인인가?

11 전문가 판단에 의존하는 방식의 단점은 무엇인가?

01
우선순위 설정

02
정량적 평가

03
Risk Tolerance

04
위험도 매트릭스

05
사전 예방

06
영향이 경미할 때

07
발생확률 × 영향도

08
정량적 추정

09
공급자 요인

10
외부 요인

11
주관성 개입

12	영향도는 무엇을 의미하는가?

12
리스크 발생 시 피해의 크기

13	일정 지연은 어떤 2차 리스크로 연결되는가?

13
비용 증가

14	검사 불합격은 어떤 영향 유형에 해당하는가?

14
품질 영향

15	실제 금액으로 손실을 산정하는 방식은 무엇인가?

15
정량적 평가

16	정성적 산정의 단점은 무엇인가?

16
주관성 개입

17	대규모 사업에 적합한 산정 방식은 무엇인가?

17
정량적 산정

18	조직의 외부 환경 요인 중 1가지는 무엇인가?

18
정치적 요인(경제적·법적 등 가능)

19	성공적 조달을 방해하는 구매자 측 위험은 무엇인가?

19
과도한 요구

20	계약관리 과정에서 위험요소 1가지는 무엇인가?

20
납품지연

PART 06

서술형 출제예상문제

01 정성적 평가와 정량적 평가의 차이를 설명하시오.

> **정답**
> ① 정성적 평가: 위험을 등급화하여 신속하게 평가하는 방식
> ② 정량적 평가: 확률과 손실을 수치화하여 기대손실값 등을 계산하는 방식

02 위험도 매트릭스의 활용 목적을 설명하시오.

> **정답**
> 위험도 매트릭스는 위험 수준을 시각적으로 표현하여 우선순위를 도출하고, 고위험 영역을 집중 관리하기 위해 활용된다.

03 위험 대응전략 4가지를 설명하시오.

> **정답**
> ① 회피: 리스크 발생 가능성의 원천 제거
> ② 완화: 발생 가능성 또는 영향 감소
> ③ 이전: 부담을 다른 주체에게 전가
> ④ 수용: 위험 감내

04 조달계획 단계에서 위험도 평가가 중요한 이유를 설명하시오.

> **정답**
> ① 사양과 계약조건을 사전에 수정할 수 있다.
> ② 입찰 전 위험을 제거할 수 있다.
> ③ 비용 대비 효과적으로 예방할 수 있다.

05 어떤 공공조달 사업에서 다음과 같은 위험이 식별되었다.

> • 원자재 가격 상승 확률 30%, 손실액 40억원
> • 납기지연 확률 50%, 손실액 20억원

① 각각의 기대손실값(EV)을 계산하시오.
② 어느 위험을 우선 관리해야 하는가?

> **정답**
> ① 기대손실값 계산
>   • 가격 상승 EV = 0.3 × 40억원 = 12억원
>   • 납기지연 EV = 0.5 × 20억원 = 10억원
> ② 우선 관리 대상: 가격 상승 리스크 (12억이 더 큼)

06 B기관은 정보화 사업을 추진하면서 다음과 같은 위험을 식별하였다.

> • 기술자료 유출 가능성 중간, 영향도 매우 높음
> • 일정 지연 가능성 높음, 영향도 중간

① 위험도 매트릭스를 활용하여 위험 수준을 판단하시오.
② 각각 적절한 대응 전략을 제시하시오.

> **정답**
> ① 위험 수준 판단
>   • 기술자료 유출 → 고위험
>   • 일정 지연 → 고위험
> ② 대응 전략
>   • 기술자료 유출 → 회피 또는 완화(접근권한 통제 강화)
>   • 일정 지연 → 완화(공정관리 강화, 대체인력 확보)

07 리스크 발생확률 추정 시 고려해야 할 내부요인을 설명하시오.

> **정답**
> ① 사양 명확성
> ② 계약조건 엄격성
> ③ 내부 통제 수준
> ④ 과거 유사 사업 수행 경험

08 발생확률 과소 · 과대 추정의 문제점을 설명하시오.

> **정답**
> ① 과소 추정: 대형 손실의 위험이 있다.
> ② 과대 추정: 과도한 예산 낭비가 될 수 있다.

09 C기관은 다음과 같은 위험을 식별하였다.

> • 입찰 무효 가능성 25%   • 원자재 가격 급등 가능성 40%   • 품질 검사 불합격 가능성 10%

① 위의 위험 중 발생확률이 가장 높은 것은 무엇인가?
② 각각의 확률을 0 ~ 1 범위로 환산하시오.

> **정답**
> ① 원자재 가격 급등(40%)
> ② 각각의 확률 환산
>   • 입찰 무효 가능성 25% → 0.25
>   • 원자재 가격 급등 가능성 40% → 0.40
>   • 품질 검사 불합격 가능성 10% → 0.10

10 D기관은 정보화 사업을 추진 중 다음과 같은 위험을 식별하였다.

> • 과거 유사 사업 10건 중 3건에서 납기지연 발생
> • 공급자의 재무상태는 다소 불안정
> • 외부 경제 상황은 안정적

① 납기지연 확률을 추정하시오.
② 확률 추정에 영향을 준 요인을 구분하시오.
③ 관리 방향을 제시하시오.

> **정답**
> ① 납기지연 확률: 3/10 = 30%(0.3)
> ② 확률 추정에 영향을 준 요인
>   • 내부 요인: 과거 사업 통계
>   • 공급자 요인: 재무상태 불안
>   • 외부 요인: 안정적 환경(낮은 영향)
> ③ 관리 방향
>   • 공정관리 강화
>   • 계약이행보증 강화
>   • 중간점검 제도 도입

11 영향 정도 추정의 개념과 필요성을 설명하시오.

> **정답**
> ① 리스크 발생 시 피해 규모 판단
> ② 우선순위 결정의 핵심 요소
> ③ 대응 수준을 결정하는 기준
> ④ 리스크 허용수준의 판단 근거

12 2차적인 영향의 중요성을 설명하시오.

> **정답**
> 2차적인 영향은 단순한 직접 손실을 넘어 조직 성과 저하, 평판 하락, 정치적 영향 및 장기적 신뢰 약화로 이어질 수 있으므로 중요하다.

13 리스크 영향 추정 시 고려해야 할 요소를 설명하시오.

> **정답**
> ① 사업 규모   ② 정책 중요성
> ③ 사회적 파급효과   ④ 이해관계자 수
> ⑤ 긴급성 여부

14 어떤 조달사업(총 200억원)에서 원자재 가격 상승으로 25억원 추가비용이 예상된다.

① 비용 영향 등급은 몇 %인가?

② 영향 수준을 판단하시오.

> **정답**
>
> ① 25억원/200억원 = 12.5%
> ② 추가비용이 전체 사업비의 10%를 초과하므로 최고 등급(5등급, 심각)으로 판단할 수 있다.

15 E기관은 긴급 방역물품 조달 사업을 추진 중 다음과 같은 위험을 식별하였다.

> • 납기 2개월 지연 시 방역 정책 차질 발생
> • 품질 미달 시 재납품 필요
> • 계약금액은 전체 예산의 15% 수준

① 비용·일정·품질 측면에서 영향 정도를 평가하시오.

② 가장 심각한 영향 영역을 판단하시오.

> **정답**
>
> ① 비용·일정·품질 영향 평가
>   • 일정 영향: 납기 2개월 지연 시 방역 정책에 차질이 발생하므로 매우 높다.
>   • 품질 영향: 품질 미달 시 재납품이 필요하므로 중간에서 높은 수준이다.
>   • 비용 영향: 계약금액이 전체 예산의 15% 수준이므로 중간 수준으로 볼 수 있다.
> ② 가장 심각한 영향 영역: 가장 심각한 영향은 일정 영향이다. 이는 정책 차질과 사회적 파급효과로 직접 연결되기 때문이다.

16 리스크 중요도 산정의 필요성을 설명하시오.

> **정답**
>
> ① 위험의 심각성을 판단한다.
> ② 우선 관리 대상을 선정한다.
> ③ 자원 배분의 기준이다.
> ④ 해당 리스크의 허용 가능 여부를 판단한다.

17 중요도 산정 시 정책 중요성을 고려해야 하는 이유를 설명하시오.

> **정답**
>
> ① 동일 손실이라도 정책사업은 파급효과가 크다.
> ② 정치·사회적 영향을 고려해야 한다.
> ③ 보수적 판단이 필요하다.

18 위험 허용수준의 의미를 설명하시오.

> **정답**
>
> 위험 허용수준은 조직이 감내할 수 있는 위험의 한계를 의미하며, 이를 초과하는 경우 즉각적인 대응이 필요하다. 또한 자원 배분과 의사결정의 기준이 된다.

19 중요도 산정 후 수행해야 할 절차를 설명하시오.

> **정답**
>
> 위험 등급화 → 우선순위 설정 → 대응 전략 결정 → 기록 및 모니터링

20 F기관은 다음과 같은 리스크를 식별하였다.

> • 납기지연 확률 40%, 영향도 4등급
> • 품질 미달 확률 20%, 영향도 5등급

① 중요도를 계산하시오.

② 우선 관리 대상을 결정하시오.

> **정답**
>
> ① 중요도
> • 납기지연: $0.4 \times 4 = 1.6$(또는 $4 \times 4 = 16$ 방식 적용 가능)
> • 품질 미달: $0.2 \times 5 = 1.0$(또는 $2 \times 5 = 10$ 방식 적용 가능)
> ② 우선 관리 대상: 납기지연의 중요도가 더 높음

21 G기관은 긴급 의료장비 조달 사업을 추진 중 다음과 같은 리스크를 식별하였다.

> • 환율 급등 확률 중간, 영향 높음
> • 납기지연 확률 높음, 영향 매우 높음
> • 계약금액은 전체 예산의 20%

① 위험도 매트릭스로 중요도를 판단하시오.

② 가장 시급히 대응해야 할 리스크를 설명하시오.

> **정답**
>
> ① 위험도 매트릭스
> • 환율 급등 → 중~고 수준
> • 납기지연 → 최고 수준
> ② 우선 대응 리스크: 납기지연 리스크(긴급성 · 정책 중요성 · 예산 비중이 높음)

22 성공적인 조달을 방해하는 구매자 측 위험요소는 무엇인가?

> **정답**
>
> 구매자의 과도한 요구

23 위험 평가와 우선순위 설정의 의의를 설명하시오.

> **정답**
>
> 식별된 리스크의 발생 가능성과 영향도를 평가하여 관리 우선순위를 결정하고 자원을 효율적으로 배분하기 위함이다.

24 수요기관과 공급업체 간 위험 분담의 중요성을 설명하시오.

> **정답**
>
> 위험 책임을 명확히 협상·분담하여 비용과 불확실성을 감소시키고 조달 성과와 계약 관계의 안정성을 확보하기 위해 중요하다.

25 한 수요기관이 대규모 토목공사를 발주하였다. 다음 상황에서 발생 가능한 위험요소를 유형별(수요기관 통제 / 공급업체 통제 / 외부요인)로 구분하고, 우선 관리 대상 리스크를 제시하시오.

- 요구사항이 자주 변경됨
- 공급업체의 재무상태 악화
- 금리 급등
- 납품지연에 대한 손해배상 조항이 불명확함

> **정답**
>
> ① 위험요소의 유형별 구분
> - 요구사항 변경 → 수요기관 통제 위험
> - 재무상태 악화 → 공급업체 통제 위험
> - 금리 급등 → 외부적 위험
> - 손해배상 조항 불명확 → 계약관계 관리 위험
> ② 우선 관리 대상: 대규모 공사에서 비용·일정 영향이 큰 '요구사항 변경' 및 '계약조건 불명확'이 우선 관리 대상이 된다.

리스크 대응계획 수립

01 주요 리스크 대응계획 수립

출제기준 6-3-1 리스크 대응계획에 따라 주요한 리스크에 대한 대응계획을 수립할 수 있다.

1 리스크 대응계획의 개요

개념	우선순위가 높은 리스크에 대해 구체적이고 실행 가능한 조치 방안을 사전에 마련
목적	• 리스크 발생 가능성 감소 • 발생 시 영향 최소화 • 책임과 절차 명확화
전제	우선순위 결정이 선행되어야 함

2 대응 리스크 전략의 기본 유형

① 회피(Avoid)
- 리스크 발생 원인을 제거하는 전략
- 중요도 매우 높을 때 적용
- 수요기관과 공급업체는 계약당사자 일방에만 유리하게 위험을 전가하기보다는 향후 발생 가능한 위험의 결과와 영향력을 고려하여, 조달과 계약 관련 법적 요건을 충족하는 범위 내에서 합리적으로 분담
- 사양 변경, 사업 구조 변경, 계약방식 변경 등

② 완화(Mitigate)
- 발생확률 또는 영향도를 감소시키는 전략
- 가장 일반적 전략
- 추가 검토, 기술 검증, 단계별 점검 강화

잠재적 위험	(사전적) 발생 가능성 완화 방안	(사후적) 결과/영향 완화 방안
납품지연	• 지연배상금 • 선제적 계약관리	• 비상계획 • 적정한 계획 • 여유분(버퍼) 및 비상재고 유지
품질 불량	• 선적 전 검사 • 표준사용 • 명확한 구매사양 및 평가기준 개발	배송 수령거부
성능 저하	• 성능기준 개발 • 품질보증	구매주문 취소

불량한 사후관리	• 보증조건 • 이행보증금	
운송 중 손상	포장 규격	보험
공급업체 파산	재정적 공급자격 요구	계약해지

 **Check**

리스크 발생확률을 낮추는 전략은 무엇인가?

정답 완화 전략

③ 이전(Transfer)
- 책임을 다른 당사자에게 전가하는 전략
- 조직이 계약상 합의된 방식으로 위험의 일부를 공유하기도 함
- 보험, 보증, 계약조건을 통해 제3자에게 부담 전가
- 보험 가입이 필요할 수 있지만, 반드시 비용이 수반되는 것은 아님
- 공급업체가 보험에 가입하는 경우, 해당 조달 관련 계약에서 요구하는 법적, 계약상 조건에 충족하는지, 수요기관이 요구하는 모든 보증 요건을 충족하는지를 확인
- 위험성을 관리하기 위해서는 당사자가 위험을 통제할 수 있는 정도를 파악하고, 그에 따른 조치를 취할 수 있는 능력을 명확하게 이해하는 것이 중요
- 위험에 따른 책임은 각 계약당사자의 위험 관리 역량에 따라 배분하는 것이 바람직함
- 통제할 수 없는 위험을 계약당사자 일방에 책임을 지우려는 시도는 분쟁으로 이어지고, 결국 시간적 · 금전적으로 추가 비용을 유발
- 하자담보책임, 이행보증보험 등

④ 수용(Accept)
- 일반적으로 위험 완화에 드는 비용이 과도한 경우에 선택하는 전략
- 위험 완화 비용이 과다하게 소요되는 위험이 발생한 경우, 수요기관은 해당 조달, 계약 관련 활동을 수행하지 않거나 계약상 책임과 의무의 일환으로 위험을 수용할지 여부를 결정
- 수요기관이 해당 위험을 수용하기로 결정했다면, 그 위험을 어떻게 모니터링하고, 비용을 어떻게 충당할지 명시한 기록을 관리
- 허용 가능한 위험 관리는 위험 수준에 영향을 미칠 수 있는 모든 요소를 정기적으로 모니터링하고 평가해야 하는 지속적인 관리 절차에 해당

PART 06

3 리스크 대응계획의 수립 절차

우선 관리 대상 리스크 선정	중요도 평가 결과 고위험 리스크를 먼저 대응 대상으로 확정
대응 전략 결정	회피·완화·이전·수용 중 가장 적절한 전략을 선택
구체적 실행조치 설계	"무엇을 어떻게 할 것인가"를 실행 가능한 행동 계획으로 구체화
책임자 지정	대응 실행의 담당부서 또는 담당자를 명확히 지정(책임 불분명 시 실행력 저하)
일정 설정	대응 조치의 시작 시점과 완료 기한을 설정(지연 방지 목적)
예산 확보	대응에 필요한 재정·인력 자원을 사전에 확보
Risk Register 반영	대응계획을 공식 문서에 기록하여 관리·점검 체계에 편입

4 리스크 대응계획의 구성 요소

리스크 명칭	해당 리스크를 식별할 수 있는 명칭 기재
중요도 등급	해당 리스크의 심각성 수준을 표시(우선순위 관리 기준)
대응 전략 유형	회피·완화·이전·수용 중 선택한 전략을 명시
세부 실행 조치	실제 수행할 구체적인 행동 내용을 기록
책임자	대응 실행과 결과에 대한 책임 주체를 명확히 함
완료 기한	대응이 언제까지 완료되어야 하는지 명확히 함
모니터링 방법	대응 조치가 제대로 이행되는지 점검하는 방식을 정함(정기 보고, 점검 회의 등)

📌 **더 알아보기 조달 분야 주요 리스크별 대응 전략(예시)**

리스크	대응 전략	리스크	대응 전략
요구사항 변경	사전 검토 강화(완화)	납기지연	중간점검 도입(완화)
공급자 재무불안	이행보증 강화(이전)	환율 변동	가격조정 조항 삽입(이전)

바로 Check

환율 변동에 대한 대응으로 가격조정 조항을 삽입하는 것은 어떤 전략에 해당하는가?

정답 이전 전략

5 리스크 대응계획 수립 시 유의사항

① 대응 비용과 효과 비교
② 계약조건에 반영 가능 여부 검토
③ 공급자와 위험 분담 협의
④ 실행 가능성 확보
⑤ 문서화 및 지속 점검
※ 우선순위 선정 → 전략 선택 → 실행조치 설계 → 책임·기한 설정 → 문서화

핵심 포인트
- 대응계획은 우선순위 결정 이후 단계
- 4대 전략 명확히 구분
- 실행계획(책임·일정·예산) 포함
- 계약조건 반영 여부 중요

02 리스크 대응방안의 적정성 평가

출제기준 6-3-2 리스크 대응계획에 따른 리스크 대응방안의 적정성을 평가할 수 있다.

1 리스크 대응방안 적정성 평가의 개념

① 수립된 리스크 대응방안이 실효성·경제성·실행가능성 측면에서 적절한지 검토하는 과정
② 단순 계획 수립으로 끝나는 것이 아니라, 효과가 충분한지, 비용 대비 타당한지, 현실적으로 실행 가능한지를 종합적으로 판단

2 적정성 평가의 목적

① 대응 효과 확보
② 불필요한 비용 방지
③ 과대·과소 대응 예방
④ 조직의 위험 허용수준 충족 여부 판단
⑤ 계약 반영 가능성 점검

바로 Check

리스크 대응방안 적정성 평가의 개념과 필요성을 설명하시오.

정답
① 대응계획의 실효성·경제성·실행성을 검토한다.
② 과대·과소 대응을 방지한다.
③ 자원 낭비를 예방한다.
④ 잔존위험 허용 여부를 판단한다.

3 적정성 평가 기준(핵심 5요소)

효과성 (Effectiveness)	• 대응조치가 실제로 발생확률 또는 영향도를 감소시키는가? • 기대손실 감소 여부 확인
경제성 (Efficiency)	• 대응 조치의 비용이 기대손실 감소액보다 과도하지 않은가? • 비용 대비 효과 분석 필요
실행가능성 (Feasibility)	• 조직의 역량·시간·예산 범위 내 실행 가능한가? • 현실성이 낮으면 재설계 필요
적합성 (Alignment)	• 조직의 목표·전략·정책과 부합하는가? • 관련 법령·계약체계와 충돌하지 않는가?
위험 잔존 수준 (Acceptability)	• 대응 후 남는 위험이 허용수준 이내인가? • 잔존위험(Residual Risk) 평가 필요

PART 06

현실적 수행 가능 여부를 판단하는 기준은 무엇인가?

정답 실행가능성

4 적정성 평가의 방법

① 정성적 평가

전문가 회의	관련 분야 전문가가 모여 대응방안의 타당성을 경험과 판단에 따라 검토
체크리스트 방식	사전에 마련된 평가 항목에 따라 적합 여부를 체계적으로 점검
점수화(1 ~ 5)	효과성 · 경제성 등을 등급으로 환산하여 상대적 비교가 가능하도록 수치화

② 정량적 평가

기대손실 감소액 계산	대응 전 · 후 손실 차이를 계산하여 실제 위험 감소 효과를 수치로 확인
비용 – 편익 분석(B/C)	대응에 들어가는 비용과 기대되는 편익을 비교하여 경제적 타당성을 판단
시나리오 분석	다양한 상황(낙관 · 보통 · 비관)을 가정하여 대응방안의 안정성과 효과를 검증

5 적정성 평가의 절차

대응계획 검토	수립된 대응방안의 내용과 구조를 기본적으로 점검
기대효과 분석	해당 대응이 확률 또는 영향 감소에 실제 기여하는지 평가
비용 분석	대응에 필요한 예산과 자원이 적정 수준인지 검토
잔존위험 평가	대응 후에도 남는 위험이 어느 정도인지 재평가
허용수준과 비교	잔존위험이 조직의 감내 가능 범위 내인지 확인
수정 또는 확정	평가 결과에 따라 보완 · 재설계하거나 최종 승인

6 적정성 평가의 결과 유형

① 적정(승인)

② 조건부 승인(보완 후 시행)

③ 부적정(재수립 필요)

※ 대응계획 수립 → 효과 · 비용 · 실행성 검토 → 잔존위험 판단

　→ 수정 또는 확정

핵심 포인트

• 대응계획 수립 후 반드시 평가
• 효과 · 경제성 · 실행성 · 적합성 · 잔존위험 기준
• 허용수준 초과 여부 판단
• 비용 – 편익 계산 가능해야 함
• 부적정 시 재설계 필요

03 우발적 리스크 비상 대응계획 수립

출제기준 6-3-3 리스크 대응계획에 반영되지 않은 우발적 리스크에 대한 비상 대응계획을 수립할 수 있다.

1 우발적 리스크(Contingent Risk)의 개요

개념	사전 대응계획에 포함되지 않았거나 예측이 어려운 돌발적 위험
특징	• 발생 확률은 낮지만 영향이 매우 큼 • 통상적인 대응계획으로는 관리 곤란 • 신속한 의사결정 필요
예시	• 천재지변　　　　　　　　　　• 급격한 정책 변화 • 대규모 환율·금리 급등　　　• 공급업체 파산 • 전염병 확산

2 비상 대응계획의 필요성

사업 중단 방지	돌발 위험이 발생하더라도 핵심 업무가 멈추지 않도록 사업 연속성을 확보
피해 최소화	위험 확산을 막고 손실을 줄임
조직 기능 유지	조직의 필수 기능을 유지하기 위한 대비책
이해관계자 신뢰 확보	신속하고 체계적인 대응을 통해 발주기관, 국민, 거래처 등에게 관리 역량 입증 → 신뢰 제공
법적·재정적 손실 축소	배상책임 및 추가 비용 발생 최소화

바로 Check

비상 대응계획의 목적은 무엇인가?

정답 사업 지속성 확보

3 비상 대응계획의 기본 원칙

신속성	지체 없는 즉시 대응이 핵심
명확한 책임체계	혼선과 책임 공백을 방지
의사결정 권한 사전 위임	긴급 상황에서 즉시 결정할 권한을 미리 부여
대체 수단 확보	위기 발생 시 즉시 전환 가능한 대안 확보
정기적 점검 및 훈련	모의훈련과 주기적 검토를 통해 실효성 유지

4 비상 대응 전략 유형

비상 자원 확보	예비비, 대체 인력, 대체 공급자 확보
대체 계약 체계 마련	긴급수의계약, 단가계약 활용
계약조건 내 비상조항 활용	불가항력 조항, 가격조정 조항 활용
단계적 대응 시나리오 마련	위기상황별 행동지침과 대응 절차를 사전에 수립

바로 Check

예비비 확보는 비상 대응 전략의 유형 중 어디에 해당하는가?

정답 비상 자원 확보

5 비상 대응계획 구성 요소

우발 리스크 유형	발생 가능성이 있으나 예측이 어려운 위험의 종류를 사전에 구분
발동 조건(Trigger)	어느 수준에 이르면 비상계획을 가동할지 결정하는 구체적 기준
즉시 조치 사항	1차 대응 행동지침
의사결정 책임자	책임자를 명확히 지정
대체 자원 확보 방안	업무 지속을 위한 백업 수단 마련
이해관계자 통보 절차	누가, 언제, 어떤 방식으로 통보할지 정함
사후 평가 절차	대응 과정과 문제점을 분석하여 개선사항 도출

6 비상 대응계획의 수립 절차

잠재적 우발 리스크 식별	발생 가능성이 있는 돌발 위험 도출
발생 시 영향 분석	재정, 일정, 평판 등에 미치는 영향 규모 평가
발동 기준 설정	어느 수준에서 비상계획을 가동할지 명확히 설정함
즉시 실행조치 설계	초기 24시간 내 실행할 구체적 행동 매뉴얼 작성
비상 책임체계 확정	비상대응 조직 구성, 보고라인, 의사결정 권한을 문서로 확정
정기적 점검 및 훈련	계획의 실효성을 유지하기 위해 모의훈련과 정기 점검을 반복 실시

더 알아보기 일반 대응계획과의 차이

구분	일반 대응	비상 대응
대상	예측 가능한 주요 리스크	예측 어려운 돌발 리스크
성격	예방·완화 중심	피해 최소화·사업 지속성 확보
준비 방식	계획 중심	시나리오·훈련 중심

핵심 포인트

- 일반 대응은 예방 중심
- 비상 대응은 사업 연속성 확보 전략
- 적정성 평가는 효과 검증 단계
- 저확률·고영향 리스크 대비 필수
- Trigger·책임체계·대체자원 확보 핵심

핵심 최종점검

01 리스크 대응계획의 전제는 무엇인가?

02 리스크 발생 원인을 제거하는 전략은 무엇인가?

03 보험 가입은 어떤 전략에 해당하는가?

04 대응 비용이 더 큰 경우 선택하는 전략은 무엇인가?

05 납기지연 대응으로 적절한 전략은 무엇인가?

06 대응계획 결과는 어디에 기록하는가?

07 대응계획의 목적은 무엇인가?

08 대응방안 평가의 목적은 무엇인가?

09 대응 효과를 판단하는 기준은 무엇인가?

10 비용 대비 타당성을 평가하는 기준은 무엇인가?

11 대응 후 남는 위험을 무엇이라 하는가?

01
우선순위 결정

02
회피 전략

03
이전 전략

04
수용

05
중간점검 도입(완화)

06
Risk Register

07
영향 최소화

08
실효성 확보

09
효과성

10
경제성

11
잔존위험

PART 06

12 잔존위험은 무엇과 비교하는가?	12 허용수준
13 기대손실 감소 분석은 어떤 평가 방식인가?	13 정량적 평가
14 전문가 회의 방식은 어떤 평가 방식인가?	14 정성적 평가
15 대응계획과 조직 목표의 일치 여부 판단 기준은 무엇인가?	15 적합성
16 우발적 리스크의 특징은 무엇인가?	16 저확률 · 고영향
17 공급업체 파산은 어떤 유형의 위험인가?	17 우발적 위험
18 비상계획에서 중요한 요소는 무엇인가?	18 책임체계
19 비상 대응에서 상황별 행동지침은 무엇인가?	19 대응 시나리오
20 비상 대응의 핵심은 무엇을 확보하는 것인가?	20 사업 연속성

서술형 출제예상문제

01 리스크 대응계획의 개념과 필요성을 설명하시오.

> **정답**
>
> ① 주요 리스크에 대한 사전 조치 계획
> ② 발생 가능성 및 영향 최소화
> ③ 책임과 절차 명확화
> ④ 사업 안정성 확보

02 리스크 대응 전략 4가지를 설명하시오.

> **정답**
>
> ① 회피: 리스크 발생 원인 제거
> ② 완화: 발생확률 또는 영향 감소
> ③ 이전: 제3자에게 부담 전가
> ④ 수용: 감내 및 모니터링

03 대응계획 수립 절차를 설명하시오.

> **정답**
>
> ① 우선관리 대상 리스크 선정: 중요도 평가 결과 고위험 리스크를 먼저 대응 대상으로 확정한다.
> ② 대응 전략 결정: 회피·완화·이전·수용 중 가장 적절한 전략을 선택한다.
> ③ 구체적 실행조치 설계: "무엇을 어떻게 할 것인가"를 실행 가능한 행동 계획으로 구체화한다.
> ④ 책임자 지정: 대응 실행의 담당 부서 또는 담당자를 명확히 지정한다.
> ⑤ 일정 설정: 대응 조치의 시작 시점과 완료 기한을 설정한다.
> ⑥ 예산 확보: 대응에 필요한 재정·인력 자원을 사전에 확보한다.
> ⑦ Risk Register 반영: 대응계획을 공식 문서에 기록하여 관리·점검 체계에 편입한다.

04 조달계약에서 위험 이전 전략의 사례를 설명하시오.

> **정답**
>
> ① 이행보증보험   ② 하자담보책임
> ③ 가격조정 조항   ④ 손해배상 조항

05 대응계획 수립 시 고려해야 할 사항을 설명하시오.

> **정답**
>
> ① 대응 비용과 효과를 비교한다.
> ② 계약조건에 반영 가능 여부를 검토한다.
> ③ 공급자와 위험 분담을 협의한다.
> ④ 실행가능성을 확보한다.
> ⑤ 문서화가 필요하고, 지속적으로 점검한다.

06 H기관은 대규모 IT 시스템 구축 사업을 추진 중이다. 다음 주요 리스크에 대해 적절한 대응 전략과 구체적 실행계획을 수립하시오.
① 요구사항 변경 가능성 높음
② 공급자 기술역량 부족 우려
③ 일정 지연 가능성 높음

> **정답**
> ① 요구사항 변경 → 완화
> • 사전 요구사항 검증 회의
> • 단계별 확정 절차 도입
> ② 기술역량 부족 → 완화 + 이전
> • 기술평가 강화
> • 성과보증 조건 삽입
> ③ 일정 지연 → 완화
> • 공정관리 시스템 도입
> • 중간점검 및 패널티 조항 설정

07 어떤 리스크의 기대손실이 30억원이며, 완화 조치 비용이 5억원이다. 완화 조치 후 기대손실은 10억원으로 감소한다.
① 완화 전략 적용 전·후 기대손실을 비교하시오.
② 대응계획 수립의 타당성을 판단하시오.

> **정답**
> ① 기대손실 비고
> • 완화 전략 적용 전: 30억원
> • 완화 전략 적용 후: 10억원 + 대응비용 5억원 = 15억원
> ② 타당성 판단: 총 손실이 30억원에서 15억원으로 감소하므로 완화 전략은 경제적으로 타당하다.

08 대응방안 평가의 주요 기준을 설명하시오.

> **정답**
> ① 효과성　　　　　　　　② 경제성
> ③ 실행가능성　　　　　　④ 적합성
> ⑤ 잔존위험 수준

09 잔존위험의 의미와 관리 필요성을 설명하시오.

> **정답**
> 잔존위험은 대응 후에도 남는 위험으로, 허용수준과 비교하여 초과 시 추가 대응이 필요하다.

10 대응방안이 부적정으로 판단되는 경우를 설명하시오.

> **정답**
> ① 효과 미흡
> ③ 실행 불가능
> ② 비용 과다
> ④ 법령·정책과 불일치

11 어떤 리스크의 기대손실이 40억원이다. 완화 조치 비용은 8억원이며, 적용 후 기대손실은 15억원으로 감소한다.
① 완화 조치의 순편익을 계산하시오.
② 대응방안의 적정성을 판단하시오.

> **정답**
> ① 순편익 = 40억원 − (15억원 + 8억원) = 40억원 − 23억원 = 17억원 감소 효과
> ② 비용 대비 손실 감소 효과가 크므로 적정한 대응방안이다.

12 한 공공기관이 환율 변동 리스크에 대해 "계약 금액을 고정"하는 전략을 선택하였다. 그러나 사업 기간은 3년이며 수입 자재 비중이 60%이다.
① 대응방안의 적정성을 평가하시오.
② 개선 방안을 제시하시오.

> **정답**
> ① 적정성 평가
> • 장기계약 + 수입 비중 높음
> • 환율 변동의 영향이 큼
> • 금액 고정은 위험 이전 효과 부족 → 부적정 또는 보완 필요
> ② 개선 방안: 가격조정 조항 도입, 환율 연동 계약, 헤지 전략 검토

13 우발적 리스크의 개념과 특징을 설명하시오.

> **정답**
> 우발적 리스크는 사전 계획에 포함되지 않은 돌발적 위험을 의미하며, 발생확률은 낮지만 영향이 크고, 신속한 대응이 요구되는 특징을 가진다.

14 비상 대응계획의 필요성을 설명하시오.

> **정답**
> ① 사업 중단 방지
> ③ 조직 기능 유지
> ② 피해 최소화
> ④ 신뢰 확보

PART 06

15 비상 대응계획의 구성 요소를 설명하시오.

> **정답**
> ① 우발 리스크 유형 ② 발동 조건(Trigger)
> ③ 즉시 조치 사항 ④ 의사결정 책임자
> ⑤ 대체 자원 확보 방안 ⑥ 이해관계자 통보 절차
> ⑦ 사후 평가 절차

16 일반 대응계획과 비상 대응계획의 차이를 설명하시오.

> **정답**
> ① 일반 대응계획: 예측 가능한 주요 리스크로, 예방과 완화가 특징이다.
> ② 비상 대응계획: 예측이 어려운 돌발 리스크로, 피해 최소화와 사업 지속성 확보가 특징이다.

17 공공조달에서 비상 대응이 중요한 이유를 설명하시오.

> **정답**
> ① 정책사업 특성상 중단 시 사회적 파급효과가 크다.
> ② 예산·평판·법적 책임 문제가 발생할 수 있다.

18 I기관은 해외 원자재에 70% 의존하는 장기 공사계약을 체결하였다. 계약 체결 후 국제 정세 악화로 수입이 중단될 가능성이 제기되었다.
① 해당 위험의 성격을 설명하시오.
② 비상 대응계획을 수립하시오.

> **정답**
> ① 우발적 리스크(저확률·고영향 외부 위험)
> ② 비상 대응계획
> • 대체 공급자를 사전에 확보한다. • 비상 예비비를 설정한다.
> • 가격조정 조항을 활용한다. • 단계별 수급 시나리오를 마련한다.
> • 긴급 계약 전환 체계를 구축한다.

19 어떤 우발적 위험이 발생할 경우 예상 손실은 100억원이고, 발생확률은 5%이다. 비상 대응체계 구축 비용은 연간 2억원이며, 구축 시 손실을 40억원으로 줄일 수 있다.
① 기대손실을 계산하시오.
② 비상 대응체계의 타당성을 판단하시오.

> **정답**
> ① 기대손실
> • 미구축 기대손실 = 100억원 × 0.05 = 5억원
> • 구축 후 기대손실 = 40억원 × 0.05 = 2억원
> • 총비용 = 2억원(대응비용) + 2억원 = 4억원
> ② 타당성 분석: 미구축 기대손실 5억원 > 구축 후 총비용 4억원
> → 비상 대응체계는 경제적으로 타당하다.

CHAPTER 04 리스크 발생 모니터링

01 리스크 대응계획 실행 여부 확인

> **출제기준 6-4-1** 리스크의 대응계획의 실행 여부를 확인할 수 있다.

1 리스크 대응계획 실행 여부 확인의 의의

① 리스크 대응계획은 수립 자체가 목적이 아니라, 실제 실행 여부를 지속적으로 점검하는 것이 핵심
② 조직은 대응계획이 형식적 계획에만 머무르지 않도록 실행 여부를 지속적으로 점검하고 관리해야 함
③ **목적**: 계획 → 실행 → 점검 → 보완의 선순환 관리 구조 구축을 통해 리스크 대응의 실효성 확보

바로 Check

대응계획 실행 점검 시 형식주의의 문제점을 설명하시오.

> **정답** 서류상 완료로 처리되지만 실제 위험 감소 효과가 확인되지 않아 리스크 관리 실패로 이어질 수 있다.

2 리스크 대응계획 실행 여부 확인의 목적

대응조치 이행 여부 확인	• 수립한 대응계획이 실제로 실행되었는지 확인 • 계획만 있고 실행이 없는 경우 → 리스크 관리는 의미가 없음
일정 준수 여부 점검	• 정해진 기한 내에 대응조치가 완료되었는지 확인 • 일정이 지연되는 경우 → 리스크가 현실화될 가능성이 높아짐
책임자 수행상태 확인	• 대응조치별 지정된 담당자가 역할을 제대로 수행하고 있는지 점검 • 책임이 불명확한 경우 → 실행력이 저하됨
계획 대비 실행 차이 분석	• 당초 계획과 실제 실행 내용 사이의 차이를 비교·분석 • 실행 내용이 계획과 차이가 큰 경우 → 추가 조정 필요
미이행 시 보완조치 마련	대응조치가 실행되지 않은 경우 다음의 개선방안을 마련 • 미이행 원인 파악 • 일정 재조정 • 인력 보강 • 대응계획 수정

⇒ 리스크 대응의 실효성 확보

3 리스크 대응계획 실행 여부 확인 방법

체크리스트 점검	Risk Register에 명시된 대응조치 항목을 기준으로 점검 **예** '완료/진행 중/미실행'으로 구분
정기 보고체계 운영	정기적인 보고체계를 통해 실행 현황을 관리 **예** 월간·분기별 보고, 사업관리회의 연계 점검

PART 06

증빙자료 확인	대응조치의 실행 여부를 객관적인 자료로 확인 **예** 계약변경 공문, 보증서 제출 여부, 사전점검 결과서 등
현장 확인	• 서류상 완료 여부뿐 아니라 실제 현장에서 대응조치가 이행되었는지 확인 • 서류상 완료와 실질적 완료 구분(서류상 완료 ≠ 실제 완료)

4 리스크 대응계획 실행 점검 시 고려사항

형식적 점검 지양	서류상 완료 여부만 확인하는 것이 아니라, 실제로 리스크 감소 효과가 있었는지 실질적으로 확인
책임소재 명확화	대응조치별 담당자를 명확히 지정하여 실행 책임이 모호해지지 않도록 해야 함
일정 지연 시 즉시 수정	일정 지연이 발생하면 방치하지 않고 일정 조정이나 추가 대응조치를 즉시 시행
상위 관리자 보고체계 유지	리스크 대응 실행 현황을 정기적으로 상위 관리자에게 보고하여 조직 차원의 통제와 의사결정이 가능하도록 해야 함
미이행 리스크 재평가	대응 조치가 이루어지지 않은 리스크는 발생확률·영향도를 다시 평가하여 위험 중요도를 재조정

 **Check**

리스크 대응계획의 실행 점검 결과는 누구에게 보고하는가?

정답 상위 관리자

5 공공조달에서의 의미

① 공공조달 사업의 특징
- 계약금액이 큼
- 정책적 중요도가 높음
- 사회적 파급효과가 큼

② 대응계획 실행 여부를 확인하지 않을 경우 발생 가능한 문제
- 감사 지적
- 예산 낭비
- 조직 신뢰도 하락

핵심 포인트

- 계획보다 실행이 핵심 → 리스크 관리는 문서 작성이 아니라 실제 이행 여부 점검이 본질
- Risk Register 기반 관리 → 대응조치, 책임자, 기한을 등록하고 주기적으로 업데이트
- 완료/진행 중/미이행 구분 관리 → 실행 상태를 명확히 구분하여 관리 수준을 차등화
- 책임자 중심 통제체계 → 대응조치별 담당자 지정과 성과 점검이 실행력을 좌우
- 지연·미이행 시 즉각 보완 → 일정 지연이나 미이행은 재평가 후 수정조치
- 형식주의 배제 및 실질효과 확인 → 실제 위험 감소 효과가 있었는지 확인

02 리스크 대응방안 성과 확인

출제기준 6-4-2 실행된 리스크 대응방안의 성과를 확인할 수 있다.

1 리스크 대응방안 성과 확인의 의의

① 리스크 대응계획이 실행되었는지 여부만 확인하는 것은 1단계 관리에 불과
② 리스크 관리의 궁극적인 목적은 "해당 대응조치가 실제로 리스크를 줄였는지 확인하는 것"
③ 리스크 관리 과정: 실행 → 효과 측정 → 위험 감소 여부 판단
⇒ 실행되었더라도 성과가 없다면 대응방안 재설계

바로 Check

성과가 없는 대응조치의 처리방안을 설명하시오.

정답 원인을 분석하고 대응방안을 재설계하거나 리스크 등급을 재조정해야 한다.

2 리스크 대응방안 성과 확인의 목적

① 대응조치의 실질적 효과성 검증
② 리스크 발생확률 감소 여부 확인
③ 리스크 영향도(손실 규모) 완화 여부 판단
④ 비용 대비 효과성 분석
⑤ 향후 유사 리스크 관리의 개선자료 확보
⇒ 궁극적 목적: 리스크 관리체계의 품질 향상

3 리스크 대응방안 성과 확인의 핵심 평가 요소

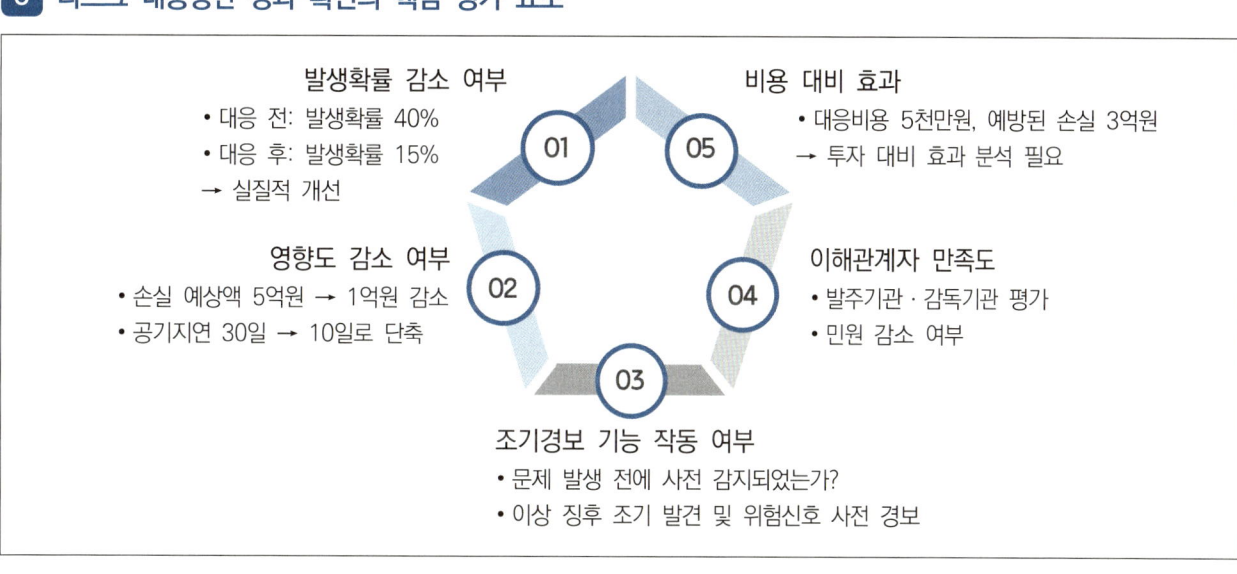

발생확률 감소 여부
• 대응 전: 발생확률 40%
• 대응 후: 발생확률 15%
→ 실질적 개선

01

비용 대비 효과
• 대응비용 5천만원, 예방된 손실 3억원
→ 투자 대비 효과 분석 필요

05

영향도 감소 여부
• 손실 예상액 5억원 → 1억원 감소
• 공기지연 30일 → 10일로 단축

02

이해관계자 만족도
• 발주기관·감독기관 평가
• 민원 감소 여부

04

조기경보 기능 작동 여부
• 문제 발생 전에 사전 감지되었는가?
• 이상 징후 조기 발견 및 위험신호 사전 경보

03

4 리스크 대응방안 성과의 측정 방법

① KPI(핵심성과지표) 설정

지연률	전체 일정 대비 실제 지연된 기간의 비율
하자 발생률	전체 공사(또는 납품) 중 하자가 발생한 건수 또는 물량의 비율
민원 건수	주민·이해관계자의 불만 제기 건수
계약변경 횟수	설계변경, 물량변경, 금액조정 발생 횟수

② 정량적 평가

수치 비교(Before & After)	대응조치 시행 전·후의 객관적 수치를 직접 비교
확률·영향도 재평가	대응조치 후 리스크의 발생확률과 영향도를 다시 산정
감사 지적 감소 여부	내부감사·외부감사에서 지적된 건수의 감소 여부 확인

③ 정성적 평가

현장 의견	실제 사업 수행자(감독관, PM, 담당자 등)의 체감 평가를 확인
조직 내부 평가	내부감사, 경영진, 리스크관리위원회 등의 공식 평가 결과를 반영

④ 리스크 등급 재조정

High → Medium	리스크의 발생확률 또는 영향도가 유의미하게 감소하여 위험등급이 한 단계 낮아진 상태
Medium → Low	대응조치 결과 리스크가 관리 가능한 수준으로 안정화된 상태

바로 Check

성과를 수치로 측정하는 방법은 무엇인가?

정답 정량적 분석

5 리스크 대응방안 성과 확인 시 유의사항

① 단기 효과에만 집중하지 말 것
② 우연적 감소(리스크가 실제 대응조치 효과가 아니라 외부 환경 변화나 일시적 요인으로 우연히 감소한 경우)와 구분할 것
③ 비용이 과도한 대응은 재검토
④ 형식적 "성과 보고서" 작성 지양
⑤ 성과 데이터를 축적하여 학습체계 구축

6 공공조달에서의 의미

① 공공조달 사업의 특징
  • 예산 집행 책임성
  • 감사 대응 필요
  • 국민 신뢰 확보 중요

핵심 포인트
• 실행 여부와 성과 확인은 다른 개념임에 유의
• 성과는 '위험 감소'로 측정
• 핵심 지표: 발생확률·영향도
• 비용 대비 효과 분석이 필요
• 정량적·정성적 평가 병행
• 성과 결과는 차기 리스크 관리 개선자료로 활용

② 성과 확인 없이 단순히 대응조치를 시행했다는 사실만으로는 충분하지 않으며, 다음 질문이 중요함
- "얼마나 위험을 줄였는가?"
- "예산 대비 효과는 무엇인가?"

03 새로운 리스크 식별

출제기준 6-4-3 리스크 대응계획에 반영되지 않은 새로운 리스크를 식별할 수 있다.

1 새로운 리스크 식별의 의의

① 리스크 관리에서 가장 위험한 상황: 기존 리스크만 관리하고, 새롭게 등장한 위험을 보지 못하는 것
② 사업 환경의 지속적 변화: 다음과 같은 요인에 의해 새로운 리스크 발생 가능
- 법·제도 개정
- 기술 발전
- 사회적 이슈 발생
- 시장 구조 변화
- 이해관계자 증가
③ 기존 Risk Register에 포함되지 않은 리스크가 언제든지 새롭게 등장
⇒ 새로운 리스크를 지속적으로 탐지하는 활동 필요
④ 새로운 리스크 식별은 단순 추가 작업이 아니라, 리스크 관리체계를 살아 움직이게 만드는 핵심 활동

2 새로운 리스크 발생의 주요 원인

외부 환경 변화	법령 개정, 예산 축소, 물가 급등, 경기 변동
사업 범위 변경	설계변경, 과업 추가, 일정 단축 요구
이해관계자 변화	신규 민원 발생, 지역주민 반대, 언론 이슈화
내부 관리 실패	담당자 교체, 의사소통 단절, 통제절차 미흡

3 새로운 리스크의 식별 방법

정기 모니터링 회의	• 주간·월간 점검 회의에서 새롭게 발생한 위험요인을 논의 • 핵심 질문: 최근 새롭게 나타난 위험요인은 무엇인가?
현장 피드백 수집	• 현장 의견을 체계적으로 수집하여 새로운 리스크를 조기에 파악
이해관계자의 의견 분석	잠재적 리스크의 신호: 민원 증가, 언론 보도, 감사 지적, 업체 불만 등

바로 Check

민원 증가는 무엇의 신호인가?

정답 잠재적 리스크의 신호

4 데이터 이상 징후 분석

지연율 급증	공정관리 통제에 문제가 발생하여 인력·자재·의사결정 지연 등 새로운 일정 리스크 발생
계약변경 빈도 증가	설계 불완전, 사전조사 부족, 사업 범위 변경 등 구조적 문제로 인해 새로운 비용·일정 리스크 발생
특정 업체 반복 낙찰	경쟁 제한, 담합 의심, 시장 구조 왜곡 등 공정성 리스크의 신호
수치 변화	새로운 리스크의 신호로, 기존 통제체계 약화나 환경 변화를 의미

⇒ 단순 현상으로 넘기지 말고 원인을 분석해야 함

바로 Check

수치 이상 변화는 무엇의 신호인가?

정답 신규(새로운) 리스크

5 외부 환경 모니터링

법령 개정	입찰 절차, 계약 방식, 자격요건 변경 등으로 기존 계획이 무효화될 수 있어 법적 리스크 발생 가능
정부 정책 변화	예산 조정, 사업 우선순위 변경 등으로 사업이 축소·중단되는 사업 변경 리스크 발생 가능
시장 가격 변동	원자재 가격 급등 또는 환율 변동 등으로 계약금액이 초과·손실되는 비용 리스크 발생 가능
공공조달 정책 변화	공공사업은 정책과 예산에 직접적으로 영향을 받으므로 사업 리스크 발생 가능

6 새로운 리스크 식별 후 조치

① Risk Register에 즉시 등록
② 발생확률·영향도 산정
③ 리스크 중요도 평가
④ 대응전략 수립
⑤ 기존 계획 수정
※ 모니터링 → 식별 → 재평가 → 대응계획 보완의 선순환 구조 형성

7 공공조달에서의 중요성

① 공공조달 사업의 특징
  • 정책 변화에 민감
  • 예산 통제 엄격
  • 사회적 영향이 큼
② 새로운 리스크를 조기에 식별하지 못할 경우 발생 가능한 문제
  • 감사 지적
  • 사업 중단
  • 예산 불용
  • 평판 하락

핵심 포인트
• 리스크는 고정된 것이 아니라 지속적으로 변화
• 새로운 리스크는 환경 변화에서 발생
• 데이터 변화는 위험 신호 → 단순 현상으로 넘기지 말고 원인 분석 필요
• 현장은 위험 신호를 가장 빠르게 감지하는 창구
• 식별 후 반드시 Risk Register에 반영
• 모니터링은 반복적·지속적 활동

04 모니터링 결과 공유 및 필요 조치 제안

출제기준 6-4-4 리스크 모니터링 결과를 관련 이해관계자와 공유하고, 필요한 조치를 제안할 수 있다.

1 리스크 모니터링의 의의

① 리스크 모니터링의 최종 목적: 단순한 "확인"이 아닌 결과를 공유하고, 의사결정을 유도하며, 필요한 조치를 실행하게 만드는 것
② 모니터링 결과가 보고 · 공유되지 않으면 리스크 관리는 형식에 그칠 수 있음
③ 리스크 모니터링의 관리 흐름: 모니터링 → 보고 → 공유 → 의사결정 → 개선 조치

 **Check**

리스크 모니터링 결과 공유의 필요성을 설명하시오.

정답 리스크 정보를 조직 내외 이해관계자와 공유하여 의사결정을 지원하고 조직 차원의 대응을 유도하며, 책임성과 투명성을 확보하기 위함이다.

2 리스크 모니터링 결과 공유의 목적

① 리스크 정보의 투명성 확보
② 의사결정 지원
③ 책임성 강화
④ 조직 차원의 대응 유도
⑤ 이해관계자의 신뢰 확보
⇒ 공공조달에서는 특히 "책임성과 설명가능성(Accountability)"이 중요

3 리스크 모니터링 결과 공유 대상(이해관계자)

내부 이해관계자	외부 이해관계자
• 사업 담당부서 • 계약 · 조달부서 • 재무부서 • 경영진 • 리스크관리위원회	• 감독기관 • 감사기관 • 상급 발주기관 • 참여 업체 • 지역사회(필요 시)

4 리스크 모니터링 결과 공유 내용 및 공유 방법

공유 내용	공유 방법
• 현재 리스크 현황 • 리스크 중요도 등급 변화 • 대응조치 실행 현황 • 대응 성과 평가 결과 • 신규 리스크 발생 여부 • 추가 조치 필요 사항 → 단순 "문제 발생 보고"가 아니라 "현황＋분석＋제안"을 함께 제공	• 정기 보고서 제출 • 리스크 대시보드 운영 • 경영회의 보고 • 특별보고(중대한 리스크 발생 시) • 전산 시스템 업데이트 → 공공기관에서는 특히 문서화와 기록관리가 중요하며, 이는 감사 대응을 위한 중요한 자료가 됨

 **Check**

공공조달에서 문서화의 중요성을 설명하시오.

정답 감사 대응 및 책임 추적이 가능하도록 하기 위해 기록 보존이 필수적이다.

5 필요한 조치 제안

모니터링 결과를 바탕으로 다음과 같은 필요 조치를 제안

대응계획 수정	기존 대응방안의 효과가 부족하거나 환경이 변화한 경우, 전략·절차·수준을 재설계
추가 예산 확보	리스크 통제에 필요한 인력·시스템·외부전문가 활용 등을 위해 추가 재원을 확보
일정 재조정	지연 가능성이 발생한 경우, 현실적인 공정계획으로 수정하여 2차 피해를 방지
책임자 변경	대응 실행력이 부족하거나 관리역량이 미흡한 경우 담당자 교체 또는 공동책임 체계로 전환
통제절차 강화	승인 절차 추가, 이중 점검, 내부 감사 강화 등 통제 수준을 강화하여 위험 재발을 방지
사업범위 조정	예산·일정·기술적 여건 등을 고려하여 사업의 기능, 규모, 수행 범위 등을 조정함으로써 리스크를 관리

6 리스크 모니터링 결과 공유 시 유의사항

① 과도한 보고로 의사결정 지연 유발 금지
② 불필요한 정보 과다 제공 지양
③ 책임 회피성 보고 금지
④ 부정적 정보도 투명하게 공유
⑤ 기록 보존을 철저히 관리

7 공공조달에서의 전략적 의미

① **공공조달 사업의 특징**: 예산 집행 책임성 요구, 감사 대응, 국민 신뢰와 직결
② **모니터링 결과 공유의 전략적 기능**: 조직 통제 강화, 정책 조정 근거 제공, 감사 대응 자료 확보

💡 더 알아보기   수요기관과 공급업체가 위험성을 모니터링하고 검토하는 방법

(1) 정기적인 팀 회의 개최
(2) 기존 관리 시스템 활용
(3) 위험 관련 데이터 수집·분석
(4) 관련 이해관계자와 소통·협의
(5) 내부 감사를 보다 공식적인 방법으로 활용

📢 핵심 포인트

- 모니터링의 완성은 공유와 조치 제안
- 공유 대상은 내부·외부 이해관계자로 구분
- 공유 내용은 현황만이 아니라 분석과 제안을 포함
- 기록관리 및 문서화 필수
- 투명성은 공공조달의 핵심 가치
- 공유는 통제와 의사결정 기능을 수행

CHAPTER **04** 핵심 최종점검

핵심 **정답**

01 리스크 대응계획의 궁극적 목적은 무엇인가?

01
실효성 확보

02 실행 상태 구분의 기본 3단계는 무엇인가?

02
완료, 진행 중, 미실행

03 실행 여부 확인 시 형식적 점검을 지양해야 하는 이유는 무엇인가?

03
실질적 이행 확보

04 실행되지 않은 리스크는 어떻게 해야 하는가?

04
재평가

05 현장 확인의 목적은 무엇인가?

05
실질 이행 확인

06 대응조치 성과 확인의 궁극적 목적은 무엇인가?

06
위험 감소 확인

07 리스크 감소의 2대 지표는 무엇인가?

07
발생확률, 영향도

08 성과를 수치로 측정하는 방법은 무엇인가?

08
정량적 분석

09 대응비용 대비 효과를 분석하는 것은 무엇인가?

09
비용-효과 분석

10 리스크 대응계획을 실행했더라도 성과가 없을 경우 필요한 조치는 무엇인가?

10
대응방안 재설계

11 핵심성과지표를 무엇이라 하는가?

11
KPI

12 성과 확인 후 등급을 다시 조정하는 것을 무엇이라 하는가?

12
리스크 등급 재조정

13 기존 계획에 없는 위험을 무엇이라 하는가?

13
신규(새로운) 리스크

14 새로운 리스크는 주로 언제 발생하는가?

15 리스크 등록 문서는 무엇인가?

16 법령 개정의 리스크 원인은 무엇인가?

17 현장 의견을 수집하는 목적은 무엇인가?

18 사업범위 변경은 무엇을 초래하는가?

19 리스크 모니터링의 최종 목적은 무엇인가?

20 리스크 모니터링 결과 공유의 핵심 가치는 무엇인가?

21 신규 리스크 발생 시 필요한 조치는 무엇인가?

22 보고의 필수 요소는 무엇인가?

23 공공조달에서 공유가 중요한 이유는 무엇인가?

핵심	정답

14
환경 변화 시

15
Risk Register

16
외부 환경 변화

17
조기 위험 감지

18
새로운 비용·일정 리스크

19
개선 조치 유도

20
투명성

21
등록 및 보고

22
문서화

23
책임성 확보

PART 06

서술형 출제예상문제

01 리스크 대응계획 실행 여부 확인의 필요성을 설명하시오.

리스크 대응계획이 문서에만 존재하는 형식적 관리에 그치는 것을 방지하고, 실제 대응조치의 이행 여부를 점검하여 리스크 관리의 실효성을 확보하기 위함이다.

02 Risk Register를 활용한 실행 점검 방법을 설명하시오.

정답

등록된 리스크별 대응조치 항목을 기준으로 실행 상태를 완료/진행 중/미실행 상태로 구분하고 이를 정기적으로 갱신하여 관리한다.

03 일정 지연 시 필요한 관리조치를 설명하시오.

원인 분석 후 일정 수정, 책임자 재지정, 추가 예산 확보 등의 보완조치를 통해 대응계획의 실행력을 확보해야 한다.

04 공공조달에서 실행 점검이 중요한 이유를 설명하시오.

정답

공공조달은 정책·예산 규모가 크고 사회적 영향력이 높기 때문에 실행 점검이 미흡할 경우 감사 지적 및 평판 리스크로 확산될 수 있어 중요하다.

05 A기관은 100억원 규모의 공공공사를 수행하면서 "공기지연 리스크"에 대해 주간 공정회의 개최 지연 시 즉시 계약변경 검토라는 대응계획을 수립하였다. 그러나 2개월 동안 회의가 개최되지 않았고, 공정률은 15% 지연되었다. 이 경우 대응계획 실행 여부 관점에서 문제점과 개선방안을 서술하시오.

정답

① 문제점
 • 대응계획이 실제 실행되지 않았다.
 • 책임자 점검체계가 미흡했다.
 • 일정관리 통제에 실패했다.
 • 조기경보체계가 미작동했다.
② 개선방안
 • 주간 점검 체크리스트를 도입한다.
 • 회의 미개최 시 자동보고체계를 수립한다.
 • 지연률 기준 Trigger를 설정한다.
 • 상위 관리자 월간 점검제도를 도입한다.

06 어떤 리스크 대응계획의 실행률이 다음과 같다.

• 총 대응조치 20개	• 완료 12개
• 진행 중 5개	• 미실행 3개

① 실행률(완료기준)을 계산하시오.
② 완료 + 진행 포함 실행률을 계산하시오.
③ 관리상태를 평가하시오.

정답

① 실행률(완료) = 12 ÷ 20 × 100 = 60%
② 실행률(완료 + 진행) = (12 + 5) ÷ 20 × 100 = 85%
③ 관리상태 평가: 형식상 85%이나 실질 완료는 60%이므로 관리 강화가 필요하고, 미실행 3개에 대한 즉각적인 보완이 필요하다.

07 실행 여부 확인과 성과 확인의 차이를 설명하시오.

정답

실행 여부 확인은 계획 이행 여부를 점검하는 것이고, 성과 확인은 해당 조치가 실제로 위험을 감소시켰는지 평가하는 것이다.

08 리스크 대응방안 성과를 측정하는 방법을 설명하시오.

정답

대응 전 · 후의 발생확률과 영향도의 변화를 비교하고, KPI를 설정하여 정량적 · 정성적 분석을 병행한다.

09 비용 대비 효과 분석의 필요성을 설명하시오.

정답

리스크 대응에 투입된 비용 대비 위험 감소 효과가 충분한지를 검증하여 효율적인 리스크 관리가 이루어졌는지를 판단하기 위함이다.

10 B기관은 "입찰담합 리스크"를 줄이기 위해 사전 시장조사 확대, 입찰참가자 교육 실시, 입찰공고 표준화를 시행한 결과 1년 후 담합 의심 신고 건수가 10건 → 3건으로 감소하였다. 이때 성과를 분석하고 향후 관리방향을 제시하시오.

정답

① 담합 의심 신고 건수 감소(10건 → 3건)로 대응조치의 긍정적 효과가 확인된다.
② 시장 투명성이 개선되었을 가능성이 있다.
③ 단, 미신고 담합 가능성 등 잠재적 위험에 대한 고려가 필요하다.
④ 지속적인 모니터링과 제도 개선 병행이 필요하다.
⑤ 대응비용 대비 효과 분석이 필요하다.

11 어떤 공공공사의 리스크 대응 전·후 수치가 다음과 같다.

구분	대응 전	대응 후
발생확률	50%	20%
예상손실	4억원	1억원

① 발생확률 감소율은 얼마인가?

② 예상손실 감소액은 얼마인가?

③ 성과를 평가하시오.

> **정답**
>
> ① 발생확률 감소율 = (50 – 20) ÷ 50 × 100 = 60%
> ② 예상손실 감소액 = 4억원 – 1억원 = 3억원
> ③ 성과 평가: 발생확률이 60% 감소하고, 예상손실이 3억원 감소하여 대응조치의 효과가 우수한 것으로 평가되며, 지속적인 관리가 필요하다.

12 새로운 리스크 식별의 필요성을 설명하시오.

> **정답**
>
> 사업 환경은 지속적으로 변화하므로 기존 대응계획에 없는 위험을 조기에 발견하여 대응하기 위함이다.

13 신규 리스크 식별 방법을 설명하시오.

> **정답**
>
> 정기 모니터링 회의, 현장 의견 수집, 데이터 이상 징후 분석, 이해관계자 의견 분석, 외부 환경 모니터링 등을 통해 식별한다.

14 데이터 이상 징후 분석의 의미를 설명하시오.

> **정답**
>
> 수치 변화는 기존 통제체계의 약화나 새로운 위험 발생의 가능성을 의미할 수 있어 잠재적 리스크의 신호로 활용된다.

15 신규 리스크 식별 후 절차를 설명하시오.

> **정답**
>
> Risk Register에 등록 → 발생확률·영향도 산정 → 중요도 평가 → 대응전략 수립 순으로 진행한다.

16 공공조달에서 신규 리스크 관리의 중요성을 설명하시오.

> **정답**
>
> 공공조달 사업은 정책·예산·사회적 영향이 크므로 조기대응 실패 시 사업 전체에 큰 영향을 미칠 수 있기 때문이다.

17 C기관은 공공용역을 수행 중이다. 최근 정부 정책 변화로 동일 사업에 대한 예산 삭감 가능성이 제기되었다. 기존 Risk Register에는 예산 삭감 리스크가 포함되어 있지 않았다. 어떻게 관리해야 하는지 서술하시오.

> 정답
> ① 외부 환경 변화로 인한 신규 리스크를 식별한다.
> ② 즉시 Risk Register에 등록한다.
> ③ 발생확률과 영향도를 산정한다.
> ④ 사업 축소 또는 단계적 집행 등 대응전략을 수립한다.
> ⑤ 이해관계자와 내용을 공유한다.

18 모니터링 결과 다음과 같은 변화가 발생하였다. 이 수치 변화가 시사하는 바를 분석하시오.

> • 계약변경 건수: 2건 → 8건
> • 지연율: 5% → 18%

> 정답
> ① 관리 통제의 약화 가능성이 있다.
> ② 설계 불완전 또는 사업범위 변경 리스크의 증가 가능성이 있다.
> ③ 일정관리의 실패 가능성이 있다.
> ④ 신규 리스크 식별이 필요하다.
> ⑤ 중요도 재평가 및 대응계획 보완이 필요하다.

19 리스크 모니터링 결과 공유 대상의 유형을 설명하시오.

> 정답
> 내부 이해관계자와 외부 감독·감사기관 등으로 구분된다.

20 리스크 모니터링 결과 공유 내용의 구성요소를 설명하시오.

> 정답
> 리스크 현황, 중요도 등급 변화, 대응조치 실행 상태, 성과 평가 결과, 신규 리스크 발생 여부, 개선 제안 등이 포함된다.

21 모니터링 결과를 바탕으로 제안할 수 있는 조치를 설명하시오.

> 정답
> 대응계획 수정, 추가 예산 확보, 일정 재조정, 책임자 변경, 통제절차 강화, 사업범위 조정 등의 조치를 제안할 수 있다.

22 D기관은 모니터링 결과 공사 지연율이 20%로 상승하였고, 계약변경 건수도 증가하였다. 경영진에게 보고할 때 보고 내용과 제안할 조치를 서술하시오.

> **정답**
> ① 지연율 상승 현황을 보고한다.
> ② 계약변경 증가 원인을 분석한다.
> ③ 리스크 등급 상향 조정을 제안한다.
> ④ 일정 재조정 및 인력 보강을 제안한다.
> ⑤ 추가 예산 또는 공정관리 강화를 제안한다.

23 리스크 모니터링 결과 다음이 확인되었다. 이 경우 공유 대상과 제안 조치를 제시하시오.

• 하자 발생률: 2% → 7%
• 민원 건수: 3건 → 12건
• 감사 지적: 0건 → 4건

> **정답**
> ① 공유 대상: 경영진, 품질관리부서, 감사 대응 부서
> ② 제안 조치: 품질관리 강화, 하자 원인 분석, 시공업체 평가 강화, 내부 통제 개선

07

공공조달 법제도 활용

CHAPTER 01 법령 활용

CHAPTER 02 분쟁 대응

CHAPTER 03 우대제도 활용

CHAPTER

법령 활용

01 공공조달 법령의 체계와 적용범위 이해

> 출제기준 7-1-1 공공조달 관련 법령의 구조와 적용범위를 이해하고 설명할 수 있다.

1 공공조달 법령체계

기본법	• 「국가를 당사자로 하는 계약에 관한 법률」(「국가계약법」) → 국가기관 계약에 적용 • 「지방자치단체를 당사자로 하는 계약에 관한 법률」(「지방계약법」) → 지방자치단체 계약에 적용 → 「국가계약법」 vs 「지방계약법」 구분이 가장 기본
하위 법령	시행령, 시행규칙, 계약예규, 고시·지침 → 실무는 시행령·예규 중심으로 운영
특별법 및 관련 법령	• 「건설산업기본법」 • 「중소기업제품 구매촉진 및 판로지원에 관한 법률」 • 「하도급거래 공정화에 관한 법률」 • 「전자조달의 이용 및 촉진에 관한 법률」 → 특정 분야는 특별법이 우선 적용됨

> 🔖 더 알아보기 **국가법령정보센터(www.law.go.kr)**
>
> 국내 모든 법령, 자치법규(지방자치단체의 조례 등), 행정규칙, 판례, 해석사례 정보를 종합적으로 제공

2 법령 적용의 기본 원칙

① 적용기관 기준

중앙행정기관	지방자치단체	공공기관
「국가계약법」	「지방계약법」	자체 계약규정(상위법 준용)

바로 Check

공공기관 계약의 법적 근거를 설명하시오.

> 정답 공공기관은 「국가계약법」을 직접 적용하지 않고 자체 계약규정을 두되, 상위 법령을 준용하여 운영한다.

② 법령 적용 순서

법률 ▸ 시행령 ▸ 시행규칙 ▸ 계약예규·고시 ▸ 계약서 및 입찰공고문

⇒ 하위 규정은 상위법에 위반될 수 없음

📌 **더 알아보기** **계약예규**

> (1) 「국가계약법」과 「지방계약법」의 위임 범위 내에서 구체적인 계약절차를 진행하기 위한 가이드라인 성격을 지님
> (2) 「국가계약법」의 경우: 재정경제부의 「계약예규」로 17종이 존재
> (3) 「지방계약법」의 경우: 행정안전부 예규로 계약 관련 행정규칙은 2종이 존재

3 특별법 우선 원칙

특정 분야에서는 일반 계약법보다 특별법이 우선 적용됨

예 • 중소기업자 간 경쟁제품 계약 ⇒ 「판로지원법」 우선 적용
  • 건설공사 계약 ⇒ 「건설산업기본법」 병행 적용

4 적용범위 판단의 핵심 요소

① 계약 주체는 누구인가?
② 계약 목적물(공사·물품·용역)은 무엇인가?
③ 금액 규모는 얼마인가?
④ 특별법 적용 대상인가?
⑤ 국제입찰 대상인가?
⇒ 기관·계약 목적물·특별법 적용 여부 등에 따라 적용범위가 달라짐

📢 **핵심 포인트**

• 법령 충돌 시 상위법 우선 적용
• 일반법과 특별법 관계 확인
• 법령에 위반되는 계약조항은 무효
• 예규는 내부규범이나 실무상 매우 중요
• 입찰공고문은 법령과 예규에 근거하여 작성되며, 법령과 상충하는 경우에는 법령이 우선 적용

---

02 공고·계약서의 법적 근거 확인과 대응 전략

출제기준 7-1-2 공고 및 계약서의 법적 근거를 확인하고 불리한 조건에 대응할 수 있다.

1 법적 근거 확인의 중요성

① 공공조달에서 공고문과 계약서는 단순한 안내문이 아니라, 법적 효력을 갖는 문서
② 공고문과 계약서의 기능
  • 입찰참여자격 제한
  • 계약당사자의 권리·의무 확정
  • 분쟁 발생 시 판단 기준 제공
  ⇒ 모든 조항은 반드시 상위 법령에 근거해야 하며, 법령에 없는 과도한 조건은 무효 또는 위법 소지

PART 07

2 공고문 법적 검토 절차

적용 법령 확인	• 국가기관:「국가계약법」 • 지방자치단체:「지방계약법」 • 공공기관: 자체 계약규정
입찰참가자격 제한의 적법성 검토	• 법령상 제한 근거가 있는가? • 과도한 지역제한은 아닌가? • 특정 실적만 요구하는 것이 정당한가? • 중소기업자 간 경쟁제품인가? → 경쟁 제한 가능성이 있으므로 엄격하게 해석됨
평가기준의 합리성	• 배점 비율의 적정성 • 특정 기술 편향 여부 • 정성평가 시 모호한 기준 존재 여부 → 평가기준이 모호한 경우 자의적 평가 리스크 발생 가능

 **Check**

공고문 검토 시 확인해야 할 사항을 설명하시오.

정답 입찰참가자격 제한의 적법성, 평가기준의 공정성, 특별법 적용 여부 등을 검토해야 한다.

3 계약서 법적 검토 포인트: 계약 체결 전 반드시 다음을 확인

법령 위반 조항 여부	• 과도한 지체상금 부과 • 하자담보책임 기간의 과도한 연장 • 계약금액 조정 배제 조항 → 계약서는 법령보다 우선할 수 없음
위험 부담의 일방적 전가 여부	• 물가 상승 위험 전부 전가 • 설계 오류 책임 전부 전가 • 불가항력 책임 전가 → 형평성 원칙 위반 가능성
계약금액 조정 규정	• 물가변동에 따른 계약금액 조정 • 설계변경에 따른 계약금액 증감 • 수량 변동 정산 → 이 조항이 누락되거나 제한되면 큰 리스크
분쟁 해결 조항	• 관할 법원 • 중재 또는 조정 여부 • 분쟁 해결 절차 → 이 조항이 불명확하면 분쟁이 장기화될 가능성이 높음

4 불리한 조건에 대한 대응 전략

질의 및 이의제기 제도 활용	• 입찰공고 기간 중 질의 • 정정 공고 요청 • 입찰참가자 이의신청
유권해석 및 판례 확인	• 기존 판례와의 배치 여부 검토 • 감사원 지적 사례 참고
협상 가능 부분 확인	• 계약 체결 전 조항 조정 가능 • 해석상 모호한 조항 명확화
위험 반영 가격 전략	• 리스크를 고려한 가격 산정 • 불리한 조항 반영하여 비용 계산
참여 포기 전략	다음의 경우 입찰 참여를 재검토할 수 있음 • 법적 리스크가 과도한 경우 • 계약 조건이 지나치게 불리한 경우 → 입찰참여 자체가 전략적 판단 대상

 **Check**

입찰공고에서 특정 지역 소재 업체만 입찰참여가 가능하도록 제한하였다. 법적 검토와 대응 방안을 서술하시오.

정답 ① 법적 검토
- 경쟁 제한 여부를 검토한다.
- 법적 근거 존재 여부를 확인한다.
- 특별법 적용 여부를 판단한다.

② 대응 방안
- 정정 공고를 요청한다.
- 필요 시 이의신청을 한다.

5 실무에서 자주 발생하는 리스크 유형

① 특정 업체 맞춤형 실적 제한
② 과도한 손해배상 예정액 설정
③ 계약금액 조정 배제
④ 발주기관의 자의적 해석 조항
⑤ 불명확한 성능 기준

핵심 포인트
- 공고문과 계약서는 반드시 법령을 근거로 해야 함
- 경쟁 제한 조건은 엄격하게 검토
- 불리한 조건은 '사전 검토 → 질의 → 법적 근거 확인 → 대응 전략 수립'의 절차로 접근

PART 07

03 유권해석·판례를 통한 쟁점 정리와 리스크 예방

출제기준 7-1-3 유권해석이나 판례를 근거로 쟁점을 정리하고 리스크를 예방할 수 있다.

1 유권해석과 판례의 의미 및 중요성

① 유권해석과 판례의 의미

유권해석	• 행정기관이 법령의 의미를 공식적으로 해석한 견해 • 법원 판결은 아니지만, 공공조달 실무에서는 중요한 해설 기준으로 활용 예 • 재정경제부 계약예규 해석 • 행정안전부 지방계약 질의회신 • 조달청 질의답변
판례	• 법원이 법률의 해석과 적용에 대해 내린 판단 • 특히, 대법원 판례는 사실상 법률 해석의 기준으로 작용하고, 하급심 판결도 실무 참고자료로 적용 • 분쟁 발생 시 최종 판단 기준

② 유권해석과 판례의 중요성
- 공공조달 관련 법령은 추상적인 표현을 사용하는 경우가 많음
   예 "정당한 사유", "불가항력", "상당한 범위"
- 이러한 표현은 해석에 따라 적용 결과가 달라질 수 있으므로 유권해석과 판례가 구체적인 판단 기준을 제시하는 역할을 함

2 쟁점 정리 방법

쟁점 정리는 단순히 문제를 제시하는 것이 아니라, '사실관계 → 적용 법령 → 유권해석·판례 → 판단 기준 → 결론'의 구조로 정리하는 것이 중요

① 사실관계 정리: 분쟁 상황의 기본 사실을 정리

계약 주체	• 국가기관, 지방자치단체, 공공기관 • 공동수급 여부 • 원도급·하도급 관계 → 적용 법령과 책임 귀속 판단에 직접 영향
계약 종류	• 공사, 물품, 용역 • 총액계약, 단가계약 • 장기계속계약 여부 → 금액조정·지체상금 계산 방식이 달라짐
쟁점 조항	• 계약서 특정 조항 번호 • 특수조건 여부 • 공고문 조건 포함 여부 → 분쟁 시 "우선 적용 규정" 판단 근거
발생 경위	언제, 누구의 행위로, 어떤 과정에서 발생했는가? → 귀책사유 판단의 핵심

② 적용 법령 확인

- 「국가계약법」 또는 「지방계약법」
- 시행령
- 계약예규
- 특별법

③ 유사 판례 검색(예시)

- 입찰참가자격 제한 위법 여부
- 설계변경에 따른 계약금액 조정
- 지체상금 감액 가능성
- 계약해지의 정당성

④ 판례 취지 분석: 판례는 단순히 결론만 확인하는 것이 아니라, 판결의 논리와 판단 기준을 분석하는 것이 중요함

3 주요 쟁점 유형

경쟁 제한의 위법성	개념	입찰참가자격·실적·지역·기술요건 등을 과도하게 제한하는 경우
	판단 기준	• 법적 근거 존재 여부 • 합리성 • 비례성 원칙 • 특정 업체에 유리한 조건 여부
실질적 하자 vs 경미한 하자	개념	입찰 서류의 오류가 입찰무효 사유에 해당하는지 여부
	판단 기준	• 계약의 본질적 요소 침해 여부 • 공정성에 영향 여부 • 보완 가능성 존재 여부
물가변동에 따른 계약금액 조정	개념	계약금액의 증액 또는 감액 가능 여부
	판단 기준	• 법령상 조정 요건 충족 여부 • 계약서에 조정 규정 존재 여부 • 상승률 및 기간 요건 충족 여부
설계변경 인정 범위	개념	공사 범위 확대 시 계약금액 증액 가능 여부
	판단 기준	• 발주자의 요구 변경 여부 • 당초 설계 오류 여부 • 계약 범위 실질 초과 여부
지체상금 감액 가능성	개념	계약 지연 시 지체상금 감액 여부
	판단 기준	• 불가항력 여부 • 발주자 귀책사유 존재 여부 • 실제 손해 발생 여부
부정당업자 제재의 적법성	개념	입찰참가자격 제한 처분의 적법성
	판단 기준	• 처분 사유 존재 여부 • 사실관계 명확성 • 절차적 적법성 • 비례성 원칙

4 리스크 예방 전략

사전 법적 검토 체계 구축	• 계약 전 판례 검토 • 표준계약조건 활용
쟁점 예상 리스트 작성	• 사업 특성별 분쟁 가능 영역 도출 • 유사 분쟁 사례 분석

문서화 강화	• 다음 자료를 체계적으로 기록
	  – 회의록
	  – 협의 기록
	  – 변경 승인 문서
	• 판례에서 가장 중요하게 보는 요소는 "객관적인 입증자료"

내부 교육 강화	• 담당자 대상 판례 교육 실시 • 자주 발생하는 분쟁 사례 공유

 Check

리스크 예방을 위한 판례 활용 방안을 설명하시오.

정답 유사 분쟁 사례 분석, 쟁점 사전 도출, 계약서 및 공고문 작성 시 반영, 분쟁 대비를 위한 문서화 강화 등이 필요하다.

🖋 더 알아보기   **유권해석과 판례의 차이**

구분	유권해석	판례
주체	행정기관	법원
법적 구속력	직접적 구속력 없음	법적 구속력 있음
실무 영향	매우 큼	결정적
목적	법령 해석 통일	분쟁 해결

 Check

유권해석의 주체는 무엇인가?

정답 행정기관

📢 **핵심 포인트**

• 법령: 기본 틀을 제공
• 유권해석: 해석 방향 제시
• 판례: 최종 판단 기준 제공
→ 공공조달 실무자는 판례 기반 사고
   가 필수적

핵심 최종점검

01 국가기관 계약의 기본법은 무엇인가?

02 지방자치단체 계약의 기본법은 무엇인가?

03 법령 충돌 시 우선 적용되는 원칙은 무엇인가?

04 계약예규의 성격은 무엇인가?

05 과도한 지역제한은 무엇을 침해할 수 있는가?

06 물가변동 조정의 근거는 무엇인가?

07 분쟁 해결 방식은 어디에 명시되는가?

08 판례의 주체는 무엇인가?

09 법령 문구가 모호할 때 참고하는 것은 무엇인가?

10 유권해석의 법적 구속력은 어떠한가?

01
「국가계약법」

02
「지방계약법」

03
상위법 우선 적용

04
행정규칙

05
경쟁 원칙

06
법령 및 계약조건

07
계약서

08
법원

09
판례

10
직접적 구속력 없음

PART 07

CHAPTER 01

서술형 출제예상문제

01 공공조달 법령의 구조를 설명하시오.

정답

「헌법」을 최상위로 하여 「국가계약법」과 「지방계약법」이 기본법(모법)을 구성하고, 그 하위에 시행령·시행규칙·계약예규·고시 등이 존재한다. 공고문과 계약서는 이러한 법령 체계에 근거하여 작성되는 실무적 계약 규범이다.

02 특별법 우선 원칙을 설명하시오.

정답

특정 분야에 대해 별도의 법률이 존재하는 경우, 일반법보다 특별법이 우선 적용되는 원칙을 의미한다.

03 A시청이 발주한 공사에서 공고문에 특정 지역 업체만 입찰 가능하도록 제한하였다. 법적 검토 관점에서 적용 법령과 검토사항을 설명하시오.

정답

① 적용 법령: 「지방계약법」
② 검토사항
• 경쟁 제한 여부 검토 및 해당 제한의 법적 근거 존재 여부 검토
• 상위법 위반 여부 판단
• 중소기업 관련 특별법 적용 여부 확인
• 공고 조건의 합리성 및 비례성 여부 검토

04 중앙행정기관이 중소기업자 간 경쟁제품을 일반경쟁으로 발주하였다. 법령 적용 문제를 설명하시오.

정답

① 중앙행정기관 계약이므로 「국가계약법」이 적용된다.
② 그러나 중소기업자 간 경쟁제품은 「중소기업제품 구매촉진 및 판로지원에 관한 법률」이 우선 적용된다.
③ 따라서 일반경쟁으로 발주한 것은 특별법 우선 원칙 위반 가능성이 있다.
④ 이 경우 경쟁방식을 중소기업자 간 경쟁입찰로 변경할 필요가 있다.
⑤ 그대로 진행될 경우 감사 지적이나 계약 취소 등의 법적 리스크가 발생할 수 있다.

05 계약서의 법적 근거 확인이 중요한 이유를 설명하시오.

정답

계약서는 계약당사자의 권리와 의무를 확정하는 법적 문서이므로 법령에 위반되는 조항이 존재할 경우 무효가 되거나 분쟁의 원인이 될 수 있다. 따라서 계약 체결 전에 법령 위반 여부를 사전에 검토하는 것이 중요하다.

06 불리한 계약 조건에 대한 대응 전략을 설명하시오.

정답

질의·이의제기, 유권해석 및 판례 확인, 계약 전 협의, 위험 반영 가격 전략 등을 활용한다.

07 B공기업이 발주한 용역 계약서에 "물가변동에 따른 계약금액 조정을 인정하지 않는다."는 조항이 있다. 법적 문제점과 대응 방안을 설명하시오.

정답

① 법적 문제점
- 상위 법령상 물가변동에 따른 계약금액 조정 규정이 존재한다.
- 계약서가 법령보다 우선할 수 없다.
- 해당 조항은 무효가 될 가능성이 있다.
② 대응 방안
- 계약 체결 전 수정을 요청한다.
- 질의 및 법적 검토를 실시한다.

08 유권해석과 판례의 차이를 설명하시오.

정답

유권해석은 행정기관이 법령의 의미를 공식적으로 해석한 견해로 직접적 법적 구속력은 없으나 실무에서 중요한 해석 기준으로 활용된다. 반면 판례는 법원이 법령 해석에 대해 내린 판단으로 법적 구속력이 있으며 분쟁 발생 시 최종 판단 기준이 된다.

09 공공조달에서 판례가 중요한 이유를 설명하시오.

정답

공공조달 관련 법령은 추상적인 표현이 많아 해석의 여지가 존재한다. 판례는 이러한 법령의 구체적인 적용 기준을 제시하고 분쟁 발생 시 중요한 판단 근거가 된다.

10 C기관이 입찰참가자격을 과도하게 제한하였다가 탈락 업체가 소송을 제기하였다. 판례 검토의 필요성과 대응 전략을 서술하시오.

정답

① 판례 검토 필요성
- 입찰참가자격 제한과 관련된 경쟁 제한 판례 분석
- 제한 조건의 합리성 및 비례성 여부 검토
② 대응 전략
- 제한 조건의 법적 근거 확인
- 의사결정 과정에 대한 문서화 자료 확보
- 향후 공고문 작성 시 경쟁 제한 요소 개선

11 공사 지연으로 지체상금을 부과하였으나, 업체는 불가항력을 주장한다. 판례를 근거로 검토 절차를 설명하시오.

정답

① 불가항력 관련 판례 기준을 확인한다.
② 해당 사건의 예측 가능성 여부를 판단한다.
③ 당사자의 통제 가능성을 검토한다.
④ 발주자와 계약자의 책임 귀속을 분석한다.
⑤ 판례 기준에 따라 지체상금 감액 가능성을 검토한다.

CHAPTER 02

분쟁 대응

01 선제적 예방관리 방안 수립

출제기준 7-2-1 주요 분쟁 원인을 파악하고 선제적 예방관리 방안을 수립할 수 있다.

1 공공조달 분쟁의 개요

개념	조달 과정에서 조달청, 수요기관, 계약상대자, 잠재적 공급자 등 이해관계자 간에 계약 또는 입찰과 관련하여 발생하는 법적·관리적 갈등
특징	• 법령과 계약조건이 동시에 적용되는 복합적 분쟁 • 행정절차와 민사적 분쟁이 동시에 발생 가능 • 사업 지연, 비용 증가, 조직 신뢰도 하락 등 파급효과 발생
분쟁 예방의 중요성	• 분쟁 발생 후 해결은 시간·비용이 크게 소요 • 사전 예방 관리가 가장 효과적인 분쟁 관리 전략

2 공공조달의 주요 분쟁 원인

① 입찰 단계 분쟁

개념	입찰 과정에서 경쟁의 공정성과 관련하여 발생하는 분쟁
주요 원인	• 입찰참가자격 제한 논란 • 특정 업체에 유리한 규격 설정 • 평가 기준의 불명확성 • 평가 과정의 공정성 문제 • 낙찰자 선정 결과에 대한 이의제기 예 평가 기준이 불명확하여 탈락 업체가 평가의 공정성 문제 제기

② 계약조건 관련 분쟁

개념	계약 내용이 불명확하거나 불균형할 경우 발생하는 분쟁
주요 원인	• 과업지시서 모호: 업무범위나 수행 방법에 대해 당사자 간 해석 차이 발생 • 계약범위 불명확: 어떤 업무가 계약에 포함되는지, 책임범위가 어디까지인지 불분명 • 계약조건의 해석 차이: 동일한 조항을 두고 발주자와 수급자가 서로 다른 의미로 이해 • 계약변경조건의 불명확: 계약변경 시 절차·비용·승인 권한 등의 불명확으로 추가 요구나 비용 부담 발생 예 과업범위가 불명확하여 추가 작업 발생 시 비용 분쟁 발생

바로 Check

입찰 단계에서 발생하는 주요 분쟁 원인을 설명하시오.

정답 입찰 단계에서는 입찰참가자격 제한, 특정 업체에 유리한 규격 설정, 평가 기준 불명확성, 평가의 공정성 문제 등이 주요 분쟁 원인이 된다. 이러한 요인은 공정한 경쟁을 저해하여 입찰 관련 분쟁을 발생시킬 수 있다.

③ 계약이행 단계 분쟁

개념	계약 체결 후 수행 과정에서 발생하는 분쟁
주요 원인	• 납기지연: 공급업체가 약속된 기한 내에 물품이나 서비스를 제공하지 못하는 경우 발생 • 품질 기준 미달: 계약서에 명시된 품질·성능 기준을 충족하지 못하는 경우 발생 • 설계변경 요구: 비용·기간 문제로 갈등 • 대금지급 지연: 약속된 대금을 제때 지급하지 않아 발생 • 하도급 관련 갈등: 원사업자와 하도급업체 간 책임 소재, 대금지급, 작업범위 등에서 충돌 **예** 공사 중 설계변경이 발생하여 계약금액 증액 분쟁

④ 외부 환경 변화로 인한 분쟁

개념	계약당사자 외부 요인으로 발생하는 분쟁
주요 원인	• 물가 상승: 원자재·인건비 등 비용 상승 • 환율 변동: 수입·수출 대금 지급에 차질 • 정책 변경: 정부의 조달 정책이나 산업 규제가 바뀌면 기존 계약 조건과 충돌 • 법령 개정: 법률이나 규정의 변화 • 자연재해: 지진, 홍수, 태풍 등 불가항력적 사건 **예** 원자재 가격 급등으로 계약금액 조정 요구

3 주요 분쟁 유형

입찰참가자격 제한 분쟁	자격 제한의 적법성과 공정성 여부가 쟁점
평가 공정성 분쟁	평가위원의 자의적 판단, 불투명한 기준이 원인
설계변경 및 계약금액 조정 분쟁	추가 비용 부담이나 계약금액 조정 문제로 갈등 발생
지체상금 부과 분쟁	지연 책임 소재 및 금액 산정이 쟁점
계약 해지 분쟁	계약 불이행, 품질 미달, 지연 등 해지 사유의 정당성 여부가 쟁점
부정당업자 제재 분쟁	담합, 허위 서류 제출 등 제재의 적법성과 비례성 여부가 쟁점

바로 Check

설계변경으로 계약금액 증액 여부를 다투는 분쟁 유형은 무엇인가?

정답 설계변경 조정 분쟁

4 선제적 예방관리 방안

명확한 요구사항 설정	• 과업지시서와 규격을 구체적으로 작성: 해석 차이 최소화 • 불필요한 경쟁 제한 요소 제거: 입찰참가자격 분쟁 방지 • 기술 기준을 객관적으로 설정: 평가 공정성 확보 → 입찰 단계 분쟁 예방

공정한 평가 기준 설정	• 평가 기준 사전 공개: 투명성 강화 • 정량평가 중심 설계: 수관적 판단 최소화 • 평가위원 전문성 확보: 공정성 논란 방지 → 평가 공정성 분쟁 예방
계약조건 명확화	• 계약범위 명확화 • 설계변경 절차 규정 • 대금지급 조건 명확화 → 계약 해석 분쟁 예방
계약이행관리 강화	• 일정 관리 체계 구축: 납기지연 방지 • 품질 검증 절차 운영: 품질 기준 미달 예방 • 정기적 협의 및 회의 실시: 갈등 조기 발견 및 해결 → 이행 단계 분쟁 예방
사전 리스크 관리	• 조달계획 단계에서 리스크 분석 • 공급시장 조사 실시: 가격·수급 안정성 확보 • 물가변동 가능성 검토 → 외부 환경 분쟁 예방

⇒ 분쟁 예방은 조달 전 과정에서 체계적 관리가 필요

5 분쟁 예방관리 절차

조달 요구사항 명확화	과업지시서와 규격을 구체적으로 작성하여 해석 차이를 줄임
입찰공고 및 평가 기준 검토	평가 기준을 사전에 공개하여 공정성 확보
계약조건 명확화	계약범위, 설계변경 절차, 대금지급 조건을 명확히 규정
계약이행관리 체계 구축	일정관리, 품질 검증, 협의 및 회의 등을 통해 이행 과정에서 발생할 수 있는 문제 조기 대응
정기적 점검 및 협의	계약 진행 상황을 주기적으로 점검하고, 이해관계자 간 협의를 통해 갈등 예방

6 분쟁 예방관리의 효과

사업 지연 감소	납기지연이나 설계변경으로 인한 일정 차질을 최소화
계약 안정성 확보	계약조건이 명확해져 불필요한 해석 분쟁 방지
조직 신뢰도 향상	투명하고 공정한 절차로 기관·기업의 신뢰도 제고
비용 증가 방지	사후 소송·중재 비용을 줄이고 예산 낭비 예방
공공조달의 투명성 확보	입찰·평가·계약 전 과정에서 공정성 강화

📌 더 알아보기 **공정거래위원회 예규 「부당특약 심사지침」**(2025.5.1.)

⑴ 근거 법령: 「하도급거래 공정화에 관한 법률」 제3조의4(부당한 특약의 금지) 및 같은 법 시행령 제6조의4
⑵ 제정 목적
 • 법령의 내용을 보다 구체적이고 명확하게 규정
 • 불공정 하도급 거래행위에 해당될 수 있는 사례를 예시함으로써, 위법성을 심사하는 기준
 • 원사업자들의 법 위반 행위를 예방

⑶ 기대 효과
- 수급사업자 보호: 불공정 계약조건으로 인한 피해 예방
- 법 집행 예측 가능성: 위법성 판단 기준이 명확해져 분쟁 감소
- 원사업자 관리 강화: 사전 예방 중심의 거래 질서 확립
- 조달 효율성 제고: 분쟁 발생 시 소송·중재 비용 절감

핵심 포인트

- 공공조달 분쟁은 입찰·계약·이행 단계 전반에서 발생
  → 입찰 단계(경쟁 제한), 계약 단계(조건 해석), 이행 단계(납기·품질)가 주요 분쟁 영역
- 분쟁의 주요 원인은 요구사항 불명확, 계약조건 모호성, 이행관리 미흡
  → 과업지시서와 계약조건이 불명확하면 분쟁 가능성이 높아짐
- 공공조달 분쟁은 외부 환경 변화에도 영향을 받음
  → 물가 상승, 정책 변경, 환율 변동 등도 주요 분쟁 요인
- 분쟁 예방은 조달계획 단계에서의 사전 관리가 핵심
  → 시장조사, 규격 검토, 계약조건(요구사항) 명확화 및 공정한 평가, 계약이행관리가 중요
- 사전 예방 관리가 사후 분쟁 해결보다 비용과 시간이 훨씬 적게 소요됨

02 분쟁 발생 시 대응 절차

출제기준 7-2-2 분쟁 발생 시 대응 절차를 진행할 수 있다.

1 분쟁 대응의 개요

개념	공공조달 과정에서 발생한 갈등이나 법적 분쟁을 적법한 절차에 따라 해결하는 관리 활동
목적	• 사업 중단 방지 • 법적 위험 최소화	• 계약 안정성 확보 • 조직 신뢰도 유지
대응 원칙	• 사실 기반 대응 • 협의 우선 해결 원칙	• 법령 및 계약조건 중심 판단 • 철저한 기록 관리

더 알아보기 분쟁 대응의 기본 절차

⑴ 사실관계 확인: 분쟁 발생 원인과 실제 상황을 객관적으로 파악
⑵ 계약조건 및 법령 검토: 계약서 조항과 관련 법령을 근거로 판단 기준 마련
⑶ 내부 검토 및 대응 방안 수립: 조직 내부에서 대응 전략을 논의하고 실행계획 수립
⑷ 협의 및 조정: 당사자 간 직접 협의로 해결을 우선 시도
⑸ 공식 분쟁 해결 절차 진행: 협의가 실패하면 행정심판, 소송, 중재, 조정 등 공식 절차로 해결

2 단계별 분쟁 대응 절차

사실관계 확인	• 분쟁 대응의 첫 단계는 객관적 사실 확인 • 주요 확인 내용: 계약 체결 내용, 과업지시서 및 규격, 계약 수행 경위, 관련 공문 및 기록 • 중요 이유: 사실관계가 불명확하면 법적 판단도 어려움
계약조건 및 법령 검토	• 분쟁은 대부분 계약 조항과 법령 해석 문제에서 발생 • 주요 검토 대상: 계약서, 계약 일반조건, 계약 특수조건, 관련 법령 및 계약예규 등 예 설계변경에 따른 계약금액 조정 가능 여부, 지체상금 부과 기준
내부 검토 및 대응 방안 수립	• 기관 내부에서 분쟁 대응 방향을 결정하는 단계 • 주요 검토 사항: 법적 책임 여부, 계약조건 적용 가능성, 재정 영향, 사업 일정 영향 • 가능한 대응 방식: 계약조건 적용, 협상 해결, 법적 대응 준비
협의 및 조정	• 분쟁 해결의 가장 바람직한 방법은 당사자 간 협의를 통한 해결 • 협의 방식: 실무 협의, 공식 회의, 중재 또는 조정 • 효과: 시간 절약, 비용 절감, 관계 유지
공식 분쟁 해결 절차	• 협의가 실패할 경우 공식 분쟁 해결 절차 진행 • 대표적인 방법 　– 행정심판: 행정기관의 처분에 대한 불복 절차 　– 소송: 법원 판결을 통한 분쟁 해결 　– 중재: 제3자인 중재인이 판정을 내려 분쟁 해결 　– 조정: 제3자가 중립적 입장에서 당사자 간 합의 유도 • 특징: 시간과 비용이 많이 소요되므로 최후 수단으로 활용

🔖 더 알아보기　공식 분쟁 해결 절차 비교

구분	속도	비용	구속력	특징
행정심판	빠름	낮음	행정적 효력	행정기관 처분 불복 시 활용
소송	느림	높음	강력	법원 판결로 최종 해결
중재	중간	중간	강력	국제 거래·계약에서 선호
조정	빠름	낮음	없음	합의 중심, 관계 유지에 유리

바로 Check

행정기관의 처분에 대한 불복 절차는 무엇인가?

　정답　행정심판

3 분쟁 대응 시 유의사항

철저한 기록 관리	계약 관련 문서와 협의 기록을 체계적으로 관리
감정적 대응 금지	객관적 사실과 법령 중심 대응
전문가 협력	법무 담당자, 외부 전문가 협의
조기 대응	문제 발생 초기에 대응해야 분쟁 확대 방지

공공기관이 체결한 계약에서 계약상대자가 설계변경을 이유로 계약금액 증액을 요구하였다. 발주기관은 이를 인정하지 않아 분쟁이 발생하였다. 분쟁 대응 절차를 설명하시오.

정답 ① 설계변경 발생 경위를 확인한다.
② 계약조건 및 설계변경 규정을 검토한다.
③ 내부 검토 및 대응 방안을 수립한다.
④ 계약상대자와 협의를 통해 해결을 시도한다.
⑤ 필요 시 공식 분쟁 해결 절차를 진행한다.

4 분쟁 대응의 효과

사업 중단 방지	신속하고 적법한 대응을 통해 사업이 중단되지 않고 지속적으로 진행될 수 있음
계약 안정성 확보	계약조건과 법적 근거에 기반한 대응으로 계약 이행이 안정적으로 유지됨
법적 리스크 감소	체계적 대응을 통해 소송·제재 등 법적 위험을 최소화할 수 있음
조직 평판 보호	공정하고 투명한 대응으로 외부 이해관계자에게 신뢰 유지와 이미지 손상 예방

핵심 포인트

• 분쟁 대응의 첫 단계는 사실관계 확인
• 분쟁 판단의 기준은 계약조건과 관련 법령
• 분쟁 해결은 협의 해결이 원칙
• 협의 실패 시 공식 분쟁 해결 절차로 진행
• 분쟁 대응 과정에서는 철저한 기록 관리가 매우 중요
• 조기 대응이 분쟁 확대 예방의 핵심

03 법적 문제 대응

출제기준 7-2-3 법무 담당자나 전문가와 협력해 법적 문제에 대응할 수 있다.

1 전문가 협력의 필요성

① 공공조달 분쟁의 특징: 법률·계약·행정 절차가 복합적으로 작용하므로 전문적인 법률 검토가 필요
② 전문가 협력이 필요한 주요 이유
   • 계약 조항 해석 문제
   • 관련 법령 적용 문제
   • 손해배상 책임 판단
   • 분쟁 해결 절차 선택
   ⇒ 공공조달 분쟁 발생 시 기관 법무 담당자 또는 외부 전문가와 협력하여 대응 전략을 수립

2 협력 대상 전문가

기관 법무 담당자	기관 내부 법률 검토 및 대응 방향 제시
변호사	법률 자문 및 소송 수행
회계 전문가	손해액 산정
기술 전문가	기술적 분쟁 판단
조달 · 계약 전문가	계약 조건 해석 및 조달 절차 검토

바로 Check

공공조달 분쟁 대응 시 협력할 수 있는 전문가를 설명하시오.

정답 기관 법무 담당자, 변호사, 회계 전문가, 기술 전문가, 조달 · 계약 전문가 등이 있으며, 각각 법률 검토, 손해액 산정, 기술 판단 등의 역할을 수행한다.

3 전문가 협력 절차

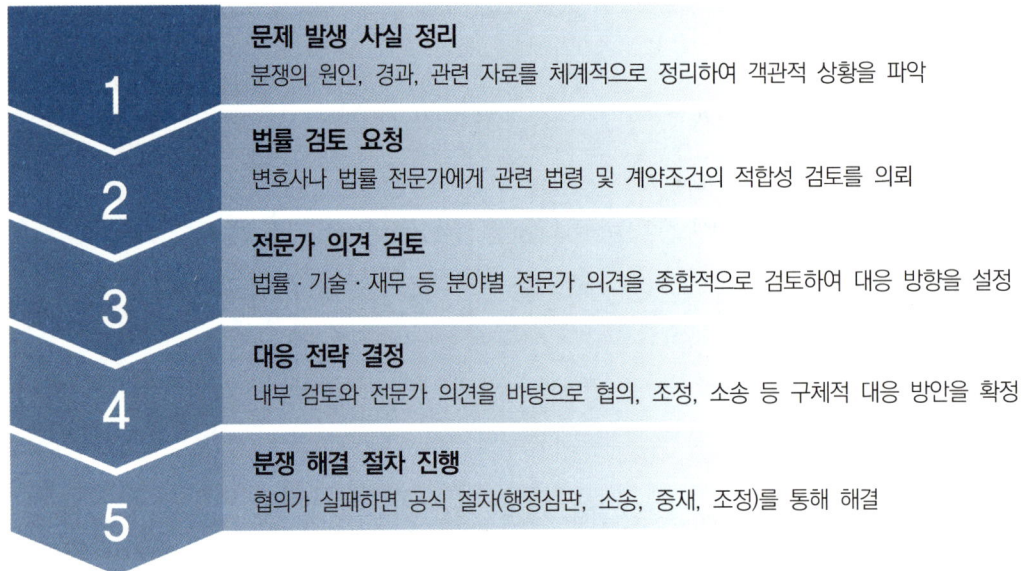

1 문제 발생 사실 정리
분쟁의 원인, 경과, 관련 자료를 체계적으로 정리하여 객관적 상황을 파악

2 법률 검토 요청
변호사나 법률 전문가에게 관련 법령 및 계약조건의 적합성 검토를 의뢰

3 전문가 의견 검토
법률 · 기술 · 재무 등 분야별 전문가 의견을 종합적으로 검토하여 대응 방향을 설정

4 대응 전략 결정
내부 검토와 전문가 의견을 바탕으로 협의, 조정, 소송 등 구체적 대응 방안을 확정

5 분쟁 해결 절차 진행
협의가 실패하면 공식 절차(행정심판, 소송, 중재, 조정)를 통해 해결

📌 **더 알아보기 전문가 협력의 특징**

(1) 객관성 확보: 외부 전문가의 참여로 편향된 판단을 줄임
(2) 전문성 강화: 법률 · 기술적 쟁점을 정확히 파악 가능
(3) 리스크 최소화: 대응 전략을 사전에 검증하여 법적 · 재정적 위험 감소
(4) 신뢰도 향상: 전문적이고 투명한 절차로 조직의 대외 신뢰도 제고

4 전문가 협력 시 주요 검토사항

법적 책임 여부	계약당사자의 책임 범위 판단 예 지체상금 부과 가능 여부, 계약 해지 정당성
계약 조항 해석	• 분쟁은 대부분 계약 조항 해석 문제에서 발생 • 계약 조항의 의미와 적용 범위 검토 예 설계변경 인정 여부, 납기 연장 가능성
손해배상 범위	손해 발생 시 배상 범위 검토 예 직접 손해, 간접 손해
분쟁 해결 절차 선택	분쟁 해결 방법 결정 예 협의 해결, 조정, 중재, 행정심판, 소송

5 전문가 협력 시 유의사항

충분한 사실자료 제공	정확한 법률 판단을 위해 필요
계약 관련 자료 공유	계약서, 공문, 회의록 등 자료 공유
객관적 판단 유지	감정적 대응을 지양하고, 사실·법령 중심으로 대응
비용 대비 효과 고려	소송 비용 및 시간 등을 고려하여 대응 전략 결정

6 전문가 협력의 효과

① 법적 리스크 감소
② 분쟁 해결 가능성 증가
③ 계약 안정성 확보
④ 조직 신뢰도 유지

핵심 포인트

- 분쟁 대응 시 전문적 법률 검토가 필요
- 협력 대상 전문가 각각의 역할을 이해
- 사실관계와 계약자료를 정확히 정리하여 전문가에게 제공
- 전문가 의견을 기반으로 대응 전략 수립
- 전문가 협력을 통해 법적 리스크와 조직 피해 최소화

핵심 최종점검

핵심	정답

01 공공조달에서 입찰 과정의 공정성 문제로 발생하는 분쟁을 무엇이라 하는가?

02 계약 내용의 해석 차이로 발생하는 분쟁은 무엇인가?

03 계약이행 중 납기지연 등으로 발생하는 분쟁은 무엇인가?

04 납품 지연 시 부과되는 금전적 제재는 무엇인가?

05 공정한 경쟁을 제한하는 입찰 조건 관련 분쟁은 무엇인가?

06 입찰 평가의 공정성 문제로 제기되는 분쟁은 무엇인가?

07 계약상대자가 제재를 받는 행정처분 관련 분쟁은 무엇인가?

08 분쟁을 사전에 방지하기 위한 관리 활동을 무엇이라 하는가?

09 공공조달에서 발생한 갈등을 해결하기 위한 관리 활동은 무엇인가?

10 분쟁 대응의 첫 단계는 무엇인가?

11 계약 분쟁 해결을 위해 법원에 제기하는 절차는 무엇인가?

12 분쟁 해결을 위해 제3자가 중립적으로 판단하는 절차는 무엇인가?

13 분쟁 대응 시 객관적 판단의 기준이 되는 것은 무엇인가?

01
입찰 단계 분쟁

02
계약조건 분쟁

03
계약이행 분쟁

04
지체상금

05
경쟁 제한 분쟁

06
평가 공정성 분쟁

07
부정당업자 제재 분쟁

08
분쟁 예방관리

09
분쟁 대응

10
사실관계 확인

11
소송

12
중재

13
법령과 계약조건

01 공공조달에서 분쟁 예방 관리의 중요성을 설명하시오.

> **정답**
>
> 분쟁 예방 관리는 공공조달 과정에서 발생할 수 있는 갈등을 사전에 제거하거나 완화하기 위한 관리 활동이다. 사전에 분쟁을 예방하면 사업 지연과 비용 증가를 방지하고 계약 안정성과 조직 신뢰성을 확보할 수 있다.

02 계약조건 관련 분쟁의 주요 원인을 설명하시오.

> **정답**
>
> 계약 조건 관련 분쟁은 계약 내용이 불명확하거나 해석 차이가 발생할 때 발생하며, 주요 원인은 다음과 같다.
> ① 과업지시서의 모호성
> ② 불명확한 계약범위
> ③ 계약조건 해석 차이
> ④ 계약변경 절차 미비

03 계약이행 단계 분쟁의 대표 사례를 설명하시오.

> **정답**
>
> ① 납기지연   ② 품질 기준 미달
> ③ 설계변경 요구   ④ 대금지급 지연
> ⑤ 하도급 갈등

04 분쟁 예방을 위한 관리 방안을 설명하시오.

> **정답**
>
> ① 요구사항 명확화   ② 공정한 평가 기준 설정
> ③ 계약조건 명확화   ④ 계약이행관리 강화
> ⑤ 리스크 사전 분석

05 A공공기관은 정보시스템 구축 용역을 발주하였다. 입찰공고 후 일부 업체가 특정 기술 기준이 특정 업체에 유리하다며 이의를 제기하였다. 이 경우 발생할 수 있는 분쟁 유형을 설명하고 예방 방안을 제시하시오.

> **정답**
>
> ① 분쟁 유형: 경쟁 제한 분쟁에 해당하며, 특정 기술 기준이 특정 업체에 유리하게 설정되면 공정한 경쟁이 제한될 수 있으므로 입찰참가 업체는 이의를 제기할 수 있다.
> ② 예방 방안
> • 기술 규격을 특정 기업이 아닌 성능 기준 중심으로 설정한다.
> • 시장조사를 통해 공급업체의 범위를 확인한다.
> • 평가 기준을 사전에 공개한다.
> • 전문가 검토를 통해 입찰공고를 검증한다.

PART 07

06 공공기관이 체결한 공사 계약에서 공사 수행 중 설계변경이 발생하였다. 계약상대자는 공사범위 확대를 이유로 계약금액 증액을 요구하였으나 발주기관은 이를 인정하지 않았다. 이 경우 발생 가능한 분쟁 유형과 예방 방안을 설명하시오.

> **정답**
> ① 분쟁 유형: 설계변경 및 계약금액 조정 분쟁으로 설계변경이 계약범위를 초과하는 경우 계약금액 조정 문제가 발생 가능할 수 있다.
> ② 예방 방안
> • 설계 검토를 강화한다.
> • 설계변경 절차를 계약서에 명확히 규정한다.
> • 계약범위를 명확화한다.
> • 설계변경 사유 발생 시 즉시 협의 및 기록 관리한다.

07 분쟁 대응 절차를 설명하시오.

> **정답**
> ① 사실관계 확인 　　　　　② 계약조건 및 법령 검토
> ③ 내부 대응 방안 수립 　　④ 협의 및 조정
> ⑤ 공식 분쟁 해결 절차 진행

08 분쟁 대응에서 사실관계 확인이 중요한 이유를 설명하시오.

> **정답**
> 분쟁의 원인과 책임을 정확히 판단하기 위해서는 계약 내용, 수행 경위, 관련 기록 등을 객관적으로 확인해야 하므로 사실관계 확인이 중요하다.

09 협의 해결의 장점을 설명하시오.

> **정답**
> 협의 해결은 소송보다 시간과 비용이 적게 소요되며, 계약당사자 간 관계를 유지하면서 사업을 안정적으로 지속할 수 있다는 장점이 있다.

10 A공공기관은 용역계약 수행 중 계약상대자의 납기지연을 이유로 지체상금을 부과하였다. 계약상대자는 외부 환경 변화로 납기가 지연되었다며 지체상금 부과에 이의를 제기하였다. 분쟁 대응 절차를 설명하시오.

> **정답**
> ① 사실관계 확인: 납기지연 원인과 계약 수행 기록을 확인한다.
> ② 계약조건 및 법령 검토: 지체상금 부과 기준과 면책 조건을 검토한다.
> ③ 내부 검토: 지체상금 적용 가능 여부를 판단한다.
> ④ 협의 및 조정: 계약상대자와 협의를 통해 해결을 시도한다.
> ⑤ 공식 분쟁 해결 절차: 협의 실패 시 행정심판 또는 소송 등 공식 분쟁 해결 절차를 진행한다.

11 공공조달 분쟁 대응에서 전문가 협력이 필요한 이유를 설명하시오.

> **정답**
> 공공조달 분쟁은 법령, 계약조건, 기술적 판단 등이 복합적으로 작용하여 발생하는 특성을 지닌다. 따라서 법무 담당자나 외부 전문가와 협력하여 법적 책임과 대응 전략을 전문적으로 검토할 필요가 있다.

12 전문가 협력 시 유의사항을 설명하시오.

> **정답**
> ① 정확한 법률 판단을 위해 충분한 사실자료를 제공한다.
> ② 계약서, 공문, 회의록 등 계약 관련 문서를 공유한다.
> ③ 감정적 대응을 지양하고 객관적 판단을 유지한다.
> ④ 소송 비용 및 시간 등을 고려한 비용 대비 효과를 검토한다.

13 공공기관이 체결한 공사계약에서 계약상대자가 설계변경에 따른 계약금액 증액을 요구하였다. 기관은 이를 인정하지 않아 분쟁이 발생하였다. 법무 담당자 또는 전문가와 협력하여 대응하는 절차를 설명하시오.

> **정답**
> ① 설계변경 발생 경위 및 계약 내용을 확인한다.
> ② 법무 담당자에게 법률 검토를 요청한다.
> ③ 계약조건 및 관련 법령을 검토한다.
> ④ 기술 전문가의 의견을 수렴한다.
> ⑤ 대응 전략을 수립한다.
> ⑥ 협의 또는 법적 절차를 진행한다.

14 A기관은 납기지연을 이유로 계약상대자에게 지체상금을 부과하였다. 계약상대자는 외부 요인으로 인한 지연이라며 소송을 제기하였다. 전문가 협력 방식에 대해 설명하시오.

> **정답**
> ① 계약 수행 기록과 납기지연 원인을 정리한다.
> ② 법무 담당자 및 변호사에게 법률 자문을 요청한다.
> ③ 계약조건과 면책 사유를 검토한다.
> ④ 대응 전략을 수립한다.
> ⑤ 필요 시 소송 대응을 진행한다.

CHAPTER **03**

우대제도 활용

01 우대제도의 이해와 입찰 적용

출제기준 7-3-1 우대제도의 종류와 특징을 파악한 후 입찰에 적용할 수 있다.

1 전략적 공공조달과 우대제도

전략적 공공조달의 개념	• 공공조달을 단순한 구매행위가 아니라 국가 정책을 실현하는 수단으로 활용하는 것 • 조달을 통해 중소기업 지원, 기술혁신, 사회적 가치 실현, 환경보호 등을 달성
전략적 공공조달의 주요 수단	공공조달에서는 다음과 같은 정책 목표를 달성하기 위해 우대제도를 활용 • 중소기업 보호: 입찰 가점, 제한경쟁 등을 통해 대기업과의 경쟁에서 중소기업을 지원 • 기술혁신 촉진: 혁신제품 시범구매, 기술개발제품 우선구매 제도를 통해 시장 진입을 지원 • 사회적 약자 지원: 사회적기업, 장애인기업, 여성기업 등에 대한 가점・우선구매 제도를 통해 사회적 가치 실현 • 환경보호: 녹색제품 구매 의무화, 친환경 인증 제품 우선구매 등을 통해 지속가능한 조달 추진 • 지역경제 활성화: 지역 업체 제한경쟁, 지역 생산제품 우선구매 등을 통해 지역사회 경제 강화 → 이와 같은 정책 목표를 달성하기 위해 조달담당자는 입찰조건과 평가기준에 반영되는 우대제도를 이해하고 활용할 필요가 있음

2 공공조달 우대제도의 기본 구조

참여 제한형 우대	• 특정 기업만 입찰 참여 가능 예 중소기업자 간 경쟁제품, 여성기업 전용 입찰, 사회적기업 제한경쟁 • 특징: 경쟁 범위를 제한하는 가장 강력한 정책수단
가점 부여형 우대	• 평가점수에 가점을 부여 예 기술혁신형 기업, 여성기업, 장애인기업, 사회적기업, 녹색제품 인증기업 • 특징: 경쟁은 유지하되 정책 대상 기업을 우대
의무구매형 제도	• 공공기관이 일정 비율 이상 해당 제품을 구매하도록 의무화 예 중소기업제품, 여성기업제품, 장애인기업제품, 사회적기업 제품, 혁신제품 • 특징: 공공기관 구매계획에 직접 반영

3 주요 전략적 공공조달 우대제도

① 중소기업제품 우선구매제도

법적 근거	「중소기업제품 구매촉진 및 판로지원에 관한 법률」
주요 내용	• 공공기관은 중소기업제품을 우선 구매 • 일정 품목은 중소기업자 간 경쟁제품으로 지정
목적	대기업 참여를 제한하여 중소기업 보호

바로 Check

중소기업제품 우선구매제도의 목적을 설명하시오.

정답 공공기관이 중소기업제품을 우선적으로 구매하도록 하여 중소기업의 판로를 확대하고 경쟁력을 강화하기 위한 제도이다.

② 기술혁신제품 우대제도

대표 제도	혁신제품, 우수조달제품, 성능인증제품, NEP 인증제품
특징	기술력 있는 기업 지원, 조달시장 기술혁신 촉진

바로 Check

기술혁신제품 우대제도의 목적을 설명하시오.

정답 기술개발 제품의 초기 시장을 창출하고 기술혁신 기업의 성장을 지원하여 산업 경쟁력을 강화하기 위해 공공조달에서 기술혁신 제품을 우대하는 제도이다.

③ 사회적기업 우대제도

대상	사회적기업, 사회적협동조합, 마을기업, 자활기업
우대 방식	가점, 우선구매, 제한경쟁
목적	취약계층 고용 확대, 사회적 가치 실현

④ 여성기업 · 장애인기업 우대제도

법적 근거	• 「여성기업지원에 관한 법률」 • 「장애인기업활동 촉진법」
주요 내용	• 공공기관 구매 목표제 • 일부 사업 제한경쟁 가능 • 평가 가점 부여

바로 Check

장애인기업 지원 근거 법률은 무엇인가?

정답 「장애인기업활동 촉진법」

⑤ 환경친화제품 우선구매

대상	환경표지 인증제품, 우수재활용제품, 녹색제품
목적	친환경 소비 확대, 탄소 감축

4 입찰에서의 우대제도 적용 방법

입찰공고 확인	• 우대기업 유형: 중소기업, 여성기업, 사회적기업, 장애인기업, 녹색제품 인증기업 등 • 가점 기준: 해당 기업 유형에 따라 평가 점수 추가 • 참여 제한 여부: 특정 입찰은 우대기업만 참여 가능(제한경쟁) • 제출서류: 인증서, 확인서 등 필수 증빙서류 제출
평가 기준 확인	• 적격심사: 실적·재무 상태 등을 평가 • 협상에 의한 계약: 기술·가격을 종합평가 후 협상 진행 • 기술능력 평가: 혁신제품, 기술개발 제품 등은 기술력 중심 평가
증빙서류 제출	• 중소기업 확인서 • 여성기업 확인서 • 사회적기업 인증서 • 장애인기업 확인서 • 녹색제품 인증서

5 우대제도 활용의 중요성과 기대효과

① 평가점수 상승
② 경쟁 범위 축소
③ 낙찰 가능성 증가
④ 정책사업 참여 기회 확대
⑤ 조달시장 진입 용이
⇒ 조달기업은 자사의 정책기업 자격을 파악하고 적극 활용

📢 핵심 포인트

- 전략적 공공조달은 조달을 정책수단으로 활용하는 것
- 공공조달 우대제도는 참여제한·가점 부여·의무구매 방식으로 운영
- 대표 우대제도: 중소기업, 여성기업, 장애인기업, 사회적기업, 기술혁신기업
- 우대제도 적용 여부는 입찰공고와 평가기준을 통해 확인
- 기업은 정책기업 자격을 파악하여 입찰 전략에 적극 활용

02 우대제도 자격 확보와 서류 준비

출제기준 7-3-2 우대제도 자격을 확보하고 관련 서류를 준비할 수 있다.

1 우대제도 자격 확보의 중요성

① 공공조달 우대제도는 자격이 있어야 적용
  ⇒ 단순히 기업 규모만으로 적용되는 것이 아니라 공식 인증 또는 확인서 보유 필요
② 입찰 평가에서 가점 또는 참여기회 확대 효과
  ⇒ 적격심사, 종합평가, 기술평가 등에서 점수 우대 가능
③ 사전에 준비하지 않으면 입찰 참여 시점에 활용이 불가능
  ⇒ 대부분의 확인서는 발급까지 일정 기간이 필요하므로 사전 준비가 필수
④ 기업의 조달시장 경쟁력 확보 수단
  ⇒ 동일한 가격·기술 조건에서는 우대제도 보유 기업이 유리

2 주요 우대제도 자격 확보

중소기업 확인	• 중소기업제품 우선구매 대상이 되기 위한 기본 요건 • 대부분의 공공조달 우대제도의 기본 전제 조건 • 발급기관: 중소벤처기업부(중소기업현황정보시스템)
여성기업 확인	• 여성 대표자가 실질적으로 경영하는 기업에 부여 • 대표자 성별, 지분 구조, 실질 경영 여부 확인 • 공공조달 평가에서 가점 또는 참여 기회 확대 • 발급기관: 중소벤처기업부(여성경제인협회)
장애인기업 확인	• 장애인이 대표 또는 실질적으로 경영하는 기업에 부여 • 공공조달에서 참여 기회 확대 및 평가 우대 • 발급기관: 중소벤처기업부(장애인기업종합지원센터)
사회적기업 인증	• 취약계층 고용 등 사회적 목적을 수행하는 기업 • 공공기관의 우선구매 대상 • 인증기관: 고용노동부(한국사회적기업진흥원)
혁신제품 및 기술개발 제품	• 기술혁신을 촉진하기 위해 공공조달에서 우대(예 수의계약 가능, 시범구매, 평가 가점) • 대표 유형: 혁신제품, 우수제품, 신제품(NEP), 신기술(NET)

바로 Check

여성 대표자가 실질적으로 경영하는 기업을 확인하는 제도는 무엇인가?

정답 여성기업 확인

3 입찰 참여 시 준비해야 할 주요 서류

확인서 또는 인증서	사업 관련 증빙서류	재무 및 경영 자료	기술 관련 증빙서류	입찰 제출서류
• 중소기업 확인서 • 여성기업 확인서 • 장애인기업 확인서 • 사회적기업 인증서	• 사업자등록증 • 법인등기부등본	• 재무제표 • 납세증명서	• 특허증 • 기술인증서	• 입찰참가자격 증명서류 • 평가자료

4 서류 준비 시 유의사항

유효기간 확인	대부분 확인서와 인증서는 유효기간 존재
입찰공고 기준일 확인	공고일 기준으로 유효해야 인정
원본 또는 전자확인 가능 여부 확인	나라장터 시스템 연계 여부 확인
평가 기준 확인	어떤 우대제도가 적용되는지 공고문 확인 필수

5 우대제도 활용 전략

① 기업은 가능한 다수의 우대제도 자격 확보
② 입찰 평가 기준에 맞춰 가점 확보 전략 수립
③ 인증 취득은 단기 전략이 아니라 중장기 조달 전략으로 활용
④ 기업의 기술개발 및 사회적 가치 활동과 연계하여 추진

핵심 포인트

- 우대제도 자격요건 이해: 중소기업, 여성기업, 사회적기업, 장애인기업, 혁신제품 등 각 제도별 인증 요건과 적용 대상을 정확히 이해
- 필요 인증서 및 확인서 확보: 입찰에서 우대 적용을 받기 위해서는 공식 인증서 또는 확인서를 사전에 취득
- 입찰 제출서류 준비: 인증서, 확인서, 실적증명서, 기술자료 등 입찰 시 요구되는 증빙서류를 정확히 준비
- 인증 유효기간 관리: 많은 우대제도 인증은 유효기간이 존재하므로 입찰 시점에 유효한지 확인하고 사전에 갱신
- 입찰공고의 우대조건 확인: 모든 입찰에서 동일하게 적용되는 것이 아니므로 입찰공고의 평가기준 및 우대 적용 여부를 반드시 확인
- 기관별 제출 방식 이해: 나라장터 등록, 전자파일 제출 등 공공조달 시스템에서 요구하는 제출 방식을 숙지

출제기준 7-3-3 우대제도를 입찰 전략과 연계해 수주 기회를 증대시킬 수 있다.

1 우대제도와 입찰 전략의 연계 필요성

① 공공조달 입찰은 가격만으로 결정되는 구조가 아니라 기술평가, 정책 가점 등이 함께 반영되는 종합평가 체계
② 우대제도는 평가점수 확보 전략으로 활용: 동일한 가격 조건에서는 가점 확보 기업이 낙찰 가능성 증가
③ 기업은 우대제도를 단순 인증이 아닌 전략적 자산으로 관리
④ 특히 다음과 같은 평가 방식에서 효과적
- 종합평가낙찰제
- 협상에 의한 계약
- 기술제안 평가
- 적격심사

2 입찰 전략에서의 우대제도 활용 방법

평가 기준 분석 전략	• 입찰공고의 평가 기준을 분석하여 어떤 우대제도가 적용되는지 파악 • 기업은 가점이 높은 인증부터 우선 확보하는 전략 필요
참여방식 전략	• 기업 단독으로 참여하기 어려운 경우 공동수급체 활용 가능 예 여성기업 + 기술기업 공동 참여, 사회적기업 + 중소기업 컨소시엄 • 공동수급체 구성으로 우대제도 효과 극대화
제품·기술 전략	• 기업의 제품을 우대제도 대상 제품으로 발전시킴 예 혁신제품 지정, 조달우수제품 지정, NEP/NET 인증 • 공공조달 시장에서 수의계약 및 우선구매 가능
시장 진입 전략	• 우대제도는 조달시장 진입 단계에서 특히 중요 예 벤처나라 등록, MAS 계약 진입, 혁신제품 시범구매 참여 • 초기 시장 확보 후 레퍼런스 확보
장기 조달 전략	• 1단계: 기본 인증 확보(중소기업, 여성기업 등) • 2단계: 기술 인증 확보(NEP, NET, 성능인증 등) • 3단계: 조달시장 진입(MAS, 우수제품, 혁신제품) • 4단계: 공공조달 실적 확대

 Check

공공조달 시장 초기 진입을 지원하는 온라인 조달 플랫폼은 무엇인가?

정답 벤처나라

3 우대제도 전략 활용 시 유의사항

① 인증만으로 낙찰이 보장되는 것은 아님
② 기술력과 가격 경쟁력도 중요
③ 인증의 유효기간 관리 필요
④ 입찰공고마다 적용 우대제도가 다름
⑤ 공동수급체 구성 시 역할 분담 명확화 필요

4 전략적 우대제도 활용의 효과

① 낙찰 가능성 증가
② 조달시장 진입 장벽 완화
③ 기업 신뢰도 및 브랜드 가치 향상
④ 공공기관 거래 확대
⑤ 장기적 매출 안정

A기업은 여성기업 확인서와 혁신제품 인증을 보유하고 있다. A기업이 공공기관 입찰에 참여하려고 할 때 입찰 평가 기준은 다음과 같다.

> • 기술평가: 70점
> • 가격평가: 30점
> • 여성기업 가점: 2점
> • 혁신제품 가점: 3점

① A기업이 받을 수 있는 가점은 얼마인가?
② 이러한 우대제도가 입찰 전략에 어떤 영향을 미치는지 설명하시오.

정답 ① 여성기업 2점 + 혁신제품 3점 = 5점
② 우대제도 가점은 평가 점수를 높여 경쟁 기업보다 유리한 위치를 확보하게 한다. 특히 기술평가 비중이 높은 입찰에서는 이러한 가점이 낙찰 여부에 중요한 영향을 미칠 수 있다.

• 공공조달 입찰은 가격뿐 아니라 정책평가 요소가 중요
• 우대제도는 가점 확보 전략으로 활용
• 기업은 평가기준 분석 → 인증 확보 → 입찰 전략 연계 순으로 준비
• 공동수급체 활용은 우대제도 효과를 확대하는 방법
• 우대제도는 단기 입찰 전략이 아니라 장기 조달 전략으로 활용

핵심 최종점검

핵심	정답

01 공공기관이 일정 비율 이상 구매하도록 하는 우대 방식은 무엇인가?

02 여성기업 지원 근거 법률은 무엇인가?

03 기술혁신기업을 우대하기 위한 대표적인 조달제도는 무엇인가?

04 환경친화제품의 구매를 확대하기 위한 제도는 무엇인가?

05 공공조달에서 정책 목적을 달성하기 위해 특정 기업에 가점이나 참여기회를 부여하는 제도를 무엇이라 하는가?

06 중소기업 여부를 확인하는 공식 문서는 무엇인가?

07 장애인이 경영하는 기업을 확인하는 제도는 무엇인가?

08 취약계층 고용 등 사회적 목적을 수행하는 기업을 무엇이라 하는가?

09 기술혁신 제품을 공공조달에서 우대하는 대표 제도는 무엇인가?

10 공공기관이 중소기업제품을 일정 비율 이상 구매하도록 하는 제도는 무엇인가?

11 입찰 참여 시 우대제도 적용 여부는 어디에서 확인해야 하는가?

12 여러 기업이 공동으로 입찰에 참여하는 방식을 무엇이라 하는가?

13 조달청이 다수공급자와 단가계약을 체결하는 제도를 무엇이라 하는가?

14 공동수급체 구성 시 구성 기업 간 업무 분담을 정한 문서를 무엇이라 하는가?

15 기업이 공공조달 시장에서 장기적으로 경쟁력을 확보하기 위한 전략을 무엇이라 하는가?

01
의무구매

02
「여성기업지원에 관한 법률」

03
혁신제품 제도

04
녹색제품 우선구매

05
우대제도

06
중소기업 확인서

07
장애인기업 확인

08
사회적기업

09
혁신제품

10
중소기업제품 우선구매제도

11
입찰공고

12
공동수급(공동도급)

13
MAS

14
공동수급협정서

15
조달 전략

PART 07

서술형 출제예상문제

01 전략적 공공조달의 의미를 설명하시오.

> **정답**
>
> 전략적 공공조달이란 공공기관의 구매 활동을 단순한 물품 조달이 아니라 정책목표 달성 수단으로 활용하는 것을 의미하며, 중소기업 지원, 기술혁신 촉진, 사회적 가치 실현, 환경 보호 등의 정책 목적을 실현하는 데 활용된다.

02 공공조달 우대제도의 적용 방식 3가지를 설명하시오.

> **정답**
>
> 참여 제한형, 가점 부여형, 의무구매형

03 사회적기업 우대제도의 목적을 설명하시오.

> **정답**
>
> 취약계층 고용 확대와 사회적 가치 창출을 촉진하기 위해 공공조달에서 사회적기업 제품을 우선 구매하거나 평가에서 우대하는 제도이다.

04 조달청이 용역 입찰을 실시하면서 다음과 같은 평가 기준을 적용하였다. A기업은 여성기업이면서 기술혁신기업이다.

- 여성기업 가점 0.5점
- 사회적기업 가점 2.0점
- 기술혁신기업 가점 1.5점

① A기업이 받을 수 있는 총 가점은 얼마인가?
② 이러한 제도의 정책적 목적을 설명하시오.

> **정답**
>
> ① 0.5점(여성기업 가점) + 1.5점(기술혁신기업 가점) = 2점
> ② 공공조달을 활용하여 여성기업 지원과 기술혁신 촉진이라는 정책목표를 달성하기 위한 전략적 공공조달 제도이다.

05 공공기관이 특정 제품을 조달하려 한다. 해당 품목이 중소기업자 간 경쟁제품으로 지정되어 있다. 다음 질문에 답하시오.
① 입찰 참여 가능한 기업은 무엇인가?
② 이 제도의 정책 목적은 무엇인가?

> **정답**
>
> ① 중소기업
> ② 중소기업의 판로를 확대하고 공공조달 시장에서 대기업과의 경쟁으로부터 중소기업을 보호하기 위한 제도이다.

06 공공조달 우대제도의 목적을 설명하시오.

> **정답**
>
> 공공조달 우대제도는 중소기업, 사회적기업, 여성기업 등 정책 대상 기업의 조달시장 참여를 확대하고 기술혁신과 사회적 가치를 촉진하기 위해 입찰 참여기회 확대, 평가 가점 부여, 우선구매 등의 방식으로 지원하는 제도이다.

07 중소기업 확인서의 역할을 설명하시오.

> **정답**
>
> 중소기업 확인서는 기업이 중소기업에 해당함을 공식적으로 증명하는 문서로, 중소기업제품 우선구매제도 적용과 공공조달 우대제도 활용의 기본 요건이 된다.

08 여성기업 우대제도의 특징을 설명하시오.

> **정답**
>
> 여성기업 우대제도는 여성 대표자가 실질적으로 경영하는 기업을 대상으로 공공조달 평가 시 가점을 부여하거나 참여 기회를 확대하여 여성기업의 조달시장 진입을 지원하는 제도이다.

09 우대제도 활용을 위한 서류 준비 시 유의사항을 설명하시오.

> **정답**
>
> 확인서의 유효기간 확인, 입찰공고 기준일 적용 여부 확인, 제출 방식(전자 또는 서면 제출) 확인, 평가기준과 우대제도 적용 여부 확인 등이 필요하다.

10 공공조달에서 기술혁신 제품이 우대되는 이유를 설명하시오.

> **정답**
>
> 기술혁신 제품은 산업 경쟁력 강화와 기술개발 촉진을 위해 공공조달에서 우대되며, 혁신제품이나 우수제품 등의 제도를 통해 수의계약, 시범구매, 평가 가점 등의 혜택이 제공된다.

11 A기업은 공공조달 시장 진입을 준비하고 있다. 입찰 평가에서 가점을 확보하기 위해 준비해야 할 우대제도 자격과 주요 증빙서류를 설명하시오.

> **정답**
>
> ① 중소기업 확인: 중소기업현황정보시스템에서 발급되는 중소기업 확인서를 확보한다.
> ② 여성기업 또는 장애인기업 확인: 대표자의 경영 여부와 지분 구조를 기준으로 여성기업 또는 장애인기업 확인서를 발급받는다.
> ③ 사회적기업 인증: 고용노동부 인증을 통해 공공기관 우선구매 대상이 될 수 있다.
> ④ 기술혁신 제품 인증: 혁신제품, 우수제품, NEP 등 기술 인증을 확보하면 조달시장 참여 기회가 확대된다.
> ⑤ 입찰 참여 시에는 사업자등록증, 확인서, 인증서, 재무자료 등 관련 증빙서류를 제출한다.

PART 07

12 우대제도를 입찰 전략과 연계하는 이유를 설명하시오.

> **정답**
>
> 우대제도는 입찰 평가에서 가점 또는 참여 기회를 제공하므로 동일한 가격과 기술 조건에서 경쟁 기업보다 높은 평가를 받을 수 있다. 따라서 기업은 우대제도를 확보하여 입찰 전략에 활용함으로써 낙찰 가능성을 높일 수 있다.

13 공동수급체를 활용한 우대제도 전략을 설명하시오.

> **정답**
>
> 공동수급체는 여러 기업이 공동으로 입찰에 참여하는 방식으로, 서로 다른 우대제도 자격이나 기술 역량을 결합하여 평가 점수를 높이고 사업 수행 능력을 강화할 수 있는 전략이다.

14 기술 인증이 공공조달 전략에서 중요한 이유를 설명하시오.

> **정답**
>
> 혁신제품, 우수제품, NEP 등 기술 인증은 공공조달 평가에서 가점이 부여되거나 수의계약 및 우선구매가 가능하므로 기업의 조달시장 경쟁력을 높이는 중요한 요소가 된다.

15 우대제도 활용 시 유의사항을 설명하시오.

> **정답**
>
> 우대제도는 인증만으로 낙찰이 보장되지 않으며 가격과 기술 경쟁력이 함께 확보되어야 한다. 또한 인증의 유효기간 관리와 입찰공고별 적용 여부 확인이 필요하다.

16 우대제도 활용이 기업 경영에 미치는 효과를 설명하시오.

> **정답**
>
> 우대제도 활용은 공공조달 시장 진입 기회를 확대하고 평가 가점을 확보하여 낙찰 가능성을 높이며, 공공기관 거래 확대와 기업 신뢰도 향상에 기여한다.

17 B기업은 공공조달 시장 진입을 위해 다음과 같은 전략을 검토하고 있다. 이 전략이 공공조달 입찰 경쟁력에 미치는 효과를 설명하시오.

> - 여성기업 인증 취득
> - 혁신제품 지정 신청
> - 기술기업과 공동수급체 구성

> **정답**
>
> B기업은 여성기업 인증을 통해 평가 가점을 확보할 수 있으며, 혁신제품 지정 시 공공기관의 우선구매 대상이 되거나 수의계약 기회가 확대될 수 있다. 또한 기술기업과 공동수급체를 구성하면, 기술 역량을 보완하고 평가 점수를 높일 수 있어 공공조달 시장에서 경쟁력을 강화할 수 있다.

08

전자조달시스템 활용

CHAPTER 01 전자조달시스템 이용

CHAPTER 02 조달데이터 활용

CHAPTER 01

전자조달시스템 이용

01 전자조달시스템을 통한 조달 정보 조회

출제기준 8-1-1 전자조달시스템에 접속하여 입찰공고, 참가자격 등록, 계약 현황 관련 정보를 조회할 수 있다.

1 전자조달시스템(e-Procurement System)의 개요

① 개념: 인터넷 기반 정보통신기술을 활용하여 공공조달의 계획·입찰·계약·지불 등 전 과정을 전자적으로 처리하는 시스템
② 도입 취지: 종이 기반의 전통적인 조달업무를 전자화하여 업무 효율성·투명성·접근성 향상
③ 국가종합전자조달시스템(나라장터, KONEPS)
  • 우리나라의 대표적인 전자조달시스템으로, 공공조달의 대부분이 이 시스템을 통해 수행
  • 나라장터는 약 7만 개의 수요기관과 60만 개의 조달기업이 이용하고 있으며, 연간 수십만 건의 입찰과 계약을 전자적으로 처리

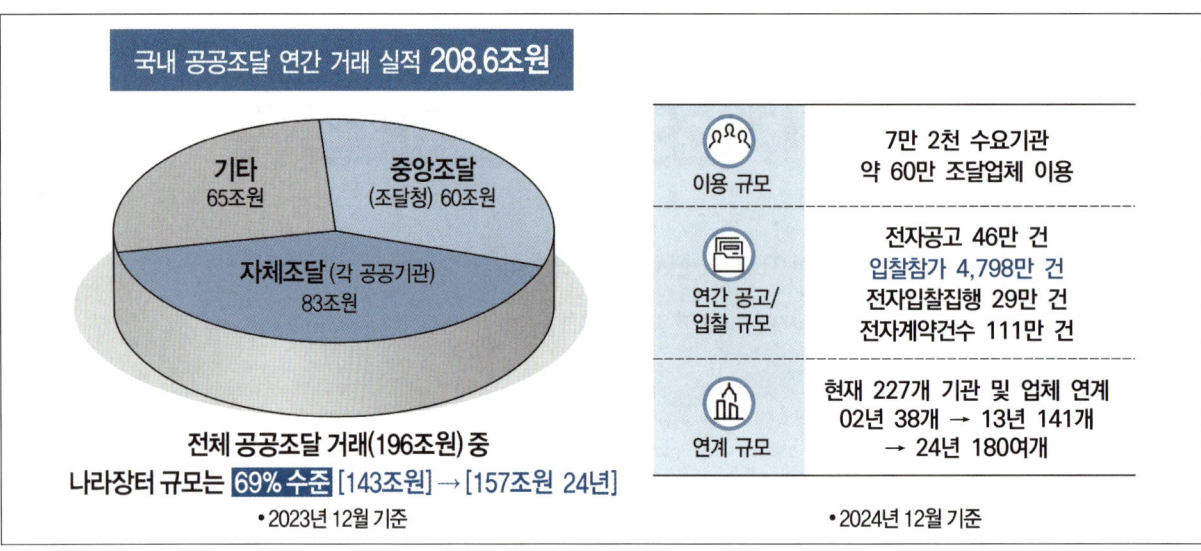

더 알아보기 전자조달시스템의 특징

(1) 인터넷 기반 비대면 거래
(2) 모든 조달 절차의 전자적 기록
(3) 정보 공개 및 투명성 강화
(4) 조달정보 통합 제공
(5) 공공기관과 기업 간 전자거래 플랫폼

2 전자조달시스템 이용자 등록

조달기업 등록 절차	개인회원 등록 → 로그인 → 조달업체 등록 또는 소속업체 선택 → 사업자용 공동인증서 등록 → 전자입찰, 계약, 대금청구 등 모든 전자조달 서비스 이용
입찰대리인의 인증	실제 입찰에 참여하는 입찰대리인은 개인 인증 후 기업의 공동인증서를 이용하여 전자서명을 해야 함

 **Check**

진자조달시스템 이용을 위해 기업이 먼저 해야 하는 설차는 무엇인가?

정답 이용자 등록

3 전자조달시스템에서 조회 가능한 주요 정보

① 발주계획 정보
- 발주기관은 조달사업을 진행하기 전에 발주계획을 사전에 공개
- 주요 내용: 사업 개요, 예산 규모, 추진 시기
- 주요 목적
  - 기업의 사전 준비 지원
  - 시장 참여 확대
  - 조달 절차의 투명성 확보
② 사전규격 공개 정보
- 입찰공고 전에 구매하려는 물품·용역의 규격 또는 요구사항을 공개
- 업체 의견을 수렴하여 특정 업체에 유리한 규격 설정을 방지
③ 입찰공고 정보
- 입찰참가자격, 계약 방법, 평가기준, 입찰서 제출기간 등 핵심 조건 제시
- 검색 기준

조달 대상물	물품·용역·공사
상품 코드(UNSPSC)	UNSPSC(United Nations Standard Products and Services Code)는 국제 표준 상품·서비스 분류 코드
입찰 방식	일반경쟁입찰, 제한경쟁입찰, 지명경쟁입찰, 수의계약
계약 규모	추정가격 또는 사업예산을 통해 계약 규모를 확인
발주기관	중앙행정기관, 지방자치단체, 공공기관, 교육기관, 공기업 등

- 전자조달시스템은 지능형 검색 및 입찰 매칭 기능을 제공하여 기업이 적합한 입찰 기회를 쉽게 찾을 수 있도록 지원
④ 입찰 진행 정보
- 입찰 진행 과정에서도 다양한 정보가 공개

• 전자입찰 과정에서 공개되는 주요 정보

기술평가 결과	협상에 의한 계약, 기술제안입찰 등 기술제안서 평가가 있는 경우 기술평가 점수 및 평가 결과 공개
개찰 결과	입찰서 제출이 마감된 후 전자적으로 입찰가격을 개봉(개찰)한 결과, 입찰참여 업체와 투찰가격, 순위 등이 공개되어 낙찰 가능 업체와 경쟁 상황을 확인

• 정보 공개는 투명성·책임성·청렴성 확보를 위한 핵심 기능

⑤ 계약 체결, 변경 및 대금지급 정보
  • 계약 체결 현황: 계약금액, 계약기간, 계약상대자 등
  • 계약 변경 내용: 설계변경, 계약금액 조정 등
  • 납품 및 검사·검수 결과
  • 선금지급 및 대금지급 현황: 대금지급 여부, 지급 금액, 지급 시기 등

4 전자조달시스템 업무 흐름

구분	주요 업무	내용
1단계 (발주 단계)	발주계획 공개	발주기관이 향후 추진할 물품·용역·공사 구매계획을 사전에 공개하여 기업이 입찰 준비를 할 수 있도록 함
	계약요청 접수	발주부서가 조달부서 또는 전자조달시스템에 계약 추진을 위한 발주 요청을 등록
	사전규격 공개	특정 기업에 유리한 규격 설정을 방지하기 위해 입찰 전에 제품 규격이나 요구사항을 미리 공개
2단계 (입찰 단계)	입찰공고 게시	입찰참가자격, 계약조건, 일정 등을 포함한 입찰 정보를 전자조달시스템에 공식적으로 공고
	공고 검색	기업이 조달시스템에서 공고를 조회하여 참여 가능한 입찰을 찾음
	입찰서 작성 및 제출	입찰 참가자가 가격, 제안서 등 입찰서류를 전자적으로 작성하여 제출
	개찰	입찰 마감 후 제출된 입찰가격을 전자적으로 확인하고 공개
	낙찰자 선정	가격, 기술평가, 적격심사 등의 기준에 따라 계약 대상 업체를 최종 결정
3단계 (계약 단계)	계약서 초안 송신	발주기관이 낙찰자에게 계약서 초안을 전자적으로 송신
	계약 응답	낙찰자가 계약 내용을 확인하고 전자적으로 승인하거나 수정 요청
	계약 체결 확정	양측이 계약 내용을 확정하고 전자서명을 통해 계약이 성립
4단계 (계약이행 및 지불 단계)	선금 청구	계약상대자가 계약 이행을 위해 필요한 자금을 선금 형태로 청구
	납품 및 검사·검수	계약상대자가 물품 납품 또는 용역 수행을 완료하고, 발주기관이 검사·검수를 실시
	대금 청구 및 지급	계약상대자가 납품 완료 후 대금을 청구하고 발주기관이 확인 후 계약 대금을 지급

5 전자조달 정보 조회의 중요성

조달시장 접근성 확보	기업은 입찰공고와 발주정보를 쉽게 확인하여 조달시장 참여 기회를 확보
투명성 강화	모든 조달 절차가 공개되므로 부정행위 예방 가능
계약 관리 효율화	입찰부터 계약 체결, 계약 이행 및 대금지급까지 계약 전 과정을 전자적으로 기록
데이터 기반 의사결정	조달기업은 입찰정보와 시장 데이터를 분석하여 전략 수립 가능

📢 핵심 포인트

- 전자조달은 계약 전 과정을 온라인으로 처리하는 시스템: 발주 → 입찰 → 낙찰 → 계약 → 대금지급까지 전 과정이 전자적으로 처리
- 발주 단계: 조달의 출발점 → 수요기관이 구매계획을 수립하고 입찰공고를 통해 시장에 조달 수요를 공개
- 입찰 단계: 경쟁을 통한 공급자 선정 과정 → 기업이 전자입찰로 가격·제안서를 제출하고 공정한 경쟁을 통해 평가
- 낙찰 및 계약 단계: 법적 권리·의무가 확정되는 단계 → 낙찰자 결정 후 전자계약 체결로 계약 관계가 성립
- 검수·대금지급 단계: 계약 이행의 마무리 → 납품 또는 서비스 완료 후 검수·검사를 거쳐 전자적으로 대금지급

02 전자조달시스템을 통한 입찰, 계약 및 대금 청구 절차 수행

출제기준 8-1-2 전자조달시스템을 통해 입찰서 제출, 계약 체결, 대금 청구 절차를 수행할 수 있다.

1 전자조달 절차의 개요

① 전자조달시스템에서는 입찰 참여 → 낙찰 → 계약 체결 → 계약 이행 → 대금 청구의 전 과정이 전자적으로 처리
② 전자조달 절차는 다음과 같은 3개의 핵심 단계로 이루어짐

전자입찰 단계 ▸ 전자계약 체결 단계 ▸ 전자대금 청구 단계

③ 이 절차는 대부분 나라장터 전자조달시스템을 통해 수행되며 공정성·투명성·효율성 확보를 목적으로 운영

2 전자입찰서 제출 절차

입찰공고 확인	• 기업은 전자조달시스템에 접속하여 공고를 확인 • 주요 확인사항 　– 입찰참가자격　　　　　　　　– 계약 방법 　– 입찰서 제출 기간　　　　　　– 낙찰자 결정 방법 　– 기술평가 여부 • 입찰공고는 입찰 참여 여부를 결정하는 가장 중요한 단계
입찰참가 준비	• 입찰에 참여하기 위해서는 다음 사항을 준비 　– 입찰참가자격 등록　　　　　　– 공동수급체 구성 여부 검토 　– 입찰보증금 제출 여부 확인　　– 제안서 작성 • 전자입찰은 입찰마감 시간 이전까지 제출
입찰서 작성	• 입찰서 작성 시 입력하는 주요 항목 　– 입찰가격　　　　　　　　　　– 산출내역서 　– 공동수급체 정보　　　　　　– 입찰보증금 정보 • 입찰서는 전자서명 후 제출
입찰서 제출	• 입찰자는 전자조달시스템을 통해 입찰서를 제출 • 전자입찰의 특징 　– 입찰서는 암호화된 상태로 저장 　– 마감 전까지 수정 가능(마감 후에는 수정 불가) • 전자입찰은 마감시간 기준 자동 종료

개찰	• 입찰 마감 후 시스템에서 자동으로 개찰이 이루어짐 • 개찰 내용: 입찰가격, 입찰참여 업체, 투찰순위 • 개찰 결과는 전자조달시스템에서 공개

전자입찰의 절차를 설명하시오.

정답 입찰공고 확인 → 입찰참가 준비 → 입찰서 작성 → 입찰서 전자제출 → 개찰 → 낙찰자 결정

3 전자계약 체결 절차

계약서 초안 송신	• 낙찰자가 결정되면 발주기관은 낙찰자에게 전자계약서를 송신
	• 계약서 포함 내용
	  – 계약금액 – 계약기간
	  – 납품조건 – 대금 지급 조건

계약내용 검토	• 낙찰자는 계약서를 확인하고 다음 사항을 검토
	  – 계약조건 – 계약금액
	  – 납품 일정 – 계약보증금
	• 문제가 없는 경우 계약에 응답

계약 응답	• 계약상대자는 전자조달시스템에서 전자서명으로 계약을 승인 • 전자서명 방식: 공동인증서, 전자서명 인증

계약 체결 확정	• 발주기관과 계약상대자의 전자서명이 완료되면 전자계약이 확정
	• 전자계약의 특징
	  – 계약서 자동 보관 – 위변조 방지
	  – 계약 이력 관리 가능

4 대금 청구 및 지급 절차

선금 청구	• 계약금액의 일부를 선금으로 청구 가능 • 선금 지급 목적: 계약 수행 자금 확보, 사업 초기 비용 지원 • 선금 지급 시 선금보증서 제출 필요
납품 및 검사 · 검수	• 계약상대자는 계약에 따라 납품을 수행 • 발주기관은 검사 · 검수, 성과 확인 후 대금지급 절차 진행
대금 청구	• 납품 완료 후 계약상대자는 전자조달시스템에서 대금을 청구 • 대금 청구 시 제출자료: 납품확인서, 검사합격서, 세금계산서
대금지급	• 발주기관은 관련 서류를 확인 후 대금을 지급 • 지급 방식: 계좌이체, 선금 · 기성금 · 준공금 지급 • 전자조달시스템에서는 대금지급 현황도 조회 가능

5 전자조달 절차의 특징

① 조달 전 과정의 전자화
② 조달 정보의 투명한 공개
③ 입찰 절차의 공정성 확보
④ 계약 관리의 효율성 향상
⑤ 대금지급의 신속성 확보

> **핵심 포인트**
> - 전자조달 절차는 입찰 → 계약 → 대금 지급의 구조로 진행
> - 전자입찰은 입찰서 암호화 제출 후 개찰 시 공개
> - 낙찰자 결정 후 전자계약 방식으로 계약 체결
> - 계약이행 후 검사·검수 → 대금 청구 → 대금지급 절차 진행
> - 전자조달의 목적: 투명성·공정성·효율성 확보

---

03 전자조달시스템 연계 정보의 통합 활용

출제기준 8-1-3 전자조달시스템과 연계된 외부 시스템을 연계하여 필요한 조달 정보를 통합 활용할 수 있다.

1 전자조달시스템 연계 시스템의 개요

① **나라장터**: 단순한 전자입찰 시스템이 아니라 다양한 계약관리 지원 플랫폼과 연계된 통합 조달 인프라
② **연계 시스템의 목적**
- 공공조달 구매 방식 다양화
- 중소기업 및 벤처기업의 판로 지원
- 혁신제품의 시장 진입 촉진
- 디지털 서비스 조달 활성화
- 소규모 서비스 거래 지원
③ 조달담당자는 나라장터 외에도 연계 플랫폼을 함께 활용하여 조달 정보를 통합적으로 관리할 필요가 있음

2 주요 연계 계약관리 지원 시스템

① **종합쇼핑몰**

개념	• 조달청 종합쇼핑몰은 다수공급자계약(MAS) 물품을 중심으로 운영되는 공공조달 온라인 마켓플레이스 • 민간의 오픈마켓과 유사한 구조로 구축된 조달 플랫폼
등록 대상	• 단가계약 물품　　　　　　　　• 제3자 단가계약 물품 • 다수공급자계약(MAS) 물품　　• 서비스 일부
수요기관 구매 절차	종합쇼핑몰 상품 검색 → 장바구니 선택 → 조달요청서 발송 → 납품요구서 발행 → 업체 납품
특징	• 수요기관의 선택권 확대 • 공급기업의 판로 확대 • 입찰 절차 간소화: 별도 입찰 없이 납품요구 방식으로 구매

다수공급자계약 물품을 온라인으로 구매하는 플랫폼은 무엇인가?

> 정답 종합쇼핑몰

---

② 혁신장터

개념	• 혁신제품의 공공조달 시장 진입을 지원하는 플랫폼 • 공공부문의 구매력을 활용하여 기술혁신 제품의 판로를 지원하는 제도	
제공 정보	• 혁신제품 정보 • 시범구매 절차	• 혁신시제품 지정 절차 • 공공기관 혁신 수요
혁신제품 구매 방식	• 수의계약 • 종합쇼핑몰 납품요구	• 중앙조달 요청(총액)
특징	• 혁신제품 최대 3년 수의계약 가능 • 공공기관 혁신구매 목표제 운영	

③ 벤처나라

개념	• 창업기업과 벤처기업의 공공조달 판로 지원 플랫폼 • 법적 근거: 「조달사업법」 제25조
목적	• 창업기업 판로 지원 • 벤처기업 성장 지원 • 공공조달 시장 진입 지원
구매 가능 금액	• 일반기업: 2,000만원 이하 • 사회적기업 등: 5,000만원 이하
등록 대상 기업	• 벤처기업 • 창업기업(7년 이내)
제품 지정 절차	추천기관 추천 → 온라인 신청 → 조달청 심사 → 지정 결과 발표 → 벤처나라 상품 등록 → 지정증서 발급
특징	• 6년간 공공기관 구매 가능 • 기술 · 품질 평가 후 등록

벤처나라의 주요 기능을 설명하시오.

> 정답 벤처나라는 창업기업과 벤처기업의 공공조달 판로 지원을 위해 구축된 플랫폼으로, 기술 · 품질 심사를 거친 제품을 등록하여 공공기관
> 이 구매할 수 있도록 지원한다.

---

④ 디지털서비스몰

개념	• 클라우드 기반 디지털서비스 구매 플랫폼 • 나라장터와 연계된 디지털 서비스 전문 마켓플레이스
대상 서비스	• 클라우드컴퓨팅 서비스 • 클라우드 지원 서비스 • 클라우드 융합 서비스

계약 방식	• 수의계약 • 카탈로그 계약
카탈로그 계약의 특징	• 서비스 기능·가격 정보 등록 • 수요기관이 제안 평가 • 협상 후 계약 체결
장점	• 계약 절차 간소화 • 디지털서비스 도입 활성화

✏️ **더 알아보기** **디지털서비스몰의 대상 서비스**

대상 서비스	주요 업무	예시
클라우드컴퓨팅 서비스	• 인터넷 기반의 클라우드 환경에서 컴퓨팅 자원(서버, 저장공간, 소프트웨어 등)을 제공하는 서비스 • 공공기관이 자체 서버를 구축하지 않고도 원격 데이터센터의 IT 자원을 이용할 수 있도록 하는 서비스	• 클라우드 서버(IaaS) • 클라우드 소프트웨어(SaaS) • 클라우드 플랫폼(PaaS)
클라우드 지원 서비스	• 클라우드컴퓨팅 서비스를 도입·운영·관리할 수 있도록 지원하는 부가 서비스 • 클라우드 환경을 구축하거나 기존 시스템을 클라우드로 전환할 때 필요한 기술 지원과 운영 지원 서비스가 포함	• 클라우드 전환 컨설팅 • 시스템 이전(Migration) • 운영 및 유지관리 • 보안 관리
클라우드 융합 서비스	• 클라우드컴퓨팅 기술을 다른 산업·서비스와 결합하여 제공하는 응용 서비스 • 단순한 IT 인프라 제공이 아니라 클라우드 기반으로 특정 업무나 산업 서비스를 제공하는 형태	• 스마트 행정 서비스 • AI·빅데이터 분석 서비스 • 스마트시티 플랫폼 • 온라인 협업 시스템

⑤ 이음장터

개념	• 소규모 용역 거래를 지원하는 플랫폼 • 공공기관과 민간기업이 직접 협상하여 계약 가능
특징	• 별도 계약 없이 서비스 등록 가능 • 수요기관과 공급업체 직접 거래 • 소규모 서비스 중심
거래 금액	• 일반: 2,000만원 이하 • 사회적기업 등: 5,000만원 이하
구매 절차	서비스 수요 등록 → 공급업체 응답 → 계약 체결 → 서비스 제공 → 대금지급
특징	• 신속한 서비스 공급 가능 • 다양한 중소 서비스기업 참여

소규모 용역 거래 플랫폼은 무엇인가?

 이음장터

PART 08

3 나라장터 연계 시스템 활용 의의

① 공공조달 시장 접근성 확대

② 중소기업·벤처기업 판로 지원

③ 혁신제품 시장 창출

④ 디지털 서비스 조달 활성화

⑤ 소규모 서비스 거래 지원

⇒ 조달담당자는 각 플랫폼의 목적과 활용 방식을 이해하고 상황에 맞는 적절한 활용 필요

> **핵심 포인트**
> - 나라장터는 입찰 시스템을 넘어 다양한 계약 플랫폼과 연계
> - 주요 연계 플랫폼: 종합쇼핑몰, 혁신장터, 벤처나라, 디지털서비스몰, 이음장터
> - 종합쇼핑몰은 다수공급자계약 기반 디지털 마켓플레이스
> - 혁신장터와 벤처나라는 전략적 공공조달 정책 플랫폼
> - 디지털서비스몰과 이음장터는 신규 조달 분야(디지털·서비스) 지원 플랫폼

04 전자조달시스템 오류 및 문제 해결

> 출제기준 8-1-4 전자조달시스템 사용 중 발생하는 오류나 문제에 대해 해결 방법을 적용할 수 있다.

1 전자조달시스템 오류의 개요

개념	전자입찰·전자계약·전자대금지급 등 전자적 조달 절차 수행 과정에서 발생하는 기술적 또는 운영상의 문제
전자조달의 특징	• 전자서명 기반 인증　　　　　　• 온라인 데이터 처리 • 시스템 간 연계 운영　　　　　　• 실시간 입찰 처리 → 인증서 문제, 시스템 접속 문제, 데이터 입력 오류, 네트워크 장애 등 다양한 문제 발생 시 원인을 신속히 파악하고 적절한 해결 절차를 적용

2 전자조달시스템에서 발생하는 주요 오류 유형

인증서 오류	• 전자입찰과 계약 체결은 공동인증서(전자서명) 기반 • 대표적인 오류 유형 　- 인증서 만료 → 인증서 갱신 　- 인증서 비밀번호 오류 → 인증서 재등록 　- 인증서 저장 위치 오류 → 인증서 저장 위치 확인 　- 인증서 권한 문제 → 인증서 프로그램 재설치

보안 프로그램 오류	• 나라장터 이용 시 전자입찰 보안 프로그램 설치 • 대표적인 오류 유형 　– 보안 모듈 설치 실패 → 보안 프로그램 재설치 　– 브라우저 충돌 → 브라우저 캐시 삭제 　– 업데이트 오류 → 시스템 재접속
입찰서 제출 오류	• 파일 업로드 실패 → 파일 형식 확인 • 전자서명 오류 → 사전 입찰서 작성 • 입찰서 저장 실패 → 제출 완료 여부 확인 • 마감시간 초과 → 마감 전 제출
시스템 접속 장애	• 서버 접속 지연 → 시스템 공지 확인 • 네트워크 오류 → 네트워크 상태 점검 • 시스템 점검 시간 접속 불가 → 점검 종료 후 재접속 시도
데이터 입력 오류	• 사업자번호 오류 → 사업자등록증과 대조하여 재확인 • 입찰금액 입력 오류 → 입력 데이터 재확인 • 파일 누락(첨부 서류 미등록) → 최종 제출 전 검증

 **Check**

전자입찰 과정에서 발생하는 주요 오류 유형을 설명하시오.

정답 전자입찰에서는 인증서 오류, 파일 업로드 오류, 보안 프로그램 오류, 네트워크 접속 장애, 데이터 입력 오류 등이 발생할 수 있다.

3 오류 해결을 위한 기본 대응 절차

① 오류 내용 확인
② 오류 원인 분석
③ 시스템 설정 점검
④ 프로그램 재설치 또는 재접속
⑤ 고객지원센터(1588-0800) 문의
⇒ 특히 입찰 마감시간 전 문제를 해결하는 것이 중요

4 전자조달 오류 예방 방법

① 인증서 유효기간 사전 확인
② 보안 프로그램 최신 버전 유지
③ 입찰 마감 전 사전 제출
④ 첨부파일 형식 확인
⑤ 시스템 공지사항 확인

5 전자조달 오류 대응의 중요성

전자조달 오류를 적절히 해결하지 못할 경우 다음과 같은 문제가 발생할 수 있음

① 입찰 참여 실패

② 계약 체결 지연

③ 대금 청구 지연

④ 사업 일정 차질

⇒ 따라서 오류 발생 시 신속하고 정확한 대응 필요

핵심 포인트

- 전자조달 오류의 대표 유형: 인증서·보안프로그램·입찰제출·네트워크 문제
- 전자입찰은 전자서명 기반 인증 시스템으로 운영
- 오류 대응 절차: 오류 확인 → 원인 분석 → 시스템 점검 → 재설치 → 문의
- 입찰 마감 전 사전 제출과 시스템 점검이 중요
- 전자조달 오류는 입찰 무효나 계약 체결 지연도 발생할 수 있음

핵심 최종점검

CHAPTER 01

핵심　　　정답

01 전자조달시스템의 대표적 국가 시스템은 무엇인가?

01
나라장터(KONEPS)

02 조달기업이 전자입찰에 참여할 때 사용하는 기업 인증서는 무엇인가?

02
사업자용 공동인증서

03 입찰에 참여하는 기업 소속 개인을 무엇이라 하는가?

03
입찰대리인

04 입찰공고에서 조달 대상물을 분류하는 국제 표준 코드는 무엇인가?

04
UNSPSC

05 전자조달시스템에서 계약금 지급 요청을 무엇이라 하는가?

05
대금청구

06 전자조달시스템에서 입찰가격 등을 입력하여 제출하는 문서는 무엇인가?

06
입찰서

07 낙찰자와 발주기관이 전자서명으로 계약을 체결하는 방식은 무엇인가?

07
전자계약

08 계약 체결 후 계약 수행을 위해 지급하는 자금은 무엇인가?

08
선금

09 납품 후 발주기관이 수행하는 품질 확인 절차는 무엇인가?

09
검사 · 검수

10 입찰 마감 전에 입찰서를 수정할 수 있는가?

10
가능

11 전자계약 체결 후 계약 이력은 어디에 저장되는가?

11
전자조달시스템

PART 08

핵심 **정답**

12 혁신제품 정보를 제공하고 구매를 지원하는 플랫폼은 무엇인가?

13 창업기업과 벤처기업 제품 판로 지원 플랫폼은 무엇인가?

14 클라우드 서비스 조달 플랫폼은 무엇인가?

15 혁신제품은 최대 몇 년의 수의계약이 가능한가?

16 벤처나라 등록 제품의 지정 유효기간은 몇 년인가?

17 디지털서비스몰에서 활용되는 계약 방식은 무엇인가?

18 이음장터 거래 대상 서비스 금액 기준은 무엇인가?

19 전자입찰에서 마감시간 이후 제출되는 입찰서는 어떻게 처리되는가?

12
혁신장터

13
벤처나라

14
디지털서비스몰

15
3년

16
6년

17
카탈로그 계약

18
2,000만원 이하

19
무효

서술형 출제예상문제

01 전자조달시스템의 도입 목적을 설명하시오.

> **정답**
>
> 전자조달시스템은 공공조달의 계획, 입찰, 계약, 지불 등 전 과정을 전자적으로 처리하기 위해 도입된 시스템이다. 이를 통해 조달 업무의 효율성을 높이고, 정보 공개를 통해 투명성과 책임성을 강화하며 조달시장 접근성을 확대하는 목적을 가진다.

02 나라장터에서 조회 가능한 주요 조달정보를 설명하시오.

> **정답**
>
> 나라장터에서는 발주계획, 입찰공고, 기술평가 결과, 개찰 결과, 계약 체결 정보, 계약변경 사항, 대금지급 현황 등 조달 전 과정에 대한 정보를 조회할 수 있다.

03 A기업은 공공조달 시장에 처음 진입하려고 한다. 나라장터를 통해 입찰에 참여하기 위해 필요한 기본 절차를 설명하시오.

> **정답**
>
> A기업은 먼저 나라장터에 개인회원 등록 후 조달업체 등록을 해야 한다. 이후 사업자용 공동인증서를 등록하여 전자조달 서비스를 이용할 수 있는 권한을 확보한다. 입찰에 참여하는 직원은 입찰대리인으로 등록하고 개인 인증을 거친 뒤 기업 공동인증서를 이용하여 전자입찰서를 제출해야 한다.

04 B기업은 공공조달 입찰 참여 기회를 찾기 위해 전자조달시스템을 활용하려 한다. 전자조달시스템에서 입찰 기회를 탐색하는 방법을 설명하시오.

> **정답**
>
> 기업은 나라장터에서 입찰공고 검색 기능을 이용하여 발주기관, 조달 대상물, 계약 규모, 입찰 방식 등 다양한 조건을 기준으로 입찰 정보를 검색할 수 있다. 또한 발주계획 공개 정보를 통해 향후 예정된 조달사업을 사전에 확인하고 입찰 준비를 할 수 있다.

05 전자계약 체결 절차를 설명하시오.

> **정답**
>
> 계약서(초안) 송신 → 계약내용 검토 → 전자서명 응답 → 계약 체결 확정

06 전자입찰의 특징을 설명하시오.

> **정답**
>
> 전자서명 기반 제출, 입찰서 암호화 보관, 마감 후 자동 개찰, 투명성 확보 등이 있다.

07 대금지급 절차를 설명하시오.

정답

납품 → 검사·검수 → 대금 청구 → 대금지급

08 전자조달의 장점을 설명하시오.

정답

절차 간소화, 공정성 확보, 정보 공개, 업무 효율성 향상, 기록 관리 용이 등이 있다.

09 A기업은 전자입찰에 참여하려고 한다. 전자조달시스템에서 입찰서를 제출한 후 어떤 절차를 거쳐 계약이 체결되는지 설명하시오.

정답

① 입찰서를 전자적으로 제출한다.
② 입찰 마감 후 개찰한다.
③ 낙찰자를 결정한다.
④ 발주기관이 전자계약서를 송신한다.
⑤ 계약상대자가 전자서명한다.
⑥ 전자계약을 체결하여 확정한다.

10 B기업이 공공기관에 물품을 납품하였다. 대금지급까지의 절차를 설명하시오.

정답

① 납품을 수행한다.
② 발주기관이 검사·검수를 실시한다.
③ 검사 합격을 확인한다.
④ 전자조달시스템을 통해 대금을 청구한다.
⑤ 발주기관이 대금을 지급한다.

11 종합쇼핑몰의 개념과 특징을 설명하시오.

정답

종합쇼핑몰은 다수공급자계약(MAS) 물품을 중심으로 운영되는 공공조달 온라인 마켓플레이스로, 수요기관이 필요한 상품을 검색하여 납품요구 방식으로 구매할 수 있는 시스템이다.

12 혁신장터의 목적을 설명하시오.

정답

혁신장터는 공공부문의 구매력을 활용하여 혁신제품의 판로를 지원하고 기술혁신을 촉진하기 위한 공공조달 플랫폼이다.

13 디지털서비스몰의 특징을 설명하시오.

> **정답**
>
> 디지털서비스몰은 클라우드 기반 디지털서비스를 공공기관이 구매할 수 있도록 지원하는 플랫폼으로, 수의계약과 카탈로그 계약 방식을 활용한다.

14 이음장터의 특징을 설명하시오.

> **정답**
>
> 이음장터는 소규모 용역 서비스를 공공기관과 민간기업이 직접 협상하여 거래할 수 있도록 지원하는 플랫폼이다.

15 나라장터와 연계된 주요 계약관리 지원 플랫폼을 설명하시오.

> **정답**
>
> ① 종합쇼핑몰: 다수공급자계약 기반 물품 구매 플랫폼이다.
> ② 혁신장터: 혁신제품 판로 지원 플랫폼이다.
> ③ 벤처나라: 창업기업·벤처기업 제품 판매 지원 플랫폼이다.
> ④ 디지털서비스몰: 클라우드 기반 디지털 서비스 조달 플랫폼이다.
> ⑤ 이음장터: 소규모 용역 거래 플랫폼이다.

16 종합쇼핑몰과 벤처나라의 차이를 설명하시오.

> **정답**
>
> 종합쇼핑몰은 다수공급자계약 물품을 판매하는 공공조달 마켓플레이스이다. 반면 벤처나라는 창업기업과 벤처기업의 제품 판로 지원을 위해 기술·품질 심사를 거쳐 등록된 제품을 공공기관이 구매할 수 있도록 하는 플랫폼이다.

17 전자조달시스템에서 발생하는 인증서 오류를 설명하시오.

> **정답**
>
> 전자조달시스템에서는 전자서명을 위해 공동인증서를 사용한다. 인증서 만료, 비밀번호 오류, 저장 위치 오류 등이 발생할 수 있으며 인증서 갱신 또는 재등록을 통해 해결할 수 있다.

18 전자조달 오류 대응 절차를 설명하시오.

> **정답**
>
> 오류 발생 시 오류 내용 확인 → 원인 분석 → 시스템 설정 점검 → 프로그램 재설치 → 고객지원센터 문의 순으로 대응한다.

19 전자조달 오류 예방 방법을 설명하시오.

> **정답**
>
> 인증서 유효기간 확인, 보안 프로그램 업데이트, 입찰 마감 전 사전 제출, 첨부파일 형식 확인 등을 통해 예방할 수 있다.

20 전자조달 오류 대응의 중요성을 설명하시오.

> **정답**
>
> 전자조달 오류가 발생하면 입찰 참여 실패나 계약 체결 지연 등이 발생할 수 있으므로 신속한 문제 해결이 필요하다.

21 전자조달시스템 사용 중 발생하는 주요 오류 유형과 해결 방법을 설명하시오.

> **정답**

주요 오류 유형	해결 방법
인증서 오류	인증서 갱신
보안 프로그램 오류	보안 프로그램 재설치
입찰서 제출 오류	파일 형식 확인
시스템 접속 장애	네트워크 점검
데이터 입력 오류	고객지원센터 문의

22 A업체는 전자입찰 제출 과정에서 입찰서 파일 업로드가 되지 않아 제출에 실패하였다. 가능한 원인과 해결 방법을 설명하시오.

> **정답**

가능한 원인	해결 방법
파일 형식 오류	파일 형식 확인
보안 프로그램 문제	보안 프로그램 재설치
네트워크 장애	네트워크 점검
시스템 접속 오류	마감시간 이전 재제출

CHAPTER 02 조달데이터 활용

01 조달데이터 분류 및 추출

출제기준 8-2-1 조달 관련 데이터를 목적에 따라 분류하고, 필요한 정보를 정확하게 추출할 수 있다.

1 조달데이터의 개념

① 조달데이터: 공공조달 과정에서 생성·수집·관리되는 모든 정보와 기록을 의미
② 조달 절차 전 과정에서 전자조달시스템에 축적되는 데이터를 의미
   • 발주 및 계획 정보   • 입찰 정보
   • 계약 정보   • 공급업체 정보
   • 대금지급 정보
③ 활용: 조달 관리, 성과 분석, 정책 수립, 기업 전략 수립 등에 활용
④ 전자조달시스템은 조달 실행과 관리 과정에서 다양한 데이터를 생성하고 이를 분석하여 효과적인 조달 관리와 의사결정을 지원

2 조달데이터의 주요 유형

① 발주 및 계획 데이터

개념	발주기관이 조달사업을 준비하는 단계에서 생성되는 데이터	
주요 내용	발주계획 정보	발주기관이 향후 추진할 조달사업의 계획을 나타내는 정보
	사업 규모 및 예산	조달사업에 투입되는 예산 규모와 사업 금액
	조달 대상물 정보	계약하려는 물품·용역·공사의 내용
	추진 일정	입찰, 계약, 사업 수행 등 조달 진행 일정
활용 목적	• 향후 조달시장 규모 예측 • 입찰 준비 및 시장 진입 전략 수립	

② 입찰 데이터

개념	입찰 과정에서 생성되는 데이터	
주요 내용	입찰공고 정보	발주기관이 입찰 참여를 위해 공개한 공고 내용
	입찰 참가 업체	해당 입찰에 참여한 기업 목록
	입찰 가격	업체가 제출한 제안 금액
	경쟁률	입찰에 참여한 업체 수로 나타나는 경쟁 정도
	추진 일정	개찰 결과: 입찰서 개봉 후 확인된 가격 및 순위 결과
활용 목적	• 경쟁 환경 분석 • 입찰 전략 수립 • 낙찰 가능성 분석	

PART 08

입찰 참가 업체와 입찰가격 등 입찰 경쟁 상황을 분석하기 위해 활용되는 데이터는 무엇인가?

정답 입찰 데이터

③ 계약 데이터

개념	낙찰자 선정 이후 계약 체결 과정에서 생성되는 데이터	
주요 내용	계약금액	낙찰 후 실제 계약으로 확정된 금액
	계약기간	사업 수행 기간
	계약상대자	계약을 체결한 업체
	계약변경 사항	금액, 기간 등 계약 조건 변경 내용
활용 목적	• 계약 실적 분석 • 조달사업 관리 • 공급업체 성과 평가	

④ 공급업체 데이터

개념	조달 참여 기업과 관련된 데이터	
주요 내용	기업 기본정보	업체명, 사업자번호, 소재지 등 기본 정보
	업종 및 자격	업체가 보유한 업종 분류 및 입찰자격
	입찰 참여 실적	해당 업체가 참여한 입찰 기록
	계약 수행 실적	실제 계약을 체결하고 수행한 사업 기록
활용 목적	• 경쟁사 분석 • 협력업체 관리 • 공급망 안정성 평가	

⑤ 대금지급 데이터

개념	계약이행 후 대금지급 과정에서 생성되는 데이터	
주요 내용	지급 금액	계약 이행 후 업체에 지급된 금액
	지급 시기	대금이 실제 지급된 날짜 또는 시점
	수령 업체	대금을 받은 계약상대자
	하도급 지급 정보	원도급업체가 하도급업체에 지급한 대금 정보
활용 목적	• 계약 이행 관리 • 재정 집행 분석 • 대금지급 관리	

대금지급 데이터의 활용 목적을 설명하시오.

정답 대금지급 데이터는 계약이행 후 지급되는 금액과 지급 시기 등의 정보를 포함하며, 계약이행 관리와 재정 집행 분석에 활용된다.

3 조달데이터의 활용 목적

조달시장 분석	발주규모, 입찰건수, 계약금액 등을 분석하여 조달시장 동향을 파악
입찰 전략 수립	입찰 경쟁률, 낙찰 가격 등을 분석하여 입찰 전략을 수립
경쟁사 분석	경쟁업체의 참여 횟수, 낙찰 실적 등을 분석
조달성과 평가	조달사업 수행 결과를 분석하여 조달 효율성을 평가

4 조달데이터 정보 추출 방법

① 검색 기능 활용 예 입찰공고 검색
② 조건별 데이터 조회 예 계약 실적 조회
③ 통계자료 활용 예 조달 통계 분석

> **핵심 포인트**
>
> • 조달데이터는 발주 → 입찰 → 계약 → 지급 전 과정에서 생성
> • 조달데이터는 발주 · 입찰 · 계약 · 공급업체 · 대금지급 데이터로 구분
> • 전자조달시스템은 조달 과정에서 생성되는 데이터를 분석 및 관리에 활용
> • 조달데이터는 시장 분석, 경쟁사 분석, 입찰 전략 수립 조달성과 평가에 활용
> • 필요한 데이터를 검색 · 조회 · 통계 기능을 통해 정확하게 추출하는 역량 필요

02 조달데이터 기반 의사결정 지원

> **출제기준 8-2-2** 입찰 현황, 계약 실적, 경쟁사 분석 등 조달데이터를 활용하여 합리적인 의사결정을 지원할 수 있다.

1 조달데이터 활용의 개요

① 전자조달시스템에는 입찰, 계약, 기업 참여 정보 등 다양한 조달데이터가 축적
② 데이터를 분석하여 조달시장 상황을 파악하고, 기업의 전략 수립과 합리적인 의사결정을 지원
③ 조달데이터는 다음과 같은 의사결정에 활용
- 입찰 참여 여부 판단
- 적정 입찰가격 결정
- 유망 조달시장 발굴
- 경쟁사 대응 전략 수립
⇒ 조달데이터 분석은 조달시장 진입 전략과 사업 수행 전략을 수립하는 중요한 근거 자료

2 입찰 현황 분석

의미	조달시장의 경쟁 구조와 입찰 환경을 파악하기 위해 수행
주요 분석 내용	• 입찰공고 건수 • 입찰참가업체 수 및 경쟁률 • 낙찰 가격 및 낙찰률
활용 목적	• 조달시장의 경쟁 상황 파악 • 낙찰 가능성 판단 • 입찰 참여 여부 결정 → 특정 분야의 경쟁률이 높다면 입찰 전략을 재검토하거나 참여 여부를 신중히 판단

3 계약 실적 분석

의미	실제 계약 체결 결과를 분석하여 시장 규모와 사업 기회를 파악하기 위해 수행
주요 분석 내용	• 계약건수 및 계약금액 • 발주기관별 계약 실적 • 분야별 계약규모
활용 목적	• 조달시장 규모 파악 • 유망 발주기관 발굴 • 사업 확대 전략 수립 → 계약 실적 데이터를 분석하면 어떤 분야에서 조달사업이 활발히 이루어지고 있는지 파악 가능

바로 Check

1. 계약 실적 분석의 목적을 설명하시오.

2. 실제 계약 체결 결과를 분석하여 시장 규모를 파악하는 것은 무엇인가?

정답 1. 계약 실적 분석은 계약건수와 계약금액 등을 분석하여 조달시장 규모와 사업 기회를 파악하기 위한 것이다.
2. 계약 실적 분석

4 경쟁사 분석

의미	조달시장에 참여하는 기업의 활동과 실적을 분석하여 경쟁업체를 파악하기 위해 수행
주요 분석 내용	• 경쟁업체 입찰 참여 횟수 및 낙찰 실적 • 계약 수행 규모 • 주요 발주기관
활용 목적	• 경쟁업체의 시장 점유율 파악 • 경쟁업체의 강점 분석 • 자사만의 차별화 전략 수립 → 특정 업체가 특정 발주기관에서 낙찰 실적이 많다면 해당 기관에서 강한 경쟁력을 보유한 기업으로 판단

5 조달데이터 기반 의사결정

입찰참여 여부 결정	시장 경쟁 상황을 분석하여 입찰참여 여부를 판단
입찰가격 전략 수립	낙찰률과 과거 입찰가격을 분석하여 적정 입찰가격을 결정
시장 진입 전략 수립	계약 실적과 시장 규모를 분석하여 유망 조달시장 진입 전략을 수립
경쟁 대응 전략 수립	경쟁사 실적을 분석하여 차별화된 경쟁 전략을 수립

핵심 포인트

- 조달데이터는 입찰 현황, 계약 실적, 경쟁사 분석에 활용
- 입찰 현황 분석은 경쟁률과 낙찰률을 통해 경쟁 환경을 파악
- 계약 실적 분석은 시장 규모와 사업 기회를 파악하는 데 활용
- 경쟁사 분석은 경쟁업체의 실적과 활동을 분석
- 조달데이터 분석은 입찰 전략과 시장 진입 전략 등 합리적인 의사결정을 지원

03 데이터 분석 및 시각화

출제기준 8-2-3 전자조달시스템 및 통계자료 등에서 제공되는 데이터를 기준에 따라 분석하고 시각화할 수 있다.

1 조달데이터 분석 및 시각화의 개요

① 전자조달시스템에서는 입찰, 계약, 업체, 대금지급 등 다양한 조달데이터를 제공
② 데이터를 일정한 기준에 따라 분석하면 조달시장 현황과 사업 기회를 보다 쉽게 파악
③ 분석 결과를 표, 그래프, 차트 등으로 시각화하면 데이터의 의미를 직관적으로 이해하고 의사결정 활용 용이
⇒ 조달데이터 분석과 시각화는 조달정보를 효과적으로 활용하기 위한 중요한 과정

바로 Check

데이터 분석 결과를 그래프나 차트로 표현하는 것을 무엇이라 하는가?
정답 데이터 시각화

2 조달데이터의 주요 분석 기준

① 기간 기준 분석
- 일정 기간 동안의 조달데이터를 분석하는 방법

• 주요 내용

연도별 계약 금액	연도별 조달 계약 규모 변화를 파악
분기별 입찰 건수	일정 기간 동안의 입찰 활동 수준을 확인
월별 입찰 참여 현황	월 단위로 기업의 입찰 참여 추세를 분석

• 활용 목적
  - 조달시장 변화 추세 파악
  - 사업 성장 여부 분석

② 발주기관 기준 분석
  • 발주기관별로 조달데이터를 분석하는 방법
  • 주요 내용

기관별 계약 규모	어떤 기관이 많은 조달사업을 발주하는지 파악
기관별 입찰 건수	기관별 발주 빈도를 확인
기관별 사업 분야	기관이 주로 발주하는 사업 유형을 분석

• 활용 목적
  - 주요 발주기관 파악
  - 기관별 조달시장 분석

 **Check**

발주기관 기준 분석의 목적을 설명하시오.

정답 발주기관 기준 분석은 기관별 계약 규모와 입찰 현황 등을 분석하여 주요 발주기관과 조달시장 구조를 파악하기 위한 것이다.

③ 조달대상물 기준 분석
  • 물품, 용역, 공사 등 조달대상물에 따라 데이터를 분석하는 방법
  • 주요 내용

물품계약 실적	물품 구매 분야의 조달 규모 확인
용역계약 규모	서비스·연구용역 등 사업 규모 분석
공사 발주 현황	건설 및 시설공사 발주 상황 파악

• 활용 목적
  - 사업 분야별 시장 규모 파악
  - 기업의 사업 영역 분석

④ 업체 기준 분석
  • 조달 참여 업체를 기준으로 데이터를 분석하는 방법
  • 주요 내용

업체별 낙찰 실적	업체가 낙찰받은 사업 규모 확인
업체별 계약금액	기업별 조달 매출 수준 분석
업체별 입찰참여 횟수	기업의 입찰 활동 정도 파악

- 활용 목적
  - 경쟁사 분석
  - 시장 점유율 파악

3 조달데이터 시각화 방법

표(Table)	데이터를 정리하여 항목별로 비교할 수 있도록 표현하는 방법 **예** 기관별 계약금액 표, 연도별 계약 실적 표
막대그래프(Bar Chart)	항목 간 비교를 쉽게 하기 위한 그래프 **예** 기관별 계약금액 비교, 업체별 낙찰 실적 비교
선그래프(Line Chart)	시간 흐름에 따른 변화를 나타낼 때 사용하는 그래프 **예** 연도별 계약금액 변화, 월별 입찰건수 변화
원그래프(Pie Chart)	전체 중에서 각 항목이 차지하는 비율을 나타내는 그래프 **예** 사업 분야별 계약 비율, 업체별 시장 점유율

바로 Check

시간 흐름에 따른 변화를 나타내는 그래프는 무엇인가?

정답 선그래프

4 조달데이터 분석 및 시각화의 활용

조달시장 동향 파악	데이터 분석을 통해 조달시장 변화와 추세 파악
경영 의사결정 지원	데이터를 시각화하면 사업 전략 수립에 필요한 정보를 쉽게 이해
보고서 작성 활용	분석 결과를 그래프와 표로 정리하여 보고서나 발표 자료로 활용
정책 및 사업 계획 수립	조달데이터 분석 결과는 정책 수립과 사업 계획 수립에도 활용

핵심 포인트

- 조달데이터 분석은 조달시장 현황을 파악하기 위한 과정
- 데이터 분석은 기간·기관·대상물·업체 기준 등으로 수행
- 데이터 시각화는 그래프와 차트를 활용하여 정보를 쉽게 이해하도록 하는 방법
- 막대그래프는 항목 비교, 선그래프는 추세 분석, 원그래프는 비율 분석에 활용
- 분석 결과는 보고서 작성, 경영 의사결정, 정책 수립 등에 활용

04 데이터의 신뢰성 검토 및 보고서 작성

출제기준 8-2-4 활용한 데이터의 출처와 신뢰성을 검토하고, 결과를 문서나 보고서 형태로 정리할 수 있다.

1 데이터 출처 확인의 중요성

① 데이터 출처 확인: 데이터의 출처가 불명확하거나 정확하지 않으면 분석 결과를 신뢰하기 어려우므로 데이터의 출처와 신뢰성을 확인하는 과정이 필요

② 데이터 분석 과정에서는 다음 사항을 반드시 확인

데이터 제공 기관	데이터를 제공한 기관을 신뢰할 수 있는지 확인하여 정보의 신뢰성을 판단
데이터 생성 시점	데이터가 언제 만들어졌는지 확인하여 최신 정보인지 여부를 판단
데이터 수집 방법	어떤 방식으로 데이터를 모았는지 확인하여 자료의 객관성과 대표성을 검토
데이터 정확성 여부	데이터에 오류나 누락이 없는지 확인하여 분석 결과의 신뢰도를 확보

2 조달데이터의 주요 출처

① 전자조달시스템

주요 내용	입찰공고 정보	발주기관이 조달사업 참여를 위해 공개한 사업 내용과 입찰 조건에 대한 정보
	입찰 결과	입찰 참여 업체, 입찰 가격, 낙찰 여부 등 개찰 이후의 결과 정보
	계약 정보	낙찰자와 체결된 계약의 금액, 기간, 계약상대자 등에 관한 정보
	대금지급 정보	계약 이행 후 업체에 지급된 대금과 지급 시기 등에 관한 정보
특징	공공조달 절차에서 직접 생성되는 공식 데이터	

바로 Check

전자조달시스템 데이터의 특징을 설명하시오.

정답 전자조달시스템 데이터는 공공조달 절차에서 직접 생성되는 공식 데이터로 입찰, 계약, 대금지급 등의 정보를 포함한다.

② 조달 통계자료: 조달 관련 기관에서는 조달 통계자료를 제공

주요 내용	조달시장 규모	일정 기간 동안 공공조달에서 이루어진 전체 계약금액이나 사업 규모
	분야별 계약 실적	물품, 용역, 공사 등 사업 분야별로 체결된 계약금액이나 건수
	기관별 조달 실적	각 발주기관이 수행한 조달사업의 계약금액이나 발주건수
활용 목적	• 조달시장 동향 분석 • 정책 분석	

③ 공공데이터 포털: 정부에서 제공하는 공공데이터

주요 내용	조달 관련 공개 데이터	공공조달 과정에서 발생한 입찰, 계약 등 조달 정보를 공개한 데이터
	기업 및 산업 관련 데이터	기업 현황, 산업 구조, 시장 규모 등 기업 활동과 산업 환경에 관한 데이터
	공공기관 운영 데이터	공공기관의 예산, 사업 수행, 조직 운영 등 기관 운영과 관련된 데이터
활용 목적	다양한 데이터와 연계 분석	

3 데이터 신뢰성 검토 방법

데이터 출처 확인	데이터가 공식 기관에서 제공된 것인지 확인 예 전자조달시스템, 공공기관 통계자료
데이터 최신성 확인	데이터가 최근 자료인지 확인 예 최신 연도 데이터 여부, 최근 업데이트 여부
데이터 정확성 확인	데이터에 누락이나 오류가 없는지 확인 예 금액 오류, 중복 데이터, 항목 누락
데이터 일관성 확인	여러 자료 간 수치가 서로 일치하는지 확인 예 통계자료와 계약 실적 비교, 기관별 자료 비교

바로 Check

1. 데이터 최신성 확인의 중요성을 설명하시오.

2. 데이터에 오류나 누락이 없는지 확인하는 것은 무엇인가?

정답 1. 데이터가 최신 정보인지 확인해야 현재 조달시장 상황을 정확하게 분석할 수 있다.
2. 데이터 정확성 확인

4 분석 결과의 문서 및 보고서 작성

① 조달데이터 분석 결과는 문서나 보고서 형태로 정리하여 활용
② 보고서 포함 내용

분석 목적	분석을 수행한 이유와 목적을 설명
데이터 출처	사용한 데이터의 출처를 명확히 제시 예 전자조달시스템, 조달 통계자료
분석 방법	데이터 분석에 사용한 기준과 방법을 설명 예 기간별 분석, 기관별 분석
분석 결과	분석을 통해 확인된 주요 결과를 제시 예 시장 규모, 주요 경쟁사, 유망 사업 분야
결론 및 시사점	분석 결과를 바탕으로 사업 전략이나 정책 방향을 제시

📣 핵심 포인트
- 조달데이터 활용 시 데이터 출처와 신뢰성을 반드시 검토
- 주요 데이터 출처: 전자조달시스템, 조달 통계자료, 공공데이터 포털 등
- 데이터 신뢰성 검토는 출처·최신성·정확성·일관성을 확인하는 과정
- 조달데이터 분석 결과는 보고서 형태로 정리하여 활용
- 분석 보고서는 분석 목적, 데이터 출처, 분석 방법, 결과, 시사점으로 구성

핵심 **정답**

01 공공조달 과정에서 생성되는 모든 정보와 기록을 무엇이라 하는가?

01
조달데이터

02 조달사업 계획 단계에서 생성되는 데이터는 무엇인가?

02
발주계획 데이터

03 계약금액과 계약기간 등 계약 이행 상태를 분석하기 위해 활용되는 데이터는 무엇인가?

03
계약 데이터

04 조달 참여 기업의 기본정보와 실적 등 경쟁업체의 실적 분석에 활용되는 데이터는 무엇인가?

04
공급업체 데이터

05 계약 이행 후 지급되는 금액과 관련된 데이터는 무엇인가?

05
대금지급 데이터

06 입찰 공고 건수, 경쟁률 등을 분석하여 시장 경쟁 상황을 파악하는 것은 무엇인가?

06
입찰 현황 분석

07 경쟁업체의 입찰 참여와 낙찰 실적을 분석하는 것은 무엇인가?

07
경쟁사 분석

08 입찰 참여 업체 수를 기준으로 나타나는 경쟁 정도는 무엇인가?

08
경쟁률

09 낙찰 가격 수준을 분석하는 지표는 무엇인가?

09
낙찰률

10 특정 발주기관에서 이루어진 계약 결과를 분석하는 것은 무엇인가?

10
발주기관별 계약 실적 분석

11 조달시장 규모를 파악하기 위해 활용되는 데이터는 무엇인가?

11
계약 실적 데이터

12 경쟁사의 낙찰 실적을 분석하는 목적은 무엇인가?

12
경쟁력 파악

13 조달데이터 분석의 궁극적인 목적은 무엇인가?

14 조달데이터를 일정 기준에 따라 분석하는 것을 무엇이라 하는가?

15 연도별 계약 금액 변화를 분석하는 기준은 무엇인가?

16 발주기관별 계약 규모를 분석하는 것은 무엇인가?

17 물품·용역·공사 등 조달 대상에 따라 데이터를 분석하는 것은 무엇인가?

18 업체별 낙찰 실적을 분석하는 것은 무엇인가?

19 항목 간 비교를 쉽게 하기 위해 사용하는 그래프는 무엇인가?

20 전체 중 비율을 나타내는 그래프는 무엇인가?

21 데이터의 출처와 정확성을 확인하는 과정은 무엇인가?

22 공공조달 과정에서 생성되는 공식 데이터를 제공하는 시스템은 무엇인가?

23 정부가 공개하는 다양한 공공 정보를 제공하는 것은 무엇인가?

24 데이터가 최신 정보인지 확인하는 것은 무엇인가?

13
합리적인 의사결정 지원

14
데이터 분석

15
기간 기준 분석

16
발주기관 기준 분석

17
조달대상물 기준 분석

18
업체 기준 분석

19
막대그래프

20
원그래프

21
데이터 신뢰성 검토

22
전자조달시스템

23
공공데이터

24
데이터 최신성 확인

PART 08

서술형 출제예상문제

01 조달데이터의 개념을 설명하시오.

> **정답**
>
> 조달데이터는 공공조달 과정에서 생성되는 발주계획, 입찰, 계약, 공급업체, 대금지급 등의 정보를 포함한 데이터로 조달 관리와 의사결정에 활용된다.

02 조달데이터의 주요 유형을 설명하시오.

> **정답**
>
> 조달데이터는 발주 및 계획 데이터, 입찰 데이터, 계약 데이터, 공급업체 데이터, 대금지급 데이터 등으로 구분할 수 있다.

03 입찰 데이터를 활용하는 목적을 설명하시오.

> **정답**
>
> 입찰 데이터는 입찰공고 정보, 입찰참여 업체, 경쟁률, 입찰가격 등을 포함하며 경쟁 환경 분석과 입찰 전략 수립에 활용된다.

04 계약 데이터를 활용하는 목적을 설명하시오.

> **정답**
>
> 계약 데이터는 계약금액, 계약기간, 계약상대자 등의 정보를 포함하며 계약 실적 분석과 조달사업 관리에 활용된다.

05 조달데이터의 주요 유형을 설명하고 각각의 활용 목적을 서술하시오.

> **정답**
>
> 조달데이터는 공공조달 과정에서 생성되는 정보로 발주 및 계획 데이터, 입찰 데이터, 계약 데이터, 공급업체 데이터, 대금지급 데이터 등으로 구분된다.
>
> 발주 데이터는 시장 분석에 활용되고, 입찰 데이터는 경쟁 환경 분석과 입찰 전략 수립에 활용된다. 계약 데이터는 계약 실적 분석에 활용되고, 공급업체 데이터는 경쟁사 분석에 활용된다. 대금지급 데이터는 계약 이행 관리와 재정 집행 분석에 활용된다.

06 입찰 현황 분석의 목적을 설명하시오.

> **정답**
>
> 입찰 현황 분석은 입찰 공고 건수, 경쟁률, 낙찰률 등을 분석하여 조달시장의 경쟁 상황을 파악하고 입찰 참여 전략을 수립하기 위한 것이다.

07 경쟁사 분석의 목적을 설명하시오.

> **정답**
>
> 경쟁사 분석은 경쟁업체의 입찰 참여와 낙찰 실적 등을 분석하여 경쟁 상황을 파악하고 차별화된 전략을 수립하기 위한 것이다.

08 조달데이터를 활용한 의사결정의 필요성을 설명하시오.

> **정답**
>
> 조달데이터를 분석하면 시장 상황과 경쟁 환경을 객관적으로 파악할 수 있어 입찰 전략 수립과 사업 계획 수립 등 합리적인 의사결정을 지원할 수 있다.

09 조달데이터 분석을 통해 기업이 얻을 수 있는 효과를 설명하시오.

> **정답**
>
> 조달데이터 분석을 통해 시장 규모 파악, 경쟁사 분석, 입찰 전략 수립 등이 가능하며 조달사업 참여와 사업 확장에 도움이 된다.

10 입찰 현황 분석의 주요 내용과 활용 목적을 설명하시오.

> **정답**
>
> 입찰 현황 분석은 입찰 공고 건수, 입찰 참가 업체 수, 경쟁률, 낙찰률, 낙찰 가격 수준 등을 분석하여 조달시장의 경쟁 상황을 파악하는 것이다. 이를 통해 기업은 경쟁이 치열한 분야를 확인하고 입찰 참여 여부를 판단하거나 적절한 입찰 전략을 수립할 수 있다.

11 계약 실적 분석과 경쟁사 분석의 의사결정 활용 방법을 설명하시오.

> **정답**
>
> 계약 실적 분석은 계약 건수와 계약 금액 등을 분석하여 조달시장 규모와 사업 기회를 파악하는 데 활용된다. 경쟁사 분석은 경쟁업체의 입찰 참여와 낙찰 실적을 분석하여 경쟁 환경을 파악하고 기업의 경쟁 전략을 수립하는 데 활용된다. 이러한 분석 결과는 입찰 전략과 시장 진입 전략 등 합리적인 의사결정에 활용된다.

12 조달데이터 분석의 목적을 설명하시오.

> **정답**
>
> 조달데이터 분석은 입찰, 계약 등 조달데이터를 일정 기준에 따라 분석하여 조달시장 현황을 파악하고 의사결정을 지원하기 위한 것이다.

13 기간 기준 분석의 특징을 설명하시오.

> **정답**
>
> 기간 기준 분석은 연도별, 분기별, 월별 등 일정 기간을 기준으로 데이터를 분석하여 조달시장 변화와 추세를 파악하는 방법이다.

14 데이터 시각화의 필요성을 설명하시오.

> **정답**
>
> 데이터 시각화는 분석 결과를 그래프나 차트로 표현하여 정보를 직관적으로 이해하고 의사결정에 쉽게 활용하기 위한 것이다.

15 조달데이터 시각화 방법을 2가지 이상 설명하시오.

> **정답**
>
> 표, 막대그래프, 선그래프, 원그래프 등이 있으며, 데이터 비교나 변화 추세를 쉽게 이해할 수 있도록 표현한다.

16 조달데이터 분석의 주요 기준을 설명하시오.

> **정답**
>
> 조달데이터는 기간 기준, 발주기관 기준, 조달대상물 기준, 업체 기준 등 다양한 기준에 따라 분석할 수 있다. 기간 기준 분석은 조달시장 변화 추세를 파악하기 위한 것이고, 발주기관 기준 분석은 주요 발주기관과 계약 규모를 파악하기 위한 것이다. 조달 대상물 기준 분석은 물품 · 용역 · 공사 등 사업 분야별 시장 규모를 파악하기 위한 것이며, 업체 기준 분석은 경쟁사 실적과 시장 점유율을 파악하기 위한 것이다.

17 조달데이터 시각화의 개념과 활용 방법을 설명하시오.

> **정답**
>
> 데이터 시각화는 분석된 데이터를 그래프나 차트 등의 시각적 형태로 표현하는 것이다. 표는 데이터를 정리하여 비교하기 쉽게 표현하는 방법이고, 막대그래프는 항목 간 비교에 활용된다. 선그래프는 시간에 따른 변화 추세를 나타내고, 원그래프는 전체 대비 비율을 표현하는 데 활용된다. 이러한 시각화는 조달시장 분석과 의사결정 지원에 활용된다.

18 데이터 출처 확인의 필요성을 설명하시오.

> **정답**
>
> 데이터 출처를 확인하면 자료의 신뢰성과 정확성을 판단할 수 있으며 잘못된 데이터를 활용하는 것을 방지할 수 있다.

19 데이터 정확성 검토 방법을 설명하시오.

> **정답**
>
> 데이터 오류, 중복 데이터, 누락된 항목 등을 확인하여 데이터의 정확성을 검토한다.

20 조달데이터 분석 시 데이터 신뢰성을 검토해야 하는 이유와 주요 검토 방법을 설명하시오.

> **정답**
>
> 데이터 신뢰성 검토는 분석 결과의 정확성을 확보하기 위해 필요하다. 데이터 출처를 확인하여 공식 자료인지 검토하고 데이터의 최신성을 확인해야 한다. 또한 데이터 오류나 누락 여부를 확인하여 정확성을 검토하고 여러 자료 간 수치를 비교하여 데이터의 일관성을 확인해야 한다.

21 조달데이터 분석 결과를 보고서 형태로 작성할 때 포함되어야 할 주요 내용을 설명하시오.

> **정답**
>
> 조달데이터 분석 보고서에는 분석 목적, 데이터 출처, 분석 방법, 분석 결과, 결론 및 시사점 등이 포함된다. 분석 목적에서는 분석 이유를 설명하고 데이터 출처에서는 사용한 자료의 출처를 제시한다. 분석 방법에서는 분석 기준을 설명하며 분석 결과에서는 주요 분석 내용을 제시한다. 마지막으로 결론 및 시사점에서는 분석 결과를 바탕으로 전략이나 정책 방향을 제시한다.

박문각 자격증 시리즈
공공조달관리사 실기 | 공공조달 관리실무

초판인쇄	2026. 4. 15.	
초판발행	2026. 4. 20.	저자와의 협의 하에 인지 생략

편 저 자	김유일
발 행 인	박용
출판총괄	김현실
개발책임	이성준
편집개발	김태희, 이보혜
마 케 팅	김치환, 최지희

발 행 처	㈜ 박문각출판
출판등록	등록번호 제2019-000137호
주 소	06654 서울시 서초구 효령로 283 서경B/D 6층
전 화	(02) 6466-7202
팩 스	(02) 584-2927
홈페이지	www.pmgbooks.co.kr

ISBN	979-11-7519-798-5
정가	30,000원

이 책의 무단 전재 또는 복제 행위는 저작권법 제 136조에 의거, 5년 이하의 징역 또는 5,000만원 이하의 벌금에 처하거나 이를 병과할 수 있습니다.